受益所有人识别
国际监管规则文件汇编

中国银行股份有限公司内控与法律合规部◎编译

中国金融出版社

责任编辑：黄海清　白子彤
责任校对：李俊英
责任印制：张也男

图书在版编目（CIP）数据

受益所有人识别国际监管规则文件汇编 / 中国银行股份有限公司内控与法律合规部编译. —北京：中国金融出版社，2021.12
ISBN 978 - 7 - 5220 - 0851 - 6

Ⅰ.①受…　Ⅱ.①中…　Ⅲ.①反洗钱法—汇编—世界
Ⅳ.①D912.281.09

中国版本图书馆CIP数据核字（2020）第202384号

受益所有人识别国际监管规则文件汇编
SHOUYI SUOYOUREN SHIBIE GUOJI JIANGUAN GUIZE WENJIAN HUIBIAN

出版
发行　中国金融出版社
社址　北京市丰台区益泽路2号
市场开发部　（010）66024766，63805472，63439533（传真）
网 上 书 店　www.cfph.cn
（010）66024766，63372837（传真）
读者服务部　（010）66070833，62568380
邮编　100071
经销　新华书店
印刷　保利达印务有限公司
尺寸　169毫米×239毫米
印张　28.5
字数　365千
版次　2021年12月第1版
印次　2021年12月第1次印刷
定价　98.00元
ISBN 978 - 7 - 5220 - 0851 - 6

编译委员会

序 言

受益所有人识别是国际反洗钱领域的关注焦点和热点课题。准确识别受益所有人有助于提高法人和法律安排的透明度，防止法人和法律安排被洗钱和恐怖融资活动滥用，同时也能更好地帮助金融机构准确评估客户洗钱风险。

受益所有人是一个同时在反洗钱、税收以及证券法律制度中使用的概念，用于描述对某个非自然人或某种法律安排享有最终控制权的人。根据国际反洗钱组织金融行动特别工作组（FATF）的定义，受益所有人指最终拥有或控制某个客户的自然人，以及/或者某项交易的被代理人，同时也包括对某一法人或法律安排享有最终有效控制权的人。公司、合伙、基金、信托等类型的法人或法律安排在经济活动中扮演着重要角色，部分犯罪分子利用复杂的股权或控制权关系，掩饰真实身份，隐瞒资金性质或交易目的，从事洗钱、恐怖融资、扩散融资、税务欺诈等违法犯罪活动。如果金融机构未能有效识别、登记并留存受益所有人信息，可能被犯罪分子利用，掩饰其洗钱活动。

FATF早在2003年便制定了受益所有权国际标准，并于2012年修订《打击洗钱、恐怖融资与扩散融资的国际标准：FATF建议》（*International Standards on Combating Money Laundering and the Financing of Terrorism & Proliferation: The FATF Recommendations*）（以下简称《FATF建议》）的过程中对相关标准进行完善。2014年10月，FATF发布《透明度与受益所有权指引》（*FATF Guidance: Transparency and Beneficial Ownership*），对《FATF建议》中涉及受益所有权的内容进行进一步阐释，并就各国应如何获取法人及法律安排的公开信息、建立协助境外对手获取受益所有权信息的流程提供了指导。2019年10月，FATF发布题为《法人受益所有权最佳实践》（*Best Practices on Beneficial Ownership for Legal Person*）的详细指引，就各国在受益所有权实践方面遇到的困难进行总结，并提供可行的意见与建议。

在FATF国际标准指引下，西方主要经济体也持续采取行动，加强受益所有人识别工作。美国反洗钱执法机构金融犯罪执法网络（FinCEN）于2016年5月颁布《关于金融机构客户尽职调查要求：最终规则》（*Customer Due Diligence Requirements for Financial Institutions Final Rule*），要求金融机构在开立新账户前，应识别并核实客户受益所有人的身份。美国联邦金融机构检查委员会（FFIEC）于2018年5月对《银行保密法/反洗钱检查手册》（*FFIEC BSA/AML Examination Manual*）进行修订，新增"受益所有权"章节，明确各金融机构需建立受益所有人识别程序，并纳入本机构反洗钱合规计划。美国2021财年《国防授权法案》对美国反洗钱监管框架进行了强化与完善，其中第64编（美国《公司透明度法案》）明确要求符合条件的实体向FinCEN申报其受益所有权信息，并允许FinCEN在获得申报实体同意的前提下，向金融机构披露受益所有权信息，以协助金融机构开展尽职调查。欧盟议会分别于2005年、2015年、2018年通过反洗钱3号令、4号令、5号令，要求金融机构识别并核实所有由法人或法律安排持有的账户的受益所有人，并在不违反数据保护法规的情况下开展受益所有权集中登记。

中国相关监管部门同样高度重视受益所有人识别工作。中国人民银行早在2007年《金融机构客户身份识别和客户身份资料及交易记录保存管理办法》中便提出，金融机构应当建立健全和执行客户身份识别制度，采取相应的措施，了解实际控制客户的自然人和交易的实际受益人；2017年、2018年连续下发《关于加强反洗钱客户身份识别有关工作的通知》和《关于进一步做好受益所有人身份识别工作有关问题的通知》，明确"受益所有人"的概念，细化公司、合伙、信托、基金以及其他类型机构、组织的受益所有人判断标准，规范受益所有人信息的收集、核实、资料保存等要求。2021年7月，国务院颁布《中华人民共和国市场主体登记管理条例》，明确公司、合伙企业等市场主体应向登记机关备案受益所有人相关信息，我国受益所有人集中申报制度初步建立。中国人民银行正在组织修订《反洗钱法》，其中同样对受益所有人集中申报和身份识别要求作出安排。

中国银行高度重视反洗钱工作，近年来不断加大反洗钱资源投入，围绕内部控制、尽职调查、合规人员、独立测试、培训五大支柱建立了较为完善的洗钱风险管理体系，在全集团建设“高层垂范、全员合规、主动管理、恪守底线”的合规文化。作为全球经营的金融机构，中国银行在开展受益所有人识别工作中，充分遵循和借鉴FATF及经营所在地监管的规则要求和先进经验，不断完善客户尽职调查制度。我们将开展受益所有人识别工作中收集的国际通行标准和重要监管文件翻译成中文，付梓刊行供业界同仁和对受益所有人问题感兴趣的朋友参考。本次编译工作由中国银行总行内控与法律合规部组织部内反洗钱专业人员以及中国银行纽约分行、卢森堡分行、新加坡分行合规部门专家共同完成，并得到中国人民银行反洗钱局的指导和大力支持，在此对他们表示感谢。

考虑到不同法律体系之间存在差异，且反洗钱工作的专业性较强，译文可能存在不足之处，欢迎批评指正。

陈怀宇

中国银行股份有限公司副行长

目 录

FATF

美国

欧盟

FATF

透明度与受益所有权指引*

缩略语表

AML/CFT	反洗钱/反恐怖融资（即打击恐怖融资）
ACWG	反腐败工作组
BO	受益所有权
CDD	客户尽职调查
CEO	首席执行官
CFATF	加勒比金融行动工作组
CFO	首席财务官
CFT	反恐怖融资
DNFBP	特定非金融行业与职业
FATF	金融行动特别工作组
FI	金融机构
FIU	金融情报机构
IO	直接目标
IN	解释性说明
ML	洗钱
NPO	非营利组织
OECD	经济合作与发展组织（经合组织）
PDG	政策制定小组
R.	建议
StAR	追回被窃资产倡议
TCSP	信托或公司服务提供者
TF	恐怖融资
UNODC	联合国毒品和犯罪问题办公室

* 本文件翻自金融行动特别工作组（FATF）于2014年10月发布的《透明度与受益所有权指引》（FATF Guidance: Transparency and Beneficial Ownership），参见https://www.fatf-gafi.org/media/fatf/documentsreports/Guidance-transparency-beneficial-own ership.pdf。编译若有出入，请以FATF官网英文版本为准。

透明度与受益所有权指引

（FATF建议第24条及第25条）

一、简介

1. 公司、信托、基金会、合伙企业及其他类型的法人和法律安排等企业载体[1]从事各种商业和企业活动。尽管这些企业载体在全球经济中扮演着重要的合法角色，在某些情况下，它们也会被用于非法目的，如洗钱、贪污受贿、内幕交易、税务欺诈、恐怖融资及其他非法活动。对于想要规避反洗钱和反恐怖融资措施的犯罪分子而言，企业载体是一个将犯罪所得进行伪装和转化引入金融系统的有效途径。

2. 如当局能随时获得关于法定所有人、受益所有人、企业资产来源及其活动的信息，就能大大降低企业载体被非法利用的概率[2]。法定所有权和受益所有权信息可帮助执法机构和其他有权机关，识别那些对基础活动负有责任的自然人或那些可能掌握有助于进一步调查的信息的自然人。这使当局能够在对企业载体的可疑账户/资产的金融调查中“跟踪钱流”，特别是受益所有权信息[3]能够帮助锁定某个特定个人在某个司法管辖区内的资产所在。然而，各国在落实措施确保及时获取准确的受益所有权信息时，经常面临巨大的挑

1 根据“FATF建议”的术语表，本文将使用“企业载体”来指法人和法律安排。

2 参见FATF（2006）与FATF和CFATF（2010）。

3 “受益所有人”的定义可见第四章，关于法人和法律安排的“受益所有权信息”的定义分别见第五章和第六章。

战，特别是当涉及跨司法管辖区的法人和法律安排时，这种挑战尤甚。

3. 金融行动特别工作组制定了透明度标准以遏制和防止企业载体被非法利用。“FATF建议”要求各国[4]确保有权机关能够及时获取充分、准确和最新的企业载体受益所有权信息。在该类信息可获得的范围内，[5]它有助于金融机构和特定非金融行业与职业对企业载体进行客户尽职调查，包括识别受益所有人、识别和管理洗钱/恐怖融资风险以及基于风险进行反洗钱/反恐怖融资管控（包括可疑活动报告和制裁要求）。然而，获得企业受益所有权信息，并不豁免金融机构和特定非金融行业与职业在“FATF建议”第10条和第22条项下的其他义务。在任何情况下，它们均不得仅仅依赖此类信息。正是出于对非法利用企业载体的关注，金融行动特别工作组才进一步强化和明确透明度标准[6]。此次修订总体政策目标保持不变，但进一步细化标准，以确保执行机制的合理易懂。此次修订的目的在于更加清楚地指导各国如何有效地执行标准。

4. 其他国际机构也采取了各种具体的措施来提升企业载体的透明度。例如，八国集团在2013年公开支持与“FATF标准”一致的关于受益所有权的核心原则，并发布多个行动方案，阐明其将采取的促进透明度的措施[7]。同时，二十国首脑公开鼓励各国解决企业载体不透明所带来的风险，并承诺将以身作则执行FATF受益所有权标准——该标准同时也与税务相关[8]。此外，

4 本指引中所有提及“各国”之处，同样适用于地区或司法管辖区。

5 建议第24条的解释性说明第13段要求各国考虑促进金融机构和特定非金融行业与职业及时获得公司股东和成员名册，该名册包含公司股东和成员名字及各股东所持股份和股票类别（包括关联投票权的性质）的信息。

6 “FATF标准”包括“FATF建议”及其解释性说明，这两项均在2012年进行了修订，并得到全球190多个国家和地区的支持。

7 八国集团在北爱尔兰厄恩湖峰会上达成的“八国集团首脑联合公报”（G8 Leaders Communiqué）。

8 “二十国集团首脑声明”（G20 Leader's Declaration）（2013年9月6日在圣彼得堡举行）及二十国集团财长和央行行长会议上达成的“二十国集团联合公报”（G20 Communiqué）（2013年7月19日至20日在莫斯科举行）。

经合组织反贿赂工作组的监控报告，也探讨了缺乏获取法人受益所有权信息的途径是否会妨碍针对贿赂外国公职人员违法行为的有效执法[9]。

5. FATF透明度与受益所有权标准旨在防范企业载体被非法用于洗钱或恐怖融资目的。然而，普遍公认FATF标准也支持预防和侦测税务犯罪和腐败等特定违法犯罪的行动。就这方面而言，各国根据“FATF建议”采取增强透明度的行动，为更加有效地解决贪污等严重问题以及满足其他国际标准提供了一个途径[10]。

6. 实施FATF透明度与受益所有权建议是具有挑战性的[11]，因此金融行动特别工作组制定了本指引，以协助各国实施“FATF建议”第24条和第25条以及与了解法人和法律安排洗钱/恐怖融资风险相关的第1条。本指引的读者主要是各国当局的政策制定者和执行者，其目的在于协助他们根据“FATF标准”识别、设计和执行适当的措施以防范企业载体被非法利用。本指引同时也解释了客户尽职调查措施和具体透明措施之间的联系，有助于金融机构和特定非金融行业与职业采取反洗钱/反恐怖融资措施。本指引包括以下几方面：

（1）关于企业载体如何被非法利用以及各国采取措施防范此类滥用行为所面临的挑战的概述（第二部分）

---

9 参见www.oecd.org/daf/anti bribery/country reports on the implementation of the oecdanti-bribery convetion.htm.获取经合组织成员国实施《经合组织打击国际商业交易中贿赂外国公职人员公约》（*OECD Convention on Combating the Bribery of Foreign Public Officials in International Business Transactions*）的监测报告。

10 比如《联合国反腐败公约》（*United Nations Convention Against Corruption, UNCAC*）、《反腐败刑法公约》（*Criminal Law Convention on Corruption*）和《经合组织打击国际商业交易中贿赂外国公职人员公约》（*OECD Convention on Combating Bribery of Foreign Public Officials in International Business Transactions*）。

11 请查阅金融行动特别工作组及类似区域机构的互评估报告结果。

（2）受益所有人的定义（第三部分）

（3）关于各国如何采取有效措施打击法人和法律安排滥用的指引（第四部分）

（4）关于各国如何采取措施增强法人的透明度的指引（第五部分）

（5）关于各国如何采取措施增强法律安排的透明度的指引（第六部分）

（6）透明度和受益所有人标准（建议第24条和第25条）与其他建议（建议第10/22条客户尽职调查要求和建议第16条电汇）的关系（第七部分）

（7）主管机构的信息获取（第八部分）

（8）关于受益所有权信息方面的国际合作的指引（第九部分）

7. 本指引不具有约束力，也不凌驾于各国当局的权力之上。其目的在于补充金融行动特别工作组目前已有的指引和正在进行的其他工作[12]，该指引基于可获得的研究，包括工作组的类型研究报告及各国的经验。同时，指引还借鉴了其他关注企业载体透明性的国际机构的工作。

二、法人和法律安排的非法利用

8. 金融行动特别工作组[13]的多项重要研究以及世界银行与联合国毒品和犯罪问题办公室共同发起的追回被窃资产倡议[14]，均探讨了企业载体的非法

12 特别是金融行动特别工作组正在为金融机构和特定非金融行业与职业（包括信托和公司服务提供者）制定关于实施以风险为本的方法的指引，这些指引完成后将作为本文的补充。

13 FATF（2006）和 FATF和CFATF（2010）。

14 世界银行与联合国毒品和犯罪问题办公室共同发起的“追回被窃资产倡议”于2011年发布了《傀儡主人》（*The Puppet Masters*）报告。这份综合报告检视了150多个大型腐败案件，发现大部分的大型腐败案件均涉及利用一个或多个企业载体来掩盖受益所有权。报告检查了那些被用于隐藏盗窃资产的法律结构，详细描述了企业载体如何被利用于贪污，阐述了各国在执行防范非法利用企业载体进行贪污腐败的措施时所面临的巨大挑战，并为各国如何应对这些挑战提供了建议。

滥用，包括被用于洗钱/恐怖融资目的。总的来说，缺乏充分、准确和及时的受益所有权信息，通过掩盖下列信息而有利于洗钱/恐怖融资：

- 已知的或可疑的犯罪分子的身份；
- 企业载体持有账户或资产的真实目的；
- 与该企业载体相关的资金或资产的来源或用途。

9. 例如，受益所有权信息可以通过以下手段被掩盖：

（1）空壳公司[15]（以各种形式的所有权结构设立），特别是涉及跨司法管辖区域外国所有权的；

（2）以其他法人名义注册的包含多层股权的复杂所有权和控制权结构；

（3）不记名股票和不记名认股凭证；

（4）无限制地使用法人担任董事；

（5）不披露任命人身份信息的正式名义股东和董事；

（6）非正式的名义股东和董事，如家属、亲信等；

（7）区分资产法定所有权和受益所有权的信托及其他法律安排；

（8）通过中介机构设立法人，包括专业中介。

10. 而当一家企业载体在不同方面涉及多个国家时，这些问题将会变得愈加严重。犯罪分子通常通过设立、管理、控制、拥有和财务上运营涉及多个国家的企业载体，使某个司法管辖区的相关当局无法获得针对该企业载体的洗钱/恐怖融资或腐败、税务犯罪等洗钱上游犯罪调查所需的所有信息。一般而言，跨国设立企业并非难事，该类企业能够轻易进入国际金融体系，而其受益所有人和信托或公司服务提供者，或其他相关专业咨询顾问可来自企业注册地以外的地区。跨司法管辖区结构（包含设立于不同国家的多个法人或信托）中的多个实体通过看似合法的交易来清洗犯罪所得的行为，是特

15 在本文中，空壳公司指的是那些不具备实质经营活动或相关资产的公司。

别难以追踪的。在这种情况下，推迟跟踪钱流的国际合作最终将会妨碍或破坏犯罪调查。

11. 具备某些特征的公司具有较高的洗钱/恐怖融资风险，包括那些会提升复杂性和增加当局在调查可疑的企业载体时获取准确受益所有权信息难度的公司结构（如，空壳公司和不记名股票）。

12. 信托同样可用于掩盖资产控制权，包括犯罪收入。例如，可以在一个司法管辖区设立信托，然后利用该信托在另外一个司法管辖区跨区域持有资产，以掩盖犯罪收入的来源。同时，通过将受益所有人与受托人、信托人、保护人或受益人等相关各方名字完全脱离，增强受益所有人的匿名性。

13. 执法者和其他有权机关无法获得企业载体的受益所有权信息是一个严重的阻碍，特别是当没有任何一方掌握此类信息时。获得受益所有权信息可协助相关当局识别那些对基础活动负有责任或掌握进一步调查所需信息的自然人，降低企业载体被犯罪分子当作工具利用的吸引力。金融机构和特定非金融行业与职业也扮演着重要的角色，通过获取受益所有权信息，协助防范金融体系中对企业载体的非法利用。然而，各国在实行措施获取准确的受益所有权信息时，面临各种巨大的挑战。很多国家在企业载体设立之时或存续期间的任何时间段里，并未对其受益所有人（以及合法所有人）信息进行收集和充分核实，故使该类信息难以获得，从而阻碍了执法机构和其他有权机关在对企业载体进行金融调查时跟踪其“钱流”。

14. 在现实中，精心策划的清洗犯罪所得的方案通常运用多种不同的企业载体，而非单一的企业载体。关于透明度的基本原则同样适用于法人和法律安排。但是，措施实行的具体方式可能因不同企业载体的特殊性而有所不同，因此，本文将分开讨论适用于法人透明度的指引和适用于法律安排透明度的指引。

三、受益所有人的定义

专栏1："FATF建议"术语表中的"受益所有人"定义

"受益所有人"指最终拥有或控制[16]某个客户的自然人[17]以及/或代表其进行交易的自然人，包括那些对某个法人或安排具有最终有效控制权的个人。

法人

15. 金融行动特别工作组对法人的受益所有人的定义，必须与法定所有权和控制权的概念区分开[18]。一方面，法定所有权指的是某自然人或法人根据所在地的法律法规拥有某个法人实体。另一方面，控制权指的是在法人内部通过一些方式（如持有一定数量的股份）进行决策和实行决议的能力。但是，金融行动特别工作组对受益所有人的定义中核心要素如下：延伸到法定所有权和控制权之外去考虑最终（或实际）拥有和控制的概念。换言之，该概念侧重于实际拥有和使用法人资金或资产的自然人（非法人），以及那些对该法人实行有效控制的自然人（非法人）（无论其是否在该法人内部承担正式职位），而非那些法律上（书面上）有权这么做的自然人或法人。例如，一家公司在法律上由第二家公司拥有（基于其公司注册信息），那么其受益所有人是第二家公司或所有权链中最终的控股公司背后拥有或控制它的自然人。同样地，在公司注册信息上登记处于公司控制位置上，但实际上代表他人履职的人，并不能视为受益所有人，因为他们终究只是他人对公司实行有效控制的工具。

16 "最终拥有或控制"及"最终有效控制权"指通过所有权链或其他控制方式实现所有权/控制权，而非直接控制。

17 该定义同样适用于人寿保险或其他投资型保单之受益所有人或受益人。

18 建议第24条解释性说明的第3段。

16. 金融行动特别工作组对受益所有人定义的另外一个核心要素是，它包括了代表其进行交易的自然人，即便该自然人对客户不具有实际或法定所有权或控制权。该要素体现了与建议第10条中侧重于客户关系和临时客户的客户尽职调查的区别。受益所有人定义中的这个要素强调了正在进行中的交易的核心个人，即便该交易的结构特意设计成既可规避客户的控制或拥有而又保留了交易的利益。

17. 需收集和保存的法人受益所有权信息在第五部分有进一步阐述。

法律安排

18. 金融行动特别工作组的受益所有人定义同样适用于法律安排，指的是在所有权链条末端最终拥有或控制该法律安排的自然人，包括那些对该法律安排实施最终有效控制的人，以及/或代表其进行交易的自然人。但是在法律安排中，现实中法律安排的具体特点使识别其受益所有人变得更加复杂。例如，信托中资产的法定所有权和控制权与资产的权益是区分开来的，也就是说，根据适用的信托法和设立信托的法律文书规定（如信托契约），信托的所有人、受益人和控制人可以是不同的人。在某些国家，信托法允许信托人和受益人（有时甚至是受托人）为同一人。信托契约也各不相同，可能包含会影响信托资产最终控制权的条款，包括那些为信托人保留了部分权力的条款（如撤销信托或追回信托资产的权力）。这些信息将有助于确定信托的受益所有权及其相关各方。更多有关于管理实践的指引详见第六部分。

19. 需收集和保存的法律安排受益所有权信息在第六部分有进一步阐述。

四、打击非法利用法人和法律安排的有效措施

20. 本指引的目的在于协助各国落实建议第24条和第25条。

专栏2：建议第24条——法人的透明度和受益所有权

各国应采取措施防范法人不被用于洗钱或恐怖融资，确保其有权机关能够及时获取或得到充分的、准确的和最新的关于法人的受益所有权和控制权的信息。特别是，在那些法人能够发行不记名股票或不记名股份凭证的国家，以及那些允许名义股东或代理董事存在的国家，必须采取有效的措施确保法人不被用于洗钱或恐怖融资目的。各国同时还要考虑采取措施，方便金融机构和特定非金融行业与职业获得受益所有权和控制权信息，以落实建议第10条和第22条所规定之要求。

专栏3：建议第25条——法律安排的透明度和受益所有权

各国应采取措施防范法律安排不被用于洗钱或恐怖融资，特别是确保其有权机关能够及时获取或得到充分的、准确的和最新的关于明示信托，包括其信托人、受托人和受益人的信息。各国同时还要考虑采取措施，方便金融机构和非金融企业及专业机构获得受益所有权和控制权信息，以落实建议第10条和第22条所规定的要求。

21. 2013年2月，金融行动特别工作组通过了一套方法，用于评估一国是否在技术上符合“FATF建议”以及审核其反洗钱/反恐怖融资体系的有效性水平[19]。在该评估中，有效性指的是金融体系及经济体多大程度上能够免受洗钱、恐怖融资和大规模毁灭性武器扩散融资的威胁。金融行动特别工作组对有效性的评估主要基于11项直接目标（Immediate Outcomes），包括对法人和法律安排的直接目标5（Immediate Outcome 5，IO.5）的评估。有效体系的特点如下：

19 参见FATF（2013a）。

专栏4：直接目标5

法人和法律安排不被非法利用于洗钱或恐怖融资，有权机关可毫无阻碍地获得其受益所有权信息。

有效体系的特点如下。

采取措施以达到以下目的：

- 使法人和法律安排不被用于犯罪目的；
- 使法人和法律安排充分透明；
- 确保准确的、最新的基础信息和受益所有权信息可及时获得。

基础信息向公众公开，而受益所有权信息向有权机关公开。违反规定的人将根据其违反的严重程度受到有效的、相应的劝诫性处罚。这些措施使法人和法律安排被犯罪分子用于洗钱和恐怖融资的吸引力大大降低。

22. 建议第24条和第25条的合规结果，与评估直接目标5为防范法人和法律安排被非法用于洗钱/恐怖融资所采取措施的有效性有着本质上的联系。建议第24条和第25条要求各国确保其有权机关能够及时获得充分的、准确的和最新的受益所有权信息。因此，落实建议第24条和第25条的措施是实施有效体系的基础。鉴于“FATF建议”与有效性的联系，本指引旨在协助各国落实建议第24条和第25条，从而实现有效性。

五、提升法人的透明度（建议第24条）

23. 各国应根据建议第24条及其解释性说明采取措施确保法人的充分透明，以防止法人被滥用于洗钱/恐怖融资。其基本原则就是各国必须确保其有权机关可及时地获取或得到充分的、准确的和最新的法人的受益所有权和控制权信息。本部分将讨论落实建议第24条需要考虑的关键问题，并为各国提供本方面的指导。

"法人"的定义

24. 建议第24条广泛适用于"法人"，即自然人以外，能够与金融机构建立永久客户关系或拥有财产的任何实体，包括公司、法人团体、基金会、机构、合伙企业或协会及其他具有法律人格的类似实体[20]，也包括非营利组织——在不同的司法管辖区可采取不同的形式，如基金会、协会或合作社等。

建议第24条的范围

25. 建议第24条的大部分内容谈及如何针对公司采取综合的反洗钱/反恐怖融资措施，但这并不意味着这些措施不能用于其他类型的法人。建议第24条特别要求各国在考虑不同法人的形式和结构特点的基础上，对基金会、机构和有限责任合伙企业采取类似于适用于公司的措施[21]。

26. 任何国家对于其存在的任何类型的法人，必须采用以风险为本的方法决定其将采取的特定措施。特别是，各国应该考虑不同法人的形式和结构，检查其他类型法人的洗钱/恐怖融资风险，并根据其风险水平，制定可促进其达到合适水平透明度的措施。这些其他类型的法人至少应该像适用于公司的要求那样记录和保存准确的、最新的基础信息，而相关当局也能及时地获取该信息。此外，相关当局应该能够及时地获取充分的、准确的、最新的其他类型法人受益所有权信息。[22]

理解与法人相关的风险

27.各国必须首先了解其管辖区内存在的法人及其相关风险。具体而言，各国必须有机制实现：

---

20 "FATF建议"术语表。

21 建议第24条的解释性说明第16段 。

22 建议第24条的解释性说明第17段。

（1）识别和描述其存在的法人的不同类型、形式和基本特点；

（2）识别和描述下列程序：设立法人的程序；获取和记录各类法人基础信息和受益所有权信息的程序；

（3）公开上述信息；

（4）评估不同类型法人相关的洗钱/恐怖融资风险[23]。

28. 各国应该对法人进行全面的风险评估——作为对本国洗钱/恐怖融资全面风险评估的一部分[24]，评估应该包括考虑本国特有的相关法律和监管背景问题。作为风险评估的一部分，建议各国评审那些企业载体被非法用于犯罪目的的案件，从而识别风险较高的类型。风险评估不仅要考虑根据与本国法律设立的法人相关的国内威胁和弱点，还应该考虑在其他司法管辖区设立的，但在本国辖区内管理的法人的国际威胁和弱点及其所在地银行账户，尤其是当涉及反洗钱/反恐怖融资控制较弱的司法管辖区时。在评估不同类型的法人相关风险时，各国也应该考虑评估涉及的具体司法管辖区的风险以及服务提供商的类型[25]。

所有权基本信息

公司注册登记

29. 建议第24条的解释性说明要求各国——作为必要的前提条件——必须确保公司注册登记处可获取和记录公司的基础信息，包括[26]公司名称、注册证明、法律形式和法律地位、注册办公地址、基本治理架构（如备忘录和公司章程）以及董事名单。

23 建议第24条的解释性说明第2段。

24 建议第1条要求各国识别、评估和理解洗钱/资本主义融资风险，参见FATF（2012）。

25 参见世界银行/联合国毒品和犯罪问题办公室的“追回被窃资产倡议”报告（2011），第66页。

26 建议第24条的解释性说明第5段。

30. 公司注册登记处的信息应该对外公开[27]。

公司

31. 公司必须取得和保存下列基础信息[28]：

（1）公司名称、注册证明、法律形式和法律地位、注册办公地址、基本管控权限（如备忘录和公司章程）以及董事名单；

（2）股东或成员名册，包括每位股东所持有的股份数和股票类别（包括关联投票权的性质），此类信息可由公司自行记录或向该公司负责的第三方记录，并存留于本国内公司注册登记处知悉的某一地点。但是，如公司或公司注册登记处在国内持有受益所有权信息，股东名册并不一定要保留在本国内，前提条件是公司能够一经要求立即提供此信息。

受益所有权信息

32. 建议第24条的根本要求是各国必须确保各类法人受益所有权信息充分、准确和最新，并确保其有权机关可及时获得此类信息[29]。法人的受益所有权信息通过下列步骤确定：

步骤1 （1）识别持有法人最终控股权的自然人的身份（如有，因为所有权益如此多样，所以可能不存在无论是单独的或是联合的通过所有权对法人实施控制的自然人）；

（2）如对具有控股权的自然人是否为受益所有人存疑，或不存在通过控股权实施控制的自然人，那么识别通过其他方式对法人实施控制的自然人的身份（如有）。

步骤2 如果没有识别出上述（1）或（2）规定的自然人，金融机

27 建议第24条的解释性说明第13段。

28 建议第24条的解释性说明第4段。

29 建议第24条的解释性说明第1段。

构必须识别并采取合理措施核实担任高级管理职务的自然人的身份[30]。

33. 下面是一些可被确认为受益所有人的自然人的例子，这些自然人或通过所有权益或在法人内部担任职位或通过其他方式对法人实现最终的持有/控制：

通过所有权权益对法人进行控制的自然人

（1）直接或间接持有法人最低控股权（阈值法）的自然人。例如，建议第24条允许根据阈值来确定公司的控股股东（例如，持有超过公司特定股权比例的任何人，如25%）[31]。“FATF建议”并没有规定具体数值作为恰当的阈值。各国在确定适当的最低阈值时，必须考虑不同类型的法人的洗钱/恐怖融资风险，或根据商业法或行政法为特定法人设立最低控股权比例。在所有权益方法之下，可能存在超过一位受益所有人（例如，当最低控股比例阈值设定为25%时，一家法人最多可有三位受益所有人）。在任何情况下，持股比例或所有权益都应该被视为需要考虑的关键因素之一。必须强调的是，这种方法也涵盖间接控制的概念，间接控制在正式持有之外，也可通过多层企业载体来实现。归根结底，各国应落实所有权益的概念，对于本国所管辖的所有法人来说足够清晰、实用、可行、可执行。

（2）单独或与其他股东一起实施控制的股东，包括通过合同、协议、合作、中介机构或多层实体等（多数股权法）。必须强调的是，多数股权法也涵盖间接控制的概念，间接控制在法定（直接）持有之外，也可通过多层企业载体或通过代名人来实现。这种间接控制可通过多种方法识别，如股东协议、行使支

30 建议第10条的解释性说明第5段。（b）（i）

31 建议第24条的解释性说明第1段。

配性影响或权力来任命高层管理人员。因此，股东可以通过正式/非正式协议或通过名义股东，相互协作提高某个人在一家法人中的控制权力。各国需考虑国内存在的各类所有权益和可能性，包括投票权或经济权益。其他需要考虑的问题包括公司是否发行了可转换股票或是否存在可转换为具有投票权股权的未偿债务。

通过其他方式对法人进行控制的自然人

（3）通过其他方式对法人行使控制的自然人，如与担任上述职位或具有所有权的人有密切联系；

（4）不通过所有权行使控制的自然人，如通过参与企业的融资，或因密切或亲近的家庭关系、历史或契约关系，或如公司拖欠某些款项。

此外，即使从未实际行使控制权，如使用、享有或受益于法人所持资产，也可推定为具有控制权。

通过在法人内部担任职位对法人进行控制的自然人

（5）对法人商业行为或总体方向有重大影响的战略决策负有责任的自然人。根据法人和国家法律，董事可能会也可能不会在控制实体事务方面发挥积极作用，但识别董事身份依旧可以提供有用信息。然而，如果一国允许代理董事代表未识别的股权行使权责，董事信息的价值会大打折扣。

（6）通过担任高级管理职位对法人的日常或常规事务行使行政控制的自然人，如首席执行官、首席财务官、董事总经理或执行董事、总裁等，对法人的财务关系（包括代表法人与持有账户的金融机构的关系）和法人的持续财务事务具有重大权力的自然人。

提升透明度的其他措施

34. 建议第24条还要求各国落实以下基本要求以增强法人的透明度：

（1）保证信息准确和最新：所有法人的基础信息和受益所有权信息（包括提供给公司注册登记机构的信息）必须是准确且及时更新的[32]。该要求可从两个方面来解释：首先，在法人创立之时，信息是最新和准确的；其次，随着时间的流逝，信息必须保持准确性，及时更新尽可能保持最新，也就是说，若有任何变化，必须立即更新信息。

（2）对不遵守规定的行为进行处罚：各国必须确保对未能落实建议第24条要求的法人或自然人进行追责，使其受到有效的、适当的、劝诫性的处罚[33]。关于处罚的实施，见下面关于获取受益所有权信息机制的部分。

（3）采取措施克服影响公司透明度的具体障碍：各国还必须采取具体措施防止一些常被用于掩盖公司所有权的机制被滥用，如不记名股票[34]、不记名股权凭证、名义股东和代理董事[35]。

建议第24条给予各国灵活空间使其可根据各自的具体情况来选择要执行的措施。[36]

35. 建议第24条的解释性说明要求各国采取措施防止不记名股票和不记名股权凭证被滥用，如通过落实以下一项或多项制度[37]：

（1）禁止不记名股票和不记名股权凭证；

（2）将不记名股票和不记名股权凭证转换成记名股票或记名股权凭

32 建议第24条的解释性说明第11段。

33 建议第24条的解释性说明第18段。

34 "FATF建议"的术语表将"不记名股票"定义为将法人所有权授予不记名股票凭证持有人的可转让票据。

35 股东代表或代理董事制度，即个人代表匿名委托人担任管理或所有权职位，常涉及重大腐败计划，并对公司注册信息的有用性构成重大障碍。参见世界银行/联合国毒品和犯罪问题办公室的"追回被窃资产倡议"报告（2011），第51页和第72页

36 建议第24条的解释性说明第14段至第15段。

37 建议第24条的解释性说明第14段。

证（如通过股票非实物化）；

（3）通过要求不记名股票和不记名股票凭证被受监管的金融机构或专业中介机构持有使其不能流通；

（4）要求拥有控股权的股东向公司申报，并要求公司记录其身份信息。

36. 建议第24条的解释性说明同时要求各国采取措施防止名义股东和代理董事被非法利用，如通过落实下面一个或多个制度：

（1）要求名义股东和代理董事向公司或相关登记机构披露其任命人的身份信息，以便该信息可纳入相关记录；

（2）要求名义股东和代理董事获得许可，以便公司注册登记机构记录其名义地位，而被任命人可保存其任命人的身份信息，应要求向有权机关提供此类信息[38]。

37. 其他披露措施也可防止名义股东或代理董事制度被非法利用，例如：

（1）若任命人为法人，各国应考虑要求披露持有或控制该任命人的任何自然人的身份信息。

（2）若董事为法人，各国应考虑要求至少一名董事为自然人，或要求提供任一控制该董事的自然人信息。

（3）信托或公司服务提供者常被任命为代理董事或名义股东，以使该实体的受益所有人的名字不被记录在案[39]。信托或公司服务提供者负有反洗钱/反恐怖融资义务，应受到监管（建议第22条和第28条），包括涵盖受益所有权信息的客户尽职调查。在代理人服务甚为普遍的国家，必须考虑名义股东和代理董事许可制，该制度要求获批的被任命人保存其代表履职的个人的

38 建议第24条的解释性说明第15段。

39 参见世界银行/联合国毒品和犯罪问题办公室“追回被窃资产倡议”报告（2011），第60页。

信息。

（4）犯罪分子通常利用这种非正式的代持安排，让朋友、家人或合伙人自称是企业载体的受益所有人。鉴于其非正式和私人性质，此类安排带来了巨大的挑战。要解决这个问题，可规定被任命人向公司注册登记机构披露其代表履职的个人的身份信息，并对上报虚假信息的行为实施惩罚。

（5）补充披露的措施，如强化问责或提高责任意识，以防止该类制度安排被非法利用。

法人受益所有权信息的获取机制和来源

38. 企业载体的受益所有权信息可从多个不同途径获得，包括公司注册登记机构、金融机构、特定非金融行业与职业、法人本身和其他国家机构，如税务局或证券交易管理局等。“FATF建议”认可各类信息来源，给予各国灵活性以便其根据各自的法律、监管、经济和文化特点以适当的方式落实建议的要求。一个有效的系统能够防止法人被用于犯罪目的。建议第24条的解释性说明提及。各国应需要结合不同的制度来实现此目标。无论采用何种制度，关于受益所有权信息的基本要求不会改变。各国必须确保落实至少以下一项要求：

（1）公司可获得其受益所有权信息，且该信息在本国内的特定地方可获得；

（2）本国具备相关制度确保有权机关能及时确定一家公司的受益所有权[40]。

39. 违反这些规定的个人将受到有效的、相应的、劝诫性的惩罚。一个有效的系统可包括以下所列各项制度的结合，以确保有权机关能够及时获得各方所收集和持有的所有权信息：金融机构、特定非金融行业与职业、公司

---

40 建议第24条的解释性说明第7段及“FATF方法论”（*FATF Methodology*）的“直接目标5”，参见FATF（2013a）。

注册登记机构及/或公司本身。各国根据本指引制定和执行制度来落实建议第24条时，必须考虑有效系统的这些特点。

40. 建议第24条规定了三种选择可供各国采取切实可行的措施来确保公司的受益所有权信息的可获得性。各国可选择其信赖的制度来确保此类信息的可获得性，尤其是可采取以下一项或多项制度：

（1）要求公司或公司注册登记机构取得和保存最新的公司受益所有权信息；

（2）要求公司采取合理措施[41]以取得和保存最新的公司受益所有权信息；

（3）使用现有信息，包括金融机构和/或特定非金融行业与职业根据建议第10条和第22条取得的信息；其他相关当局掌握的公司法定所有权和受益所有权信息；公司持有的基础信息；可获得的在证券交易所上市的公司信息，因上市披露要求确保其受益所有权的透明度。

41. 尽管执行上述任何一项制度足以确保满足建议的要求，在现实中，由于这些措施并不相互排斥，各国可结合多个制度来实现建议第24条所提出的目标[42]。各国应根据各自的特殊情况和风险评估结果考虑其他可能的制度机制的可行性。在确定合适的制度时，各国必须在允许企业载体合法运行和打击洗钱/恐怖融资行为之间取得适当的平衡。本指引无意对任何制度表示偏好，相反，它为确定和执行措施提供指导。

机制1：公司注册登记机构

42. 各国通过要求公司注册登记机构取得和保存最新的受益所有权信息来落实建议第24条。[43]

---

41 所采取的措施应与公司所有权结构或控股股东性质所造成的风险或复杂程度成正比。

42 建议第24条的解释性说明第8段。

43 建议第24条的解释性说明第8段。尽管第8段要求公司或公司注册登记机构取得和保存受益所有权信息，关于公司持有此类信息的话题在下面机制2之下进行讨论。

43. 公司注册登记机构[44]是法人所有权信息的宝贵信息来源。根据建议第24条，在一国内设立的所有公司必须在其公司注册登记处进行注册登记，而该机构必须（至少）记录和保存公司的基础信息，包括公司名称、注册证明、法律形式和法律地位、注册办公地址、基本管控权限和董事名单[45]。公司注册登记处所掌握的公司基础信息必须向公众开放，使金融机构、特定非金融行业与职业和其他有权机关能及时获取这些信息[46]。资源充分且积极主动的公司注册登记机构持有受益所有权信息，无疑是一个有效的机制，使执法机关能从这个单一来源就获得前述信息。

44. 不同国家的公司注册登记机构的角色大不相同，而其获取的信息程度和质量也不尽相同。各国必须认识到可能对公司注册登记机构所掌握信息的可靠性产生负面影响的因素。例如，许多公司注册登记机构扮演着被动的角色，仅作为信息或文件的存储库，而没有执行检查或采取其他措施来确保其收到信息的准确性。此外，许多国家的公司注册登记信息并不能可靠地保持最新。在存在这些问题的情况下，各国应考虑采取措施以提高公司注册登记机构所持信息的可靠性。

45. 当然，资源充分且积极主动的公司注册登记机构持有受益所有权信息，是一个有效的机制，使执法机关从这个单一来源就能获得前述信息。公司注册登记机构通常并不收集受益所有权信息，它们的设立在传统上仅是为了便利公司的成立和获得商贸目的相关的信息。因此，想要通过现有的公司注册登记机构来落实受益所有权信息相关要求的国家，大部分需要极大地改变机构的角色、功能和资源。下面为有意设立受益所有权信息登记的国家提供一些例子：

44 建议第24条的解释性说明将“公司注册登记机构”定义为公司注册成立或获发牌照的国家的登记处，通常受管于公司注册管理当局或为其服务。该术语不涵盖公司本身所持有的或为其持有的信息。

45 建议第24条的解释性说明第4段（a）和第5段。

46 建议第24条的解释性说明第13段。

（1）公司注册登记机构的法定目标是否足够涵盖其收集、验证和保存受益所有权信息的义务？其是否被要求验证受益所有权信息？其是否担负反洗钱/反恐怖融资的义务？

（2）公司注册登记机构是否有充足的人力和财力资源来承担收集、验证和保存受益所有权信息的额外功能？对公司法的充分了解和理解对于确定一个复杂法律结构的受益所有人是必需的。

（3）是否有制度或机制确保提供给公司注册登记机构的受益所有权信息是准确且最新的？成立法人的申请人是否被要求在法人成立之时向公司注册登记机构提交准确的受益所有权信息？公司注册登记机构是否有通过可靠的、独立的来源文件、数据或信息来验证所收到的信息的准确性？例如，向公司注册登记机构提供受益所有权信息是否是成立公司的条件之一？

（4）如何监控和记录受益所有权信息的变化？法人及/或受益所有人是否被要求在信息有变化时限时告知公司注册登记机构？

（5）是否有主管机关负责落实上述要求？如未能落实这些要求是否会受到有效的、适当的、劝诫性惩罚？未能落实信息披露和更新要求的法人及/或受益所有人（如未能披露信息或提交不准确、不完整的信息）是否会被追责和受到惩罚[47]？

（6）有权机关是否可及时获得公司注册登记机构所掌握的信息？系统是否允许使用不同的字段来搜索公司注册登记信息？公司注册登记机构是否允许主管当局通过远程登录系统或类似的机制直接获得信息？或主管当局需要向注册登记机构申请才能获得信息？

（7）公司注册登记机构所持有的信息是否仅向特定人群公开或完全

47 世界银行/联合国毒品和犯罪问题办公室“追回被窃资产倡议”报告（2011）的解释性说明，第75段。

向公众公开[48]？根据“FATF标准”，受益所有权信息可仅向特定的有权机关（包括执法机关）公开，也可向金融机构和特定非金融行业与职业公开。同时必须考虑如何利用技术便利公司注册登记机构的信息向公众公开（尽管可能出现涉及隐私的问题，需要做好平衡）。例如，尽管“FATF标准”没有作出要求，部分国家通过可搜索的在线数据库公开信息，允许民间团体搜索信息，允许金融机构、特定非金融行业与职业和海外有权机关及时获得信息，从而提高透明度。

（8）是否存在不利于有效登记受益所有权信息的司法或宪法障碍？例如，在某些国家，州/省级当局负责法人的设立和监管事宜，而宪法限制了国家当局对州/省级当局施加受益所有权信息相关要求的权力。即便不存在类似的宪法约束，在一个以州/省主管为主的系统内，确保受益所有权信息相关要求始终如一地施加于所有的公司注册登记机构，也是相当具有挑战性的。面临这些挑战的国家必须确保其公司注册登记处持有公司基本信息，同时还需要采取其他措施来确保能及时获取准确、充分的受益所有权信息。对于有些司法管辖区而言，另外一个法律约束是数据保护法是否与上述第（7）项所规定的受益所有权信息分享存在冲突。

专栏5：示例特征——公司注册登记机构持有受益所有权信息

保证公司注册登记机构持有受益所有权信息的制度具有以下部分或所有特征：

- 要求公司在注册登记之时向公司注册登记处提供公司基本信息和受益所有权信息。

48 建议第24条的解释性说明第13段。

- 要求公司每年或在当信息有变化时更新公司基本信息和受益所有权信息，以确保信息是最新的。
- 要求公司就受益所有人和受益所有权结构进行声明，包括提供文件复印本以核实身份。
- 要求公司注册登记机构核实受益所有人的身份。
- 没能提供受益所有权信息的公司将受到劝诫性的行政惩罚，如限制其注册公司，此类惩罚能够得到落实。
- 提供虚假信息的公司将受到相应的、劝诫性的行政和刑事处罚，而公司代表也可能受到个人追责。
- 公司注册登记机关对未能履行义务的行为实施处罚。
- 公司注册登记机关能够积极主动地发现异常和不一致的信息，如通过将信息与其他来源（如股东、人口或全国身份数据库）信息进行对比。
- 公司注册登记机构的信息以数字化形式记录且可搜索，搜索功能支持多字段搜索。
- 有权机关能够从网上获得公司注册登记信息，包括全面检索功能。
- 公司注册登记机关能够识别数据库的滥用或不正常活动（红色警示）的指标。
- 公司的基本信息向公众公开，受益所有权信息可向公众公开，也可仅向金融机构或特定非金融行业与职业公开。
- 除了受益所有权信息，公司注册登记机关还可获得并保存公司的股东信息。
- 公司注册登记机关收集董事会、高级管理层和经授权代表公司行事的自然人信息。此外，董事必须是自然人。
- 鉴于信息由公司向注册登记处提供，此机制下的措施可与下面机制2所列各项制度结合运用。

机制2（1）：要求公司保存受益所有权信息

46. 各国要求公司获取和保存各自的受益所有权信息来落实建议第24

条[49]。首先，各国必须要求公司存有一份股东或成员清单[50]。以下是采取此方法需要考虑的事项：

（1）公司持有股东名册，如股东清单，该名册可提供给有权机关[51]。股东名册必须包含法定所有权信息，但不一定包含受益所有权信息。

（2）是否有机制确保公司所收集的受益所有权信息是准确且最新的？公司是否有权要求其股东提供更新的信息（包括随时要求获取受益所有权信息的权力）？如是，未能回应要求或提供关于法人及其代表人虚假信息（例如，公司是否能向法院申请暂停股票分红等股票限制令）是否会受到任何惩罚？

（3）是否要求股东披露其代表谁持股？是否要求股东在规定时间内通知公司任何所有权或控股权的变化？

（4）选择实施这一制度的国家如何使公司意识到其义务？主管当局是否向公司或股东提供指引解释其义务？该指引是否公开？

（5）有权机关是否能及时获得该信息？有权机关如何能在不惊动公司、不让其知道可能会启动调查的情况下获得受益所有权信息？是否要求受益所有权信息在注册国可获得？是如何处理在注册国内没有设立实体机构的公司的呢？

（6）法人是否有责任保持更新其代表人名单，包括代表的角色、功能和权限？

机制2（2）：要求公司采取合理措施

47. 各国可通过要求公司采取合理措施获取和保存最新的受益所有权信

49 建议第24条的解释性说明第8段。

50 建议第24条的解释性说明第6段。

51 FATF（2006），p. 13.

息来落实建议第24条[52]。各国应在这方面建立一个清晰可行的框架来规定"合理措施"的含义。公司采取措施获得和保存最新的受益所有权信息的程度，应与公司所有权结构或其控股股东的性质所带来的洗钱/恐怖融资风险或复杂性成正比。除了上述机制2项下所描述的考虑要素，采取这一机制的国家还需要考虑以下因素：

（1）一国是否识别和评估与法人相关的洗钱/恐怖融资风险，以落实建议第1条和第24条所要求的以风险为本的方法？

（2）一国是否建立了法律或执法框架规定公司如何采取"合理措施"获得和保存最新的受益所有权信息？该框架是否基于通过国家全面风险评估所获得的对洗钱/恐怖融资的理解？针对不同类型的公司是否有不同的要求？

（3）是否给予公司一定的灵活度自行决定什么样的措施是合理的？如是，公司必须采取的行动是否有最低限度的要求？主管当局是否就其希望公司在某种情况下采取哪些措施为公司提供清晰的指引？实施反洗钱/反恐怖融资措施的公司是否对自己的洗钱/恐怖融资风险有充分的理解？

专栏6：示例特征——公司持有受益所有权信息

保证公司持有或采取合理措施持有受益所有权信息的制度具有以下部分或所有特征：

- 要求公司持有受益所有权信息，主管机关要求公司从股东处所持股份的受益所有权信息。
- 公司可通过适当的法庭或行政机关对未能提供关于股东投票权或股票销售等相关受益所有权信息的股东实施限制。
- 股东提供虚假信息将受到劝诫性行政或刑事处罚。

52 建议第24条的解释性说明第8段。

- 要求股东立即提供受益所有权变化的信息。
- 要求公司应要求及时向有权机关提供股东和受益所有人名单。
- 公司未能向当局提供信息将受到惩处，包括行政处罚或限制公司注册。
- 股东和受益所有人名单必须以电子形式保存和提供。
- 如股东和受益所有人名单由第三方代表公司持有，公司依旧承担相应的义务。
- 要求公司了解和持有其所有权链条等所有权结构信息。
- 如无法确定受益所有权信息，要求公司在网站上公开此事实。
- 豁免持有受益所有权信息义务的公司，应基于其洗钱/恐怖融资风险较低的事实而被国家豁免该义务。
- 要求受益所有权信息在注册国内保存。
- 通过提供指导和提高其意识使公司和股东明确其义务，如在注册公司之时向其提供相关信息。

机制3：依赖现有信息

48. 各国也可通过收集现有的法人实体受益所有权信息来确认受益所有人，从而落实建议第24条[53]。可能的信息来源如下：公司注册登记机构和其他类型的登记处（如土地、机动车辆和动产登记处）；金融机构和特定非金融行业与职业；其他主管机关（如监管机构或税务机关）；证券交易所的信息及商业数据库[54]。确定有助于反洗钱/反恐怖融资的其他信息来源（如税务机关或金融监管机构）有助于加强公司之间的合作，以及改善确定受益所有权的机制。采取这一方法的国家需要考虑下列事项：

53 建议第24条的解释性说明第8段（c）。

54 世界银行/联合国毒品和犯罪问题办公室“追回被窃资产倡议”报告（2011），第51页和第77页。

（1）有权机关（尤其是执法机关）是否知晓受益所有权信息的保存之处？如有需要，有权机关是否可及时获得所需信息？执法机关是否有足够权力？是否有制度机制便利某个机关从其他机关（如税务机关、监管机构或土地所有权管理机构）获得信息以有效应用于调查中？是否有充足的机制确保不同机关之间的信息共享？

（2）关于税务信息，其他有权机关（尤其是执法机关）是否知晓税务机关所收集和保存的信息？税务机关收集法人的所有权和控制权信息的程度因不同国家而不同，取决于具体国家的税务制度[55]。

（3）是否建有受益所有权信息的商业数据库？很多此类数据库提供收集法人实体数据的风险管理服务，主要服务于私人部门开展客户尽职调查。

49. 如依赖金融机构和特定非金融行业与职业所获得和保存的客户尽职调查信息，还有以下具体要素需要考虑：

（1）金融机构和特定非金融行业与职业是否根据建议第10条和第22条充分地履行了客户尽职调查义务，包括采取措施识别和核实受益所有人身份？金融机构和特定非金融行业与职业是否受到了充分的监管（建议第26条和第28条）？

（2）金融机构和特定非金融行业与职业是否获得关于如何开展合适的客户尽职调查（建议第34条）的充足指引？该指引的提供有助于客户尽职调查要求的落实，从而提高此类机构收集受益所有权信息的质量和充足性。例如，什么类型的文件或资源可用于核实一国境内创立的法人的法定地位、间接或直接所有权和

55 世界银行/联合国毒品和犯罪问题办公室“追回被窃资产倡议”报告（2011），第82页。

控制权[56]。

（3）有权机关是否可及时获得金融机构和特定非金融行业与职业所持有的客户尽职调查信息（建议第30条）？有权机关是否具备充足的程序流程和已确立的关系，避免从金融机构和特定非金融行业与职业获得信息的不必要延误，确保信息可及时获得？金融机构和特定非金融行业与职业是否对公司法有充分的理解来确定复杂法律结构的受益所有人？

（4）有权机关是否知晓法人在金融机构持有的账户（建议第31条）？例如，某司法管辖区是否有机制确定银行账户的持有人或类似机制帮助经授权的有权机关及时确定应该接洽的相关金融机构。

（5）有权机关如何知晓与法人建立客户关系的特定非金融行业与职业，包括信托或公司服务提供者？信托或公司服务提供者是否需要进行登记注册或取得牌照，使我们更容易识别它们及与之取得联系？

专栏7：示例特征——其他来源和综合方法

采用受益所有权综合方法的机制具备以下部分或全部特征：

- 根据建议第10条，金融机构开展客户尽职调查，了解其与受益所有权相关的尽职调查义务，受到反洗钱/反恐怖融资监管。
- 若公司注册登记机构没有取得及保存受益所有人的信息，其可能握有受益所有权相关的信息，包括董事、高级管理层和公司代表等。

56 见本指引第七部分关于金融机构和特定非金融行业与职业所适用的客户尽职调查要求，以及有效地执行客户尽职调查要求如何有助于各国履行其在建议第24条和第25条项下义务的详细讨论。

- 税务机关所掌握的受益所有权信息能够被有权机关及时所获得，执法机关知晓可获得的信息且有相关机制确保能够及时获取这些信息。
- 有权机关能够及时识别持有受益所有权信息的金融机构，例如，通过全国银行账户登记簿。
- 有权机关能够及时识别持有受益所有权信息的信托或公司服务提供者，如通过中央股票交易登记簿、信托或公司服务提供者名册或其他监管机关用来确认信托或公司服务提供者的机制。
- 准确的、最新的受益所有权信息可从资产登记处获得，如土地、不动产、机动汽车、股票或其他资产登记处等。

提升公司透明度的其他措施

50. 无论实施了上述的何种机制，建议第24条特别要求各国建立机制确保公司在最大程度上配合有权机关确定受益所有人。各国有三种方式来推动这种合作，这几种方式可以单独使用，也可以合并使用：[57]

（1）要求公司授权[58]至少一位在其注册国所在国家居住的自然人负责向有权机关提供所有基本信息及可用的受益所有权信息，如有需要向机关当局提供进一步的帮助。

（2）要求公司授权国内的公司服务提供商（如律师、会计师或其他信托或公司服务提供者）负责向有权机关提供此类信息和协助。

（3）采取其他能有效确保公司配合的类似措施。

57 建议第24条的解释性说明第9段。

58 在高级管理层中任职的董事会成员不需要获得公司的特别授权，因为这属于他们的权力范围之内。

51. 此外，要求公司及所有上述提及的个人、机关和实体（如公司正在解散，其管理机构、清算人或其他解散过程涉及的人）保存所指信息和记录至少五年，从公司解散或不再存在之日算起，或自公司不再是某专业中介机构或金融机构的客户之日算起至少五年[59]。

52. 落实这些要求的国家需要考虑下列事项：

（1）公司是否知晓其有义务配合机关当局？机关当局是否向公司提供指导，向其解释该义务？该指导是否公开？

（2）如一国的制度允许公司通过国内第三方配合有权机关，那么有权机关是否可轻易识别该第三方？是否有要求该第三方应及时回应有权机关的受益所有权信息的授权请求？该第三方是否知晓其有义务保存和向机关提供充分的、准确的、最新的受益所有权信息？

（3）是否有主管当局负责落实上述要求？如未能遵守要求是否会受到有效的、适当的、劝诫性的惩罚？负责配合主管当局的第三方如未能履行义务是否会受到追责和惩罚？

六、提升法律安排的透明度（建议第25条）

53. 各国应根据建议第25条及其解释性说明采取措施确保法律安排的充分透明，以防止法律安排被非法用于洗钱/恐怖融资目的。特别是，各国应当确保有权机关能够及时得到或获取充分的、准确的、最新的有关明示信托的信息（包括信托人、受托人和受益人的信息）。本节将讨论需要考虑的问题，为各国提供落实建议第25条的指导，以提高法律安排的透明度。

59 建议第24条的解释性说明第10段。

建议第25条的范围

54. 在建议第25条中，“法律安排”广泛地指明示信托[60]或其他相似的安排，包括罗马法上的信托（Fiducia）、日尔曼法上的信托（Treuhand）和信托融资（Fideicomiso）。[61]

55. 建议第25条主要侧重于如何对信托综合运用反洗钱/反恐怖融资手段。信托使财产可以由一个人代表另外一个人进行管理，是普通法下的一个传统事物。信托也存在于一些大陆法系国家或由这些国家的实体进行管理，具有广泛的法律用途（如保护受益人、创立投资工具和养老基金及管理礼品、遗赠或慈善捐赠）。鉴于某些类型信托的创立比较简单，信托的创立通常并不需要公证人、信托或公司服务提供者等外部专业人士的介入。如信托管理产生了收益，那么报税时需要提供信托的信息，但是信托注册登记的具体要求并不常见。另外，信托通常不具备单独的法律人格，因此不能自行开展交易或拥有资产，而是需要通过受托人。

56. 某些国家采取了可提高信托透明度的措施：建立慈善信托的注册或其他监管制度；对律师、信托或公司服务提供者等特定非金融行业与职业施加责任；要求信托的建立过程必须要有特定类型受监管实体的参与；税务管理机关或其他有权机关收集信息；建立专业受托人登记制度；建立信托登记。

57. 对于具有类似结构或功能的其他法律安排，建议第25条特别要求各国采取类似针对信托的要求的措施，以实现相近程度的透明度。各国至少应该确保信托制度所要求的类似信息必须被记录，保持准确和最新，并且有权

60 根据“FATF建议”术语表，“明示信托”指的是信托人明确创立的信托，通常以文件的形式创立（如书面的信托契约）。明示信托对比的是那些通过法律运作，并非由委托人设立信托或类似法律安排的明确意图或决定所形成的信托（如推定信托）。

61 “FATF建议”术语表。

机关可及时获得[62]。

理解与法律安排相关的风险

58. 首先，各国应该了解在其司法管辖区内存在的法律安排及相关的洗钱/恐怖融资风险。各国应该对各类法律安排开展全面的风险评估——该风险评估应该是整个国家洗钱/恐怖融资风险评估的一部分[63]，风险评估应考虑该国特有的法律和监管背景下的问题。作为风险评估的一部分，建议各国通过研究信托和其他法律安排被用于犯罪目的的案件，识别风险较高的类型。在评估不同类型的法律安排相关风险时，各国应该考虑评估具体司法管辖区的风险以及服务提供商的类型[64]。风险评估应考虑该司法管辖区内创立的法律安排相关的威胁和弱点，以及依据其他司法管辖区法律创立的但在进行风险评估的司法管辖区内运作的那些法律安排的威胁和弱点。

针对信托法国家的要求

59. 信托法国家[65]应要求受制于其法律的明示信托的受托人取得和保存充分的、准确的、最新的信托受益所有权信息。如该信息有任何更改，应在合理的时间内进行更新以确保信息充分、准确和最新。信托的受益所有权信息如下：

（1）信托人、受托人、保护人（如有）、受益人或受益人类别、任何其他对信托具有最终有效控制权的自然人的信息；

（2）其他受管制的信托代理人和信托服务提供者的基本信息，包括投资顾问或管理人、会计师和税务顾问[66]。

62 建议第24条的解释性说明第9段。

63 建议第1条要求各国识别、评估和理解洗钱/恐怖融资风险。参见FATF（2012）。

64 世界银行/联合国毒品和犯罪问题办公室“追回被窃资产倡议”报告（2011），第66页。

65 在本指引中，“信托法国家”指的是那些法律允许信托创立和承认信托的国家。

66 建议第25条的解释性说明第1段。

60. 这些要求的目的在于确保受托人总是能够持有这些信息（无论受托人位于哪个国家，也无论信托存在于哪里）。在大多数情况下，这些是受托人无论在任何情况下都会持有的信息，因为持有这些信息或是法律的要求，或是现实中履行受托人职责所必需的。必须确保受托人能够识别所有以任何身份拥有或控制信托的个人。如前所述，法律安排的受益所有权信息包括信托人、受托人、受益人或受益人类别、保护人（如有）及其他控制信托的人的信息。具体涉及的各方可依据信托的性质有所不同，各国应针对在其法律下设立的明示信托的性质而建立制度。

61. 如一国法律已规定受托人具有类似的法律义务（如通过普通法或判例法），那么也不是必须把上述要求纳入其法律[67]。我们并不要求信托法国家对所有受其法律管制的信托都施加这些要求——这仅是信托主管当局要求受托人执行（可实施适当处罚）的义务。

针对所有国家的共同要求

62. 建议第25条包括对所有国家的要求，无论其是否认可信托法。"FATF建议"意识到很多国家没有信托法，也不在法律上承认信托，因此并未要求所有国家都这么做。但是，尽管很多国家没有信托法，也不承认信托，这些国家的人经常也创立信托——受其他国家法律管制的信托——以管理其资产。这就意味着在一国法律下创立的信托，但在另一国管理（受托人和信托资产所在地），后者与该信托、信托资产以及信托涉及的个人或实体有更多的接触。因此，信托的管理国对该信托负有责任，在必要的情况下可实施适当的惩罚。

63. 正是因为如此，建议第25条对所有国家提出了具体的要求，不管其是否认可信托法。特别是，所有国家必须落实以下措施：

67 建议第25条的解释性说明第8段。

（1）要求受托人在建立业务关系或开展高于最低门槛的临时交易时，向金融机构或特定非金融行业与职业披露其身份地位[68]。受托人必须积极地披露信息（而非应管理当局的要求）。受托人的信息披露不应该受到任何阻碍，即便信托契约条款要求其隐藏身份。通常可获得的受托人信息的唯一来源是金融机构/特定非金融行业与职业与受托人建立的业务关系。

（2）要求专业受托人在停止参与信托之后至少保存该信息五年。同时鼓励各国将该要求延伸至非专业受托人及其他相关机构、个人和实体上[69]。

其他可能的措施

64. 鼓励各国保证其他相关权力机关、个人和实体持有与之存在关系的所有信托的信息，信托、受托人和信托资产的信息潜在来源如下：

（1）注册登记处（如信托或信托资产的中央登记处）或土地、财产、机动车辆、股份或其他的资产登记处；

（2）其他掌握信托和受托人信息的有权机关（例如，税务机关收集信托资产和收益信息）；

（3）其他信托代理人和信托服务提供者，包括投资顾问或管理人、律师、信托及公司服务提供者[70]。

65. 各国应该考虑采取措施方便金融机构和特定非金融行业与职业获得上述机关、个人和实体所持有的信息。

66. 尽管上述措施并非强制要求，各国需要考虑落实这些措施（单独落

---

68 参见建议第10条关于临时交易最低门槛的具体详情。

69 建议第25条的解释性说明第5段（其他可能持有关于信托的有用信息的机构、个人和实体包括信托登记机构、税务管理机关、信托代理及投资顾问或管理人、律师、信托或公司服务提供者等信托服务提供者）。

70 建议第25条的解释性说明第3段。

实或是多个合并），以达到建议第25条的要求，确保有权机关能够及时获得信托的受益所有权信息。以下是采取这一方法的国家必须考虑的问题：

（1）注册登记机构：尽管“FATF建议”没有要求，必须向中央信托登记机构披露所有信托信息（包括信托人和受益人信息）的制度是一个有效的机制，因为该机构能够及时提供信托信息（如保持信息的准确性），并能够向有权机关提供信息披露和国际合作的必要信息。中央信托登记机构必须确保向不同司法管辖区的有权机关及时地、免费地提供受益所有权信息，与此同时不会泄密给正在受到调查的信托。例如，一国存在的信托数量有限，那么中央信托登记机制是一个有效的办法。但是，对于有些国家而言，要求信托登记必须更改信托的法律基础。例如，在普通法国家，信托与公司不同，是私下协议，既非通过国家创立，其存在也不需要得到国家认可。尽管大部分国家没有要求信托进行登记，但是至少在某些特定情况下应要求信托信息进行登记（包括信托人和受益人的信息）。例如，一些国家要求带有慈善目的的信托注册为慈善组织，设置有专门的慈善组织监管或负责给予慈善机构免税待遇的税务机关。此类安排通常适用于慈善型信托和作为慈善机构的法人。

（2）其他有权机关：在许多国家，税务机关是信托所有权和控制权信息最广泛的来源，尽管只有当信托在该司法管辖区内产生纳税义务时它们才能取得这些信息。一般来说，如果一个信托得到的收益超过具体的最低标准，受托人必须代表信托向税务机关报税。纳税申报单里必须包含该信托的受托人、信托人、全部受益人及其在纳税期内从该信托得到的应纳税收入等信息。但是并非所有国家都要求上报受益人信息。各国应检查其他有权机关收集到的信息，考虑多种措施以确保有权机关能够及时获得因其他目的而收集到的信息。部分国家签订了税务信息自动交换协议，使不同司法管辖区之间能够更多地交换信托信息。特别是，在此机制下，银行将每年向国内税务机关上报那些在本行持有账户但受益人为外国居民的信托的受益所有权信息。国内税务机关将自动把该信息转交给相关国外税务机关。而外国的税务机关能否提供该信息给其他有权机关，必须检查法律文书中关于税务信息自动交换涉及的信息保密性和数据保护内容。

（3）其他信托代理人和信托服务提供者：建议第22条要求所有律师、公证人和其他独立法律专业人士和会计师在创立、运作或管理法律安排时必须履行记录要求。建议第22条还要求所有信托或公司服务提供者在担任（或安排他人担任）明示作为信托的受托人或履行其他形式的法律安排的类似功能时，也要履行记录的要求。各国可考虑建立中央专业受托人登记制度（或其他等同机制），以确保监管机构能够识别在本司法管辖区内的所有受托人。该制度有助于有权机关及时获得受托人所掌握的受益所有权信息。

其他要求和综合方法

67. 许多国家采取的是综合多种信息来源的方法，这也许是确保有权机关能够及时获得信息的最有效的办法。“有效方法”指的是能够防止法律安排不被用于犯罪目的，且包含多种措施的方法，这些措施通过确保有权机关能够及时获得准确的、最新的基本信息和受益所有权信息从而确保了法律安排的充分透明[71]。如有人不履行基于FATF建议确定的义务，应受到有效的、适当的、劝诫性的惩罚。这样的机制保证了有权机关可及时获得收集和持有基本信息和受益所有权信息的各方手中掌握的信息。无论选择哪一种方法，

71 《FATF方法论》的“直接目标5”，参见FATF（2013a）。

各国在根据本指引建立和实施落实建议第25条的制度时，应确保分工明确并且建立一个包含前述特性的有效机制。

68. 各国应对那些未能履行上述义务的受托人进行追责，使其受到有效的、适当的、劝诫性的惩罚（刑事、民事或行政处罚）。各国应确保如未能及时为有权机关提供信托信息，将受到有效的、适当的、劝诫性的刑事、民事或行政处罚[72]。

专栏8：实例特征——信托及其他法律安排

确保获取信托和其他法律安排的受益所有权信息的机制一般具有以下多个或所有特征：

- 要求受托人取得并保存受托人、信托人、保护人（如有）、受益人和受益人类型、其他控制信托的任何个人的信息。
- 要求受托人以电子形式持有信息，并在规定时间内按要求向有权机关提供信息。
- 专业受托人的义务受到有权机关的监督和强制执行，如受托人未能按要求保存信息或未能及时向有权机关提供信托的相关信息将受到相应的劝诫性惩处。
- 要求明示信托的受托人向金融机构披露其身份地位，如提供虚假信息将受到处罚，如行政处罚。
- 根据建议第10条，信托或公司服务提供者和会计师开展客户尽职调查，了解受益所有权相关的客户尽职调查义务，受到反洗钱/反恐怖融资监管。
- 一国已建立中央信托登记制度，涵盖受托人、信托人、保护人（如有）、受益人或受益人类型、对信托具有控制权的其他任何个人的信息。上述公司登记制度的特征也同样适用于中央信托登记制度。

72 建议第25条的解释性说明第11段。

七、受益所有人识别义务与其他建议（客户尽职调查和电汇要求）之间的关系

69. 履行建议第24条和第25条项下义务的方法之一就是采用金融机构和/或特定非金融行业与职业根据建议第10条和第22条所收集和保存的客户尽职调查信息，加上赋予充分的执法权以取得该信息[73]。然而，如果没有收集和保存该信息在先，仅有获取信息的充分执法权也不足以落实建议第24条和第25条之要求。因此，在此方法下，有效落实建议第10条和第22条有关受益所有人的尽职调查要求，与建议第24条和第25条项下之义务直接相关。

70. 建议第10条和第22条要求金融机构和特定非金融行业与职业采取客户尽职调查措施[74]，包括在下列情况下识别和核实客户身份：

（1）建立业务关系[75]；

（2）在建议第16条的解释性说明所描述的情形中，进行金额高于15000美元/欧元的临时交易或电汇；

（3）存在可疑的洗钱/恐怖融资活动；

（4）金融机构/特定非金融行业与职业怀疑先前获得的客户身份信息的准确性或充分性。

71. 根据建议第10条和第22条，各国应要求金融机构和特定非金融行业与职业识别和采取合理措施核实受益所有人的身份，以便这些机构明确了解受益所有人。对于法人而言，受益所有人包括具有最终控股所有权的任何自然人（如有），如对具有最终控股所有权的自然人是否为受益所有人存在疑问时，应通过其他方法识别对法人具有控制权的自然人（如有）身份。如这样无法识别出自然人，则识别在法人中担任高级管理职位的相关

73 详细信息，请见下面建议第24条和第25条的指引。

74 关于如何将基于风险的方法应用于客户尽职调查的指导，参见金融行动特别工作组关于基于风险的方法指引。

75 “FATF建议”并未给出该概念的定义，各国可自行决定业务关系是否建立。

自然人[76]。对于法律安排而言，应包括信托人、受托人、保护人（如有）、受益人或受益人类别、对信托具有控制权的其他任何人的身份[77]。

72. 此外，各国应要求金融机构和特定非金融行业与职业了解客户的所有权和控制权结构，应对业务关系开展持续尽职调查，仔细检查业务关系存续期间进行的交易，以确保开展的交易与机构对该客户及其业务和风险情况（包括如有必要时，客户的资金来源）的了解相一致[78]。为确保金融机构和特定非金融行业与职业了解企业载体的洗钱/恐怖融资风险，各国应采取措施识别和评估此类风险，并为其提供信息[79]。根据建议第11条，金融机构和特定非金融行业与职业应记录所开展的尽职调查流程，并保存这些记录至少五年[80]。在受理第三方介绍的业务时，金融机构或特定非金融行业与职业应确保能够立即获得客户的受益所有权信息。根据建议第17条要求，客户及其受益所有权信息的证明文件的复印件在金融机构或特定非金融行业与职业一经要求时就应获得。

73. 在考虑落实法律安排的尽职调查要求时，要求金融机构：

（1）识别和核实客户的身份（如信托）；

（2）识别和核实客户代表人的身份，如信托中的受托人，核实那些声称代表客户的个人是否得到相应授权[81]。

74. 相应地要求受托人在以受托人身份建立业务关系或开展金额高于最低门槛的临时交易时，向金融机构披露其身份地位[82]。金融机构有义务识别信托的受益所有人，采取合理措施核实这些人的身份。对于信托而言，

76 建议第10条的解释性说明第5段（b）（i），上文第32段详细描述了该程序。

77 建议第10条的解释性说明第5段（b）（ii）。

78 建议第10条及其解释性说明中充分阐述了客户尽职调查义务。

79 建议第1条的解释性说明第3段。

80 例如，在执行建议第10条的解释性说明第5段（b）（i）时，当具有控股所有权权益的个人是否是受益所有人存在疑问时，或当不存在自然人通过所有权权益实施控制时，必须记录下案件。

81 建议第10条的解释性说明第1段和第4段。

82 建议第25条的解释性说明第2段。

这意味着需要核实信托人、受托人、保护人（如有）、受益人或受益人类别、对信托具有最终有效控制权（通过控制权/所有权链）的其他任何自然人的身份。如上所述，金融机构应了解信托的所有权和控制权结构（可在信托契约中规定）[83]。

75. 同时，必须对金融机构和特定非金融行业与职业[84]进行有效的监控和监管，以确保其遵守客户尽职调查的要求。遵守客户尽职调查的要求是任何一个提高企业载体透明度的综合机制的一部分。尤其重要的是，这些要求必须延伸应用到任何在企业载体创立和管理过程中所涉及的企业和职业（如律师、公证人、会计师、信托或公司服务提供者）。

客户尽职调查应涵盖电汇和受益所有权

76. 在电汇业务中，建议第16条的解释性说明要求开展客户尽职调查的情况包括金额高于1000美元/欧元的电汇[85]。换言之，在进行金额高于1000美元/欧元的跨境电汇时，金融机构必须开展客户尽职调查，包括按照上述要求识别和采取合理措施核实发起人的受益所有人或收款人的身份。此外，建议第16条还要求金融机构采取进一步的措施，如收集发起人的必要信息并确保这些信息与电汇交易相关联等[86]。

信托或公司服务提供者

77. 许多国家的信托和公司服务（如公司设立和管理）由不同类型的实体提供，包括律师和会计师等受监管的专业人士。尽管律师和会计师通常受到其行业或业务监管，但并不总是受制于反洗钱/反恐怖融资和客户尽职调

83 建议第10条的解释性说明第5段及5（b）（ii）。

84 “特定非金融行业与职业”的定义，见“FATF建议”中的术语表。

85 建议第16条的解释性说明第5段。

86 建议第16条的解释性说明第11段至第18段。

查要求。同样在很多国家，信托和公司服务由其他专门提供此类服务的公司提供，但这些服务提供商并没有受到相关行业或业务监管。缺乏了具体的反洗钱/反恐怖融资监管和监管者，这些专业人士就没有受到监管。在企业载体的创立和持续管理过程中，信托或公司服务提供者在开展客户尽职调查方面扮演着重要的角色。

78. 缺乏对法律专业人士和信托或公司服务提供者的反洗钱/反恐怖融资监管，会制约一个国家确保落实建议第24条和第25条企业载体透明度要求的能力。另一个比较普遍的挑战是，即便这些法律专业人士和信托或公司服务提供者受制于反洗钱/反恐怖融资要求，但在如何履行与受益所有权相关的客户尽职调查义务上通常存在问题。此外，根据这些要求进行合规性监管，效果是通常不佳的。正是由于这些原因，法律安排的受益所有权信息通常无法获得。为了解决这些问题，各国应要求所有的法律专业人士和信托或公司服务提供者根据建议第22条的要求开展客户尽职调查[87]。

法律职业相关之问题

79. 另外一个问题（因律师通常承担受托人及/或被任命人的角色）是，当律师负有反洗钱/反恐怖融资的义务时，通常会出现与法律职业特权相关的现实问题。确实，客户获得法律代理和咨询服务，向法律顾问坦白一切而又无须担心后者泄露讨论内容而损害其利益，这是法律职业的重要特征之一[88]。法律职业特权和法律职业保密义务的范围通常在一国的宪法中有所规定，或受到普通法的承认，与协议或其他国际义务所规定的基本权利相

87 为了帮助各国，金融行动特别工作组发布了《以风险为本的方法指引——信托或公司服务提供者（2019）》［*Guidance on the Risk-Based Approach for TCSPs (2019)*］。金融行动特别工作组目前正在根据修订后的“FATF建议”更新该指引。

88 这在《世界人权宣言》中被认定是获得司法公平基本权利的一个方面。这个权利在“FATF建议”中也得到承认，规定法律职业特权或法律职业保密义务所涉及的信息，可豁免不被纳入可疑交易报告，同时规定此类信息的范围由各国各自决定。

关[89]。法律职业特权和法律职业保密义务的范围取决于各国的宪法和法律体系，在某些联邦制度中，同时也取决于国内各州或各省的法律体系。此外，法律职业特权和法律职业保密的范围及其相关义务，在一国内可能因为法律职业的不同类别及向法律安排所提供的服务类型而有所不同。

80. 然而，调查人员发现获取企业载体信息的常见障碍是利用客户保密特权，拒绝透露企业载体的所有权或控制权信息[90]。金融行动特别工作组最近一项关于法律职业的反洗钱和反恐怖融资缺陷的研究表明：法律职业特权和法律职业保密义务妨碍和拖慢了犯罪调查[91]。依法且正当宣告客户保密特权是恰当的。但是，部分案件研究表明：在相关国家有时候会过分夸大这种特权，超过了对保密规定的通常理解。为了解决这些问题，有权机关和职业团体必须努力合作确保国内对法律职业特权和法律职业保密义务范围有一个清晰的共同理解。[92]特别是，各国应确保对哪些信息是受法律职业保密，哪些信息不在法律职业保密范围之内，有一个清晰的理解，从而确保对可疑企业载体的调查不会受到不合理的阻碍。[93]

八、有权机关的信息获取

81. 有权机关（特别是执法机关）应拥有充分的权力、机制和专业知识去及时获取：

（1）相关各方所持有的法人基本信息和受益所有权信息[94]；

89 参见FATF（2013b）。

90 世界银行/联合国毒品和犯罪问题办公室“追回被窃资产倡议”报告（2011），第94页。

91 参见FATF（2013b），第31页。

92 参见FATF（2013b），第85页。为了帮助各国，金融行动特别工作组发布了《以风险为基础的方法指引——法律专业人士》（*Risk Based Approach Guidance for Legal Professionals*），2008，目前正根据修订后的“FATF建议”更新该指引。

93 世界银行/联合国毒品和犯罪问题办公室“追回被窃资产倡议”报告（2011），第106页。

94 建议第24条的解释性说明第12段。

（2）受托人和其他各方所持有的信息，包括金融机构和特定非金融行业与职业在与受托人建立业务关系或为受托人处理临时交易时持有的信息，如：（1）信托的受益所有权；（2）受托人的居住地；（3）金融机构或特定非金融行业与职业所持或管理的资产[95]。

82. 持有信息的不同政府机构之间的合作十分必要，必须建立起法律机制或制度来确保其他政府部门所掌握的信息能够被及时获得。为了促进这些要求的落实，有权机关必须（特别是执法机关）了解有哪些基本信息和受益所有权信息在国内可获得、哪些相关方持有这些信息，了解国内关于信托及其他法律安排的法律。

83. 金融行动特别工作组的互评估结果表明：许多国家的执法和其他有权机关确实拥有获取信息的充分权力和专业知识。但是，如果受益所有权的充分信息一开始没有被收集和保存，那么有权机关仅拥有权力是不足以满足建议第24条和第25条的要求的。因此，各国非常有必要同时采取措施确保准确的企业载体受益所有权信息得到收集和保存（详细措施范例见本指引第四部分、第五部分、第六部分）。

九、国际合作

84. 企业载体的受益所有人和信托或公司服务提供者可能不在企业载体成立的司法管辖区居住。常见的执法担忧是很难获得外国公司和信托的所有权信息，以及很难开展受益所有权识别的合作。因此，犯罪分子选择通过在不同司法管辖区成立的公司链来隐藏其身份。为了解决这一问题，企业载体的成立国必须能够获取企业基本信息和受益所有权信息（甚至包括居住国外

95 建议第25条的解释性说明第4段。

的受益所有人信息），并保存该信息以便调查使用。反之，受益所有人和/或信托或公司服务提供者居住的国家必须对识别法人或法律安排的受益所有权的请求作出回应，包括在国际反洗钱/反恐怖融资调查中，不同的司法机关通力合作来确定受益所有人。与外国有权机构交换信息是获取企业载体信息的一个重要措施。需要注意的是，主管机关从外国司法管辖区获取法人和法律安排受益所有人信息的能力，是提升税务透明度的重要方面。

85. “FATF建议”的一般国际合作要求同样适用于受益所有权信息[96]。但是，为了确保国际合作在现实层面有所提升，建议第24条和第25条对识别企业载体受益所有权的合作提出了具体要求：

（1）方便外国有权机构获得公司注册登记机构所持有的基本公司信息（例如，在网上提供信息，或即便不把信息挂到网上，也应设立一个有效的机制，让外国有权机构能够申请获取信息）；

（2）方便外国有权机构获得登记机构或其他国内当局所持有的法律安排信息；

（3）交换股东信息（包括公司或证券交易所掌握的信息），方便外国主管机关快速地追溯信托或其他法律安排的法定所有权，获得关于它们的国内可得信息；

（4）利用有权机关的权力，代表外国有权机构获取受益所有权信息（如应外国主管机关的要求，而不仅仅是在进行调查的时候）。

86. 有权机关首先应考虑向外国的相应机构提供如何获取公开信息的方法。例如，各国必须有相应的体制来识别和描述本国法人机构的不同类别、形式和基本特征。此外，不同登记机构或公司本身所持有的基本信息和/或受益所有权信息可通过互联网向公众公开和提供。有权机关应考虑提供关于如何获取该信息的分步指引，特别是向那些经常提出信息获取请求的国家，

96 如建议第37条至第40条所规定。

使执法机构和其他主管当局在提出正式的信息请求（如通过司法协助途径）之前——作为第一步——能够自行查找公开的信息。有权机关应考虑建立方便向外国有权机构提出信息获取要求的流程，以及向国内其他机关和公司获取信息的流程。

87. 为了监控上述与法人和法律安排相关义务的履行，要求各国必须监控从国外获得的协助的质量[97]。

十、总结

88. 尽管金融机构和特定非金融行业与职业采取了反洗钱/反恐怖融资措施，但企业载体因为方便犯罪分子伪装身份，并有助于其隔离非法资产，所以对犯罪分子的吸引力有增无减。提升企业载体的透明度是防止其被用于犯罪目的的有效途径，包括洗钱、恐怖融资、贪污、税务欺诈、走私和其他有组织的犯罪等行为。金融行动特别工作组强化了“FATF建议”，确保各国采取措施来增强企业载体的基本信息和受益所有权信息的可获得性，确保有权机关在调查可疑的企业载体时能获得所需的信息。

89. 金融行动特别工作组认识到采取防止企业载体被非法利用的措施存在巨大的挑战，因此为各国在这方面的工作提供了本指引。尽管本指引针对的是建议第24条和第25条的实施，但客户尽职调查等其他标准也是同样相关的，各国应综合采取措施来确保企业载体的透明度。

90. 各国不断完善有效机制和良好实践以确保透明度，特别是能达到2012年修订后的“FATF建议”关于受益所有权的标准。金融行动特别工作组将继续致力于支持各国实施有效机制增强企业载体透明度的工作。在这方面，金融行动特别工作组将继续关注该领域的发展趋势，与国际社会合作，保证各国能够学习借鉴并受益于其他国家的经验。

97 建议第24条的解释性说明第19段和建议第25条的解释性说明第10段。

参考文献

[1]FATF (2006), *The Misuse of Corporate Vehicles, including Trust and Company Service Providers*, FATF, Paris, France. www.fatf- gafi.org/documents/documents/themisuseofcorporatevehiclesincludingtrustandcompanyserviceproviders.html.

[2]FATF & CFATF (2010), *Money Laundering Using Trust and Company Service Providers*, FATF, Paris, France. www.fatf-gafi.org/documents/documents/moneylaunderingusingtrustandcompanyserviceproviders.html.

[3]FATF (2012), *FATF Recommendations*, FATF, Paris France. www.fatf-gafi.org/topics/fatfrecommendations/documents/fatf-recommendations.html.

[4]FATF (2012), *FATF Guidance: National money laundering and terrorist financing risk assessment*, FATF, Paris, France. www.fatf- gafi.org/documents/documents/nationalmoneylaunderingandterroristfinancingriskassessment.html.

[5]FATF (2013a), *FATF Methodology for assessing technical compliance with the FATF Recommendations and the effectiveness of AML/CFT systems*, FATF, Paris, France.

[6]FATF (2013b), *Money Laundering and Terrorist Financing Vulnerabilities of Legal Professionals*, FATF, Paris, France. www.fatf-gafi.org/documents/documents/mltf-vulnerabilities-legal- professionals.html.

[7]World Bank / UNODC StAR report (2011), E van der Does de Willebois, EM Halter, RA Harrison, Ji Won Park and JC Sharman (2011), *The Puppet Masters: How the Corrupt Use of Legal Structures to Hide Stolen Assets and What to Do About it*, World Bank and United Nations Office on Drugs and Crime's StAR Initiative.

附件1

表1　建议第24条：基本要求概述[98]

<table>
<tr><th colspan="3">基本义务（建议第24条的解释性说明第2段）</th></tr>
<tr><td colspan="3">• 了解本国存在的法人类型，描述其创建过程及取得其基本信息和受益所有权信息的流程，向公众公开此信息
• 了解和评估不同类型的法人的洗钱/恐怖融资风险</td></tr>
<tr><th colspan="3">实施增强公司透明度的措施（建议第24条的解释性说明第3~10段，第13~15段）</th></tr>
<tr><th colspan="3">公司基本信息</th></tr>
<tr><td>各国应该：
• 设立公司注册登记机构</td><td>公司应该：
• 记录公司的基本信息
• 维护更新股东登记簿</td><td>公司注册登记机构应该：
• 记录公司的基本信息</td></tr>
<tr><th colspan="3">公司的受益所有权信息</th></tr>
<tr><td colspan="3">各国应采用以下一个或多个机制：</td></tr>
<tr><td rowspan="2">机制1：公司注册登记
• 取得和保存公司受益所有权最新信息</td><td>机制2（1）：公司
• 取得和保存受益所有权最新信息</td><td rowspan="2">机制3：依靠以下机构掌握的现有信息：
• 各类登记机构
• 金融机构和特定非金融行业与职业，包括客户尽职调查信息（FATF建议10/22）
• 公司
• 其他有权机关（如监管机构、税务机关等）
• 证券交易所</td></tr>
<tr><td>机制2（2）：公司
• 采取合理措施识别受益所有人</td></tr>
<tr><th colspan="3">其他增强公司透明度的措施（无论选择何种机制）</th></tr>
<tr><td colspan="3">• 要求公司与主管当局合作，包括要求国内经授权的自然人及/或特定非金融行业与职业代表公司与主管当局合作，及/或采取其他可比措施
• 要求公司及其他各方保存记录至少五年</td></tr>
<tr><th colspan="3">采取措施克服不利于公司透明度的障碍</th></tr>
<tr><td colspan="2">对于不记名股票和不记名股份凭证：
• 或禁止不记名股票和不记名股份凭证
• 或将其转化成登记股票/股份凭证
• 或使其无法交易流动
• 或要求控股股东告知公司，公司能够更新记录</td><td>对于名义股东和代理董事：
• 或要求名义股东和代理董事向公司注册登记机构披露其代理身份以及对他们进行任命的人的身份
• 或名义股东和代理董事许可制，要求其保存任命人的记录</td></tr>
</table>

98 该表是建议第24条要求的概述，并未在任何方面限制或改变这些要求。

续表

实施增强基金会、机构及有限责任合作企业透明度的措施（建议第24条的解释性说明第16段）
采取对公司要求类似的措施，考虑其不同的形式和结构
实施增强其他类型法人透明度的措施（建议第24条的解释性说明第17段）
采取基于风险的方法所确定的措施，考虑不同类型、形式和结构的法人的洗钱/恐怖融资风险 • 其他类型的法人应按照针对公司的要求（最基本的要求）记录和保存准确的、最新的类似基本信息 • 可获得充分的、准确的、最新的受益所有权信息 • 目的是实现与风险程度匹配的适当程度的透明
适用于所有法人的基本要求（建议第24条的解释性说明第11段和第18段）
• 确保基本信息和受益所有权信息是准确且最新的 • 对违反规定的行为实施有效的、相应的、劝诫性的惩罚
执法机关和其他有权机关的权力（建议第24条的解释性说明第12段）
确保执法机关和其他有权机关拥有必要的权力及时取得法人的基本信息和受益所有权信息
国际合作（建议第24条的解释性说明第19段）
开展关于基本信息和受益所有权信息方面的国际合作（建议第37条至第40条）

表2　建议第25条：基本要求和其他措施概述[99]

执行措施提高信托的透明度（建议第25条的解释性说明第1~3段，第5段）
信托法国家
• 要求受托人持有信托相关方（包括信托人、受托人、保护人、受益人和受益人类别、对信托具有最终有效控制的其他任何个人）的受益所有权信息 • 要求受托人持有受管制的信托代理人及信托服务提供者的基本信息
所有国家
• 要求受托人向与之交易的金融机构或特定非金融行业与职业披露其身份地位 • 要求专业受托人保存信托信息至少五年
其他可能措施
鼓励各国采取行动确保其他可能与信托有关联的主管机关和实体记录信托信息，信息来源如下： • 信托登记处、土地或其他资产登记处等登记机构 • 税务机关等其他有权机关 • 信托代理人和信托服务提供者，如投资顾问、管理人、律师或信托或公司服务提供者 应考虑方便金融机构/特定非金融行业与职业获取其他方手中的信息

99 该表是建议第25条要求的概述，并未在任何方面限制或改变这些要求。

续表

实施增强类似法律安排（罗马法上的信托Fiducia、日尔曼法上的信托Treuhand和信托融资Fideicomiso）透明度的措施（建议第25条的解释性说明第9段）
采取类似应用于信托的措施，以实现相似程度的透明度 • 至少应该记录类似信息，保持信息准确和最新，且有权机关可及时获得
适用于所有法律安排的基本要求（建议第25条的解释性说明第6~8段，11段）
• 确保基本信息和受益所有权信息是准确且最新的 • 对违反规定的行为实施有效的、相应的、劝诫性的惩罚
执法机关和其他有权机关的权力（建议第25条的解释性说明第4段）
确保执法机关和其他有权机关拥有必要的权力及时从掌握信息的任何方取得法律安排的基本信息和受益所有权信息
国际合作（建议第25条的解释性说明第10段）
开展关于基本信息和受益所有权信息方面的国际合作（建议第37条至第40条）

法人受益所有权最佳实践*

缩略语表

AML/CFT	Anti-money Laundering/Countering the Financing of Terrorism	反洗钱和反恐怖融资
CDD	Customer Due Diligence	客户尽职调查
DNFBP	Designated Non-financial Businesses and Professions	特定非金融行业和职业
FATF	Financial Action Task Force	金融行动特别工作组
FIU	Financial Intelligence Unit	金融情报中心
FI	Financial Institution	金融机构
INR.	Interpretive Note to Recommendation	释义，FATF建议释义
LEA	Law Enforcement Authorities	执法部门
ML	Money Laundering	洗钱
NRA	National Risk Assessment	国家洗钱风险评估
R.	Recommendation	建议，FATF建议
RBA	Risk-based Approach	风险为本方法
SRB	Self-regulatory Body	自律组织
STR	Suspicious Transaction Report	可疑交易报告
TCSP	Trust and Company Service Providers	信托和公司服务提供商
TF	Terrorist Financing	恐怖融资

---

* 本文件翻自金融行动特别工作组（FATF）于2019年10月发布的《法人受益所有权最佳实践》（Best Practices on Beneficial Ownership for Legal Persons），参见https://www.fatf-gafi.org/pubilcations/methodsandtrends/documents/best-practices-beneficial-ownership-legal-persons.html。编译若有出入，请以FATF官网英文版为准。本文件的编译得到中国人民银行反洗钱局的指导和大力支持，在此表示诚挚感谢。

摘　要

1. FATF互评估结果表明，各司法管辖区在实现较高的法人受益所有权透明度方面面临诸多挑战。为此，FATF发布《法人受益所有权最佳实践》，列举了FATF成员国在法人受益所有权治理方面的最佳实践案例，为各成员国在执行FATF建议24时所面临的挑战提供可参考的解决办法。

2. 如FATF建议24的释义所述，各国（地区）应采取一种或多种方法（如公司注册登记方式、公司自证方式、利用现有信息方式）确保公司可正确获得其自身的受益所有权信息，并且该信息可从该国（地区）内特定机构获取；或者可由反洗钱监管部门以其他方式及时掌握[1]。

3. 各国（地区）互评估经验表明，要确保反洗钱监管部门能够及时获得准确和最新的受益所有权信息，采用单一识别方法的司法管辖区效率相对较低。而采用多管齐下的方法，利用多种信息来源，往往在预防法人被用于犯罪目的、采取措施促使法人受益所有权充分透明方面更加有效。信息来源的多样性和可用性提高了信息的透明度和可获得性，并且有助于解决因局限于特定来源而导致的信息准确性问题。

4. 采用多管齐下的方法，反洗钱监管部门可以通过不同渠道获得受益所有权信息，还可以通过交叉核验来确保信息的准确性。各关键利益相关者(包括公司、董事、股东、反洗钱义务机构如金融机构、特定非金融行业和职业)也更易通过查询不同的注册登记信息系统或从其他来源获取信息，识

1 详见《FATF建议》（*International Standards on Combating Money Laundering and the Financing of Terrorism & Proliferation*）中建议24的释义第7、第8段。（FATF，2013a）

别出自身数据库中错误的受益所有权信息。这将促使义务机构要求公司澄清信息，并在必要时向反洗钱监管部门提交可疑交易报告。因此，这种方式鼓励关键利益相关者通过互动和相互监督来履行其义务。

5. 在此基础上，本文进一步归纳了一个有效体系所应具有的以下关键性特征（详见第五章）：a）风险评估；b）受益所有权信息的充分性、准确性和及时性；b（i）通过核实或（和）监测来提高信息准确性的反洗钱义务机构；b（ii）除公司注册登记机构外的补充信息平台；b（iii）在公司层面以及向报告义务机构或公司注册登记机构进行的持续信息报告；b（iv）通过不同方式对信息进行核实；b（v）对外资控股或拥有外籍董事的公司实施的强化措施；b（vi）拥有充足资源的高效执法机构；b（vii）利用科技手段帮助检查和核实；c）反洗钱监管部门的信息访问权限；d）禁止不记名股票和名义持股人安排，或限制不记名股票的匿名流通；e）有效、适当并具劝诫性的处罚措施。

6. 对于本文所提及的案例应结合各国运行体系等具体环境加以考虑。已接受并完成互评估的司法管辖区，其案例已与其各自的互评估报告进行了核对，并尽可能地考虑了该司法管辖区的最新发展动态。但需要指出的是，部分案例是由尚未接受过互评估的国家或地区提供的，因其具有一定相关度而被本文引用，建议读者在参考这些案例时多加注意。

7. 本文还提出了一些建议，以确保反洗钱监管部门能够获得境外实体的受益所有权信息（第六章）。

第一章　引言和主要概念

本文应结合以下文件进行阅读，这些文件可在FATF官网获取，网址：www.fatf.gafi.org。

a）《FATF建议》，特别是第1、第2、第10、第11、第20、第22、第23、第24、第26、第27、第28、第30、第31、第34、第35、第37、第40条建议及其释义（INR）和FATF术语表

b）《FATF透明度和受益所有权指引》（2014年10月）

c）FATF和埃格蒙特集团联合发布的《关于受益所有权隐匿问题的报告》（2018年7月）

d）《FATF横向比较研究：受益所有权识别义务的实施与监管》

第一节　背景介绍

8. 2003年，FATF成为第一个为受益所有权设定国际标准的国际组织。2012年，FATF强化了其关于受益所有权的标准，对各国（地区）应如何确保信息的可获得性，以及应如何应对不记名股票和名义持股人等薄弱环节，给出更清晰的指引。修订后的标准还明确区分了基本所有权信息（关于公司或信托的直接合法所有者）和受益所有权信息（关于最终受益或控制该公司或信托的自然人）。新标准还明确，掌握法人或法律安排的准确和最新的基本信息是确定其最终受益所有人的基本前提，并要求各国（地区）就所有权信息开展国际合作。

9. 2014年，FATF进一步发布《透明度与受益所有权指引》，解释了FATF标准的要求。该指引就如何获取法人和法律安排的公开信息，以及如何建立规程以便境外同业获取信息，提供了具体指导。

10. 然而，有效执行这些措施依然具有挑战性。从2012年FATF强化其受益所有权标准到本文发布这段期间，共有25个FATF成员国（地区）接受了评估[2]。对于建议24，这25个成员国（地区）中有11个成员国（地区）被评为大致合规，12个被评为部分合规，2个被评为不合规；对于直接目标5，仅4个成员国（地区）在"防止滥用法人和法律安排"方面的有效性达到了"较高"水平，17个成员国（地区）为中等水平，4个成员国（地区）为低水平。

11. 2016—2017年，FATF对受益所有权识别义务的履行和监督情况开展了横向比较研究，FATF和埃格蒙特集团还于2018年7月联合发布了《关于受益所有权隐匿问题的报告》。研究结果表明，问题的根源并非是标准本身存在漏洞，而是对现行标准的执行不力。

12. 因此，有必要总结一些能确保法人不被用于犯罪目的，以及反洗钱监管部门能够无障碍获取法人受益所有权信息的行之有效的措施，将其提供给各司法管辖区以作为更具实用性的建议和示例。

13. 根据第四轮互评估到目前为止所观察到的情况，FATF总结出在以下几方面存在着一些特定障碍，可能对受益所有人识别措施执行的有效性产生负面影响（详见第二章）：

a）风险评估；

b）受益所有权信息的充分性、准确性和及时性；

c）反洗钱监管部门对信息的访问权限；

d）不记名股票和名义持股人安排；

e）罚款和处罚；

f）国际合作。

2 详见FATF网站《评估结果一览表》（Consolidated Assessment Rateings）,网址：www.fatf-gafi.org/media/fatf/documents/4th-Round-Ratings.pdf。

14. 从各国（地区）的经验来看，没有哪种简单方案能解决上述这些相互交织的各种问题。FATF第四轮互评估结果显示，综合运用建议24中的一种或多种方法[3]的体系通常比仅依赖单一方法的体系更为有效。

15. 为确保体系的有效性，各方参与者需共同努力，采取措施防止法人被滥用，并提供有关法人受益所有权的准确信息，以便反洗钱监管部门能够及时获取信息。

16. 本文旨在通过展示各种挑战所对应的最佳实践案例，提供可参考的解决方案。本文借鉴了各国（地区）在互评估报告中的经验，各代表团提供的信息，以及其他各方参与者在开展该领域工作的实际情况。本文还将为其他政府间组织在推进其专业领域治理方面提供案例与示例参考。

17. FATF建议为各国的具体实施预留了空间，本文也就如何确保合规性提出了不同的方案供各司法管辖区选择，并对如何能最为有效地实施所选方案提出了建议。

第二节　本文适用范围

18. 为保证文中内容的可操作性，本文探讨的重点在于法人（而非信托等法律安排）的受益所有权。

19. 建议24和直接目标5的执行效果还取决于其他FATF建议执行的有效性（参见第44段）。虽然本文探讨的内容也涉及其他FATF建议，但本文对案例的选取则仅涵盖了与建议24“受益所有权的透明度”和直接目标5“防止犯罪分子滥用法人和法律安排”的措施直接相关的最佳实践案例。

3　这些方法包括（a）公司注册登记方式——要求公司注册登记机构获取并留存有关公司受益权方面的最新信息；（b）公司自证方式——要求公司自行或采取合理措施，来获取和留存有关公司受益所有权方面的最新信息；（c）利用现有信息方式——利用现有资料来获取受益所有权信息。

第二章　目　标

FATF要求

识别法人（如公司或基金会）背后的受益所有人

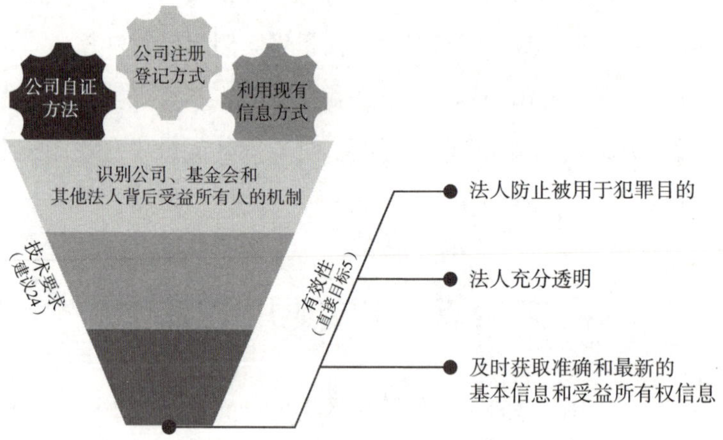

第一节　FATF要求

20. 建议24要求，各国（地区）应当采取措施防止法人被洗钱和恐怖融资活动滥用，应当确保反洗钱监管部门可以及时掌握或获取充分、准确和最新的法人受益所有权和控制权的信息。特别是在允许法人发行不记名股票或不记名股权证，以及允许名义持股人或名义董事存在的国家或地区，应当采取有效措施，确保此类法人不被洗钱和恐怖融资活动滥用。各国（地区）应当考虑采取措施，以便金融机构和特定非金融行业和职业可以按建议10和建议22的要求，有效获取客户的受益所有权及控制权信息。

21. 关于受益所有权信息，各国（地区）应确保公司可正确获得其自身的受益所有权信息，并且该信息可从该国或该地区特定机构获取，或者应确保此类信息可由反洗钱监管部门以其他方式及时获取并掌握[4]。为了满足这一要求，各国（地区）应采行以下一种或多种机制[5]：

a）要求公司注册登记机构获取并留存有关公司受益权方面的最新信息（公司注册登记方式）；

b）要求公司自行或采取合理措施，来获取并留存有关公司受益所有权方面的最新信息（公司自证方式）；

c）利用现有资料来获取受益所有权信息（利用现有信息方式），包括：

i. 金融机构、特定非金融行业和职业依据建议10和建议22获取的相关信息；

ii. 其他反洗钱监管部门留存的公司法律信息和受益所有权信息；

iii. 公司按要求留存的信息；

iv. 上市公司的披露信息（证券交易所的信息批露规则要求上市公司对其受益所有权保持足够的透明度）。

22. 不论使用上述哪种方法，建议24都特别要求各国（地区）建立机制，以确保公司在确定受益所有人时与反洗钱监管部门进行最大程度的合作。根据现行的建议24，各国（地区）可以通过下列三种选择促进合作，这

4 建议24广泛适用于“法人”，即除自然人以外，任何能够与金融机构建立永久客户关系或拥有其他财产的实体。该定义包括公司、团体法人、基金会、机构法人、合伙企业或协会以及其他具有法人资格的类似实体。还可以包括各类非营利组织（NPOs），如基金会、协会或合作社，其在不同司法管辖区内的形式可能不同。

5 详见《FATF建议》中建议24的释义，第7、第8段（FATF，2013a）。

些选择可以单独使用，也可以结合使用[6]：

a）要求各公司均授权至少一名居住在注册地的自然人负责向反洗钱监管部门提供所有基本信息和可以有效获得的受益所有权信息，并根据需要向反洗钱监管部门提供更进一步的协助；

b）要求公司委托该国或该地区一家特定非金融行业和职业负责向反洗钱监管部门提供此类信息和相关的协助；

c）采取其他相当的措施来确保公司的有效合作。

23. FATF关于《透明度和受益所有权指引》[7]指出，《FATF建议》认可这些不同的机制，并认同在执行相关要求时，需要为各国（地区）保留一定的灵活空间，以便与其各自的法律、法规、经济和文化特点相适应。

但无论使用哪种或哪几种机制，与受益所有权信息相关的基本要求是相同的。各国（地区）应确保：

a）公司掌握自身的受益所有权信息，并且该信息可从国内或本地区特定机构获取；

b）建立了行之有效的机制，以使反洗钱监管部门能够及时掌握公司的受益所有权归属。[8]

24. 各国（地区）可选择适当的机制，以防止法人被洗钱和恐怖融资活动滥用。各国（地区）应根据具体情况和风险评估结果，考量其可能采行的机制的可行性。在确定适当的机制时，各国（地区）应在允许法人合法运营与打击洗钱和恐怖融资之间寻求适当的平衡。

25. 建议24指出，各国（地区）应使用公司注册登记方式、公司自证方

---

6 详见《FATF建议》中建议24的释义第9段（FATF，2013a）。

7 详见《透明度和受益所有权指引》（*Guidance on Transparency and Beneficial Ownership*）第38段（FATF，2014）。

8 详见《FATF建议》中建议24的释义第7段和《FATF方法论》（*Methodology for Assessing Compliance with the FATF Recommendations and the Effectiveness of AML/CFT Systems*）中的直接目标5（FATF，2013a）。

式和利用现有信息方式中的一种或多种方法来形成反洗钱机制。而正如建议24的释义所述，各国（地区）很可能需要综合利用多种方法来实现这一目标。

第二节　建议24和直接目标5的关系

26. 遵循建议24所蕴含的合规性，与直接目标5评估的为“防止法人被洗钱和恐怖融资活动滥用”所采取措施的有效性实质上是相关联的。建议24要求各国（地区）须确保反洗钱监管部门能够及时获得充分、准确和最新的受益所有权信息。因此，落实建议24所采取的措施是整个体系有效运作的基础。

27. 直接目标5明确指出，一个有效的体系应采取措施实现以下目标：

28. 违反相关措施的人将受到有效、适当并具劝诫性的处罚，这将使通过滥用法人进行洗钱和恐怖融资的行为对犯罪分子不再具有吸引力。同时，还应当采取禁止性措施，以防止犯罪分子利用法人掩盖非法资产的受益所有权。

29. 为便于反洗钱监管部门追踪和识别正确目标，以有效开展调查和起诉工作和提供高质量的金融情报，其他一些确保受益所有权透明度的措施对反洗钱和反恐怖融资工作也同样重要。

第三章　共同的挑战

基于FATF第四轮互评估结果

第一节　各国（地区）面临的共同挑战

30. 根据第四轮互评估的检查情况，FATF总结了各国（地区）在执行受益所有权有关措施方面所面临的共同挑战，包括：

a）风险评估——对可能存在的滥用法人进行洗钱和恐怖融资行为将会引发的风险评估不足。如：

i.　风险评估未涵盖所有法人类型；

ii.　相关风险评估与国家风险评估结果不一致；

iii.　对于公司法人，仅考虑了其在国内可能导致的洗钱威胁和薄弱环节；

iv. 注册登记机构、公司、金融机构、特定非金融行业和职业及反洗钱监管部门对与法人相关的洗钱风险的理解和认识不充分。

b）受益所有权信息的充分性、准确性和及时性——现行措施不足以确保受益所有权信息是准确和最新的。如：

i. 信息不准确——因未对信息进行充分的动态核实、校验或监控而导致。义务机构没有[9]对信息进行核实、检验或监控，或者义务机构没有严格执行客户尽职调查（CDD）措施；

ii. 未要求相关各方对资料进行留存或明确资料留存的时限（至少5年）；

iii. 当受益所有权发生变更时，法人未更新其受益所有权信息，或未通知公司注册登记机构；

iv. 不同信息源之间缺乏协同，也没有建立确保信息准确性的交叉核验机制。

v. 当涉及复杂股权结构时，难以识别受益所有权信息；

vi. 当涉及境外所有权时，较难获取受益所有权信息等。

c）反洗钱监管部门的信息获取权限——没有足够的机制来确保反洗钱监管部门能够及时获取法人受益所有权信息。如：

i. 信息共享存在障碍，如数据保护和隐私法，它们可能阻碍反洗钱监管部门及时获得充分、准确和最新的基本信息和受益所有权信息；

ii. 反洗钱监管部门之间未进行信息共享；

iii. 反洗钱监管部门没有向义务机构获取信息的既定程序；

---

9 义务机构指“信息把关人”，即承担反洗钱和反恐怖融资义务，负责开展客户尽职调查（包括核实法人的受益所有权信息）的机构。

iv. 缺乏统一的义务机构登记或许可机制，导致反洗钱监管部门在确定信息来源方面存在困难；

v. 反洗钱监管部门没有充足资源开展调查或执法行动等。

d）不记名股票和名义持股人安排——现行风控措施不足以应对不记名股票和名义持股人安排所带来的洗钱和恐怖融资风险。如：

i. 当国家或地区允许持有不记名股票和不记名认股权证时，此类股票和认股权证的所有权不够透明，相关信息反洗钱监管部门不易获取；

ii. 名义持股人安排模糊了公司的最终控制和所有权信息。

e）罚款和处罚——对于未能提供准确和最新受益所有权信息的公司（如，向公司注册登记机构提供虚假信息的公司，或未及时更新其股东或成员相关信息的公司）或未能针对不同法人采取相应的客户尽职调查措施的报告义务机构，缺乏有效、适当和劝戒性的处罚措施。

f）国际协作——对从其他国家或地区所获协助的质量，监督机制不足。如：

i. 提供信息可能涉及复杂法律和多个机构，导致获取受益所有权信息花费时间过长；

ii. 其他相关国家或地区未留存受益所有权信息；

iii. 语言障碍导致的信息理解方面的挑战。

第二节　各种信息保留和获取方式所面临的挑战

31. 建议24允许各国（地区）选择采用一种或多种机制来确保受益所有权的透明度[10]。本章将对每种机制的实施进行分析，其中涉及可能影响信

10 《FATF建议》中建议24的释义第8段（FATF，2013a）。

息可靠性的一些问题。建议24中各种实施方式的具体细节安排，可详见附录1。

32. 本章提到的挑战可能与前文第二章各国（地区）自身所面临的一些共性挑战在内容上有所交叉。但本章仍将试图从每种不同机制的角度对问题（包括面临的挑战）作出一个全面的梳理总结。

一、公司注册登记方式

33. 各国（地区）可通过要求公司注册登记机构获取和留存最新的受益所有权信息以确保对建议24的落实。

34. 根据建议24的要求，在一个国家或地区内所成立的公司都应在该国（地区）的公司注册登记机构进行登记。公司注册登记机构至少应记录和维护公司的基本信息，包括公司名称、公司成立的证明文件、法律形式和法律地位、注册地址、基本规范性文件和董事名单[11]。注册登记机构应公开留存上述基本信息[12]，以便金融机构、特定非金融行业和职业及其他反洗钱监管部门能及时查询。

35. 公司注册登记机构充分且积极主动地留存受益所有权信息，有助于形成一个有效的机制，因为它为反洗钱监管部门获取此类信息提供了一个良好的基础。其他信息来源机构和公众也可以获取这些受益所有权信息，以进行交叉核对和验证。

36. 公司注册登记机构的作用在不同的国家或地区有着较大差异，获取的公司信息的水平和质量也参差不齐。以下是根据各国经验总结的执行时所面临的挑战：

a）公司注册登记机构的业务目标不够广泛，未涵盖收集、核实

11 《FATF建议》中建议24的释义第5段（FATF，2013a）。

12 《FATF建议》中建议24的释义第12段（FATF，2013a）。

（监测）和维护受益所有权信息的职能，这将导致:

i. 公司注册登记机构较为被动，仅充当信息或文件的储存库，而未采取核实和监测或其他措施来确保所收到信息的准确性；

ii. 公司注册登记机构可能没有被赋予反洗钱和反恐怖融资义务，其相关行为可能不受监督；

iii. 对存在信息缺失、有误、虚假的情况，公司注册登记机构处罚权限可能不足甚至没有处罚权；

iv. 向公司注册登记机构提供受益所有权信息不一定是注册公司的必要条件；

v. 公司注册登记机构仅留存公司的所有权的法定基本信息，而未留存最终受益所有权信息。

b）可能缺乏机制来确保提供给公司注册登记机构的信息是准确且最新的。

c）可能缺乏与其他信息来源机构和（或）其他主管部门的信息对接接口，这可能妨碍交叉核验的有效性。

d）公司注册登记机构可能没有充足的人力和资金去承担收集、核实（监测）和维护受益所有权信息等额外职能。

37. 采用公司注册登记方式面临的挑战大多数都来自制度层面。例如，注册登记机构是否旨在收集准确和最新的受益所有权信息，是否被赋予了开展这些工作的权限以及是否有充足资源保障其履行职责。

38. 采用公司注册登记机构记录受益所有权信息的国家或地区应考虑维护这些信息，确保留存信息的完整性、准确性和及时性，以及可及时查阅信息等方面所需的资源和专业知识[13]。维护和监管公司注册登记机构时同样

13 FATF和埃格蒙特集团发布的《关于受益所有权隐匿问题的联合报告》（2018年7月）。

如此。

39. 如果公司注册登记机构的目标未被明确界定，且其权力和责任不够明晰，公司注册登记机构就无法收集准确信息来达成相应的目标。而没有足够的资源，公司注册登记机构的效率也会受到影响。

二、公司自证方式

40. 另一有助于落实建议24的方法是公司自证方式。各国（地区）应要求公司自己通过维护和更新股东或受益所有人名单来获取并留存最新的[14]受益所有权信息。公司还应持续更新其股东代表名单，包括其股东代表的岗位、职能和权限[15]。

41. 以下是采用公司自证方式的国家或地区在实施过程中遇到的问题：

a）股东名册登记了有关法定所有权信息，但不一定是受益所有权信息。

b）缺乏监管框架或机制来要求并确保公司收集的受益所有权信息的准确性和信息更新的及时性。例如，

i. 公司可能没有足够的权力要求股东提供最新的信息，包括随时要求提供受益所有权信息的权力。在所有权或控制权发生变化时，股东可能未被要求在规定的期限内通知公司；

ii. 股东未被要求披露委托其代持股份人员的姓名；

iii 公司可能没有足够的权力对未回复或提供虚假受益所有权信息的股东进行处罚；

iv. 若相关行为由非本国居民的主体（如董事）实施，特别是当其已停止履职时，执法部门可能将难以执行相关法律要求。

14 《FATF建议》中建议24的释义第4段（FATF，2013a）。

15 《FATF建议》中建议24的释义第24段（FATF，2013a）。

c）公司很难核实和（或）监测其股东提交的信息，也很难更新信息。

d）反洗钱监管部门很难在不惊动公司的情况下对其进行调查，并获取其受益所有权信息。

42. 作为替代方案，各国（地区）还可以要求公司采取合理措施来获取和留存其受益所有权的最新信息。从各国（地区）的经验来看，要建立一个明确且切实可行的框架来确定合理措施的范围并非易事。困难在于，在获取和留存受益所有权最新信息时，公司采取措施的程度应当与洗钱和恐怖融资风险水平、公司所有权结构复杂程度或公司实际控股股东性质相匹配。若未根据不同类型的法人所涉及的风险水平，对"合理措施"进行明确定义和清晰阐述，那么公司将难以履行义务。

43. 如果有国家或地区选择实施公司自证这一方式，则应首先识别和评估与法人有关的洗钱和恐怖融资风险，使该方式能够落实建议1和建议24要求的风险为本的方法。各国（地区）可通过全面风险评估，了解所面临的洗钱和恐怖融资风险状况，并在此基础上建立法律层面的或是可强制执行的框架，规定和管束公司应如何采取"合理措施"获取和留存其自身的最新受益所有权信息。

44. 除了要真正了解不同法人的洗钱和恐怖融资风险这一基础性的挑战外，另一个难题是公司通常无义务/无权力/无动机对未提供受益所有权信息的股东进行约束。

45. 在此情况下，各国（地区）应建立法律框架，要求并允许公司通过可强制执行的措施获取最新和准确的受益所有权信息，如通过相关法院或监管部门获取信息，或是通过对股东的表决权或股权出让加以限制来获得信息。股东提供虚假信息的行为也应受到有劝诫力的行政或刑事处罚。各国（地区）还应确保公司和股东了解自己的义务。有关部门可向公司或股东提供解释其义务的指引，并将该指引向公众公开。

46. 最后但同样也很重要的是，法律框架还应规定，公司应根据要求及时向反洗钱监管部门提供股东和受益所有人名单，否则将受到处罚，包括行政处罚或注册资质限制。如果股东和受益所有人名单由代表公司的第三方持有并对外提供，该公司仍应承担相应责任。

三、利用现有信息方式

47. 各国（地区）还可通过利用其他现有的法人实体受益所有权信息来识别受益所有人，以落实建议24的要求。可考虑的信息来源包括公司注册登记机构和其他类型的注册机构（如土地、机动车辆和动产登记机构）；金融机构和特定非金融行业和职业；其他部门（如监管部门或税务管理部门，证券交易所和商业数据库）[16]。

48. 以下是各国（地区）通过不同渠道实施这一方式所面临的具体问题：

金融机构和特定非金融行业和职业

a）只有当相关实体或组织与金融机构和特定非金融行业和职业建立或存在业务关系时，才可从这些机构获取相关信息；

b）金融机构和特定非金融行业和职业可能未充分按照建议10的要求履行客户尽职调查义务，包括未有效执行识别和核实（监测）受益所有人身份的措施，以及未根据法人的不同情况采取所要求的特定措施；

c）金融机构和特定非金融行业和职业可能未得到关于如何正确开展客户尽职调查的适当监管或充分指导；

d）金融机构和特定非金融行业和职业可能没有足够的认识和知识

16 《FATF建议》中建议24的释义第8段（FATF，2013a）。

来协助反洗钱监管部门确定复杂结构法人的受益所有权。

反洗钱监管部门

a）反洗钱监管部门可能不了解法人与金融机构或特定非金融行业和职业之间的关系；

b）如果在公司的注册登记或执照核发过程中对金融机构或特定非金融行业和职业无具体行为要求，则反洗钱监管部门可能难以识别和联系到金融机构或特定非金融行业和职业；

c）反洗钱监管部门从金融机构、特定非金融行业和职业获取信息的程序可能不充分，导致在接收信息方面出现不必要的延误；

d）在税务信息方面，其他反洗钱监管部门（特别是执法部门）可能并不了解税务部门收集和维护的信息。此外，依据税收体制，各国（地区）税务部门对法人所有权和控制权信息的收集在内容和程度上存在较大差异。

证券交易所上市公司

a）只有当公司在证券交易所上市时，才可获取信息；

b）证券交易所可能未被赋予以反洗钱和反恐怖融资为目的进行收集、核实（监测）和及时更新信息的明确义务。

49. 第40段提到的问题的根本原因在于，反洗钱监管部门缺乏获取现有信息的既定机制，以及反洗钱监管部门之间缺乏信息共享机制。

50. 如果法人机构的注册登记体系未涉及金融机构、特定非金融行业和职业，反洗钱监管部门（尤其是执法部门）可能不知道受益所有权信息保存在何处，这将影响它们及时获取此类信息的能力。

51. 反洗钱监管部门间缺乏信息共享机制是获取和核实（监测）受益所有权信息的另一个障碍。事实上，如果有机制能够便于反洗钱监管部门获取其他部门（如税务部门、监管部门或土地所有权登记机构）所持有的信息，利用现有信息方式将可以有效用于调查。

52. 利用现有信息方式的有效性还取决于其他FATF建议的执行情况，包括：

a）建议2、建议37和建议40：各国（地区）应尽快开展与基本信息和受益所有权信息有关的国际合作。

b）建议10和建议22：金融机构、特定非金融行业和职业应充分履行客户尽职调查义务，包括识别和核实受益所有人身份信息。未有效执行建议10中的客户尽职调查措施将导致受益所有权信息收集不充分。

c）建议11：金融机构、特定非金融行业和职业应当记录客户尽职调查过程并保存这些记录至少5年。

d）建议20和建议23：金融机构、特定非金融行业和职业应当报告可疑交易。

e）建议26、建议27和建议28：金融机构、特定非金融行业和职业应被充分监管，监管部门应有足够的监管权或监督权。

f）建议30：反洗钱监管部门能够及时获取金融机构、特定非金融行业和职业所持有的客户尽职调查信息。

g）建议31：反洗钱监管部门应当了解金融机构所持有的法人账户情况。

h）建议34：应就如何正确开展客户尽职调查给予金融机构、特定非金融行业和职业充分的指导。

i）建议35：各国（地区）应确保有一系列相应的劝戒性处罚措施（无论是刑事、民事，还是行政措施）用于处理违反反洗钱和反恐怖融资规定的自然人或法人。

53. 因此，在实施利用现有信息方式时，必须进行全盘考虑。重要的是界定每个利益相关者的角色和责任，赋予其权力，为其提供必要的资源和支持，帮助其履行职责。

第四章　推荐的有效机制

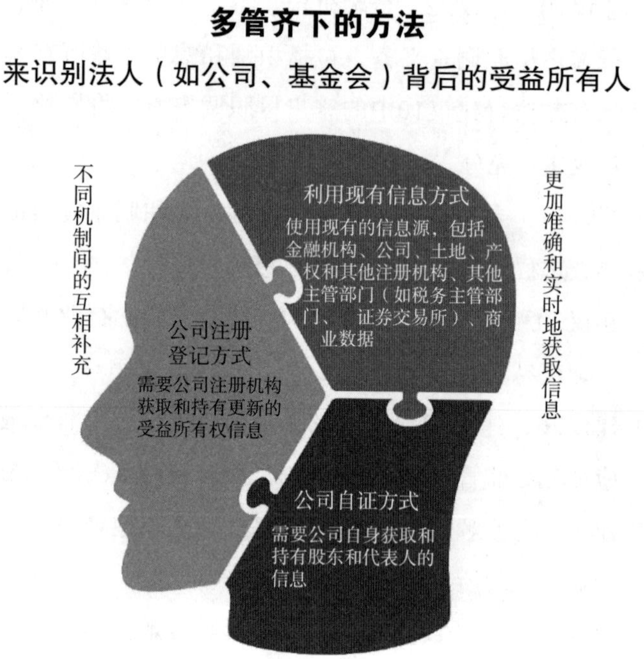

第一节　多管齐下的方法

54. 如第二章（前文第14段）所述，各国（地区）应使用一种或多种机制（包括公司注册登记方式、公司自证方式和利用现有信息方式），确保公司可正确获得其自身的受益所有权信息，并且该信息可从该国（地区）特定机构获取；或可以由反洗钱监管部门以其他方式及时掌握[17]。

17 《FATF建议》中建议24的释义第7、第8段（FATF，2013a）。

55. FATF互评估中各国（地区）的经验表明，司法管辖区若要确保反洗钱监管部门及时获取准确和最新的受益所有权信息，仅使用单一方法效率较低。而多管齐下，利用若干信息源，不仅能更有效地防止法人被滥用于犯罪目的，也更有助于采取措施确保法人的受益所有权信息充分透明。信息源的多样性和可用性增强了信息透明度和信息的易得性，并且有助于减少特定信息源的准确性问题。

56. 如第三章所述，获取法人受益所有权信息的渠道有很多，包括公司注册登记机构、公司自身、金融机构、特定非金融行业和职业，以及其他国家部门，如税务管理部门[18]或证券交易所等。因此，同时采用建议24中所列的不同的方式可以形成相互补充，有助于核实或（和）监测受益所有权信息，并确保信息的准确性。

57. 例如，建立公开且可公共访问的中央登记机构并不一定意味着其所留存的信息是准确及最新的。义务机构（如公证人、公司注册登记人）需要核实或（和）监测不同方式下获取的受益所有权信息。其他信息来源机构（如公司、金融机构、特定非金融行业和职业）的存在便于义务机构对信息进行交叉检查、核实和（或）监测。

58. 采用多管齐下的方法，反洗钱监管部门可以通过不同渠道获取关于受益所有权信息，还能够通过交叉检查来确保信息的准确性。

59. 通过查阅不同的注册登记信息簿或从其他不同来源获取信息，也更易于关键利益相关者（包括公司、董事、股东、金融机构和特定非金融机构和专业人士等义务机构）识别其数据库中不正确的受益所有权信息。这将促使义务机构向公司寻求解释澄清，并在必要时向反洗钱监管部门提交可疑交

18 例如，全球税务透明度和信息交互论坛（以下简称全球论坛)基于FATF标准制定的受益所有权项目，鼓励司法管辖区为实现税务透明度制订补充框架和执行方案。2019年3月，全球论坛推出“受益所有权工具包”，其中内嵌司法管辖区为识别和收集受益所有权相关信息，可用于实施法律和监管框架的各种政策考量。

易报告。因此，这种方法鼓励关系利益相关者通过相互协作与监督履行其义务。

第二节　各关键利益相关者的角色和职责

60. 要有效实施多管齐下的办法，重点在于确保各方的责任明晰，并在防范滥用法人体系中切实发挥了各自的作用。如果每个关键利益相关者都能够适当地发挥“防御”作用，那么这个体系将更加有效。防御工作可视情况包括开展信息核实和监测、实施客户尽职调查、识别受益所有权的可疑模式和趋势、报告可疑案例和采取执法行动等。

61. 各关键利益相关者应知晓其义务，了解不同法人形式的风险，具备充足的资源，以积极、持续、及时地履职。监管和执法工作的有效性与适当性对于确保相关方履行职责也同样重要。

62. 第四章第三节规定了每个关键利益相关者的基本角色和职责，第五章补充说明了利益相关者为帮助反洗钱监管部门及时获取准确和最新的受益所有权信息，可以采取的其他步骤和防范措施。

第三节　可供关键利益相关者参考的角色和职责

63. 体系中的关键利益相关者包括公司自身、公司注册登记机构、参与公司注册和信息核实的义务机构（如律师、公证人和会计师）、金融机构、特定非金融行业和职业、监管部门和自律组织。各关键利益相关者的职责和义务建议如下：

a）公司和法人

i. 在注册公司时，按要求通过义务机构（如律师、公证人、会计师和金融机构等）向公司注册登记机构提供公司的基本信息和受益所有权信息。

ii. 每年按要求通过义务机构（如律师、公证人、会计师和金融机构等）提供公司基本信息和受益所有权信息，并在相关信息发生变更时立即上报更新，以确保信息是最新的。

iii. 按要求提供身份证明文件的复印件。

iv. 留存股东登记信息，如股东名单和受益所有权信息（包括披露被代持股份者姓名），并按要求及时向反洗钱监管部门或义务机构提供。

v. 及时更新股东代表名单，包括其岗位、职能和权限。

vi. 从股东处获取最新信息。

vii. 通过相关法院和反洗钱监管部门对未提供受益所有权信息的股东采取限制措施，如限制其表决权或股份出售权。

viii. 了解和（或）留存其自身的所有权结构信息，包括所有权链条。

b）股东

i. 提供准确的受益所有权信息，并及时更新，不得延误。

c）公司注册登记机构

i. 留存基本信息并公开。

ii. 留存受益所有权信息，并为反洗钱监管部门提供访问权限，包括全面查询权限。公司注册登记机构可以公开信息，或将信息提供给金融机构、特定非金融行业和职业。公司注册登记机构还可以收集董事会、高级管理层和被授权代表公司行事的自然人的信息。此外，董事必须是自然人。

iii. 核实或（和）监测受益所有人的身份。

iv. 对不履行义务的行为予以处罚。对未能提供受益所有权信息的公司实行劝诫性行政处罚，如限制公司的注册。公司股东代表也将被追究个人责任。

v. 必要时向反洗钱监管部门报告相关活动的趋势或模式。

d）义务机构（依国家或地区有关规定须履行反洗钱义务的各方，如公司注册登记机构、律师、公证人或会计师、其他金融机构及特定非金融行业和职业[19]）

i. 了解客户的所有权和控制结构，了解与法人相关的洗钱和恐怖融资风险。

ii. 在注册阶段充分执行客户尽职调查措施，并开展持续的客户尽职调查，确保受益所有权信息的准确性与及时性。

iii. 识别数据库中滥用或异常活动的迹象，关注可疑受益所有权结构的趋势或模式，并在需要时向有关部门报告，如采用风险信号进行监测预警、抽样测试、与其他数据进行交叉核验、公开数据等。

e）金融机构、特定非金融行业和职业

i. 在建立业务关系阶段充分执行客户尽职调查措施，在维系业务关系的过程中开展持续的客户尽职调查，并在整个过程中仔细监测其交易情况，以确保所进行的交易符合机构对客户及其业务和风险状况的了解，必要时，还应了解客户的资金来源。

ii. 记录客户尽职调查过程，并将相关记录保存至少五年。

iii. 报告可疑交易活动。

f）监管部门和自律组织

i. 监督和监测所有反洗钱义务机构，包括金融机构、特定非金融行业和职业，并确保其遵守客户尽职调查的要求。

ii. 向义务机构或在适当时向公司进行宣传，以增进其对洗钱和恐怖融资风险的了解，特别是对以洗钱为唯一或主要目的的

19 义务机构可以是公司注册登记机构、金融机构、特定非金融行业和职业。在这种情况下，义务机构需要履行自身的义务，还需要履行作为义务机构的职责。

公司的了解。

iii. 对可以或应当作为法人（强化）尽职调查的额外措施提供指引。

iv. 对不合规的情形实施具体的劝戒性处罚措施（例如罚款）。

g）反洗钱监管部门

i. 了解在本国（地区）可获取哪些基本信息和受益所有权信息，并了解哪些相关方持有这些信息。

ii. 制定获取受益所有权信息的流程和步骤。

iii. 评估法人被滥用于洗钱和恐怖融资的风险，以增进对风险的理解。

iv. 确保反洗钱监管部门之间充分共享洗钱和恐怖融资风险、趋势和类型等信息，促进与报告义务机构的沟通联系。这将提高报告义务机构对洗钱类型的敏锐度和熟悉程度。

v. 向公司或股东、金融机构、特定非金融行业和职业提供指导，解释其义务，在必要时开展相关活动以提高其对于反洗钱义务的认知（例如，在公司注册环节向其提供相关信息）。

vi. 如有违规情况发生，应严格执行相关惩处措施，确保对违规行为实施有效、适当、具有劝戒性的惩处。

h）政府部门

i. 确保持有受益所有权信息的政府部门间相互合作，并在法律法规中建立相关机制，确保反洗钱监管部门能够及时获得有关受益所有权的信息。

ii. 识别和评估与法人相关的洗钱和恐怖融资风险，以便其实践风险为本的方法。

iii. 建立法律或执法框架，规定采用适当的方式（公司注册登记方式、公司自证方式和利用现有信息方式），保证受益所有权的透明度。

iv. 引入措施防止法人被滥用，例如，禁止不记名股票和不记名认股权证，将其转换为记名股份或认股权证，或通过要求其立即转由受监管的金融机构或专业中介机构持有来限制其被匿名流转；或要求拥有控股权的股东向公司报备，并要求公司记录其身份信息。

第五章　有效机制可参考的关键特征

FATF要求

识别法人（如公司或基金会）背后的受益所有人

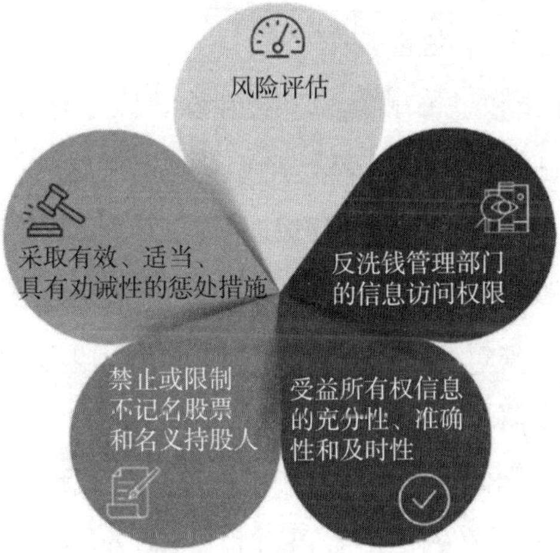

64. FATF根据多管齐下的原则，推荐如下解决办法，以促进各国（地区）应对所面临的挑战。这些推荐的解决办法根据各国（地区）的实际经验总结，如FATF第四轮互评估和各国（地区）在之前的横向研究中提供的资料。

第一节　风险评估（与核心问题5.2相关）

65.各国（地区）应对法人进行全面风险评估，以便更彻底地了解滥用法人进行洗钱和恐怖融资的薄弱环节和可能性。这也将有助于各国（地区）针对容易被滥用于洗钱和恐怖融资的法人制定针对性措施。

66. 在一些国家或地区，有指定的代理机构受托负责分析所有类型法人的洗钱和恐怖融资风险。这些代理机构通过分析本国或本地区特有的相关法律和监管背景，结合多渠道信息来源，来识别风险趋势和模式。这些信息包括：

a）回顾相关法庭案例；

b）义务机构（例如，公证人、律师、公司注册登记机构、其他金融机构、特定非金融行业和职业）所提交的可疑交易报告；

c）反洗钱监管部门的实践经验；

d）识别洗钱和恐怖融资的模式和趋势以及相关变化，例如，各类有组织犯罪团伙对于特定类型公司的“偏好”。

67. 其后，代理机构对法人进行风险评估，并与反洗钱监管部门和义务机构共享关于洗钱和恐怖融资风险、趋势和类型的信息。对当前风险趋势和类型信息的共享使义务机构能够在客户公司注册阶段即对风险进行考虑，并在该阶段对潜在风险信号予以及早关注。

68. 作为重要区域性及国际性金融中心的国家或地区则应付出更大努力来识别、评估和了解不同公司结构在应对洗钱和恐怖融资方面可能存在的薄弱环节，尤其是与跨国威胁相关的方面。

比利时

2018年，比利时联邦公共服务财政部（FPS Finance）聘请了一家代理机构对在比利时法律下设立的法人进行横向风险分析。此项分析涉及对比利时法律框架的研究，并通过组织反洗钱监管部门会议识别洗钱和恐怖融资的演化趋势及模式。此分析旨在提升反洗钱监管部门对与每个法人有关的风险隐患和潜在滥用行为的认识，并识别漏洞，采取必要的法律改革或额外防控措施。

该分析认为，最易被洗钱和恐怖融资利用的组织结构为私营有限责任公司（SPRL/BVBA）。这种组织结构也是最常见的法人组织形式。虽然大部分公司都按规定进行了注册登记，但仍有一些公司存在洗钱和恐怖融资风险。诈骗犯罪分子发现了并可用于从事非法活动的漏洞，这些漏洞可帮助其规避监管和滥用组织结构。这可能导致注册信息不准确。另一个风险是已经注册的法人不一定是活跃的。

这不仅影响了统计数据的准确性，还使可以通过交易休眠公司来规避公司注册或注销过程中的行政管理监控。

比利时当局意识到了这些威胁和薄弱环节，并已采取措施解决这些问题。《比利时公司法》被重新修订，以减少法人种类，并使针对营利性法人与非营利性法人的规则更趋一致。比利时当局还发起了一些专项行动，例如，反洗钱监管部门成立特别行动工作组对不活跃的实体进行注销。

印度尼西亚*

法人的行业风险评估

《2015年印度尼西亚国家风险评估报告》（NRA）指出，金融罪犯认为利用法人掩盖非法资金更为安全。贪腐的政府官员和毒贩可以轻易将其非法收益隐匿于复杂的公司结构和资金交易网络背后。在多数情况下，这都归因于对受益所有权缺乏管理。犯罪分子可以为他们的资产指定名义上的所有者，而其自身在公司法律文件中则不留任何痕迹。

2017年，仲裁委员会（KPK）联合印度尼西亚金融情报部门（PPATK，英文缩写FIU）与金融服务局（OJK，英文缩写FSA）开展了法人行业风险评估（SRA）。该评估将法人洗钱专项风险评估与法人恐怖融资专项风险评估分开进行。法人行业风险评估中，还对印度尼西亚的各种不同法人类型进行了区分，包括有限责任公司、基金会、合作社、公司、合伙企业和协会等。

对法人的行业风险评估识别了六个维度的风险：（1）法人类型；（2）业务类型；（3）交付渠道；（4）报告机构；（5）跨国交易

（流入）；（6）跨国交易（流出）。对法人的恐怖融资行业风险评估识别了四个维度的风险：（1）法人类型；（2）业务类型；（3）交付渠道；（4）报告机构。

法人行业风险评估结果提示了不同法人所面临的风险，具体如下：

- 印度尼西亚的 “Perseroan Terbatas ”（PT，即有限责任公司）面临较高的洗钱风险，而“Yayasan”（基金会）面临较高的恐怖融资风险。
- 经营贸易业务的公司与其他类公司相比，更容易被用于洗钱，而社会基金会及宗教机构仍然最易被用于恐怖融资。
- 从交付渠道来看，资金转账被最频繁地利用于洗钱及恐怖融资犯罪。
- 尽管已受到严格监管，银行仍是洗钱风险最高的报告义务机构。
- 印度尼西亚的评估中特别涵盖了跨国交易，并指出，已有印度尼西亚公司在利用一些洗钱风险较低的司法管辖区来保管资金。

“*”标记为截至2019年9月尚未进行互评估的国家。

英国

对关联法人实体（RLEs）登记的重要控制人（PSC）进行专项重检

随着非政府组织团体和英国公司注册登记处加强合作，共同促进非政府组织对注册数据的分析，意外或故意滥用关联法人实体（RLE）来豁免重要控制人（PSC）登记的风险就凸显出来。公司注册登记处已着手检查所有关联法人实体的注册信息，且基于风险为本的方法，重点关注在金融中心或法律透明度较低国家注册的实体机构。

2006年出台的《公司法》禁止了对公司的循环持股。英国的经验表明，循环持股登记是对重要控制人制度要求误读的结果，而非蓄意所致。故意注册循环持股公司，实际上就违反了《公司法》第136条，将可能犯虚假申报罪。

英国国家犯罪局（NCA）情报报告——《利用公司实体建立国际洗钱网络》

英国国家犯罪局的这份报告分析了一个海外国际洗钱组织利用英国实体公司清洗犯罪所得的案件。该案中，实际控制人利用11家英国公司实体［包括有限公司、有限责任合伙公司（LLPs）、苏格兰有限合伙公司（SLPs）］向一家海外公司输送非法资金，这些公司所有的银行账户交易均在英国境外进行。而这些公司的所有权信息指向的通常是一些名义合伙人或是名义董事，其背后所关联的往往是可疑的离岸组织或受益结构。

该报告的主要观点包括：把几个不同的简单受益所有人结构组织在一起，可用于非法目的；“名义合伙人”的使用可能会带来风险隐患；法人实体通常会在客户尽职调查要求或法规执行较弱的海外地区开户；犯罪分子利用英国商业界的公认声望来为其提供合法外衣。这份情报报告有助于从根本上评估有限责任合伙公司（LLPs）和苏格兰有限合伙公司（SLPs）在高端洗钱方面的风险隐患。报告发布后，英国出台了数项措施以提高这些实体的透明度，预计能解决一些已发现的薄弱环节。例如，犯罪分子已经不能再通过将海外司法管辖区注册的法人团体作为合伙人之一的方式来隐藏其受益所有权。

战略情报评估：《利用公司隐匿受益所有权》

该报告例举了一种混淆受益所有权的手段，即利用多个公司和使用涉及多个司法管辖区的复杂结构的方式，组成一系列的公司实体来模糊公司的受益所有权结构。面对这种情况，在确定相关司法管辖区、要求和获取所需信息（假设存在）时将存在延误。而一些有组织的犯罪集团和个人在意识到这一点后，也会寻求将其组织结构更加复杂化。此外，执法必须按照公司实体所在国（地区）的法律要求实行，例如，在成立公司时所需的资料，因国家不同而可能存在较大差异。这一点在一个将保密作为招商引资最主要吸引力之一的国家中尤为明显。另外该报告还发现，使用苏格兰有限合伙公司类型的企业会更加复杂化，因为如果企业在海外经营，它们不需要在英国注册纳税或提供财务报告。苏格兰有限合伙公司的受益方可以在外国离岸中心注册公司，掩盖其真实的受益所有权，从而限制了英国税务海关总署（HMRC）对其进行背景调查的能力。该分析已被作为英国落实风险为本方法时的参考，并用于了解英国反洗钱的薄弱环节。

瑞士

反洗钱和反恐怖融资风险评估跨部门专项工作小组

瑞士建立了由打击洗钱和恐怖融资跨部门协调小组（GCBF）牵头的国家反洗钱和反恐怖融资合作与协调体系。所有反洗钱监管部门都定期参与协调小组的工作。该小组负责持续识别本国所面临的风险。在瑞士金融情报中心（MROS）的领导下，设立了一个专门进行风险分析的专项工作组，即反洗钱和反恐怖融资跨部门协调小组，以高级别官员作为成员代表，提出对已识别风险的应对措施。每年，反洗钱和反恐怖融资跨部门协调小组都会向瑞士联邦理事会提交工作成果，供其参考或采取进一步措施。

2018年6月，反洗钱和反恐怖融资跨部门协调小组发布了一份关于法人和法律安排的反洗钱和反恐怖融资风险深度分析报告。该报告于2017年11月完成，收集了来自反洗钱监管部门、学术界和私营部门等多个信息源的大量定量和定性数据，指出了在法人和法律安排方面影响瑞士的主要威胁和薄弱环节，并提出处置剩余风险的相关措施（包括立法层面）的建议。该报告可通过公开渠道获得，从而确保可以广泛传播和提升各界认知。

第二节　受益所有权信息的充分性、准确性和及时性

一、核实或（和）监测信息准确性的义务机构（与核心问题5.3和核心问题5.4相关）

69. 为了确保信息的准确性，国家（地区）可以指定一名受到充分监管和有效监督的“信息把关人”，即履行反洗钱和反恐怖融资义务的义务机构。该义务机构应充分了解自身应履行的义务及与所有类型法人相关的风险，核实或（和）监测受益所有权信息的准确性。该义务机构通过对法人整个生命周期内与受益所有权信息有关的行为，特别是对该义务机构的活动进行持续监督和对发现的违规行为进行处罚时进行验证、核实、监测，来增强信息的可靠性，特别是在对该义务机构的活动进行持续监督和对发现的违规行为进行处罚时。

70. 在一些国家或地区，公司注册登记机构是应履行客户尽职调查职能的义务机构。注册登记机构根据信息其他来源（如身份登记簿或税务管理登记簿）检查公司提交的信息，以核实或（和）监测有关受益所有人的信息。注册登记机构还应注意识别其他异常或信息不一致之处，并负责向反洗钱监管部门报告。

71. 在一些国家或地区，公证人、律师或会计师是遵守反洗钱和反恐怖融资义务的义务机构，公司成立及后续阶段需要其参与，以验证和确保公司注册时反映信息的准确性，并对公司所有权的变化进行核实。上述义务机构受指定监管机构的监管，监管机构负责验证其履行客户尽职调查义务的合规性。一些国家或地区采取了额外的控制风险措施，对义务机构的身份也进行核实或（和）监测。公司注册登记机构将核对相关注册记录，以确认义务机构具有专业资格且未被暂停或吊销执照。

72. 在一些国家或地区，在完成公司注册前，必须在负有反洗钱义务的

金融机构（如银行）开立银行账户。这需要金融机构进行独立的客户尽职调查，以识别公司的受益所有人。此类要求有助于在设立法人时识别受益所有人。如果要求在法人实体的整个生命周期内保留该（或其他）银行账户，则还能利用金融机构定期更新客户资料或进行持续识别，以保持信息的更新。

丹麦

在丹麦设立公司时，通常有负有反洗钱和反恐怖融资义务的义务机构（律师或审计员）在公司的成立阶段就参与其中，因为工商登记要求律师、审计员或银行确认所需资本已全额支付。因此，必须履行客户尽职调查的义务实体往往从公司的成立阶段就开始参与。

丹麦的自然人和法人通过在中央工商登记数据库（CVR）注册来创建或管理法人信息时，必须使用政府机构签发的特殊形式的身份号码（NemID）。NemID是一种常见的安全网络登录方式，可用于多种目的，如网上银行、从公共部门查找信息，或从事商业活动。这种电子登录方式将留下电子足迹，并向丹麦商业管理局提供进行法人注册操作的自然人和法人的数字信息，这些信息可在各种风险控制情况下使用。

此外，在中央工商登记数据库进行注册登记时，操作人都必须签署一份电子声明，承诺其在工商登记处留存的登记信息正确无误。

根西岛*

验证受益所有权信息，并向信托和公司服务提供商（TCSPs，在法人组建和管理过程中担任“信息把关人”）提供相关信息

只有全面履行反洗钱和反恐怖融资义务以及受根西岛金融服务委员会（GFSC）审慎监管的信托和公司服务特许提供商（TCSPs）才能在根西岛注册法人。根据根西岛的《犯罪所得法》，信托和公司服务提供商必须对遵循该法律的所有机构进行受益所有人的识别和核查。2017年，根西岛出台了补充条例，要求所有根西岛法人向受益所有权中央登记处披露其受益所有人的身份信息。该暂行条例规定要求在2018年2月底前向登记处提供现有法人的准确和最新的受益所有权信息。

2018年下半年，根西岛金融服务委员会进行了一次专项重检，以评估2017年立法是否能有效确保由信托和公司服务提供商管理的根西岛法人受益所有权信息在登记处的准确性。审查工作包括对所有特许信托和公司服务提供商进行广泛调查，要求其提供详细的资料，说明其所服务的法人的受益所有人符合FATF的“所有权三级测试”标准的比例详情。委员会综合来自登记处和金融情报部门的信息，对调查结果进行了审查。20家信托和公司服务提供商被选中接受了重点现场检查，检查内容包括查验每家公司最多20名法人的受益所有权记录。金融服务委员会还比对了受益所有权登记簿与信托和公司服务提供商资料上的信息，以检查提交给登记处的受益所有权信息的准确性。

金融服务委员会在2019年发布了此项重检结果的公开报告，以帮助信托和公司服务提供商了解其根据《犯罪所得法》和2017年立法所应承担的义务。报告包括对金融服务委员会在重检期间观察到的不同类型受益所有权结构的案例研究，强调好的做法实例和需要改进的领域。

“*”标记为截至2019年9月尚未进行互评估的国家。

中国香港

向公司登记处（CR）提供的信息须经公司登记处审核。任何公司开立银行账户时，金融机构都必须遵守法定的客户尽职调查和记录保存要求。公司登记处还定期进行现场检查，查看公司是否妥善保存了重要控制人登记簿（SCRs）。公司登记处将基于风险为本的方法，对照其他来源的信息，检查重要控制人登记簿中所含信息的准确性。

意大利

意大利的公证人履行公共职能。他们提供的信息被认为是可自证的，而且其信息的内容也确实是通过自动查验来验核的。在公司注册时，信息根据公证人编制的公证书输入，并通过数字签名进行在线处理。公证书本身可以“原封不动”地提供给外部各方。注册时，由信息系统进行基础性检查，包括自动计算股份（以确保不超过100%）和资本（以确保不超过计划的资本金总额），以及自动验证信息，如输入的税务号码、申请人的数字签名（也包括申请人的身份）、强制性费用和税款的支付情况。新录入系统的信息会经过额外的自动检查（例如，确保股份只能由已经在系统中的人转让）。工商登记处人员会对这些自动检查中发现的任何异常情况进行分析，然后才会批准公布这些信息。

以色列

在以色列，除要求线上和书面登记程序都必须有以色列律师参与核查股东和董事的签名外，绝大多数书面申请都由负有客户尽职调查义务（包括获取和留存受益所有权信息的义务）的律师向登记处提交。以色列公司管理局（ICA）证实，绝大多数注册公司的申请都是由以色列律师提交的。这些律师在受益所有权方面须承担客户尽职调查义务。司法部负责核查这些客户尽职调查义务履行的合规性。

以色列公司管理局针对线上申请可能出现的滥用现象采取了额外的风控措施。此类申请必须由负有反洗钱和反恐怖融资义务，且已通过电子证书认证身份的律师提交。律师的身份资料会与律师协会的登记资料进行核对，以确认其具备专业资格，并且未被暂停或吊销执照。只有一种例外情况，提交申请的股东既是公司的唯一股东又是公司董事，但这种情况很少见。此类申请在识别这名股东身份时需要在线上系统中提交一份电子证书，该电子证书仅在与相关股东或董事进行面对面会谈后才会签发。此外，公司管理局还要求申请人（即律师或股东）上传一份章程副本，该章程应在律师在场的情况下签署，以验证股东在公司章程上的签名。因此，在线申请的唯一股东也要接受身份识别措施检查。

日本*

2018年11月30日，《公证法实施条例》修正案生效。根据修订的条例，在设立股份公司（最常见的法人实体）、一般社团法人和一般财团法人（以下统称为“股份公司等实体”）时，当公证人对公司章程进行认证时，公司发起人（或称公证委托人）应当向其报告最终所有人或者控制人的身份信息。在日本，设立法人实体必须由公证人对公司章程进行认证。公证委托人还需要向公证人报告最终所有人或者控制人是否为有组织犯罪集团成员或国际恐怖分子。公证数据库以中心化的和系统的方式保存。反洗钱监管部门可以通过公证人获取数据库中的信息。

公证人应当通过查阅客户提交的公司章程和其他文件，核查最终所有人或者控制人的身份申报信息的准确性。公证人还利用其关于有组织的犯罪集团和国际恐怖分子的数据库，如果最终所有人或者控制人属于这些类别，公证人将拒绝认证公司章程。公证人获取的最终所有人或者控制人的身份信息被储存在数据库中，反洗钱监管部门可要求查阅。

“*”标记为截至2019年9月尚未进行互评估的国家或地区。

泽西岛*

新成立和持续经营的法人实体有义务接受全面监督管理和登记处审查

在泽西岛，大多数法人的设立都由受监管的信托和公司服务提供商（TCSPs）负责[23]。信托和公司服务提供商在泽西岛接受全面监管，包括反洗钱和反恐怖融资和审慎经营的要求和规定。《泽西岛反洗钱令(2008年)》要求信托和公司服务提供商查明并核实其管理的组织的受益所有人身份，并保持信息和记录的及时更新。信托和公司服务提供商还应在得知受益所有权变更后的21天内，更新中央登记处的受益所有权和控制权信息。

---

20 当地贸易公司可在不通过信托和公司服务提供商的情况下注册成立，但须接受泽西岛金融服务委员会进行的身份验证和尽职调查。

2018年，为确保登记信息的准确性，泽西岛金融服务委员会（JFSC）针对为在泽西岛注册实体提供管理服务的各类信托和公司服务提供商开展了一系列专项审查。信托和公司服务提供商掌握的客户信息的准确性仍然是金融服务委员会关注的焦点。在现场检查期间，委员会依据受益所有权登记簿的数据对客户数据进行了审查。

公司登记处会通过三个独立个人分三个阶段有序开展审查，审查环节包括：（a）公司设立，（b）受益所有权或控制权变更。公司设立的审查程序必须由公司登记处所在的泽西岛金融服务委员会单位负责人或主管签字。

每个受益所有人、实际控制人及每个实体的活动都要根据各国的制裁名单和法院监管裁决来进行审查，审查使用多渠道的数据来源包括综合制裁名单和美国财政部海外资产控制办公室（OFAC）名单、全球查（World-Check）、内部客户关系管理系统筛查、内部情报或执法数据库筛查、公开来源的互联网搜索和泽西岛金融服务委员会维护的监管数据库。

在审查过程中发现的任何负面信息将上报到负责人或主管一级，并将作为内部情报进行共享和（或）提交可疑活动报告。积极的反馈循环往复，有助于确保泽西岛金融服务委员会的监督部门及相关执法部门对不足之处加以考虑。

“*”标记为截至2019年9月尚未进行互评估的国家或地区。

西班牙

在任何情况下，都需要有公证人根据公司代表的声明，识别和登记新成立实体的受益所有人。义务机构所开展的客户尽职调查为西班牙受益所有权信息体系作出了重要贡献，该信息体系为各管理部门提供受益所有权信息，并确保信息质量。在义务机构中，公证人行业尤为重要，因为法律要求其参与验证涉及法人的大多数行为。公证人非常了解其“信息把关人”角色以及其所掌握信息的重要性，并积极地与各类管理部门合作开发系统，以向这些部门开放其掌握的丰富信息。

二、除公司注册登记机构外的补充信息平台（与核心问题5.3和核心问题5.4相关）

73. 除公司注册登记机构外，一些国家或地区还设有其他记录受益所有权信息的数据库。反洗钱监管部门或义务机构具有数据库的访问权限，并对照义务机构和其他管理部门（如公司注册登记机构、公证部门、税务或证券监管部门）所掌握的信息进行交叉核验。

74. 在一些国家或地区，公证行业作为义务机构，维护着一个关于法人受益所有权的中心化数据库。该数据库内记录着公证人在实体注册成立、个人和实体进行某些特定行为或交易，以及法人的所有权或持股发生转移时获取和留存的信息。这个数据库构成了一个新的公司信息存储库，可用于验证公司的注册登记信息。

75. 一些国家或地区可能还要求税务管理部门留存特定法人的受益所有权信息。税务部门可以掌握有收入发生、有所有权和（或）有不动产交易或聘用了职员的法人的基本信息和受益所有权信息。有些国家甚至要求所有需要向税务部门披露信息的法人都必须拥有银行账户，并遵守银行的客户尽职调查要求。

76. 在一些国家或地区，专业协会向其成员免费提供某些私人数据库。这有助于专业人员对现有客户进行信息的交叉验证，或在遵守数据保护措施的前提下与其他义务机构进行信息交换。

中国

2014年3月，中国启动了国家企业信用信息公示系统（NECIPS），该系统涵盖了所有在国家市场监督管理总局（SAMR）注册的企业信息。国家企业信用信息公示系统是由政府主管部门建立的权威的、全国统一的法定信息公示系统。管理部门通过开展书面检查、现场检查和网络监测的方式，对公开信息进行随机抽查。违反信息披露要求的企业将被列入“灰名单”和“黑名单”进行信用惩戒，并可能被处以罚款甚至吊销执照。该系统加强了商业运营的透明度，促进了企业的诚信和自律，有力地支持了监管工作。2017年以来，该系统的日均访问量达到1940万次，日均查询量达到320万次。

国家企业信用信息公示系统的可用信息包括公司的基本信息、股东及出资信息、抵押登记情况、行政许可及处罚情况，以及一些商业信息。其中不包括受益所有权信息，但仍有助于对受益所有人的识别。

印度尼西亚*

自2018年起，印度尼西亚要求所有的法人都必须披露其受益所有权，并通过AHU在线以电子方式提供受益所有权信息。AHU在线是一个由法律和人权部（公司注册登记机构）维护的法人基本信息和受益权信息组成的应用程序。为确保报告方能够及时获取受益所有权信息，2018年第13号总统令特别规定了公司注册登记机构有义务为报告方提供直接访问的权限。

此外，反洗钱监管部门，特别是政府机构（如能源和矿产资源部、农业部、土地事务和空间规划部），有权考虑是否向尚未披露或指定受益所有人的法人颁发营业执照。反洗钱监管部门将根据授权机构的评估情况来作出决定，评估包括：（a）反洗钱监管部门对法人的审计；（b）管理受益所有人信息数据的政府机构或私营实体提供的信息，和（或）特定专业机构留存的受益所有人的信息报告；和（或）（c）其他相关信息。

“*”标记为截至2019年9月尚未进行互评估的国家或地区。

以色列

税务部门掌握的信息

以色列税务局（ITA）掌握所有有收入、拥有不动产、购买或出售不动产、在以色列有雇员、在以色列有任何资产或进行任何金融交易的法人的基本信息和受益所有权信息。所有向税务局披露信息的法人都必须开立银行账户并遵守银行的客户尽职调查要求，包括关于受益所有权的要求。

意大利

意大利金融警察（GdF）通过综合采取各种措施，包括查阅反洗钱报告义务主体（主要是公证人和银行）收集到的信息和查询各种数据库采集信息，多次成功查明被犯罪分子，尤其是黑手党之类的有组织犯罪集团利用的公司的受益所有人。

- 根据可疑交易报告（STRs）中的数据信息：金融情报部门发布的指引中明确，报送可疑交易报告时应补充受益所有人信息。无法识别受益所有人信息本身就是提交可疑交易报告的理由。
- 公证人提供的资料：由于在购买房地产等事项中，法人调查已成为公共行为的一部分。资料来自工商登记簿、中央税务登记簿、公证员留存记录和公证档案馆。
- 会计师提供的资料。通过从中央税务登记簿查询来识别会计记录的保管人或义务申报所得税和增值税的中介机构。以及查询专业人员的记录（登记簿）。
- 通过银行、其他金融中介机构和信托公司查询财务报告档案予以识别。在对中介机构进行识别后，中央信息档案馆（AUI）可提供查询。
- 根据有关司法机关颁布的一项特别法令（《刑事诉讼法》第248条），同样的数据信息来源也可用于刑事侦查。

西班牙

在西班牙，目前有三个数据库保存有关公司受益所有权的信息，每个数据库都由不同的义务机构（公证人、公司注册登记机构和信贷机构）收集信息来建立。执法机构可以通过门户网站或网络服务在线访问所有数据库。这样相互交叉重叠的网络机制共同确保了所有在西班牙运营的商业实体的受益所有权信息是可以获取的。这些机制包括：

1. 公证人专用电子索引系统：公证人将其通过客户尽职调查获得的受益所有权信息保存在公证人专用电子索引系统中。该数据库分别记录了在公证时通过客户声明获得的信息，以及公证人经核实和汇总后编辑的信息。

2. 工商登记部门也收集公司代表人报告的受益所有权信息。2018年3月21日发布的一项政府规定要求，所有公司（上市公司除外）在每年履行年度报表报告义务时，应向工商登记部门提交一份报表，确认其受益所有人。未能提交年度报表（包括该份受益所有人识别表，因为缺失此表的年度报表将因不完整而被拒收）将导致公司登记表被锁定并引发其他法律后果，如可能的罚金、公司被禁止参加公开招标以及在公司达到破产状态时，法律上可以推定这种状态是由于过失或欺诈而造成的。到2019年4月1日，尽管尚未到截止日，已经有超过154000家公司提交了2018年年度报表，上报了超过150万名受益所有人信息。

3. 第三个数据库是西班牙防止洗钱及货币犯罪委员会（西班牙金融情报中心与反洗钱和反恐怖融资监管机构）持有的金融账户所有权档案资料。信贷机构每月向西班牙防止洗钱及货币犯罪委员会提交一份关于其开立、持有的银行和证券账户情况的报告。信贷机构需填写一项内容是账户持有者（上市公司除外）的受益所有人身份信息。因此，执法部门在预防、侦测或调查洗钱及恐怖融资案件时，也可以获取银行在法人开立或持有银行或证券账户时收集的客户尽职调查信息。

三、在公司层面以及向报告义务机构或公司注册登记机构进行的持续信息报告（与核心问题5.3和核心问题5.4相关）

77. 为确保企业受益所有权的相关信息能够及时更新，国家（地区）可要求法人进行持续性报告。如果受益所有权发生变化，法人应报送信息变更报告交由义务机构核实。

78. 在一些国家或地区，公司注册登记机构要求公司每年更新信息，以确保公司的受益所有权信息是最新的。一些注册登记机构可能采用自动化系统，来监控管理公司提交年度报告或证明的时间截止日期。此外，如果受益所有权发生变化，法人必须在规定期限内提交更新资料；否则，该变更可能不具备法律效力。一些注册登记机构要求企业在自然年度末之前提供企业年度报告，对先前向注册机构提供的基本信息进行确认，并将年度报告公开，以便公众查阅报告的内容以及最新一份报告的时间。

79. 需要注意的一点是，在公司注册登记机构更新的受益所有权信息还需经过义务机构核实。在一些国家或地区，公司基本信息变更还须经公证人验证。提交给公司注册登记机构的变更信息必须附有公证文件。公证机构还将同样的信息以及与股东变化有关的信息保存在一个独立的定期更新的数据库中。

80. 若股东名册由公司自身或其他存管机构持有，则公司董事有责任确保其准确性，并在发生变更时立即对其进行更新。公司层面的登记系统必须完整、全面地留存受益所有权信息的记录，登记册应能显示受益所有人的变化情况，以便反洗钱监管部门从公司获取或提取其受益所有权信息。

a）在公司层面进行持续报告

瑞士

瑞士的公司必须保留一份关于其股东（股份有限公司）、合伙人（有限责任公司和有限合伙企业）及其受益所有人（《公司法》第686、第697j、第697l、第747、第790和第837条）的记录，其中还应包括不记名股票。股东必须在获得股份后的一个月内通知公司（《公司法》第697i条）。在拥有（包括记名股票、不记名股票或间接单位股份）达到或超过25%公司股权或投票权时，股东必须将受益所有人的自然人姓名告知公司。该信息必须及时更新。同时这些股东还须将任何信息变更情况告知公司（《公司法》第697i，第697j和第790a条）。此外，股东或受益人的身份信息（名字、姓氏、地址）的变更情况也应通知到公司（《公司法》第697i条，697j条第2款和第790a条第2款）。

b）向报告义务机构或公司注册登记机构进行持续报告

奥地利

根据《受益所有人登记法》（BORA）第3条，法人实体须根据《受益所有人登记法》第3条第1款的规定，每年至少开展一次尽职调查并对调查工作进行审核，以验证登记簿中列出的受益人是否符合最新情况。此外，与受益所有权变更相关的信息必须在获悉变更后的四周内报告。

法人实体不仅应在每年至少履行一次尽职调查义务，还必须在每年审核要求截止日期后的四周内确认报告中的受益所有权数据。所有信息报送要求都是强制性的，未按要求执行将会受到处罚。

比利时

在比利时，法人实体和法律安排（LE/LA）须在最终受益所有权信息变动后的一个月内进行信息更新。此类更新信息应直接在最终受益所有权在线登记平台（UBO）上进行登记。法人实体和法律安排须每年确认注册的信息是最新的、准确的和充分的。

会计师或公证人也可以为客户在最终受益所有权登记网站直接提交最终受益所有权信息，并进行年度确认。他们还可以视情况向法定代表人发送登记信息的摘要，要求法定代表人直接点击电子邮件中的链接来确认信息。

丹麦

在丹麦，受益所有权法规约束下的公司和法人实体必须在中央工商登记数据库（CVR）登记其受益所有人。如果公司和法人实体得知受益所有权可能已发生变更，则其有义务对该变更进行调查并尽快在受益所有权登记机构更新登记信息，最晚不得超过两周。

公司和法人实体必须保留其受益所有人信息，包括识别受益所有人的工作记录；这些信息在该受益所有权终止后或识别工作结束后仍须保留五年。若政府机构［如丹麦商业管理局（DBA）、国家严重经济犯罪和国际犯罪监察机构（SØIK）和丹麦税务局（SKTST）］需要此类信息以履行其监管职责时，公司和法人实体需配合提供。若公司已注销，则最后的登记信息管理部门必须确保在所有权终止或识别工作结束后的五年内，可以提供受益所有人调查所需的相关信息和文件。

2020年，丹麦将要求公司和法人实体每年至少对在中央工商登记数据库登记的受益所有权信息进行一次重检，并在必要时更新受益所有权信息。相关信息应在批准年报的董事会会议上予以呈报。

法国*

在法国，根据《货币金融法》第R.561-55条，任何公司和法人实体的受益所有权链条中发生变更，都必须在变更后的30日内，向商事法庭书记员（Greffier de Commerce）提交最新的受益所有权文件。公司和法人实体必须确保其受益所有权信息是最新的、准确的。

按《货币金融法》第L.561-49条，未能在规定时间内提交信息或提供信息不准确的，将被处以6个月监禁和7500欧元的罚金。涉及的自然人也可能面临丧失从事商业活动的资格，或者是被剥夺部分公民权利。被定罪的法人可能会面临五倍于自然人的罚款（37500欧元）和按《刑法》第131.39条所述的额外处罚。

“*”标记为截至2019年9月尚未进行互评估的国家或地区。

泽西岛*

法人必须在受益所有权发生变化的21天内更新中央登记册

根据《泽西岛借贷管制令（1958）》（COBO）：泽西岛每个法人实体的成立，都必须获得泽西岛金融服务委员会（JFSC）的批准。金融服务委员会对所有的泽西岛公司施用该批准机制，以便收集受益所有权和控制权信息。

当个人获得25%及以上（该比例可基于风险为本的方法进行调整）份额的受益所有权或成为实际控制人（泽西岛公司注册登记机构采用

FATF“三级测试”标准）时，所有的信托和公司服务提供商都必须提供其身份信息。信托和公司服务提供商必须在获悉变更后的21天内向泽西岛公司注册处报备。

对于由当地居民而非信托和公司服务提供商成立的法人，《泽西岛借贷管制令（1958）》则要求在变更受益所有权前应获得委员会的许可，并在受益所有权变更后更新中央登记册。

“*”标记为截至2019年9月尚未进行互评估国家或地区。

意大利

法人变更其所有权和控制结构，必须在不同的规定时间范围内在统一的工商登记簿（系统）进行登记。即，对于有限责任公司（Società Responsabilità Limitata，SRL）应在通过公证确认其变更生效后的30天内登记；股份公司（Aocietà per Azioni）则是每年更新一次（提交年度报表时）。股份转让须由公证人在工商登记簿（系统）登记存档，如果是有限责任公司，则必须由银行或证券经纪商完成，有关资料可由公证人或特许会计师提交。由公证人存档的信息也会被检查验证。

四、通过不同方式核验信息（与核心问题5.3和核心问题5.4相关）

81. 有效的（信息登记）机制还应包含动态、充分的验证，以确保有关受益所有权的信息准确。可以通过以下方式对信息进行核查。

交叉核验

82. 各国（地区）可以采用交叉核验的方法，利用来源于不同机构的信息来核实和（或）监测有关受益所有权的信息。例如，金融机构、特定非金融行业和职业以及税务机关，可以将公司法人向其提供的基本信息和受益所有权信息与注册机构留存的信息（由公司提供或注册机构提供）进行交叉核验。金融机构、特定非金融行业和职业等义务机构也可以持续监测注册信息的变更，包括标示出违规公司（通过自动化信息接口），以及就任何可能存在的不一致情况向客户进行调查。

83. 鉴于可获得的信息与政府反洗钱监管部门采取的采集和管理措施及程序相互关联，一些国家或地区对不同政府部门的数据库实施了自动交叉核验控制。例如，开发一个通用门户网站，以便公司注册登记机构系统可以将其受益所有权数据库与其他政府数据库（例如，执法数据库、税务管理数据库、土地登记簿和其他公开信息源）进行交叉核验，以验证或（和）监测有关受益所有权信息的准确性。

84. 一些国家或地区制定了黑名单制度，该名单包括联合国名单中列出的所有个人和组织，以及本国（地区）名单上的所有个人或组织。黑名单中的个人和组织将无法注册、拥有或转让任何形式的所有权。义务机构可以在公司成立及存续期间对照黑名单核验股东或董事的身份。

风险信号

85. 一些国家或地区建立了可疑活动监测指标，例如，某张信用卡或某个电子邮件地址被用于成立多个表面上毫无关联的公司。公司注册登记机构会就可疑活动向执法部门或反洗钱监管部门报告。

86. 在一些国家或地区，义务机构确定了一组指标，用于审查和评估法人的财务报表，以正确识别企业的业务性质和规模。例如，义务机构可设置分项收入指标，尤其是现金收入和资产水平指标，然后将其与行业平均值进行比较。结果异常和显著的将被视为可疑，并有待进一步评估。

87. 在一些国家或地区，公司注册系统能够监测到公司提交信息中的任何变化（包括增加持股，所有权转让），并能将相关指标与行业平均值进行比较。系统会在发现异常变化时触发预警，并将其发送给有关部门作进一步调查。如果初步调查结果不能证明触发预警的行为背后的商业目的是正当的，则将进行深入调查，以确认这种行为是否与洗钱或恐怖融资风险相关。

公开和非公开数据抽样测试

88. 一些注册登记机构开展持续性的抽样测试或有针对性的审查，以核实、监测指定法人相关信息的准确性。在一些国家或地区，公司注册登记机构利用公司提供的年度报告，对特定行业、特定业务性质或具有特定风险特征的公司进行抽样测试，开展信息的定期核实。它们也可对照数据库中的信息与公司提交的年度报告以核查一致性。

政府各部门间协调

89. 在一些国家或地区，相关义务机构和政府部门（如公司注册登记机构和税务部门）就欺诈案件和操纵市场案件开展密切合作。政府各部门可结合某些特定参数（如IP地址和电话系统信息的使用）对交易和交易模式进行详细分析。这有助于识别受益所有人之间的关联，并便于进一步的调查。

外部机构参与注册登记信息核实

90. 一些国家或地区在公共注册系统中引入了报告功能，以鼓励外部各方主动将疑似错误的信息通知公司注册登记机构。一些机构如非政府组织，会进行数据分析并报告潜在的不准确信息和关注的问题。一些国家或地区还要求金融机构、特定非金融行业和职业在进行客户尽职调查时，报告其中的不准确之处。

奥地利

受益所有权登记主管部门负责确保数据的准确性和完整性，并防止洗钱和恐怖融资行为的发生。为了履行这些义务，受益所有权登记主管部门有权对信息进行分析，可随时要求法人实体及其受益所有人提供相关信息和文件，并根据收集的文件和其他可用信息，对受益所有权信息的正确性进行非现场分析。

在履行客户尽职调查义务期间，一旦义务机构认定实际受益所有人与登记情况不符，并确信该登记信息不准确或不完整，则义务机构可以对相关法人实体标注“风险信号”，并利用电子方式将该情况报告给受益所有权登记主管部门，同样也要报告给所有其他有需要的反洗钱监管部门。

被标记风险信号后，法人实体会收到关于标注的通知（但不会显示做标记的义务机构），并被告知其报告的受益所有人不能被证实，因此法人实体必须要检查其报告。只有在法人实体提交新报告后，该标注才可被删除。然而，此标注仍会在历史数据中显示。

因此，在受益所有权登记网站的所有摘录中都可以看到此标注。此外，受益所有权登记主管部门会监控系统中所有标注的清单；若法人实体提交的更正报告无法解决标注问题，则受益所有权登记主管部门会要求公司提供受益所有权的证明文件。

比利时

在比利时，已经针对法人实体和法律安排（LE/LA）建立了集中化的受益所有权登记系统（最终受益所有权登记系统，UBO Register）。该系统由联邦公共服务财政部下的财政管理局开发、管理和控制，区别于联邦公共服务经济部管理的商业登记处。

出于保护数据隐私的原因，只有拥有比利时电子身份证的人员（包括公民和非公民）才有权访问该平台。该访问权限也扩展到了电子身份认证公共服务（即欧盟910/2014条例，针对欧盟内部市场的电子身份认证及信任公共服务）适用的其他司法管辖区。

考虑到可用资源有限和任务范围的限制，财政局无法对法人实体和法律安排登记的信息实施系统性的事前控制。但是，为了确保高水平的数据质量，平台中已嵌入了几种控制机制。这些机制旨在避免在登记过程中的失误，并有助于对数据实施（针对性的）控制。这些包括：

- 为了避免在登记阶段出现拼写错误或录入错误，最终受益所有权登记系统与商业登记部门（针对法人实体和法律安排）及国民身份登记部门（针对自然人）进行了直接关联。
- 最终受益所有权登记系统和商业登记系统及国民身份登记系统相关联，可以预先填写法人实体或法律安排及自然人相关信息。但是，这种预填写必须经法人实体和法律安排的代表人确认，目的是避免提取不正确、不充分或过时的信息。如果信息不正确，则法人实体和法律安排必须直接在商业登记系统或国民身份登记系统中进行修改。而且确实也会发生这样一些情况，法人实体和法律安排在其最终受益所有权登记时发现，其在商业登记系统中的最终受益所有权信息并不是最新的，于是在上述系统中进行了必要的更改；因此，该机制也提高了商业登记系统中可用信息的质量。
- 该机制还使得使财政局能够落实其“一次性填报”的管理制度，即如果一份信息或材料已经向一家公共部门提交，则允许其他公共部门对该信息或文件发出调阅申请。因此，对于法人实体和法律安排以及公共部门而言，该处理流程的成本更低，效率更高。
- 设定一些业务规则还可以避免部分登记信息不合理的问题（例如，拥有超过100%的股份或投票权，以已故者或以未在自然人公民登记系统中登记的比利时公民身份进行注册，在公司成立之前就开始控制公司等）。

中国

在中国现行的反洗钱法律法规下，所有被监管对象应建立健全适当的客户尽职调查流程，并将其嵌入各业务流程中以提升有效性。可以通过国家工商行政管理总局建立的全国企业信用信息公示系统对公司客户进行核查，依法对许可证、证明文件以及业务经营状况进行核查。在客户尽职调查完成之前，被监管机构将不得与其建立业务关系或开展业

客户尽职调查完成之前，被监管机构将不得与其建立业务关系或开展业务。在识别受益所有权时，金融机构应获取与法人相关的信息和材料，这有助于验证客户尽职调查过程中获取的其他资料。

被监管对象通常会利用官方公开渠道来查询和核实客户信息，并对客户开展持续识别。官方公开渠道包括工商登记信息管理系统、国家企业信用信息公示系统、全国组织机构统一社会信用代码查询系统、企业登记信息平台、企业信用信息公示系统、税务登记查询系统等。国家企业信用信息公示系统（NECIPS）上的“灰名单”和“黑名单”不仅是惩戒名单，而且可作为风险信号。一旦金融机构发现法人在这些列表中，其会采取强化的客户尽职调查措施，要求法人实体提供更多的材料来识别受益所有权，从而确保其所掌握的受益所有权信息的准确性。

丹麦

交叉核验

丹麦设立了一个名为中央商业登记数据库（CVR）的官方在线登记网站，该数据库载有根据公司法和税法注册登记的法人实体信息并将其免费对外公布。为保证数据质量，该数据库设置了一些自动控制机制，旨在避免在登记过程中出现失误，以及便于实施针对性控制措施。数据库会自动检查提交的信息（必须通过电子方式完成），并会与政府各类登记簿、CPR号码（民事登记号码）或数据库现有CVR号码（法人实体的唯一标识号码）以及其他详细信息，如地址（丹麦地址登记簿，即DAR）和日期进行交叉查验。此外，系统设置了一些业务规则来避免登记信息不合理的情形出现，如以已故者身份进行的登记。并且由于商业登记数据库已包含法人实体的一些信息，因此可预先填入该法人实体的部分信息，以简化登记过程和避免失误。系统自检后，对可疑情况还会进行更为详尽的人工检查。该系统还用于使用大型数据库和机器学习来更好地识别潜在风险。

抽样测试/检查

为了确保中央商业登记数据库的受益所有权信息是准确的、最新的，丹麦商业管理局（DBA）在2019年开始抽取和人工审核500家公司及其受益所有权的注册登记。

该审核分为两种方式：注册登记阶段和注册登记后。在注册登记阶段，针对特定的可疑案例，丹麦商业管理局将在公司的成立完成之前对其受益所有权信息进行检查和核实。如果在检查时，受益所有权信息不充分，则该公司不允许注册。如果在后续阶段检查发现受益所有权信息不充分，则丹麦商业管理局可依法强制解散公司。此类强制停业与受益所有权信息的缺失和不充分有关，也可以在公司或其他法人实体未掌握受益所有权信息或所掌握的受益所有权信息不充分时执行。

外部机构参与注册登记信息的验证

到2020年，客户尽职调查范围内的法人实体，将有义务就他们所了解的受益所有权信息和中央工商注册登记数据库所登记的受益所有权信息之间的差异，向丹麦商业管理局报告。若法人实体报告了差异，则有关当局必须采取措施解决该事项。丹麦商业管理局也可能在中央工商注册登记数据库中标注该项已被报告的差异。

法国*

法国采用双层信息登记核验机制：首先，经办人员核查企业是否已提交了所有必要的信息。其次，经办人员主要通过与贸易登记数据库保存的信息进行交叉核验来核实企业申报的信息。

根据《货币与金融法典》第561 46-3条，2019年4月起，该登记数据库的信息可以向以下机构或人员披露：相关法人实体本身、18家反洗钱监管部门、反洗钱和反恐怖融资义务机构、任何可证明其拥有合法权益并经拥有受益所有权登记信息监管职责的审判员授权的个人。

“*”标记为截至2019年9月尚未进行互评估的国家或地区。

中国香港

公司注册处引入投诉表来收集举报违反《公司条例》的行为。公司或公众可以使用该表格将任何违反《公司条例》的情况（包括未保存《重要控制人登记册》）报告给公司注册处进行调查。

投诉表的引入极大地方便了公众及时向公司注册处报告违反《公司条例》的情况。2017年至2019年7月，公司注册处共收到了2310份投诉，其中40%是通过投诉表举报的。

爱尔兰

公司注册办事处（CRO）和税务局作为爱尔兰境内公司信息的两个重要数据存储库，双方已建立数据接口。此类数据接口使政府部门可以持续开展风险信号监测，并核实所掌握的信息。例如，经爱尔兰政府评估，已在公司注册办事处登记但未在税务部门进行登记的法人实体，有着更高的洗钱或恐怖融资风险及逃税风险。公司注册办事处和税务局之间的数据接口可防范法人实体"未登记"的相关风险，并能自动生成问询函。

荷兰*

审查、诚信和筛查机关（隶属司法和安全部）的自动化信息系统TRACK持续监测法人的诚信合规情况，包括其董事、关联方或法人。该系统于2011年1月推出。

审查、诚信和筛查机关通过每天自动扫描多个非公开和公开的信息来源进行风险分析，以在周围环境中查找董事、法人或其他人员相关的财务或犯罪记录。这些数据的来源包括公司注册处、市民登记处、中央破产管理处，以及其他公共信息来源。此外还可从税务部门、司法信息服务部门和国家警察局获取数据。无论法人是正在注册还是在注册之后，如果系统显示存在较高风险或是风险等级出现提升，该机关会在法人存续期内进行更深入的分析。如果分析确认存在风险的上升，风险预警会被发送至一组收件人，包括执法部门和监管机构等，如检察机关、警察局、税务情报和调查局、荷兰中央银行、荷兰金融市场监管局和税务海关管理局。2018年共生成风险预警264个，2019年第一季度生成了50个。风险分析也可应这些反洗钱监管部门的要求开展。2018年，应要求分析产生的风险预警达17个。

审查、诚信和筛查机关还特别为执法部门和监管机构提供“网络地图”。该网络地图可标出利害关系（法）人和其他（法）人之间的相关关系，包括破产和解散的法人。该机构在2018年提供了947张网络地图，在2019年第一季度提供了217张网络地图。

“*”标记为截至2019年9月尚未进行互评估的国家或地区。

英国

使用重要控制人信息的民间组织

2016年11月,全球见证组织与英国DataKind互联网数据平台、OpenCorporates数据库、Spend Network信息服务公司以及跨境调查组织（OCCRP）合作，成立了一个由30名志愿数据科学家组成的工作组，对重要控制人（PSC）登记册中的首批数据进行分析。该小组研究了前三个月的可用数据（在350万家公司中选择出约130万家）。仅用了一个周末，工作小组就总结出了一些关于重要控制人公开信息的价值和潜在用途：

- 该小组能够构建出复杂的公司结构图。例如，他们绘制了利洁时健康护理公司的局部所有权结构图。重要控制人数据使他们能够了解复杂的所有权结构，即使他们没有识别出任何不当行为，这些数据至少也显示出如何使用信息来提高透明度。
- 该小组发现9800家公司将其受益所有人列为外国公司。如果这些外国公司在一家与英国体系相类同的证券交易所（如美国、欧盟和日本交易所）上市，这种做法是允许的。

全球见证组织告知公司登记处，有超过4000家公司提交的是可能无法注册的相关法人实体（RLE）的详细资料，因为这些公司位于哥斯达黎加、巴拿马和马恩岛等司法管辖区。公司注册登记处已采取行动，通过信函正式通知这些公司。收到通知后，大约70%的公司已经更正了公司注册登记处数据库中的重要控制人信息。虽然公司注册登记处本可以通过公开获取信息来识别这其中的许多错误信息，但该方法确实加快了对这些问题的识别速度。

瑞典

在受益所有权登记簿中标记可疑的错误信息

瑞典的受益所有权信息制度是以公司自证方式和公司注册登记方式相结合为基础的。法人代表会向注册管理机构提交报告，并对报告进行电子签名。

受益所有权登记簿是可公开访问的。如果登记信息中条目的质量不合格，相关金融机构、特定非金融行业和职业或国家有关职能部门有义务向注册管理机构报告。注册管理机构将基于报告评估登记信息是否有误。如果存在问题，相关法人会收到正式通知，被要求更正信息，或补充能证明其注册信息正确的额外信息。如果未能完成这些事项，法人会收到另一份正式通知，并收取行政管理费。在瑞典登记簿付诸使用后的较短时间内，这一措施就被证明是行之有效的。在收到第一份正式通知后，大多数法人会在规定时间内进行更正。

除了通过发送正式通知的方式来确保登记簿上的信息正确以外，登记管理部门还可以用三角警示符号标记法人登记注册信息，并用说明文字表明登记管理部门有理由推定该信息不正确。任何在注册登记机构查看法人信息的人均可以看到该警示标记，并且标记将一直保留，直至有正确信息的报告提交并成功登记为止。该标记可作为对金融机构、特定非金融行业和职业或其他与该法人交易的任何一方的警示。这也就意味着在对客户进行尽职调查时需要保持谨慎，并且在建立或维持业务关系之前，就应要求进行澄清说明。

五、对外资持股或拥有外籍董事的公司应实施的强化措施（与核心问题5.3和核心问题5.4相关）

91. 外资持股或存在外籍董事是追踪法人受益所有权的一项主要关注点。

92. 在一些国家或地区，外籍个人或法人如果要开展业务或取得当地公司的所有权，必须从指定的反洗钱监管部门处获得专门的许可证。作为申请程序的一部分，个人或法人应提供一整套信息，包括外籍个人或法人的财务状况、外籍法人的所有权和控制结构，以及约束法人权力的创始文件和协议的副本。同时还应提供义务机构出具的证明文件。义务机构应开展强化的客户尽职调查，并对每个申请人的财务背景、所有权和控制结构、以往的商业活动等进行全面筛查和核实。

在一些国家或地区，如果股东或董事不是当地公民，注册管理部门将要求申请人提供经核验的个人护照复印件和法人的公司注册证书。一些国家或地区则依靠义务机构出具的证明文件，或签发护照及证书的外国官方的当地代表出具的证明，来对这些外籍股东或董事进行核实。

奥地利

作为受益所有权注册管理机构风险为本方法的一部分，法人实体如果报告了具有外国国籍或居住地的受益所有人，或其最终受益所有人为注册登记地址在国外的法人实体，提交报告的法人实体将会被标识出若干基于外国的国际标准代码（ISO Code）的风险点。从而这些法人实体将更有可能被归入高风险或极高风险类别中，以致加大受益所有权注册管理机构要求其提供受益所有权相关的文件并对其受益所有权进行非现场分析的概率。

比利时

自2002年开始实施的电子身份识别制度（eID）极大地简化了此前与比利时政府部门已建立联系的外国公民的身份识别流程。

如果一个外国公民无论因任何原因已经与比利时某一部门建立了联系，如增值税或其他财务原因、违反交通法规、雇佣关系等，该外国公民可以获得一个eID编号，这个编号可以用于自然人在国家登记处登记。该eID将用于在最终受益所有权登记中识别身份，且将由某一部门予以核实。

中期来看，欧盟eIDAS（电子身份识别、认证和信托服务）法规目的是确保个人和企业可以通过其自己的国家eID体系获取欧盟其他开通eID的国家的公开服务。对于没有欧盟eID的非欧盟公民来说，除了要求其在注册时提供证明文件外，还会采取调查措施（如简易的远程认证方式）。

丹麦

根据受益所有权法，公司和其他法人实体有义务在中央商业登记数据库登记受益所有权信息。无论是外国或本国的受益所有人均须遵循。如果受益所有人是外国公民，则需要更多登记信息，如护照复印件、公民身份证号码等。

中国香港

根据《公司条例》（CO）第16部分，在中国香港设立营业场所的非香港公司应按《公司条例》规定注册。非香港公司的公司文件，如公司章程、公司注册证书和最新的账目，必须连同注册申请一并送交。这些公司文件必须按照《公司条例》的第775条进行认证。例如，文件应该由公证人、律师、专业会计师、专业公司秘书等进行认证。

泽西岛

对外资公司有更为严格的要求，反映出它们的风险更高

泽西岛的所有外资公司都受到更为严格的要求，反映出其所具有的更高风险。

公司的受益所有人和控制人如果是当地居民，在公司成立以及新的受益所有人和控制人与公司建立联系时，将受到工商登记处的身份检查。

除了身份检查外，所有由外国人注册成立的公司都必须聘请本地的信托和公司服务提供商提供管理服务。该服务提供商接受本地监管，遵守反洗钱和反恐怖融资法规，并持证开展风险为本的尽职调查。

《公司—经济实体税收法（泽西岛2019）》强化了泽西岛公司在岛上展现真实经济实体的要求，提高了泽西岛常驻董事对其所控制和管理的外资公司应承担的总体责任标准。

荷兰*

所有在荷兰设有办事处或在荷兰提供就业的外国注册公司都有义务在荷兰商会的工商登记簿中登记公司基本信息。

如果客户的居住国为欧盟委员会宣布的高风险国家，则金融机构和特定非金融行业和职业有义务对此类客户开展强化客户尽职调查。

“*”标记为截至2019年9月尚未进行互评估的国家或地区。

瑞士

强化措施以识别非经营性法人实体（户籍公司）的受益所有人

金融中介机构采用的预防性尽职调查措施考虑了滥用法人的风险。根据瑞士金融市场监管局《反洗钱条例》(OBA-FINMA)第13条（2）（h）款，若业务关系中涉及复杂的公司结构（尤其是涉及户籍公司），则无论是瑞士公司或外国公司，都是被判定为较高风险的标准之一。《反洗钱条例》（OBA-FINMA）第2a条对户籍公司的定义为没有任何经营活动的公司法人、信托或基金会等实体。此类实体不开展任何商业活动或生产行为，也不作为商业企业参加任何其他活动。金融中介机构对待这类实体通常采取非常审慎的态度，并且在无法识别企业实际受益所有人时，不会与其建立业务关系。户籍公司需要提供有关其受益所有人的书面声明（《联邦反洗钱法和反恐怖融资法》第4条第2款）。法人实体中资本或投票权的25%的门槛不适用于此类实体，这意味着公司所有受益所有人不论持有股份多少都必须进行身份识别。

六、拥有充足资源的高效执法机构（与核心问题5.4有关）

93. 在一些国家或地区，反洗钱监督和执法部门优先进行洗钱及恐怖融资调查和财务调查，并定期主动地进行洗钱或恐怖融资调查。调查工具和信息共享途径健全，并且为适应调查需要，可以在执法机构内部和各机构之间灵活地调配资源。

94. 如不能提出起诉，执法部门会积极采取一系列的替代措施来打击犯罪人，如追查上游犯罪、寻求民事赔偿、就税务违法采取行动，或者获取严重犯罪预防令以限制违法行为。这些措施有充足的人力和财力支持。

荷兰*

荷兰执法部门之间，以及与税务和海关事务署等其他部门之间，联系紧密、共享信息。国家警方和税务情报调查局（荷兰语：Fiscale Inlichtingen en Opsporingsdienst，FIOD）均在公诉机关的授权下调查涉嫌洗钱或恐怖融资犯罪活动，并采取广泛的执法措施。这些部门还与荷兰金融专家中心（FEC）进行合作，该中心是由在金融行业开展监督、起诉或调查活动的各个部门联合组成。荷兰金融专家中心（FEC）的参与机构包括荷兰中央银行（DNB）、荷兰金融市场管理局（AFM）、荷兰金融情报中心（FIU）、税务和海关事务署、税务情报调查局（FIOD）、国家警方和检察院。财政部和司法部担任观察员。荷兰金融专家中心（FEC）在提供和传播信息方面也起着重要作用。各刑事执法部门、荷兰金融情报中心（FIU）和公诉机关还合作成立了反洗钱中心。

“*”标记为截至2019年9月尚未进行互评估的国家或地区。

英国

英国反洗钱监管部门设法利用公司注册登记处的内部记录来识别公司高管，并通过审查公司记录、纳税申报表以及公司和个人财务活动，进一步调查这些高管被任命的可信度以及公司的可信度。有时，这些调查显示公司高管仅作为被告的代理人，对各公司的运作一无所知。这些公司被用作隐藏资产受益所有权的工具。

七、利用技术开展检查和核验（与核心问题5.3和核心问题5.4有关）

95. 在一些国家或地区，注册登记时由公司注册登记机构通过IT系统进行基本核验。核验内容包括自动计算股份和资本，以及自动验证信息，如输入的税务识别号、申请人电子签名和身份，以及法定费用和法定税费支付情况。

96. 当有新信息输入时，系统会执行自动检查（例如，确保股份仅由已在系统中的人转让）。由系统自动检查出的所有异常情况都将由注册登记人员进行分析之后才能授权发布。

97. 在一些国家或地区，数据挖掘技术被用于交叉核验各种已有和可获得信息，以及向各反洗钱监管部门报告可疑活动。错误信息可以很容易地被监测到，系统还能显示所有不一致之处。一些国家或地区甚至任命了专门的数据挖掘人员来监测不同数据库之间的交叉验核系统，以确保受益所有权符合要求。

98. 对于采用国家标准化电子识别系统的国家或地区，此类电子身份证明（适用于所有董事和授权签字人）是公司注册登记机构注册公司时要求的信息之一。反洗钱监管部门还可以利用可靠的电子识别系统来收集信息。

奥地利

受益所有权登记簿整合了其他登记簿中的现有信息，如与受益人信息有关的居民中央登记簿，或包含与报告法人实体最终受益所有权有关的法人信息的其他各类国家层级的登记簿。

通过与其他登记簿的自动匹配，可以确保只有当相同数据也被包含在其他公共登记簿中时，关于受益所有人和法人实体的申报才会被接受。例如，当一名在奥地利拥有常住地址的个人被录入受益所有人登记簿时，后台系统会与居民中央居住登记簿进行实时核对，以确定录入的人在奥地利是否有有效的常住地址。

另一个关键因素是用于报告受益所有权的报告表。报告表在整个报告过程中会提供数字化指导，以使法人实体及其法律专业人士尽可能方便地进行报告。报告表本身是动态的，并根据不同的报告主体调整其适用的法律形式。通过内置条件和错误提示，可以在很大程度上避免错误报告的产生。

丹麦

丹麦商业管理局的IT系统——丹麦中央商业登记数据库（CVR）中记录的所有丹麦籍自然人信息，均会根据丹麦国内居民民事登记数据库（Danish CPR-register）中的信息自动更新。中央工商登记数据库还会自动检查丹麦地址登记簿（DAR）中的公司地址，以确保本系统中的地址真实存在。当新业务注册或是管理主体变更时，中央工商登记数据库会自动通知受影响的人员，以确保更改的正确性。

数字化的自动注册系统在设计时，已经规定了登记必须达到的若干最低要求。这些要求包括某种类型的登记申请必须附哪些类型的文档，以及哪些信息是必须向丹麦商业管理局披露的。中央工商登记数据库正在不断的开发和优化中，最新的升级成果是利用机器学习技术来检查随附文档的签名，并检查特定文档是否包含要求的文本和结论。丹麦商业管理局可对法人的注册进行验核，并可要求提供相关的注册文件。如果公司无法提供这些文件，或者错误的注册信息未能得以纠正，丹麦商业管理局可以强制要求公司停业整顿。

随着工商登记IT系统的现代化，丹麦商业管理局强化了其自身的执法力度，以避免信息滥用和强化登记检查。强化措施包括1）在丹麦商业管理局系统中与注册登记有关的自动化措施。2）注册三年后丹麦商业管理局进行的人工跟进措施。

意大利

意大利金融警察（Guardia di Finanza，GdF）使用的MOLECOLA平台*通过处理各种来源（商业登记数据库、执法数据库、税务管理数据库、土地登记册、《联合国安理会决议》（UNSCRs）特定人员名单以及其他公开渠道）中保存的信息，协助识别在意大利注册成立的公司法人的实际受益人。根据所提供的案例，MOLECOLA平台能够帮助金融警察在许多实例中成功识别最终受益人，包括在结构复杂的跨国公司案例中。MOLECOLA平台已被证明非常有实用价值，特别是能够极大缩短交叉检查所需要的时间。

*MOLECOLA：此工具被应用于金融警察和国家反黑手党总局（Direzione Nazionale Antimafia）用内部软件进行的金融调查。MOLECOLA从不同的数据库（如各种执法数据库、税务管理数据库、土地登记册、工商登记数据库以及其他公开渠道信息）以电子方式批量导入海量信息。这些信息根据所调查的业务活动加以分析，可用来编制调查用标准化报告，以及汇报侦测被调查人员和特定金融操作之间的联系情况和被调查人员收入支出的不平衡情况的行为分析报告。

荷兰*

荷兰商会的公司注册登记数据库在注册时自动检查特定信息。例如，有关自然人身份的信息将自动根据公民登记簿（荷兰语：BRP，或称基础登记人）进行检查，其中包括姓名、出生日期和荷兰公民服务编号（BurgerServiceNummer，BSN）。

“*”标记为截至2019年9月尚未进行互评估的国家或地区。

第三节 反洗钱监管部门的信息访问权限（与核心问题5.4相关）

99. 反洗钱监管部门（包括执法部门）可直接从公司注册登记机构获取受益所有权信息，也可以从其他反洗钱监管部门管理的数据库以及金融机构、特定非金融行业和职业的信息库处获取（如公证人数据库）。根据2018年FATF—埃格蒙特报告，金融情报中心应有权获得尽可能详尽的金融信息。采取各种措施提升金融情报中心获取信息的广度和深度是十分必要的。

100. 在某些国家或地区，反洗钱监管部门可通过公司注册登记机构和公证机构保存的中心化数据库直接获取受益所有权信息，从而确保获取受益所有权信息的及时性。私营部门应适时或是在数据申请方规定的期限内向反洗钱监管部门披露信息。必要时，反洗钱监管部门可直接从公司收集信息并且（或是）直接与公司核实信息。反洗钱监管部门（尤其是执法部门）还可以通过可行的调查措施（例如信息披露命令）强制获取受益所有权信息。通过电子申请和授权系统，反洗钱监管部门可以快速获取信息披露命令。此外，上述强制获取信息的行为已获得数据保护机构的授权，使反洗钱监管部门在获取受益所有权信息时不会遇到阻碍。

比利时

在比利时，反洗钱监管部门有权访问最终受益所有人登记簿（UBO登记簿）。各反洗钱监管部门的安全官或数据隐私官将被授权管理该部门员工对平台访问的权限。该安全官或数据保护官的任务是授权反洗钱监管部门的工作人员依法查阅最终受益所有人登记簿。这样的系统使财政部能够：

- 使反洗钱监管部门能够即时获得过往和现在的最终受益所有人信息；

- 在反洗钱监管部门内部对信息访问权限的管理提供灵活性。他们将能够根据自己的需求和特性定制访问权限。这样，一些部门或机构仅将最终受益所有人登记簿的访问权限赋予特定类别的代理人或雇员（如部门主管、特别指定的调查员等）；
- 明确职责。根据反洗钱和反恐怖融资和最终受益所有人法规，查阅最终受益所有人登记簿的责任由反洗钱监管部门及其工作人员承担；
- 该系统还使财政部能够追踪每个用户的使用记录，这主要是出于数据隐私保护问题考虑，并可对信息的使用情况进行审计。

德国*

在德国，可以通过中央处理平台访问公共信息数据库（Transparency Register）。访问权限取决于申请人的类型。申请人包括以下三类。

- 反洗钱监管部门拥有访问权限，以满足其合法需求。在执行法定任务所需的范围内，反洗钱监管部门拥有访问公共信息数据库的所有权限。
- 义务主体在执行其专业领域尽职调查的过程中如需检索公共信息数据库条目，将被赋予访问该数据库的权限。义务主体包括信贷机构、金融公司、审计师、特许会计师或税务顾问等。
- 任何自然人或法人，无论其是国内还是国外的，只要能证明其合法权益，都可以访问可用信息。该决定视具体情况作出。

“*”标记为截至2019年9月尚未进行互评估的国家或地区。

法国*

根据《资本市场法》第L.561-46条，有18个反洗钱监管部门有权获取受益所有权登记簿中的信息。包括：

- 司法机关；
- 国家金融情报中心；
- 海关部门；
- 负责控制和恢复财政事务的公共财政部门。

法国金融情报中心可以直接访问受益所有权电子登记簿。在对信息进行定位或进行进一步调查时，金融情报中心官员能够在上述部门为公司办理信息登记时立即检查公司传输给商业法庭书记的所有信息。

与《金融和财政法典》第3节中有关客户尽职调查仅要求义务主体应在建立业务关系之前或进行交易之前识别受益所有人的规定不同，前文所述的法案还规定，义务主体在对受益所有权完成尽职调查后，如果怀疑或发现将要操作的业务或交易与洗钱或恐怖融资有关，还必须将信息报告金融情报中心。

因此，法国金融情报中心拥有获取受益所有权信息的两个不同来源可供使用，并且能够进行交叉核验。

“*”标记为截至2019年9月尚未进行互评估的国家或地区。

中国香港

基于执法人员履行与洗钱和恐怖融资相关的预防、侦查或调查职责要求，公司必须确保在合理的时间内提供重要控制人登记册（SCR），供执法人员在登记册存放地检查，并允许执法人员对其拷贝（《公司条例》（CO）第653X条）。如果公司不遵守第653X条的规定，执法人员可以向法院申请法院命令，要求公司同意检查或拷贝重要控制人登记册（《公司条例》第653Y条和第653Z条）。

泽西岛

泽西岛金融情报中心——泽西岛警察局国家金融犯罪联合部（JFCU），可通过JFCU总部的专用通道直接访问受益所有权和控制权登记册。可以根据实体注册号、名称、公司的注册国家或地区来搜索公司实体信息，也可以根据名字、姓氏、别名、出生日期和国籍搜索自然人信息。

JFCU还充当与外国执法机构交换受益所有人和控制人信息的指定联系机构。自2017年7月1日起，泽西岛与英国之间签署的旨在提高这两个司法管辖区之间的信息交换速度的《记录交换协议》开始生效。该协议规定，在泽西岛和英国之间，正常情况下24小时内或紧急情况下1小时内（例如出于反恐的考虑），应实现受益所有权信息的充分、准确交换。

瑞士

在瑞士，法人实体（上市公司、私人有限责任公司和合作公司）必须由瑞士居民个人（董事或管理者）作为代表人，法人实体的代表人为瑞士居民的，有助于加强公司与反洗钱监管部门的合作，并且便于这些管理部门及时获取公司的受益所有权信息，特别是在信息需要横跨多个司法管辖区时的情形下。

英国

英国当局可以通过三种渠道获取法人及法律安排的基本信息和受益所有权信息：金融机构、特定非金融行业和职业，以及注册登记机关或法人实体本身。信息来源的多样性增加了信息的透明度和可获取性，并有助于解决单一渠道信息来源的准确性问题。

执法部门可通过多种渠道从金融机构、特定非金融行业和职业处获取法人实体的信息。信息收集阶段，在合理、适当且必要的前提下，执法部门可以向洗钱情报联合工作组（JMLIT）申请获取信息。

执法部门还可以通过现有调查措施（如出示命令或披露命令），强制要求提供受益所有权信息。这些命令需要司法授权，紧急情况下可在几个小时内获得。出示命令可以通过电子申请和授权系统相对快速地获得。命令一旦发出，通常会在7天内收到回复，也可以要求立即披露。出示令和披露令都需要有疑似可起诉的犯罪行为，因此一旦收集到足够的证据达到可起诉条件，便可在调查阶段使用该命令。反欺诈办公室（SFO）有权使用其他调查权力，以强制要求在其设定时间范围内（通常不超过14天）提供其认为与调查或询问有关的信息。

第四节 禁止不记名股票和名义持股人安排，或限制不记名股票的匿名流通（与核心问题5.3相关）

101. 建议24的释义要求各国（地区）采取措施，防止滥用不记名股票、不记名股票权证、名义持股和名义董事。相关措施包括禁止、非实物化、限制匿名流通和披露。同时，根据2018年FATF—埃格蒙特集团报告，考虑到名义持股会带来的各种漏洞，各个国家（地区）和FATF正在开展更多国际合作，希望采取有效措施防止名义持股行为被滥用。

102. 在一些国家或地区，股票可在有限的情况下以不记名形式发行，但必须以非实物的形式存在。不记名股票必须存入中央存管处，且只能通过报告义务实体来行使股票权利。中央存管处为每个中介机构开设一个账户，以记录存入该账户的金融工具的变动情况。在一些国家或地区，不记名股票持有人有义务在规定的时间内通过反洗钱义务机构对其不记名股票的购买或转让作出申报。

103. 在一些国家或地区，股东可以由第三方来代表，但第三方只能根据正式签署的授权书代表股东进行操作，以确保业务的透明度。当非股东第三方在公司股东大会行使股份权利时，公司必须保留授权法律文书（POA）的副本。在第三方代表股东进行股份转让的情况下，公证人（以及相关的会计师）的相关文件也应予以查验和留存，同时还要遵循正常的客户尽职调查要求。

104. 在大多数情况下，虽然没有明确禁止不记名股票和不记名股票权证，但是由于缺乏法律保护，因此其发行、持有或流通并不真的具有市场动力，名义持股人安排同样如此。

丹麦

公司和法人实体必须识别通过不记名方式来确定行使其权利的个人，并保存相关信息。除非在所有者登记册中登记或已通知并记录收购事项，否则任何人不得行使赋予资本所有者的权利。

2015年，丹麦废除了发行不记名股票的可能性，并规定不记名股票份额低于5%的持有人有义务在丹麦商业管理局注册登记。

法国*

自2016年4月起，不记名股票必须记名：从认购之日起，持票人以其名义指定受益人（受益人在大多数时候都是本人），且未来不能进行修改。如果受益人持有该股份，则可以要求付还股款。

"*"标记为截至2019年9月尚未进行互评估的国家或地区。

中国香港

自2014年3月起，中国香港禁止发行不记名股票权证。

《公司条例》（CO）附表5A第2节第0条规定，如果股份由名义持股人代另一人持有，则该股份被视为由那个"另一人"持有。如果名义股东持有公司25%以上的已发行股份，那么公司必须对"另一人"进行识别并将其录入重要控制人登记册。此外，根据《反洗钱和反恐怖融资条例》（AMLO），通过商业行为或安排他人代另一人担任公司股东和董事的人将被视为是在提供信托或企业服务，该服务提供人需要从公司登记处获得资质。自2018年3月起，资质许可的前提是遵守《反洗钱和反恐怖融资条例》中对于客户尽职调查和记录保存的要求。

中国香港将董事职责应用于“影子董事”。根据《公司条例》（香港法例第622章）的解释，“董事”包括担任董事职务的任何人（不论其名称为何）。根据《公司条例》第3条，应对违反《公司条例》或其他要求、指示、条件或命令承担责任的“负责人”，也应包括授权、允许或直接参与违反条例行为和其他问题行为的公司官员或影子董事。

荷兰*

荷兰禁止公司发行不记名股票，并要求不记名股票的持有人在发行公司将其更改为普通注册股票，或在中央机构（欧洲银行票据交换所）或中介机构（例如银行或投资机构）中交存和登记其股票。公司有义务在必要时更改公司章程，以允许将不记名股票更改为记名股票。未在2020年1月1日之前交存或登记的不记名股票将被视为记名股票。

在此日期之后，（原）不记名股票的持有人如果尚未将这些（原）不记名股票在发行公司进行股票转换，也未将其存放在中央机构或中介机构中，则该持有人将不能行使这些股票的权利，如投票权和股息权。所有（原）不记名股票必须在2020年12月31日之前提交至发行公司、或存放至中央机构或中介机构。在截止日期之后，发行公司将成为这些未注册持有人的（原）不记名股票的所有者。（原）不记名股票的持有人在2026年1月1日之前将有最后一次机会向发行公司提交之前拥有的不记名股票来获得完成身份登记后的股份。

“*”标记为截至2019年9月尚未进行互评估的国家或地区。

瑞士

瑞士有识别不记名股票持有人的机制，不记名股票购买人有义务在购买股票时自行或是通过金融中介机构向股票发行公司提供身份证明，股票发行公司也须保存不记名股票持有人清单。此外，不记名股票也有方式转换为记名股票：根据义务准则第704a条，股东大会可经多数票同意，将不记名股票转换为记名股票。转股决定只需经简单多数同意，是因为公司章程禁止设定更高的法定人数。

第五节　采取有效、适当、具有劝诫性的处罚措施（与核心问题5.6有关）

105. 对不遵守信息备案的公司实体所采取的有效、适当和具有劝诫性的惩处，可包括从行政惩处到依法起诉等不同程度的措施。具体措施诸如拒绝登记注册或建立业务关系、注销注册登记和中止业务关系、罚款和刑事判决、法院采取措施解散参与洗钱的法人实体或没收其资产等。

106. 在一些国家或地区，公司注册登记机构、公证人和其他义务机构在法人实体没有提供所要求的全部资料的情况下，不能处理其相关申请。不能提供有关受益所有权信息的实体将不能注册为公司，也不能与金融机构或特定非金融行业和职业建立业务关系。未能完成所要求的年度信息备案的公司最终可能被取消注册资格。如果未在公司注册登记机构或义务机构处进行记录和验证，公司法律地位的变更将不会生效。这大大限制了公司获得信贷、更改公司名称或经营范围以及注册合并的机会。在某些情况下，公司注册登记机构也可以拒绝控股股东和任何未缴纳罚款的董事注册新公司。

107. 在一些国家或地区，向公证人披露虚假信息会构成刑事犯罪。在某些情况下，法院甚至有权解散参与洗钱行为的法人实体，或没收其资产。这对防止犯罪分子滥用法人形成了强有力的威慑。

奥地利

根据《受益所有人登记法》（BORA），报告信息不正确、不完整或未进行报告等违反报告义务的行为将受到处罚。其中，若是因故意而造成的将处以最高20万欧元的罚款；若因严重过失导致的将处以最高10万欧元的罚款（BORA第15条第1款）。重点包括以下情形：受益人报告不正确、信息不明确导致无法识别受益所有人、未履行年度报告义务、未在规定期限内进行报告等情形；法人实体虽可免除报告义务，但却没有报告存在另一自然人通过控制成为受益所有人（此类受益人是通过信托或其他控制关系成为的受益所有人），且未在受益所有权登记簿

（或系统）中登记这一情形；在获得受益所有人变更信息后四周内未对有关变更信息进行报告的情形。

如果持续未进行报告，根据《受益所有人登记法》第16条的规定，将实施两次强制性处罚。

此外，当法人实体未履行《受益所有人登记法》中尽职调查工作要求的留存文件和信息副本的义务时，若故意违反，最高被处以75000欧元的罚款，若因是严重过失导致的，最高将被处以25000欧元的罚款。

如果已报告有关受益所有人的正确信息，但在自愿提交合规文件包（Compliance- Package）的过程中，将虚假或伪造的文件传输到受益所有权登记簿，将处以最高75000欧元的罚款。

如果披露了受益所有人，但受益所有人的个人详细信息不正确或缺失，或者报告中未提交正式的附照片身份证副本，将处以最高25000欧元的罚款。

若法人实体打算提供正确报告，但在自愿提交的合规文件包中未提交某些单个文件，或是提交“合规文件包”时未能承担其他应尽义务，且这些尚未被包含在已作出的处罚中时，将可被处以最高10000欧元的罚款。

通过实施自动强制性处罚，可以确保持续遵守报告义务。如果未在截止日期之前提交报告（在初始报告期间，又或是在新法人实体成立的28天之内），税务主管机构将自动向法人实体发送提示函，警告其有可能被处以1000欧元的罚款。如果法人实体在收到提示函后仍未能在提示函的规定期限内报送，则将被处以罚款，同时收到将加收可能被处以4000欧元罚款的新的警告。如果法人实体仍未能在新的规定期限内完成报告，则将被处以4000欧元的强制性罚款，并将移交至负责财政处罚的机构。

通过这一自动化系统，截至2019年7月受益所有人登记机构实现了超过93%的总体报告率。

比利时

在比利时，如果法人实体和法律安排（LE/LA）不履行其登记最终受益所有权和留存相关资料的义务，可被处以罚款（4000~40000欧元）和行政罚款（250至50000欧元）。

财政部制定了一系列中长效机制，包括：

- “自动”行政罚款程序；
- 如果没有提供证明文件，则认为声明无效；
- 丧失或中止与股份相关的权利或者中止支付股息；
- 最终受益所有人有责任将其状态通知法人实体和法律安排；
- 当中介法人实体和法律安排，或是法人拒绝提供最终受益所有人信息时的通知义务；
- 公布不合规法人实体和法律安排黑名单；
- 基于收到的通知等事项进行提示的系统。

丹麦

丹麦商业管理局（DBA）可以要求公司在注册后3年内提供证明登记信息有效的文件。如果在文件不充分的情况下已完成注册，丹麦商业管理局可以向警方报告或对公司按日/周罚款直至其补充完文件。

对于大多数类型的法人而言，登记受益所有权信息是获得中央商业登记数据库编号（CVR号码）的前提。如果没有受益所有权信息或登记及保存的受益所有权信息不充分，法人实体可以被强制停业。如果公司未登记受益所有权信息或未将其提供给反洗钱监管部门，则该公司及其管理层将构成刑事犯罪。如果公司有（大多数公司均有）审计师，则该审计师有法律义务（根据丹麦审计法规）检查管理层是否履行了公司法规定的义务。如果管理层未履行其义务，审计师必须在年度报告中记录其违反公司法的行为。通过这种方式，相关利益方可以在公司年报中发现不符合受益所有权登记相关要求的情况。

如果未登记受益所有权信息，或保存的登记信息不充分，公司或其他法人实体可以被强制解散，合伙企业（I/S）和有限合伙企业（K/S）

（根据《特定商业行为法》需要进行注册）还有可能从中央商业登记处登记簿中被剔除。

截至2018年11月，丹麦商业管理局（DBA）已强制解散了大约7500家未能在规定期限内登记其受益所有权信息的公司。2019年1月，适用受益所有权法规的所有实体中约有96%的实体已登记了受益所有权信息。属丹麦商业管理局管辖范围内的适用于公司法的所有实体中，99.80%的实体已登记了受益所有权信息。

法国*

因信息不正确或不完整导致无法完成受益所有权信息披露，法国将采取劝诫性惩处（《货币与金融法典》（CMF）第561-49条）。为了增强该机制的有效性，还可以实施以下禁止和处罚措施：

- 《货币与金融法典》第561-48条允许法院院长主动或应公诉人、任何利害关系人的请求，命令公司补充提供受益所有权信息证明材料，必要时可进行罚款。法院院长还可以委派其他人执行这些手续；
- 根据《货币与金融法典》第561-49条，对于未登记受益所有权信息或提交的信息不正确不完整的情形，将被处以6个月监禁和7500欧元的罚款。同时还可以施加其他惩罚，如禁止参与管理和部分剥夺公民及社会权利。若违反规定的主体是法人，最高罚款额将提高到五倍。

“*”标记为截至2019年9月尚未进行互评估的国家或地区。

中国香港

中国香港在《公司条例》（《香港法》第622章）中针对不遵守信息备案的公司的处罚规定有很多，以下是一些示例：

《公司条例》第662条规定，如果公司未在规定的时间内将年度申报表交付公司注册处，那么该公司及公司的所有负责人均属犯罪，并可处第5级罚款（50000港元），如属持续的犯罪，则在犯罪持续期间，每天另处罚款1000港元。

如果公司连续两年不提交年度申报表，将从工商登记簿中除名，因为反洗钱监管部门有理由相信这些公司已停止运营。

《公司条例》第653H条规定，如公司没有保存重要控制人的登记簿，则该公司及该公司每一位负责人均属犯罪，每一位负责人均可处第4级罚款（25000港元），如属持续的犯罪，则在犯罪持续期间，每天另处罚款700港元。

根据《公司条例》第895条，任何人明知或罔顾实情地从事以下行为，即构成犯罪。即在《公司条例》要求的任何报告、财务报表、证明或其他文件中，作出具有误导性、虚假或欺骗性的陈述，一经定罪，可判处罚款和监禁。

西班牙

西班牙引入了法人刑事责任。在能够便利地获取基本信息和受益所有权信息的同时，针对金融机构和特定非金融行业及职业（包括根据反洗钱和反恐怖融资法属于义务实体的公证人和公司登记处）所采取的强有力预防措施，以及法院对参与洗钱计划的法人实体所采取解散或没收其资产的措施，已经对滥用西班牙法人的行为起到越来越强力的威慑作用。

第六章　获取海外实体受益所有权的信息

108. 对于海外注册的实体，各国（地区）反洗钱管理机构获得其受益所有权信息的主要来源为该国（地区）境内上市公司或公司注册登记机构的可获取信息、国（地区）内金融机构或特定非金融行业和职业收集的信息，以及向外国当局提出请求后获得披露的信息和外国税务机关提供的资料。与国际同行的信息交互是国际洗钱、恐怖融资调查措施的重要组成部分。

109. 根据2018年FATF-埃格蒙特集团报告，增加相关信息和交易记录的共享将有利于全球共同提高受益所有权信息的透明度。进一步探索加强这种信息共享机制的可行性是值得考虑的。

110. 已经出现了一种积极的举措，就是将法人的基本信息翻译成多国语言并使之能够通过互联网获取。这将在很大程度上方便境外反洗钱监管部门开展调查，无须因等待信息持有国回复而耗费不必要的时间。然而事实上，很多国家或地区在获得未公示的受益所有权信息方面都还面临着较大的困难。

111. 获取外国法人受益所有权信息的有效性通常更依赖外国的积极合作，其及时性和成功率各不相同。尽管FATF对国际合作已有总体要求，对根据建议24开展公司受益所有权识别的国际合作也提出了具体要求，但一些国家或地区并没有通过提供本国反洗钱监管部门和公司掌握的信息有效回应外国相关职能部门的请求。

112. 对外国法人的活动加以限制可能会影响一国（地区）的外商直接投资。为了在获取外国法人受益所有权信息和确保外国法人合法经营之间寻求平衡，各国（地区）可以通过风险评估识别境外注册法人的风险水平，并基于评估结果，考虑采取以下措施，以实现建议24和直接目标5所要求的目标。

a）不设置特定的事先要求：对在境外注册的法人不设置特定的事前要求，仅在出现问题时寻求司法互助。

b）对司法管辖区的合作水平进行评级：根据是否合作和合作程度对其他司法管辖区进行评级。根据评级结果采取相应的防御性措施，如限制某些商业活动。

c）要求在本地重新注册登记受益所有权信息。

d）要求由国家有关部门在对相关法人实体进行详细调查后重新对其资质进行核准。

海外实体的受益所有权信息

第七章　结论

113. 2012年以来，许多国家或地区已逐步建立一个更为健全、有效的法律框架，以防止法人被滥用于洗钱和恐怖融资。基于FATF在实施建议24和直接目标5方面提供的灵活性，各国（地区）也在探索多种措施以确保受益所有权信息的透明度。随着最佳实践经验的分享，各国（地区）势必将继续改进其受益所有权机制，特别是在确保反洗钱监管部门可以及时获得充分、准确和最新的受益所有权信息方面。

114. 采用多管齐下的方法时，对关键信息把关人（包括公司成立代理商、律师以及信托和公司服务提供商）进行有效的监督非常重要，以确保其履行客户尽职调查义务并执行相关要求，包括识别和阻止那些为滥用公司结构提供便利的人或组织。

115. 更重要的是，各国（地区）也应采取行动，促进各自在国（地区）内和国际层面及时分享基础信息及受益所有权信息，以消除信息共享方面存在的障碍（如修订数据保护和隐私法）。FATF也将继续密切监测各国（地区）为达到FATF制定的法定所有权和受益所有权相关标准而采取的措施，并确保能够推动上述措施切实执行。

附录1　建议24各种落实机制的详细安排

1. 根据建议24，各国（地区）应使用一种或多种机制（包括公司注册登记方式、公司自证方式和利用现有信息方式），以确保一家公司可有效获取其自身的受益所有权信息，并且该信息可从国（地区）内特定机构处获得；或可以由反洗钱监管部门以其他方式及时掌握[21]。

2. 从FATF互评估中各国（地区）的经验可以看出，为确保体系完整有效，可能需要同时采行多种方式。本附录基于各国（地区）的经验和良好实践，旨在阐述关于公司注册登记方式、公司自证方式和利用现有信息方式等各种不同机制的具体安排。这些安排存在多方面的不同，包括收集和核验受益所有权信息、存储及获取受益所有权信息的形式，以及相关义务的监督和执行等方面。

一、公司注册登记方式

（一）受益所有权信息的收集和核实

3.在一个国家或地区内成立的所有公司都应在公司注册登记机构注册。登记机构记录并维护公司的基本信息，包括公司名称、成立证明、法律形式和法律地位、注册办公地址、基本规范性文件和董事名单。注册登记机构还需要保存受益所有权信息，或是建立单独的登记簿记录受益所有人信息。该

---

21 《FATA建议》中建议24的释义第7、第8段（FATF，2013a）。

登记簿可能包括受益所有人数据以及公司信息，登记簿的摘录信息可依风险为本的方法被用于客户尽职调查。

4. 注册登记机构持有的基本信息是公开的，而受益所有权信息的可获得性则因国家（地区）而异。公司登记簿中的信息通常以数字方式记录，最好可检索，并且应可支持按多字段检索。

5. 在一些国家或地区，注册登记机构被赋予监督职能，包括核实报告信息的完整性或准确性、在某些情况下开展客户尽职调查或将其获得的信息与其他反洗钱监管部门（例如税务部门）进行交叉核验。一些注册登记机构进行抽样测试或专项审计，以核实或监测被选定法人信息的准确性。一些国家或地区依靠公证系统或其他“信息把关人”来验证或监测公司注册登记时提交的信息。在一些国家或地区，注册登记机构并不自行核实或监测信息，而是依赖社会对公司申报信息的监督。

（二）存储和访问信息的形式

6. 公司注册登记机构通常将受益所有权信息保存在公共数据域，并要求已注册公司进行年度更新。公司信息发生变更时，应在规定时间内，通知并提交补充信息和相关证明到公司注册登记机构。如有要求，这些信息也可以通过义务机构提交办理。

7. 一些公司注册登记机构会验证或/和监测信息变更的情况。在一些国家或地区，公司注册登记机构仅接受经公证的信息和变更事项。一些注册登记机构接受自我声明的信息。但是自我声明信息的可靠性始终是存有疑问的。

8. 反洗钱监管部门通常可以在线访问公司注册登记机构，拥有对基本信息和受益所有权信息进行全面搜索的权限。公司的基本信息一般可公开获得，受益所有权信息的公开获得在各国家（地区）也呈上升趋势。

（三）相关义务的监督和执行

9. 如果有公司未能提供受益所有权信息或提供虚假信息，则会受到相应的具有劝诫性的行政处罚，如被拒绝注册或是被注销等。实际控制该公司的公司所有人和高级管理人员也将被追究个人责任，并可能受到行政和刑事惩处。

10. 公司注册登记机构通过定期审核年度申报表、进行抽样测试、对可疑交易报告进行调查，以及与其他反洗钱监管部门交叉核验来验证信息的方式，对存在问题的公司视情况作出惩处。如果信息不正确或未更新，公司注册登记机构可以注销/吊销公司执照。当公司未按要求提供信息时，可能还会被处以罚款。在某些情况下，公司注册登记机构可以拒绝曾有违法行为的个人或法人实体的注册申请。

二、公司自证方式

（一）受益所有权信息的收集和核实

11. 公司需要维护基本信息，包括公司名称、成立证明、法律形式和法律地位、注册地址、基本规范性文件（例如备忘录和公司章程）及股东名册，其中包含每个股东的持股数量和股份类别（包括相关投票权的性质）。

12. 公司也需保存受益所有权信息。为了实现该要求，公司通常有权要求股东提供其股份的受益所有权信息。

13. 一般来说，公司依赖股东向其提供信息。公司很少会通过独立的第三方来验证或监测这些信息。一些公司可能没有法律知识和经验来识别和验证其受益所有人，尤其是当需要外国司法管辖权和法人知识来确定其受益所有人的时候。但即使公司很少通过独立的第三方来验证或/和监测信息，一个有效的公司自证机制仍然可以允许独立第三方（例如税务顾问和律师）的参与。

（二）存储和访问信息的形式

14. 公司或代表公司的第三方必须保存股东登记信息，如可向反洗钱监管部门提供的股东名册。

15. 采用这种方式时，公司通常被赋予要求其股东提供最新信息的权利（包括随时要求获得受益所有权信息的权力）。股东必须披露其所代表持有股份的个人姓名。当所有权或控制权发生变化时，股东必须在规定时间内通知公司。

16. 受益所有权信息应保存在该国或该地区境内，并将地点位置告知公司注册登记机构。股东和受益所有人的名单可以电子形式保存和提供。

17. 公司应根据要求及时向反洗钱监管部门提供股东和受益所有人名单，但通常不需要向公众披露其受益所有权信息。如果其受益所有权信息无法识别，公司可能被要求在其网站上公布此事实。

（三）相关义务的监督和执行

18. 如果股东未能提供受益所有权信息，公司可以通过相关法院和反洗钱监管部门对股东施加限制，如限制股东投票权或股票出售。

19. 未向反洗钱监管部门提供信息的公司将受到惩处，可能包括行政处罚或注册限制。如果股东和受益所有人名单由代表公司的第三方代持有，公司仍需对该义务承担责任。

三、利用现有信息方式——金融机构、信托和公司服务提供商，以及其他特定非金融行业和职业

（一）受益所有权信息的收集和核实

20.根据建议10和建议22，金融机构和特定非金融行业和职业必须识别并采取合理措施来核实受益所有人的身份，以至其确信自己知悉受益所有人的身份。金融机构、特定非金融行业和职业应从其客户处获得足够的信息，包括名称、法律形式、存续证明、公司安排和公司实际控制人，以便识别和核实客户身份、了解其业务性质及其所有权和控制权结构。如果金融机构、

特定非金融行业和职业的记录与中央登记处的记录存在差异，金融机构、特定非金融行业和职业有义务向相关主管机构报告这种差异，以便进一步调查和澄清。

21. 金融机构、特定非金融行业和职业在进行客户尽职调查，以及持续监控、记录维护、培训和报告时，同样需收集受益所有权信息。

22. 金融机构、特定非金融行业和职业通常依赖客户提供的资料（如公司注册证书、信誉证书、合伙协议、信托契约、备忘录和公司章程、注册地址证明等）以及公共数据域的现有信息以验证受益所有权信息。在某些情况下，金融机构、特定非金融行业和职业可聘请风险管理服务商，在进行客户尽职调查时收集公司实体的信息。

23. 验证的有效性还取决于独立可靠的信息来源的可获得性，以及该来源的信息是否被授权可直接用于验证自然人的身份。

（二）存储和访问信息的形式

24. 金融机构、特定非金融行业和职业通常将受益所有权信息（客户文档）存储在其私有数据域。在一些国家或地区，信托和公司服务提供商（例如公证人）维护一个中央计算机平台，供其他机构通过公有数据域使用。受益所有权信息如何存储和更新取决于金融监管机构和自律组织的要求。金融机构、特定非金融行业和职业须对业务关系进行持续客户尽职调查，并在整个业务关系过程中仔细审查交易，以确保受益所有权信息保持更新。

25. 实施措施可包括对现有记录进行审查、向其客户索取资料、从可靠来源交叉核验信息或从商业数据库中租用服务，这些措施特别是在针对高风险类别的客户时更应予以采行。

26. 金融机构、特定非金融行业和职业须根据要求及时向反洗钱监管部门提供受益所有权信息。在一些国家或地区，作为义务机构的公证人行业一直维护并公开法人受益所有权登记信息。在一些国家或地区，行业组织维护着一个仅供其内部专业人士访问的登记信息系统。一般而言，公众无权访问金融机构、信托和公司服务提供商及其他特定非金融行业和职业所拥有的信息。

（三）相关义务的监督和执行

27. 建议10和建议22要求，金融机构、特定非金融行业和职业应充分履行客户尽职调查义务，包括采取措施识别和验证受益所有人身份。建议26和建议28要求，金融机构、特定非金融行业和职业应受到行业监管机构、反洗钱监管部门或自律组织的充分监督。

28. 依照建议34，金融机构、特定非金融行业和职业在如何正确进行客户尽职调查方面获得充分的指导。此类指导有助于客户尽职调查要求的执行，从而提高金融机构、特定非金融行业和职业在受益所有权信息收集方面的质量和充分性。

29. 为确保合规，行业监管机构、反洗钱监管部门和自律组织应进行监测（例如检查），并对金融机构、特定非金融行业和职业实施一系列的纪律和经济处罚，例如罚款、纪律处分、暂停或禁止从事相关业务等。

四、现有信息处理方式——反洗钱监管部门

（一）受益所有权信息的收集和核实

30. 反洗钱监管部门（尤其是执法部门）通常依赖注册登记机构、公司、金融机构及特定非金融行业和职业，以及其他资产登记部门（如土地、财产、车辆、股份或其他资产登记部门）掌握的信息。因此，其受益所有权信息的收集取决于上述相关机构是否掌握了准确和最新信息，以及反洗钱监管部门能否及时获得法人的基本信息和受益所有人信息。

31. 反洗钱监管部门应了解信息的可获取性，并能够确定可以从哪家金融机构、特定非金融行业和职业或相关实体获取所需信息，如通过国家银行账户登记处，或股票交易中央登记处，或信托和公司服务提供商（TCSP）

登记处等。

32. 获取受益所有权信息的有效性取决于反洗钱监管部门是否具有能及时获取受益所有权信息的充分权力、机制和专业知识。

33. 反洗钱监管部门一般通过进一步非现场审核和现场检查来验证受益所有权信息。设立一个部门负责专项管理受益所有人信息登记簿或在其他商业登记业务中专项管理受益所有人数据，将有助于有效机制的建立。反洗钱监管部门应开展风险为本的审查，并应具有要求公司、合法所有者和受益所有人提供受益所有权信息的权力，以此对相关信息进行总体核实。

34. 非现场审核涉及对不同数据域现有信息的分析，如结合年度独立审计报告和其他强制性报告进行分析，识别高风险中介服务商（基于公司规模、跨境活动参与度或特定业务类型），信息登记部门的数据自校验，以便监测受益所有权信息的缺失和落实数据报送的信息把关人职责归属。

35. 现场检查包括审查内部制度、控制措施和流程、信息把关人的风险自评估、对客户尽职调查文件和辅助证据进行随机抽查，以及对报告义务的执行进行抽样测试。

36. 税收数据库也是一种有效手段，可用于识别犯罪特征和旨在掩盖受益所有权的行为，以及核实受益所有权信息。进一步的调查往往会发现那些为隐瞒受益所有权而形成的可疑管理架构或公司交易。

（二）存储和访问信息的形式

37. 反洗钱监管部门，包括监管部门、税务部门、情报部门，根据其职责和义务来存储和更新信息。例如，一些税务部门将记录公司所有者和董事的姓名，一些股票登记机构将掌握重要股东及直接或间接控制上市公司重要投票权的个人的有关信息。

38. 反洗钱监管部门（如监管部门、税务部门或土地所有权办公室）通常应其他反洗钱监管部门的要求共享受益所有权信息。在一些国家或地区，反洗钱监管部门之间会开放一些电子数据库供各部门共同使用。反洗钱监管部门之间还应建立充分的信息共享机制，以便及时获取其他反洗钱监管部门掌握的信息来开展核实和调查工作。

（三）相关义务的监督和执行

39. 反洗钱监管部门应受国家治理的制约，如对其合规性进行审计检查、监测和监督。

五、利用现有信息方式——证券交易所上市公司

（一）受益所有权信息的收集和核实

40. 受益所有权信息通常是在公司进行首次公开募股时收集的。受益所有权信息的提供取决于披露要求（或者是证券交易所的规则要求，或者是法律或其他强制手段的要求）。

41. 从证券交易所处获得的信息通常由向公司提供服务的金融机构、特定非金融行业和职业进行验证。金融机构、特定非金融行业和职业有义务验证信息的准确性。

（二）存储和访问信息的形式

42. 受益所有权信息可在首次公开发行时存储在证券交易所。通常可以在证券交易所的网站上访问这些信息。是否更新及更新的频率取决于证券交易所的制度和规则。

43. 只要证券交易所的网站是公开的并且包含受益所有权信息，公众、金融机构、特定非金融行业和职业、反洗钱监管部门就都可以访问该信息。

（三）相关义务的监督和执行

44. 通常，证券交易所并无特别义务为反洗钱和反恐怖融资目的而收集、核实和更新信息。

美国

美国财政部金融犯罪执法网络（FinCEN）关于金融机构客户尽职调查要求及常见问题解答

最终规则

美国财政部

金融犯罪执法网络

《美国联邦法规》第31编第1010、1020、1023、1024和1026章节

法规识别号RIN 1506-AB25

金融机构客户尽职调查要求

机构：财政部金融犯罪执法网络（美国财政部金融犯罪执法网络）

行动：最终规则（Final rules）

摘要：美国财政部金融犯罪执法网络根据银行保密法发布了最终规则，以阐明和加强对以下机构的客户尽职调查要求：银行、证券经纪人或交易商、共同基金、期货经纪商和商品介绍经纪商。

该规则除包括明确的客户尽职调查要求外，还提出了新的要求，即在遵守特定除外和豁免条款的前提下识别和核实法人客户受益所有人身份。

日期：最终规则自2016年7月11日起生效。

规则适用日：义务机构必须在2018年5月11日前落实遵守最终规则。

有关更多信息，请联系：

美国财政部金融犯罪执法网络资源中心，电话：1-800-7672825，邮箱：frc@fincen.gov。

补充信息：

缩略语表*

ANPRM	《拟定法规的预先通告》
CDD	客户尽职调查
CIP	客户识别程序
FinCEN	美国财政部金融犯罪执法网络
FATF	金融行动特别工作组
G20	二十国集团
IRFA	管制弹性分析预案
NPRM	《拟定法规通知》
RIA	规则影响评估
RFA	管制弹性法案
SDN名单	特别指定国民名单

* 本部分缩略语为译者添加，主要有以下两个方面的考虑：一是部分缩略语为约定俗成的写法；二是部分缩略语在本文全篇出现频率较高，使用中文表述略显冗长。

一、执行纲要

（一）本管制行动的目的

目前未强制要求义务机构[1]了解拥有或控制其法人客户的个人（也称为受益所有人）的身份，因此犯罪分子、贪官污吏和其他企图隐藏非法所得者可趁机以匿名的方式进入金融系统。而受益所有权要求的提出将填补这一漏洞，所提供的信息将有助于执法机构进行金融调查，有利于防止规避有针对性的金融制裁，提高金融机构评估风险的能力，促进税收合规，推动美国遵守国际标准和承诺。

美国财政部金融犯罪执法网络认为，客户尽职调查（CDD）包含四个核心要素，义务机构应在其反洗钱（AML）计划中对此提出明确要求，以确保各部门之间的明确性和一致性：（i）客户身份识别和核实；（ii）受益所有权识别和核实；（iii）了解客户关系的目的和性质，以建立客户风险档案”；（iv）进行持续监控，报告可疑交易，并基于风险状况维护和更新客户信息。要素（i）已被列为反洗钱计划的一项要求，要素（ii）将在最终规则中提出，义务机构所应履行的可疑交易报告规定已隐含要素（iii）和要素（iv）相关要求。最终规则对所有义务机构的反洗钱计划规则进行了修订，以将要素（iii）和要素（iv）作为明确要求包括在内。

在《银行保密法》（Bank Secrecy Act，BSA）中，美国财政部金融犯罪执法网络对此行动拥有法律权力，该法授权美国财政部金融犯罪执法网络对所有金融机构提出反洗钱计划要求[2]，并要求金融机构制定程序，以确保遵守《银行保密法》及其实施法规或防范洗钱行为。[3]

1 义务机构，即规则涵盖的金融机构（covered financial institution）。

2《美国法典》第31编第5318（h）（2）条。

3《美国法典》第31编第5318（a）（2）条。

（二）主要规则概述

1. 受益所有权

从规则适用日起，义务机构[4]必须在开设新账户（豁免账户除外）时，识别并核实所有法人客户（不包括排除在外的客户）的受益所有人的身份。金融机构可通过收集标准认证表格（附录A 所附认证表格），或通过其他符合规则要求的形式，履行受益所有人识别义务。若无合理理由质疑信息可靠性，金融机构可以依赖客户提供的受益所有权信息。受益所有人的识别与核实程序与金融机构客户识别程序（CIP）中的个人客户识别与核实程序非常相似[5]，不同之处在于，对于受益所有人，机构可依赖其身份证件的复印件。金融机构必须记录并保存其所获得的受益所有权信息，且在执行同等标准CIP规则的前提下，可依赖另一家金融机构执行相关要求。

最终规则对其使用的相关术语进行了释义，包括账户、受益所有权、法人客户、排除在外的法人实体、新账户、义务机构等。

金融机构使用受益所有权信息的方式应与使用其所收集到的其他客户信息的方式相同（例如，遵守CIP要求），包括为遵守海外资产控制办公室（OFAC）法规以及现金交易报告（CTR）的信息汇总要求。

2. 反洗钱计划规则修正

对义务机构的反洗钱计划要求进行了修正，包括明确纳入以风险为本的持续客户尽职调查程序，以及了解建立客户关系的目的和性质以建立客户风险档案。

客户风险档案是指在开户时收集客户信息，作为评估客户活动的标准，以确定是否需进行可疑交易报告，可包括客户类型、账户类型、服务或产品等明确信息。该档案可能但不必然包括客户风险评级体系或客户分类。

---

4 “义务机构”一词指（i）银行；（ii）证券经纪人或交易商；（iii）共同基金；（iv）期货经纪商和商品介绍经纪商。

5《美国联邦法规》第31篇第1020.220、1023.220、1024.220和1026.220条。

此外，客户尽职调查还包括进行持续监控，以识别和报告可疑交易，并基于风险状况维护和更新客户信息。为此，客户信息应包括法人客户（见第1010.230节中的定义）的受益所有人信息。第（ii）款的第一条规定金融机构需开展监控以识别和报告可疑交易。因为这包括客户通常不会进行的交易，所以可采用客户风险档案信息（以及其他信息）来识别此类交易。该信息可被纳入金融机构的自动监控系统，作为确定所识别的活动是否可疑的一种手段，也可在识别出潜在可疑交易后使用。

当金融机构在其正常监控过程中监测到与客户有关的信息（包括受益所有权信息的变化），与评估或重新评估客户风险有关时，金融机构必须更新该客户信息，包括受益所有权信息。此类信息包括客户活动发生重大且原因不明的变化，如原因不明的跨境电汇或无法解释的交易量巨变等，也包括表明客户的受益所有权可能发生变化的信息，因为此类信息也可能与评估客户风险有关。这条规则适用于所有法人客户，包括规则适用日已存在的存量法人客户。

该规定未强制要求金融机构必须连续或定期更新受益所有权等客户信息。相反，该更新要求是基于触发式事件，按照日常监控的结果进行更新的。

（三）成本与效益

这是根据12866号行政令（“E.O. 12866”）采取的一项重大监管行动，据此制定的最终规则可能会每年产生至少1亿美元的经济影响。因此，美国财政部金融犯罪执法网络针对拟议规则（《联邦公报》第80卷第80308页80 FR 80308）于2015年12月24日发布了规则影响评估（RIA）预案，以征询大众意见，该评估对可获得足够数据的私营部门进行了成本定量估算，而对无法获得足够数据的部门进行了成本和效益定性讨论。根据所提交的意见，美国财政部金融犯罪执法网络修改了RIA预案，以囊括其他费用估算[6]，并

6 在RIA最终版本中，我们基于7%的折现率所估算的10年可量化成本的现值在11.5亿美元至21.5亿美元，基于3%的折现率所估算的现值在13亿美元到25亿美元。

在发布最终规则时发布了RIA最终版本。在低成本方案下，年度量化成本预计分别为1.53亿美元（基于7%的折现率）和1.48亿美元（基于3%的折现率）。在高成本方案下，年度量化成本预计分别为2.87亿美元（基于7%的折现率）和2.82亿美元（基于3%的折扣率）。由于无法对规则的效益进行量化，美国财政部金融犯罪执法网络采用盈亏平衡分析法来确定最终规则的效益需要达到多大才能证明其预估成本合理。RIA将美国财政部所估算的每年因金融犯罪在美国产生的3000亿美元的非法收入确定为达到收支平衡最终规则所需要达到的最低效益。基于这一分析，并采用成本评估的上界，美国财政部金融犯罪执法网络得出这一结论，即最终规则只需将非法活动减少0.6%就可产生正的净效益。财政部认为，最终规则所减少的非法活动的幅度将大于0.6%。

二、背景

（一）银行保密法

美国财政部金融犯罪执法网络行使其监管职能主要依据是1970年的《货币和对外交易报告法》（*Currency and Foreign Transactions Reporting Act of* 1970），随后该法被2001年出台的《美国爱国者法案》（PATRIOT Act）和其他法律修订，该立法框架通常被称为《银行保密法》（BSA）。[7]《银行保密法》授权财政部部长要求金融机构记录并存档“刑事、税务、监管调查、诉讼程序、情报或反情报活动中高度重要的报告，如分析文件，以防范国际恐怖主义”。[8]

7 《银行保密法》汇编于《美国法典》第12编第1829b条，第12编第1951~1959条，第18编第1956条、第1957条和第1960条，第31编第5311~5314条和第5316~5332条及其注释，实施规定参见《美国联邦法规》第31编第10章。参见《美国联邦法规》第31编第1010.100（e）条。

8《美国法典》第31编第5311条。

部长已授权美国财政部金融犯罪执法网络局长执行、管理和强制实施《银行保密法》和相关法规。[9]美国财政部金融犯罪执法网络有权对金融机构提出反洗钱计划要求[10]，并要求金融机构制定程序，以确保遵守《银行保密法》以及据此颁布的法规或防范洗钱行为。[11]

（二）客户尽职调查的重要性

在与联邦职能监管机构和司法部的工作人员协商后，美国财政部金融犯罪执法网络认为有必要就客户尽职调查（CDD）对义务机构制定更明确的规则，以在《银行保密法》框架内明确和加强CDD，这有助于提高金融透明度并保护金融体系免遭非法使用。要求金融机构执行有效的CDD，以了解客户身份及其进行的交易类型是打击各种形式的非法金融活动（从恐怖融资和规避制裁到更传统的金融犯罪，如洗钱、欺诈和逃税等）的关键。对美国财政部金融犯罪执法网络来说，CDD的关键要素包括：（i）识别和核实客户的身份；（ii）识别和核实法人客户的受益所有人（即拥有或控制法人的自然人）的身份；（iii）了解客户关系的目的和性质；（iv）进行持续监控。这些要素共同构成了CDD的最低标准，并被美国财政部金融犯罪执法网络认为是有效的反洗钱计划的根本保障。

明确和强化包括受益所有人识别在内的对美国金融机构的CDD要求，能够在以下方面促进《银行保密法》目的的实现：

（1）增强美国金融机构获得的法人客户的受益所有权信息对执法机构、联邦职能监管机构和自律组织（SROs）的可用性，有助于执法机构进行金融调查和各种监管检查和调查；

（2）提高金融机构、执法机构和情报界对恐怖组织、腐败分子、洗

---

9 美国财政部第180-01号令（2014年7月1日）。

10《美国法典》第31编第5318（h）（2）条。

11《美国法典》第31编第5318（a）（2）条。

钱者、毒枭、大规模杀伤性武器扩散者和其他国家安全威胁的资产和账户的识别能力，以增强制裁方案的合规性，削弱对前述人员的资助和支持；

（3）帮助金融机构评估和缓释风险，并遵守所有现有的法律要求，包括《银行保密法》和有关法律；

（4）促进报告和调查推动税收合规，并根据《外国账户税务合规法案》（FATCA）向外国同行作出承诺；[12]

（5）促进在整个金融行业内实施和执行一致的CDD监管预期；

（6）推进财政部的远大战略，以提高法人实体的金融透明度。

1. 协助执法机构的金融调查

滥用法人实体来掩盖非法金融活动是一个长期存在的漏洞，会助长犯罪，威胁国家安全并危及金融体系的完整性。不法分子利用法人实体可提供的匿名便利，从事洗钱、贪腐、欺诈、恐怖融资和规避制裁等金融犯罪。

财政部追踪了若干案例作为“国家洗钱风险评估和恐怖融资风险评估”的一部分。[13]例如，2013年，纽约的检察官起诉了俄罗斯—美国有组织犯罪团伙的34名成员，指控他们涉嫌参与一系列敲诈勒索活动。其中一家诈骗公司涉嫌通过位于塞浦路斯和美国的空壳公司[14]转移了数百万美元的非法赌博收入。[15] 2011年，联邦检察官对13名涉嫌非法收购和掠夺一家公众抵押贷款公司的人员发起控告。一些被告涉嫌利用公司资产来收购空壳公司，另一

---

12 2010年正式颁布的《刺激雇佣以恢复就业法》，《美国公法》111-147，《美国法令全书》第124卷第71页第501（a）条。

13 美国财务部《国家洗钱风险评估》（2015），参见http://www.treasury.gov/resource-center/terrorist-illicit-finance/Documents/National%20Money%20Laundering%20Risk%20Assessment%20%E2%80%93%2006-12-2015.pdf.

14 空壳公司是指已在一个州注册但没有任何实际业务或资产的法人实体。空壳公司可用于合法目的，如持有金融资产或其他财产，也可被用于隐藏非法收入的来源、所有权或控制权。参见美国财政部《国家洗钱风险评估》（*National Money Loundering Risk Assessment*）第43页。

15 同上，第20页。

些被告则涉嫌通过其他空壳公司的复杂法律结构来进一步掩盖这些公司的所有权。[16] 2006年，检察官对一个长期存在的全国贩毒组织的若干人员发起控告。该贩毒组织通过若干为其效益提供合法渠道的空壳公司和货架公司[17]进行洗钱。这些法人实体还被用于在金融机构开设账户，并持有财产。[18]执法人员还举了其他例子，如大型贩毒组织利用空壳公司清洗贩毒所得。[19] 2011年的一份世界银行报告强调了腐败分子如何不断利用法人实体来掩盖每年在非法活动中获得的预计高达400亿美元的贪污所得。[20]其他犯罪分子也利用幌子公司[21]进行合法商业活动，将非法收入与合法资金掺杂在一起，以掩盖非法收入的存取或转移。

健全的CDD程序包括对拥有或控制法人实体的自然人（受益所有人）的身份进行识别和核实，这有助于防止以各种方式滥用该身份。金融机构收集的受益所有权信息可为执法部门提供利用法律结构掩盖非法活动和资产的犯罪分子的相关重要信息。此外，要求与金融机构打交道的法人实体披露身份识别信息，如拥有或控制法人实体的自然人的姓名、出生日期和社会安全号码，可提高此类实体的透明度，从而降低其对罪犯及罪犯同伙的吸引力。执法机构向美国财政部金融犯罪执法网络透露，即使不法分子向金融机构提供虚假的受益所有权信息，降低了这种透明度，此类信息仍可用于证明其非法

16 参见美国财政部《国家洗钱风险评估》（National Money Laundering Risk Assessment）第20页。

17 货架公司是指已在一个州注册但尚未用于任何目的的法人实体；该类公司一直处在“货架”上，等待不想办理新法人实体创建手续的买主。参见同上。

18 同上，第44页。

19 “打击跨国有组织犯罪：国际洗钱对我国金融系统的威胁，司法委员会下属犯罪、恐怖主义及国土安全小组委员会，第112届国会”（2012年2月8日）［美国司法部刑事局资产没收和反洗钱科科长珍妮弗·沙斯基·卡尔韦里（Jennifer Shasky Calvery）的发言］。

20《傀儡大师：腐败分子如何利用法律结构藏匿隐性资产及应对之策》（*The Puppet Masters:How the Corrupt Use Legal Structures to Hide Stolen Assets and What to Do About It*），国际复兴开发银行/世界银行（2011）。

21 幌子公司是指通过将非法收入与合法业务所得相结合来掩盖非法资金来源的合法公司。参见美国财政部《国家洗钱风险评估》第43页。

意图或作为发现其他证据或同谋者的线索。

2. 推进反恐和更广泛的国家安全利益

如前所述，犯罪分子经常利用法人实体逃避制裁或其他旨在打击恐怖主义和国家安全威胁的金融措施。要想有效实施这些金融措施，部分取决于金融机构、执法机构以及情报机构识别目标资产和账户的能力。当法人实体被滥用以混淆所有者权益时，这些措施的实施将会受到阻挠。有效的CDD通过收集受益所有权等关键信息来防止这些滥用行为，而这些信息也有助于实施制裁或其他类似措施。

3. 增强金融机构评估和缓释风险的能力

明确的CDD要求有助于金融机构根据现有法律更有效地评估和缓释风险。通过CDD，金融机构可了解与客户相关的风险，更有效地监控账户，并根据可疑交易报告义务，评估交易活动是否异常或可疑。[22]此外，如果金融机构需提交一份可疑交易报告（SAR），在许多情况下通过CDD收集的信息可助其进一步完善报告，进而帮助执法、情报、国家安全和税务机关调查和追查非法融资活动。

4. 促进税务合规

客户尽职调查也可促进税务报告的合规性和真实性。例如，银行和其他金融机构持有的关于公司受益所有权的信息可用于协助执法部门确定资产的真实所有人及其真实的税务负债。长期以来，在建立和促进采用透明和信息交换的国际标准以打击跨境逃税和其他金融犯罪方面，美国一直处于全球领先地位。加强CDD是此项工作的重要部分，与其他旨在提高透明度的举措相辅相成，包括一些长期举措，如美国根据其税收协定和税收信息交换协议与其他司法管辖区进行信息交换的承诺；也包括一些新举措，如《外国账户税务合规法案》提出的信息报告要求。[23]《外国账户税务合规法案》要求外国

---

22 参见《美国联邦法规》第31编第1020.320条。

23 2010年《刺激雇佣以恢复就业法》，公法第111-147，第501（a）条。

金融机构识别美国账户持有人，如持有大量美国公司所有权的法人实体，并向美国国税局（IRS）报告关于这些账户的特定信息。[24] 美国已与外国政府展开谈判并签订政府间协议，以促进此类要求的有效执行。该政府间协议允许外国金融机构在多种情况下，如在签订了政府间协议的情况下，依靠现有的反洗钱惯例确定某些法人客户是否受美国人控制。根据政府间协议，美国致力于追求同等水平的互惠信息自动交换，以收集并向《外国账户税务合规法案》合作伙伴管辖当局报告关于该管辖区居民美国财务账户的信息。普遍要求美国金融机构为反洗钱目的收集受益所有权信息会推进实现这一承诺，并使美国在与外国政府联手打击离岸逃税和其他金融犯罪的合作中处于有利地位。

5. 推动明确一致的预期与实践

客户尽职调查（CDD）被普遍认为是缓释非法融资风险的一种基本手段，但并非所有金融机构都使用“客户尽职调查”这一特定术语来描述其实践活动。财政部从其私营部门外联部了解到，尽管金融机构广泛接受这一原则，并已采用以风险为本的方法实施CDD，但对于CDD需要开展的确切的实践活动却持有不同的看法。在下文讨论的《拟定法规的预先通告》（ANPRM）征求意见期结束后的公开听证会上[25]，金融机构对CDD实践的描述大相径庭，特别是就如何在法规未规定的情况下对受益所有人的身份进行识别和核实。[26] 例如，在一次听证会上，美国财政部金融犯罪执法网络了

---

24 参见美国国税局“关于外国金融机构的信息报告以及对外国金融机构及其他外国实体的某些收益预提税的规定”，报告识别码1545-BK68（2013年1月28日），参见http://www.irs.gov/PUP/businesses/corporations/TD9610.pdf.；关于《外国账户税务合规法案》法规的最新信息，参见http://www.irs.gov/Businesses/Corporations/Foreign-Account-Tax-Compliance-Act-(FATCA)。

25 金融犯罪执法网络（美国财政部金融犯罪执法网络），“金融机构客户尽职调查要求”，《联邦公报》第77卷第13046页（2012年3月5日）。

26 参见美国财政部金融犯罪执法网络《公开听证会摘要：关于客户尽职调查的拟定法规的预先通告》（2012年10月5日），参见http://www.fincen.gov/whatsnew/html/20121130NYC.html.（“参与者对金融机构是否、如何以及在何种情况下获取受益所有权信息的意见不一”）。

解到，有些金融机构不管任何情况都会收集受益所有人信息，而一些金融机构仅收集某类客户的此信息，或发生触发事件后才收集此信息。金融机构还确定了一系列实践方法，包括确定所有权百分比的阈值和信息收集范围等（如仅收集受益所有人的姓名或收集其他信息，如地址等）。[27]

美国财政部金融犯罪执法网络认为，此种差异不利于风险缓释，且会加剧整个金融业内的不公平竞争环境。金融机构表示，缺少明确的CDD预期会导致监管检查不一致，可能致使它们将有限的资源用于管理衍生法律风险，而忽略关键的非法融资风险。私营部门代表还指出，预期不一致不利于鼓励最佳做法，因为具备健全合规程序的金融机构可能会认为，它们面临客户流失到其他程序较宽松的机构的风险。只有提高整个金融系统的一致性才能解决这种竞争不平等的现象。

制定统一且明确的CDD框架可以解决这些问题。作为CDD框架的一部分，在法规中明确以下要求有助于促成落实、检查、监督和实施这些预期的一致性：（1）了解客户关系的目的和性质；（2）进行持续监控，将促成落实、检查、监督和实施这些预期的一致性。关于受益所有权要求，要求所有义务机构以相同的方式并采用相同的定义来识别和核实受益所有人的身份，从而促进整个行业的一致性。要求义务机构在同一个明确的CDD框架下运作有利于金融业内的公平竞争。

6. 推进财政部的远大战略以提高法人实体的金融透明度

最后，明确和加强CDD是美国财政部制定的旨在提高法人金融透明度的三步策略的重要组成部分。该策略的其他关键要素如下：（1）法人实体成立时收集受益所有权信息，提高美国法人实体的透明度；（2）促进在全球范围内实施CDD和法人实体受益所有权的国际标准。

---

27 参见美国财政部金融犯罪执法网络《公开听证会摘要：关于客户尽职调查的拟定法规的预先通告》（2012年10月5日），参见http://www.fincen.gov/whatsnew/html/20121130NYC.html（“参与者对金融机构是否、如何以及在何种情况下获取受益所有权信息的意见不一”）。

因此，本最终规则是对美国政府与国会正在进行关于要求在美国成立法人实体时收集受益所有权信息的立法工作的补充。最终规则还推进了财政部与二十国集团（G20）、金融行动特别工作组（FATF）、税收透明度与信息交换全球论坛以及其他全球性合作伙伴之间的合作。这些合作伙伴也强调了改进CDD实践以及要求在公司组建或转让时披露受益所有权信息的重要性。此外，该提案进一步推动了2013年6月18日发布的《美国关于公司所有权和控制权透明度的G-8行动方案》中提出的承诺。[28] 该行动方案符合G-8商定的原则，美国政府指出“这些原则可有效防止不法分子滥用公司”。[29]2015年10月16日发布的《美国关于实施G-20受益所有权高级原则的行动方案》对此也有所提及。[30] 虽然这些要素是独立存在的，但它们共同构成了提高法人实体金融透明度的综合方法。

（三）拟定法规预先通知(ANPRM)和拟定法规通知(NPRM)

美国财政部金融犯罪执法网络于2012年3月发布ANPRM，启动了该规则制定程序，ANPRM指出美国财政部金融犯罪执法网络或提议将明确的CDD要求编入法规，如客户识别和核实、了解账户的性质和目的、持续监控、获取和核实受益所有权信息。[31] 美国财政部金融犯罪执法网络收到了主要来自银行、信用社、证券和期货公司、共同基金、赌场和货币服务公司的90条评

28《美国关于公司所有权和控制权透明度的G-8行动方案》，参见http://www.whitehouse.gov/the-press-office/2013/06/18/united-states-g-8-action-plan-transparency-company-ownership-and-control。

29《白宫情况说明书：美国关于防止滥用公司和法律安排的国家行动方案》（2013年6月18日），参见http://www.whitehouse.gov/the-press-office/2013/06/18/fact-sheet-us-national-action-plan-preventing-misuse-companies-and-legal。

30《美国关于实施G-20受益所有权高级原则的行动方案》，请访问https://www.whitehouse.gov/blog/2015/10/16/us-action-plan-implement-g-20-high-level-principles-beneficial-ownership。

31 两年前，即2010年3月，美国财政部金融犯罪执法网络与多家机构联合发布《关于获取和保留受益所有权信息的联合指南》（*Joint Guidance on Obtaining and Retaining Beneficial Ownership Information*）FIN-2010-G001（2010年3月5日）。鉴于业界对该指南的反应，美国财政部金融犯罪执法网络试图将CDD要求纳入美国财政部金融犯罪执法网络法规以进一步阐明。

论。大体上说，评论者对实施收集受益所有权信息这一强制要求的潜在成本和实际困难表示担忧。他们还对美国财政部金融犯罪执法网络阐述的CDD其他组成部分（了解客户关系的目的和性质以及进行持续监控）表示担忧，并声称这些与美国财政部金融犯罪执法网络所言不符，这些组成部分构成了新的要求，并不是对现有义务的明确规定。为更好地理解并打消这些顾虑，美国财政部于2012年7月至12月分别在华盛顿、芝加哥、纽约、洛杉矶和迈阿密举行了五次公开听证会。[32] 在这些听证会上，与会者表达了对ANPRM的看法，并就如何实现获取受益所有权信息的效益与实际负担之间的最佳平衡提出了具体建议。这些讨论对于2014年8月4日发布的《拟定法规通知》（NPRM）（《联邦公报》第79卷第45151页）至关重要。

NPRM提出了一项新的要求，即义务机构必须识别开立新账户的法人客户的受益所有人（豁免情况除外），并对识别到的自然人的身份进行核实。NPRM提议，义务机构可在新账户开立时直接从代表法人客户开设新账户的个人所填写的标准认证表格上获取相关信息，并可根据现有的用于核实自然人客户身份的客户识别程序（CIP）核实所识别的自然人的身份，以此满足这项要求。因此，NPRM试图利用2003年以来对所有义务机构提出的CIP程序来促成该项新要求。NPRM还提议对所有义务机构的反洗钱计划要求进行修订，纳入以风险为本的持续尽职调查程序，如：（1）了解客户关系的目的和性质，以建立客户风险档案；（2）进行持续监控以维护和更新客户信息并识别和报告可疑交易。美国财政部金融犯罪执法网络认为该部分规则不

32《公开听证会摘要：关于客户尽职调查的拟定法规的预先通知》（2012年7月31日），参见http://www.regulations.gov/#!documentDetail;D=FINCEN- 2012-0001-0094;《公开听证会摘要：关于客户尽职调查的拟定法规的预先通知》（2012年9月28日），参见http://www.fincen.gov/whatsnew/html/20121130CHI.html;《公开听证会摘要：关于客户尽职调查的拟定法规的预先通知》（2012年10月5日），参见http://www.fincen.gov/whatsnew/html/20121130NYC.html;《公开听证会摘要：关于客户尽职调查的拟定法规的预先通知》（2012年10月29日），参见http://www.fincen.gov/whatsnew/html/20121130LA.html;《公开听证会摘要：关于客户尽职调查的拟定法规的预先通知》（2012年12月3日），参见http://www.fincen.gov/whatsnew/pdf/Summary of Hearing-MiamiDec3.pdf.

是在施加新要求，而是根据指南和监管预期对义务机构需开展的活动作出明确规定，使其履行现有的监测和报告可疑交易的义务。

（四）评论摘要

美国财政部金融犯罪执法网络从金融机构、行业协会、联邦和州机构、非政府组织、国会议员和其他个人处收到141条关于NPRM的评论。绝大多数私营部门评论者主要来自银行、信用社及其行业协会，他们声称提议的受益所有权要求实施起来非常繁杂，所需时间不止规定的12个月，费用会超出美国财政部金融犯罪执法网络的估算，并且无法实现预期目标。

评论者讨论了提议的受益所有权要求的多个方面，包括拟议认证表格的使用；义务机构可在多大程度上依赖客户提供的信息；核实的含义和范围；该要求对存量客户的适用性；信息需要更新到什么程度；受益所有权和法人客户的定义；不在这些定义之内的例外情况。

评论者对拟议认证表格提出了多个问题，如是否必须使用认证表格获取受益所有人信息或可通过其他渠道获取此信息；认证表格是否应为官方政府表格；谁有权代表客户签署认证表格。多名评论者建议美国财政部金融犯罪执法网络将认证表格的接收视为“安全港”，类似于处理用于证明外国空壳银行法规合规的认证表格。[33]评论者对认证表格涵盖的信息也提出了一些其他评论和建议。

多名评论者要求对核实要求以及金融机构可依赖客户提供的信息的程度进行说明。金融机构还指出，采用与CIP“一样的”用于核实个人客户身份的程序存在困难。此外，多名评论者指出，因为法律没有规定美国各州在公司成立时收集受益所有权信息，所以法人实体的受益所有权信息来源并不具有权威性，这会给实际操作带来一些困难。评论者还要求指导如何利用收集

33《美国联邦法规》第31编第1010.630（b）条。

到的受益所有权信息，以及说明如何利用这些信息遵守其他义务。

多名私营部门评论者指出，所提出的受益所有人定义相比ANPRM讨论的定义有所改进，而一些人希望对“间接”所有权的含义进行更详细的说明，希望相关部门就如何在特定情况下衡量间接所有权的百分比提供指导，并对“股本权益”的含义进行阐明。他们还建议删除所有基于风险使用10%的阈值的表述，以减少审查员要求金融机构收集低于拟议规则指定的25%阈值的可能性。另外，非政府组织和多名个人提出，提议的25%的所有权阈值太高，最终规则应将其降至10%（或完全取消）。

多名评论员要求明确“法人客户”的定义，多人提出扩大排除对象的范围，以囊括根据1974年《员工退休收入保障法》（ERISA）为员工福利计划开设的账户以及为外国上市公司、受监管的金融机构和政府实体开设的账户。多名评论者还指出了排除非营利组织的困难，并要求美国财政部金融犯罪执法网络简化。评论者还要求说明在规则的合规期限之后是否需要法人客户在每次开立新账户时都要提供受益所有权信息，以及说明信息的更新要求。一些评论者还要求将某一类他们认为洗钱风险较低的金融产品排除在受益所有权要求之外。

多条评论还提到了反洗钱计划规则的拟议修订，如要求美国财政部金融犯罪执法网络阐明了解客户关系的目的和性质的要求，“客户风险档案”的含义，以及进行持续监控以更新客户信息的要求，区别于进行监控以监测和报告可疑交易。证券和期货行业的代表指出，与NPRM提出的设想相反，实际上在其行业内并没有这些要求，在其行业实行这些要求非常繁杂，且实用性低。一些评论者还质疑序言中的言论，即所提出的要求不会降低或限制联邦职能监管机构的尽职调查预期或其监管权，称该方法会破坏美国财政部金融犯罪执法网络希望通过拟议规则达到的明确性和一致性。最后，大多数评论者指出，最终规则发布之后12个月的实施期太短，无法完成对数据系统、客户准入程序、员工培训和其他要求的必要修改，并要求将期限延长至18~24个月。

因一些评论提到了落实这些要求的潜在成本，美国财政部金融犯罪执法网络征求了多名金融机构评论者的意见，以了解更多关于实施这些要求的预期成本的信息。由于从这些讨论中获得的信息有限，财政部制定了规则影响评估（RIA）预案，并于2015年12月24日发布以征求公众意见（《联邦公报》第80卷第80308页）。美国财政部金融犯罪执法网络收到了38条关于该评估预案的评论；所收到的评论摘要和RIA最终版本包含在本序言的“监管分析”部分。

关于NPRM的所有实质性评论、美国财政部金融犯罪执法网络的回复以及据此对最终规则作出的修改将在后面的“逐条分析”部分详细讨论。在此之前我们要先讨论总体评论。

（五）总体评论

法规遵守。评论者对此次规则制定给出了一些总体评论。多名评论者对NPRM的以下陈述有异议（我们在此重申的内容是为此最终规则修改后的内容）。[34]

最终规则的任何内容都不会降低、减少、限制联邦职能监管机构的尽职调查预期，也不会以任何方式限制他们现有的监管权。为澄清此点，最终规则将CDD关于实质和目的以及持续监控的因素纳入了美国财政部金融犯罪执法网络现有的反洗钱计划要求，该要求规定，如果计划符合负责管理该计划的联邦职能监管机构［或自律组织如适用］的规定，则该反洗钱计划是适当的。[35] 此外，财政部希望客户尽职调查和受益所有权最终规则的要求与联邦银行机构、美国证券交易委员会（SEC）、商品期货交易委员会（CFTC）

34 原始声明见《联邦公报》第79卷第45152页（79 FR 45152）（2014年8月4日）。

35 如参见《美国联邦法规》第31编第1020.210条，根据该条规定，如果受联邦职能监管机构管制但不受自律组织的规则约束的金融机构**根据管理反洗钱计划的联邦职能监管机构的规定**实施并维护反洗钱计划，则其应被视为满足《美国联邦法规》第31编第5318（h）（1）条的要求。

或自律组织与客户识别（包括法人客户身份核实）有关的法规、指南或授权相一致，而非取代它们。

这些评论者认为，这些表述太过倾向联邦职能监管机构，会破坏而非促进金融业明确一致的CDD标准。因此，他们要求美国财政部金融犯罪执法网络从最终规则中删除这些表述。

美国财政部金融犯罪执法网络理解这些评论对CDD标准应用不均衡和不一致的担忧，但美国财政部金融犯罪执法网络认为，这些表述体现了美国财政部金融犯罪执法网络对此次规则制定所要达到的或无法达到的效果的理解。NPRM和最终规则序言中的这些表述阐明了美国财政部金融犯罪执法网络的立法机关与联邦职能监管机构的立法机关之间关系的本质[36]，即与《银行保密法》所有规则制定一样，由美国财政部金融犯罪执法网络确定适用于整个行业的最低监管标准。因此，除美国财政部金融犯罪执法网络制定的其认为必要且适当的旨在解决其监管的金融机构所面临的风险或漏洞的反洗钱计划要求外，联邦职能监管机构也有权制订反洗钱计划要求。对于相关机构，此种担忧尤为现实，特别是在反洗钱以外其他领域（如安全和稳健运营）已有相互独立却彼此关联的担忧的情况下。这些陈述仅反映了现有监管框架的这一基本现实。此外，我们在整个规则制定过程中坚持的首要目标之一是阐明和统一预期，同时最大程度地减少改动。因此，我们认为很有必要阐明，尤其是在反洗钱计划规则的改动方面，这些标准只是根据现有标准和预期对当前做法进行阐述，以促进落实并最大限度地减轻金融机构的负担。我们认为，阐释和遵守该领域已发布法规和指南所累积的经验对金融机构来说是一笔宝贵的财富。美国财政部金融犯罪执法网络在提案中解释道，这些要求仅是下限，而非上限，采用风险为本的方法，金融机构可在风险较高的情况下采取更多措施从总体上缓释风险。

36 在某些情况下，与联邦职能监管机构的紧密合作可能需要与证券和期货/商品行业的自律组织协商。

合规期限。大多数评论者强烈反对美国财政部金融犯罪执法网络提出的自最终规则发布之日起一年的合规期限，称，为实施规则他们需要对系统和流程进行大量的修改。多名评论者要求美国财政部金融犯罪执法网络将期限延长至两年。基于这些评论者对一年实施期可能遇到的困难提出的充分且详细的说明，美国财政部金融犯罪执法网络将实施期限从最终规则发布之日（规则适用日）起延至两年。

三、逐条分析

第1010.230条　对法人客户的受益所有权要求

第1010.230(a)总述。按照提议，本款从广义上划定了受益所有权义务的范围，即，要求义务机构制定并维护设计合理的书面程序，以识别和核实法人客户受益所有人的身份。因为对该总述没有重大异议，我们将按提议采用该总述，且采用的程序也将纳入机构的反洗钱计划。

多名评论者质疑让金融机构收集受益所有权信息的效力，认为由负责法人成立和注册事宜的州政府机关和/或美国国税局收集此类信息更适合，因为它们在公司成立过程中发挥着重要作用。尽管美国财政部金融犯罪执法网络支持前述机构在这些情况下收集受益所有权信息，但其认为这并不能取代金融机构收集此类信息的义务。如上所述，我们认为此次规则制定是财政部提高美国金融体系和全球金融透明度的综合战略的一部分，同时我们认为，即使已制定了其他措施，仍有必要对金融机构提出受益所有权要求。提出此项新要求的主要原因之一在于，金融机构应了解客户的身份，以助其更有效地缓释风险。因此，该要求应区别于要求各州在公司成立时以及成立后的特定情况下从法人处获取受益所有权信息（尽管目前尚无此类要求）的政策目标。目前，公司法规因州而异，与美国财政部金融犯罪执法网络的法规也不同，大都不要求获取受益所有权信息。因此，根据美国财政部金融犯罪执法网络法规收集的信息将大大增加各州当局执法机关可用的信息，从而总体改善调查、监管和起诉流程。

在NPRM中，美国财政部金融犯罪执法网络提出受益所有权要求仅适用于实施之日后开设新账户的法人客户，需注意到ANPRM的许多评论者认为获取所有存量账户的受益所有权信息这一具有追溯力的要求落实起来极为繁重。我们收到了关于该主题的广泛评论，绝大多数评论者重申了反对追溯性地适用受益所有权义务。但一些评论者提出美国财政部金融犯罪执法网络应强制要求义务机构收集存量账户的受益所有权信息，而另一些评论者认为金融机构应针对所有风险较高的客户追溯性地收集此类信息。

我们拒绝提出具有追溯力的强制要求。我们理解要落实该项要求需要对流程和系统作出重大改变，因此我们认为追溯性适用会给金融机构带来过重负担。我们在提案中指出，即使没有强制它们追溯性地执行这项要求，金融机构也可能认为在监控过程中基于风险收集一些客户的受益所有权信息是适当的。在评估中，我们得出的结论是，在日常监控过程中，若金融机构监测到与评估或重新评估于规则适用日的存量客户的风险相关的信息时，金融机构应获取该客户的受益所有权信息（以下讨论修订的反洗钱计划的部分对此进行了详细介绍）。

第1010.230（b） 识别与核实。在NPRM中，美国财政部金融犯罪执法网络提出义务机构应制定客户尽职调查程序，以（1）通过收集代表法人客户开立账户的个人所提供的强制性认证表格，识别法人客户的受益所有人；（2）机构应根据风险为本的程序，即最低限度上利用与CIP核实个人客户的身份相同的程序来核实被识别的受益所有人的身份。

第1010.230(b)(1)。NPRM提议使用标准认证表格，以促进实践和监管预期的一致性，减轻合规负担，并在美国大部分金融体系中提供统一的客户体验。为推动金融机构使用认证表格，提议的认证表格中有一项规定要求代表法人客户开立账户的个人保证，就其所知该表格上的信息为真实准确的。评论者就此要求提出了许多问题。一些评论者询问是否必须使用认证表格来获取信息，认证表格是否应为官方政府表格，以及什么样的客户代表才有权填写认证表格。一些评论者要求对认证表格上的字段进行更改，使其更符合当前的CIP要求，以其他方式促进该认证表格的使用，并推动实现其他监管目标。一些评论者还要求美国财政部金融犯罪执法网络为使用最终规则中的认证表格范本的机构提供安全港（类似于为外国银行认证提供的安全港）。[37]

美国财政部金融犯罪执法网络收到了各种各样关于认证表格的评论。一些评论者要求美国财政部金融犯罪执法网络将认证表格作为美国的官方政府文件，并明确表格适用伪证处罚（不仅限于认证方的合理认知），也有一些评论者认为应对认证表格进行公证。但多名评论者认为认证表格应可选择性使用，而不应强制使用，且金融机构应被授权可以通过其标准账户开立程序获取信息，而无须使用认证表格。一些评论者认为，开设账户的人必须实际了解认证表格上提供的信息，或认证应采用法人实体的董事会或管理部门批准或通过的决议的形式。这些评论者认为，如果认证表格没有提出比提案所述更实质的认证要求，则会减少对认证表格上的虚假信息的责任追究。

如上所述，美国财政部金融犯罪执法网络提出使用认证表格主要是为平衡此项新要求给金融机构及其客户带来的效益和负担，同时还能为执法和监管机构带来便利。我们还注意到，许多法人实体为小型企业，代表其开立账户的自然人通常为其受益所有人之一，它们非常了解法人客户的受益所有权信息。美国财政部金融犯罪执法网络知晓许多机构都尽可能以电子方式而不是纸质方式来获取和维护客户数据，而强制使用和保留某种表格需要对技术和运营方式作出重大变更，这对某些金融机构来说代价太大，难以落实。因此我们对最终规则进行了修改，允许但不强制要求金融机构使用认证表格收集受益所有权信息。我们相应地对最终规则的第1010.230(b)(1)条进行了修改，规定义务机构必须在开设新账户时识别各个法人客户的受益所有人，除

37《美国联邦法规》第31编第1010.630（b）条。

非客户或账户受到豁免。义务机构可通过代表法人客户开立账户的个人获得本条附录A形式的认证，或通过其他方式从个人处获得认证表格所需信息，前提是该人据其所知证明此类信息的准确性。[38]

因此，义务机构可通过以下方式满足该要求：（1）使用美国财政部金融犯罪执法网络的认证表格；（2）使用符合第1010.230(b)(1)条要求的金融机构自己的表格；（3）使用符合第1010.230(b)(1)条实质性要求的其他方式。这些记录可以电子方式保留，并作为金融机构对客户文件整体管理的一部分并入现有数据库，义务机构也可灵活地整合受益所有权信息要求和现有系统和流程。核实非通过认证表格方式采集的受益所有人信息的准确性，可采取与核实账户开立流程中采集的其他客户信息的准确性相同的方式。美国财政部金融犯罪执法网络希望此灵活性可以推动受益所有权要求的实施——一些评论者指出，在整合该要求方面，赋予金融机构一定的灵活性可大大降低更改客户准入流程和培训一线员工的资源支出。此外，为促进认证表格的使用，美国财政部金融犯罪执法网络将提供电子版本（但不是美国政府官方表格）。

一些评论者要求美国财政部金融犯罪执法网络说明，谁是向金融机构证实受益所有人身份的合适人选，不管是通过签署认证表格还是通过其他符合本款的方式提供受益所有权信息；一些评论者还质疑开设账户的个人可否只是一名并不知道实体所有人的底层员工。在这方面，美国财政部金融犯罪执法网络拒绝向金融机构施加特定的开户程序，并相信金融机构能够顺利将此新要求整合到其现有程序中。美国财政部金融犯罪执法网络了解，金融机构通常会基于健全的商业惯例和审慎考虑，制定政策和程序管理法人实体开户所需的文件，这些通常包括授权实体在机构开设账户以及识别授权签字人的决议。此类决议通常由适当的个人来证实，如公司的秘书或其他管理人员，有限责任公司的成员或经理，或合伙企业的合伙人。也应由该人证实受益所

38 此次修订还需对“记录保存”条款进行相应修改，以下将对此进行详细说明。

有人的身份。该人至少对实体的所有人以及负责控制或管理该实体的个人有一定了解，但不一定了解通过中间法人实体或与名义所有人的合同安排等方式获得间接所有权权益的个人，且需依靠其他人来获得此类信息。因此，尽管美国财政部金融犯罪执法网络认为证明人通常可提供准确的受益所有权信息，该人应提供其所知道的全部真实信息，而不是没有提供信息的资格。相应地，美国财政部金融犯罪执法网络拒绝根据一些评论者的建议对认证要求提出更高的认知门槛、公证或董事会批准条件，因为这些条件会增加开户的时间，不能带来相应的好处，且不符合美国财政部金融犯罪执法网络提出的最大程度地将该要求整合至金融机构现存的准入程序的目标。[39]因此，最终规则中的认证要求为各种情形规定了适当级别的问责。[40]

一些评论者要求美国财政部金融犯罪执法网络允许金融机构可以选择其他途径满足认证要求，如使用以前收集的存于数据库中的客户信息，或采用美国国税局的W-8BEN表格。美国财政部金融犯罪执法网络承认这可以帮助金融机构获取信息。但为最大限度地发挥作用，美国财政部金融犯罪执法网络认为，在账户开立时，受益所有权信息必须是最新的，且经由客户授权在金融机构开设账户的个人据其所知证明为准确的。此外，因为美国财政部金融犯罪执法网络对受益所有权的定义与美国国税局在W-8BEN表格中给出的定义不完全一致，所以允许在某些情况下使用其他机构的表格就会与美国财政部金融犯罪执法网络希望在整个行业内推行统一的受益所有权标准的目标背道而驰。因此，美国财政部金融犯罪执法网络不允许仅仅依靠之前从替代来源收集的受益所有权信息。

一些评论者就拟议认证表格中的信息提出了具体问题。美国财政部金融

---

39 美国财政部金融犯罪执法网络指出，如果签署开户文件（并识别法人实体的受益所有人）的个人未将此类文件交付给金融机构，则应对该人的签名进行公证。

40 美国财政部金融犯罪执法网络还了解到，新成立的法人实体为开展业务，其受益所有人通常会亲自在金融机构开户并成为该账户的签字人，且当时愿意证明其受益所有人的身份。

犯罪执法网络采纳了一些评论者的建议，即在认证表格中加入负重大管理责任的人员、认证表格的提交人员或信息提供人员的职称，并对认证表格进行了更改。我们还在认证表格上添加了一些字段，用于注明法人实体的类型和地址。一些评论者指出，拟议认证表格中的地址字段和“一般说明”部分的地址描述要求与CIP的地址要求不一致，因此要求美国财政部金融犯罪执法网络确认CIP规则中的地址要求是否仍然适用。如下文所述，义务机构用于识别和核实受益所有人的程序必须包含CIP适用规则的所有要素，如地址、出生日期和纳税人识别号。美国财政部金融犯罪执法网络对认证表格做了相应的修改以明确这点，并指出无论是否使用认证表格，都需提供此类信息。我们还修改了认证表格的（a），以明确认证方的姓名应为被授权开户的自然人的姓名（而非法人实体的名称）。美国财政部金融犯罪执法网络还接受了多名评论者的建议，即认证表格应声明其所包含的信息是联邦法规要求的信息，以便向客户解释为何提出此项新要求；美国财政部金融犯罪执法网络已对认证表格进行了适当修改。

一些评论者要求说明，在规则的合规期限之后金融机构是否需在法人客户每次在该机构开立新账户时都要识别并核实其受益所有人，还是只需在该机构首次开设新账户时识别并核实其受益所有人。美国财政部金融犯罪执法网络回应，虽然不需要定期更新所有法人客户的受益所有权信息，但开设新账户是获取客户受益所有人最新信息较为方便和适宜的时机。因此，美国财政部金融犯罪执法网络在最终规则中添加了第1010.230(g)“新账户”的定义。

一位评论者建议美国财政部金融犯罪执法网络在拟议认证表格中强制使用法人实体识别编码（LEI），该识别编码是从事金融交易的法人实体的全球标准化唯一识别码。该评论者指出，提出该要求将会进一步促进实现透明度和金融稳定的目标。美国财政部金融犯罪执法网络了解，法人实体识别编码主要用于汇总来自不同市场、产品和地区的数据，从而为全球监管机构提供一种快速识别金融交易各方的手段，并推动监管机构了解金融体系面临的系统风险并采取相应行动。尽管该目的很重要并值得赞赏，但美国财政部金融犯罪执法网络并不认为在受益所有权认证表格中强制使用法人实体识别编码会大大促进目标的实现。我们认为，受该要求约束的绝大多数法人实体为较小的或非金融实体，它们中绝大多数都没有法人实体识别编码，并且仅为认证表格之目的而强制使用该识别编码所产生的成本要高于所得利益。美国财政部金融犯罪执法网络还得知，有权发放法人实体识别编码的机构并不要求受益所有人为自然人，且使用50%（而非25%）的阈值，也不核实法人实体受益所有人的身份，所以法人实体识别编码仅作为基础核实的一个可能代替或备选方案。因此，美国财政部金融犯罪执法网络拒绝强制使用法人实体识别编码。但我们意识到，义务机构可能会发现此信息对企业风险管理或其他目的很有用，因此，我们在认证表格中加入了可选填的法人实体识别编码字段。

一些评论者要求美国财政部金融犯罪执法网络在最终规则中采用一个明确的安全港，确认那些使用认证表格的金融机构遵守了受益所有权要求。一些评论者建议美国财政部金融犯罪执法网络效仿第1010.630条中为外国银行认证提供的安全港建立一个专门的安全港。其他评论者反对采用安全港，称认证表格应作为金融机构就法人实体受益所有权进行基于风险的尽职调查的起点。如下文所述，我们在最终规则的第1010.230(b)(2)中对金融机构可依赖开户人提供的受益所有权信息到何种程度进行了描述。但我们拒绝在最终规则中为标准认证表格的使用和收集而添加一个通用的安全港。

美国财政部金融犯罪执法网络认为外国银行认证中存在很多因素（但此处没有）使其适用通用的安全港。外国银行认证用于履行《美国爱国者法案》第313和第319（b）规定的义务，如外国银行证明其经营状况或在某些情况下证明其所有人等事实，在其协议中规定不向外国空壳银行提供银行服务，或指定一名美国传票代收人。此外，还要求外国银行的管理人员证明文件中的信息是真实和准确的，而客户代理人应尽其所知提供受益所有权信息。另外，受最终规则约束的法人实体数量要比拥有美国代理账户的外国银行数量多数倍，且拟议规则中的拟议认证不包括确认义务。我们认为，最终规则第1010.230(b)(2)中说明金融机构可在多大程度上依赖客户提供的信息的条款很好地平衡了最大限度地减轻义务机构的负担的需求和非法滥用法人实体的风险。

一些评论者担心，收集受益所有人的个人敏感信息会侵犯其隐私，并增加其遭身份盗用的可能性。美国财政部金融犯罪执法网络承认保护个人隐私利益的重要性，也了解网络攻击和身份盗用（特别是对于金融机构所持有的个人信息）所构成的严重威胁。虽然这些担忧是正当且有意义的，但不足以构成取消该要求的合理依据。从隐私和身份盗用的角度来看，对绝大多数受益所有人的影响是很小的，因为根据CIP的要求，他们必须向金融机构提供相同的个人敏感信息才能开设个人账户和进入美国金融系统。我们提出金融机构应像保护CIP信息一样保护这些信息，并遵守所有适用的联邦和州隐私法，包括但不限于《金融隐私权法》[41]和《金融服务现代化法案》。[42]

第1010.230(b)(2)。关于身份核实，我们所提出的核实是指要求金融机构核实被识别为受益所有人的个人的身份（核实这个人的存在），而不是核实其作为受益所有人的职位。我们建议通过与金融机构用于核实个人客户身份的CIP程序相同的风险为本的程序来进行该核实，以促进金融机构通过利用现有程序和系统来实施该要求。

许多评论者要求澄清第1010.230(b)(2)中核实要求的含义以及实现该要求的方法。一些评论者指出NPRM中描述核实受益所有人的身份和核实该职位之间的区别可能会引起混淆。[43] 为明确金融机构的受益所有权识别和核实义

41《美国法典》第12编第3401条及以下。

42《美国法典》第15编第6801条及以下。

43 美国财政部金融犯罪执法网络表示“基于这些考虑，美国财政部金融犯罪执法网络并不建议金融机构核实受益所有人的这个职位。金融机构可依赖客户在标准认证表格上提供的受益所有权信息”。另外，该提案还指出，受益所有权核实程序“应能使金融机构合理相信其知晓每个法人客户的受益所有人的真实身份”。（《联邦公报》第79卷第45162页）

务之间的区别，美国财政部金融犯罪执法网络将对最终规则的第1010.230(b)(2)进行修改，提出在未知晓任何可以合理质疑信息可靠性的事实的前提下，金融机构可以依赖法人客户提供的受益所有人身份信息。美国财政部金融犯罪执法网络预计在绝大多数情况下，在未获得相反信息的情况下，义务机构应该可以依赖法人客户提供的受益所有人信息的准确性。美国财政部金融犯罪执法网络认识到有必要允许金融机构依赖法人客户提供的身份证明，因为客户通常是该信息的最佳来源，而且除法人实体外，义务机构通常没有其他受益所有权信息来源。

多名评论者要求澄清第1010.230(b)(2)中NPRM所述要求，即收集受益所有权信息的程序应至少与现有的用于核实个人客户身份的CIP程序“相同”。一些评论者指出，仅照搬而不修改现有的针对个人客户的CIP程序来实施受益所有权核实要求是不可行的。他们指出在许多情况下，受益所有人在开户时并不会亲自出现在金融机构，因此使用文件核实的机构可能无法获得CIP相关规定要求的文件，所以可能需要依赖此类文件的影印件或复印件。评论者还指出，由于《公平信用报告法》限制使用信用报告，当前一些用于个人客户的非文件核实程序不适用于未同意的受益所有人。[44]

美国财政部金融犯罪执法网络认同，义务机构采用与其现有的针对个人客户的CIP规则程序相同的程序来实施受益所有权核实要求是不可行的。因此，对第1010.230(b)(2)进行了修订，提出这些程序至少须包括CIP规则第(a)(2)款要求的个人客户身份核实所需的要素[45]，但不必与之完全相同。[46]此外，最终规则明确提出，在进行文件核实的情况下，金融机构可使用CIP规

44《美国法典》第15编第1681条及以下。

45 已删除拟议规则中“在义务机构的客户识别计划程序中”的条款，出于上述原因，法人客户受益所有人的核实程序可能与义务机构用于个人客户核实的CIP程序不同。

46 每条CIP规则的第(a)(2)款均要求义务机构的CIP包括风险为本的程序，以在合理可行的范围内核实每位客户的身份。该计划的要素需包括识别客户、核实客户身份（通过文件或非文件方式），以及在机构无法合理相信其了解个人客户真实身份的情况下采取的程序。

则第(a)(2)(ii)(A)(l)款[47]所列的文件的影印件或复印件。

因为基于风险的核实程序需包括与CIP用于核实个人客户身份的要素相同的要素，所以必须在开设账户后的合理时间段内完成核实。此外，受益所有权识别程序必须解决金融机构在遵循规定程序后无法合理相信其了解法人客户的受益所有人的真实身份的情况。[48] 在没有明显迹象表明存在欺诈的情况下，金融机构通常可依赖政府颁发的身份证明来核实个人身份。[49]美国财政部金融犯罪执法网络指出，通常也可依赖根据第1010.230(b)(2)获得的影印或复印件。但考虑到复印过程中的漏洞，义务机构应根据本条对所接受的影印或复印件的类型进行基于风险的分析，以确保能合理依赖这些文件。例如，义务机构可自行决定不接受低于某分辨率的复印件，或不接受通过传真发送的复印件，或仅接受以某些文件格式发送的电子复印件。与CIP要求相同，义务机构不需留存这些副本或复印件，仅需留存关于金融机构用来核实受益所有人身份的文件的说明。尽管我们不要求义务机构保留这些复印件，但也不禁止其根据所有其他适用法律或法规进行保留。

一些评论者要求美国财政部金融犯罪执法网络允许义务机构采用风险为本的方法落实识别和核实要求，而非施加强制要求。针对这一强制要求提出的反对意见如下：对未到场的受益所有人执行CIP程序非常困难；实行该强制要求的成本高于效益；增加受CIP程序约束的自然人的数量将会加大成本，特别是对于那些依靠按人均进行CIP收费的公司的机构而言。美国财

47 相关文件包括未过期的政府核发的可证明国籍或居住地并带有照片或类似保障措施的身份证件，如驾照或护照。如参见《美国联邦法规》第31篇第1020.220(a)(2)(ii)(A)(J)条［31 CFR 1020.220(a) (2) (ii) (A) (J)］。

48 根据CIP规则，金融机构的CIP必须包括金融机构在无法合理相信其了解客户真实身份的情况下的应对程序。这些程序应说明：（1）机构何时不应开立账户；（2）在机构尝试核实客户身份时客户可使用账户的条款；（3）在尝试核实客户的身份失败后应何时关闭账户；（4）应何时根据适用法律法规提交可疑活动报告。参见《美国联邦法规》第31篇第1020.220(a)(2)(iii)条。

49 如参见“银行、储蓄协会、信用合作社和某些非联邦监管银行的客户识别计划”，《联邦公报》第68卷第25090页和第25099页（2003年5月9日）。

政部金融犯罪执法网络认为，强制要求所有金融机构实施该要求将减少不法分子打着低风险的幌子利用其法人实体进入金融系统的机会。至于成本和困难，我们认为，前述对本款作出的修订和说明已给予了金融机构更多的灵活性决定如何实施识别和核实要求，从而减少该要求所产生的影响。如上所述，由于金融机构在大多数情况下可依赖客户提供的信息，美国财政部金融犯罪执法网络认为，与进行风险分析以确定是否应收集和核实受益所有权信息对比，金融机构通常不需要投入更多资源在所有情况下进行信息收集和核实（经许可的豁免情况除外）。我们意识到，按人均支付与CIP程序相关的系统和技术成本的金融机构会因识别和核实更多自然人的身份而增加成本。但我们相信，如上文和下文所述，收集这些信息的效益超过了这些额外成本。因此，美国财政部金融犯罪执法网络拒绝更改最终规则中该要求的强制性。

一些评论者质疑在缺乏权威的集中资源的情况下，收集此类信息核实受益所有权状态的实用性。他们称该信息带来的效益有限，而且无法覆盖实施该要求所需的成本。但执法评论者认为，不管金融机构是否有能力核实所有权状态，收集受益所有权信息能带来巨大的好处。他们指出，不论相关法人实体经核实的自然人是否为实际受益所有人，该自然人的身份在执法调查中都具有重要价值，因为他们掌握的信息至少可帮助执法人员识别真正的受益所有人。此外，虚假的受益所有权信息非常有利于检察官证明犯罪意图以及在审讯中达到控告的目的。执法部门还认为，该强制性收集和核实要求可能会对不法分子产生威慑作用，因为这会增加他们匿名开户的难度。基于以上原因，美国财政部金融犯罪执法网络不认同该要求的价值有限这一观点。

一些评论者要求美国财政部金融犯罪执法网络彻底取消核实要求，认为对不在场受益所有人的身份进行核实太困难、太烦琐，尤其是对于小型机构而言。如上文所述，我们意识到对不在场个人进行身份核实的困难性，因此我们进行了相应的修改以简化金融机构的流程，我们希望这能减轻金融机构的负担。但收集受益所有权信息而不核实受益所有人的存在将会大大降低这些信息的价值，因此我们拒绝取消核实要求。

一些评论者要求美国财政部金融犯罪执法网络阐明金融机构应如何处理收集和核实的受益所有权信息。美国财政部金融犯罪执法网络通常希望能像处理CIP及相关信息一样处理受益所有权信息，并用此信息来确保义务机构遵守其他要求。例如，海外资产控制办公室要求义务机构封锁“特别指定国民名单”（SDN名单）中的主体的账户（或其他财产和财产权益），其中包括由一个或多个名单上的人员持有总计50%或以上权益的实体，无论该实体是否已被正式列入SDN名单。[50] 因此，机构应使用受益所有权信息来确保其不为海外资产控制办公室制裁的个人或实体开立或维护账户，或与该类个人或实体进行违禁交易或买卖。义务机构还应制定风险为本的程序，以确定是否和/或何时应通过负面媒体搜索程序对这些名称进行额外筛查。

对于根据现金交易报告进行的交易的汇总，美国财政部金融犯罪执法网络希望义务机构根据2001年至2012年的现金交易报告法规和适用的美国财政部金融犯罪执法网络指南执行现有程序。[51]因此，金融机构应认识到公司形式的独特性，不应一味将法人客户的活动或交易归咎于受益所有人，如果金融机构了解到多笔货币交易是由任何个人或代表任何个人进行的，且在任意一个工作日内收入或支出总额超过10000美元，则金融机构必须对这些交易进行汇总。[52] 虽然法人客户的受益所有人识别要求不会改动现有的现金交易报告汇总要求，但受益所有权识别可为金融机构提供以前未掌握的信息，可帮助金融机构确定交易是否由同一个人作出，或以同一个人的名义进行。因

50 参见《美国联邦法规》第31篇第500部分；另请参见《美国联邦法规》第31篇第590.406节（与乌克兰相关的制裁规定）；海外资产控制办公室，《常见问题解答》，请访问http://www.treasury.gov/resource-center/faqs/Sanctions/。

51 参见《美国联邦法规》第31篇第1010.313条；美国财政部金融犯罪执法网络，《共同所有权的企业的现金交易报告汇总》，FIN-2012-G001（2012年3月16日）；美国财政部金融犯罪执法网络，《现金交易报告：汇总》，美国财政部金融犯罪执法网络裁定2001-2（2001年8月23日）。

52 31 CFR 1010.313.

此，如果金融机构确定法人实体不是独立运营的或独立于其主要所有者运营的（例如，机构确定共同所有权下的法人实体拥有共同的雇员，这些实体被反复用于支付彼此的费用或主要所有者的个人支出）则金融机构可汇总法人实体及其主要所有者的交易。[53]在此情况下，如果金融机构得知受益所有人在其个人账户中存入了一笔5000美元的现金，且在同一营业日晚些时候，他又向一个非独立运营实体的法人实体的账户中存入了一笔6000美元的现金，则金融机构应对这些交易进行汇总，并提交一份现金交易报告。[54] 如果金融机构认为此类交易最明显的目的是为了规避现金交易报告备案，则金融机构需考虑是否需就此类交易提交可疑交易报告。

一些评论者要求美国财政部金融犯罪执法网络指导如何根据《美国爱国者法案》第314(a)节将受益所有人信息纳入信息共享流程；其中一位评论者要求美国财政部金融犯罪执法网络声明此类信息本身超出了第314(a)节的范围。美国财政部金融犯罪执法网络并不认为根据受益所有权要求获得的信息会增加第314(a)节中对金融机构提出的其他要求。第314(a)节实施规则（参见《美国联邦法规》第31篇第1010.520条）未提出应对与指定主体匹配的账户或交易相关的受益所有权信息进行报告。根据该规则，金融机构仅需在其记录中搜索与指定主体匹配的账户或交易，并使用美国财政部金融犯罪执法网络提供的识别信息向美国财政部金融犯罪执法网络报告是否存在这种匹配。

第1010.230(c)账户。参见“法人客户”下的讨论。

第1010.230(d)受益所有人。在NPRM中，我们提出了两个确定受益所有人的标准：直接或间接拥有法人客户25%股权的个人（所有权标准）；对控制、管理或领导法人客户负有重大责任的个人，包括执行官、高级管理人

---

53 通常情况下，只有在个人拥有法人实体的全部或大部分股权的情况下才适合进行此汇总。只有在此情况下，法人实体的交易才可被视为由实体的所有人或代表实体的所有人完成（反之亦然）。

54《美国联邦法规》第31篇第1010.313条。

员或定期执行类似职能的其他任何人（控制权标准）。从所有权标准看，不同法人客户的受益所有人数量存在差异，少则为零，多则四人。但所有法人实体必须拥有一名以控制权标准认定的受益所有人。我们还提出，金融机构可基于风险酌情识别其他受益所有人。

因此，实际所识别出的受益所有人的数量会因情况不同而不同。例如：

史密斯夫妇分别持有“妈妈&爸爸有限责任公司”50%的股权。史密斯夫人是该公司的总裁，而史密斯先生是该公司的副总裁。在所有权标准下，该公司需提供史密斯夫妇两人的个人信息。在控制权标准下，该公司还需提供对该公司具有重大控制责任的人员的个人信息；此人可以是史密斯先生或史密斯夫人，也可以是其他满足该定义的人员。因此，在此情景中，该公司需对至少两人但最多不超过三人的身份进行识别——在所有权标准下识别史密斯夫妇两人的身份，以及在控制权标准下史密斯夫人或史密斯先生的身份，或在所有权标准下，史密斯夫妇两人的身份，以及在控制权标准下负有重大责任的第三人的身份。

爱克姆股份有限公司是一家封闭式私营公司。约翰·罗持有35%的股权；无任何其他人持有25%或以上股权。简·多伊是总裁兼首席执行官。在所有权标准下，该公司需提供约翰·罗的受益所有权信息，以及在控制权标准下简·多伊的（或其他控制人的）受益所有权信息。

昆廷股份有限公司为昆廷家族五个兄弟姐妹所有，每人拥有20%的股权。该公司的总裁为长兄本顿·昆廷，也是该公司唯一负有重大管理责任的人。在控制权标准下，该公司需提供本顿·昆廷的受益所有权信息，但无须提供在所有权标准下其他受益所有权信息，因为无任何人持有25%或以上股份。

一位评论者表示担心，称为履行该义务金融机构需对法人客户的股权和管理团队进行持续监控，并不断更新信息。美国财政部金融犯罪执法网络指出，要求金融机构进行此类调查是不切实际的，并强调该义务应被视为短暂的，而非连续性的。正如“逐条分析”中提到反洗钱计划规则修订部分讨论的那样，美国财政部金融犯罪执法网络确实希望金融机构能基于风险（通常是当金融机构在正常监控过程中监测到与评估客户风险相关的事实时）更新该信息。

所有权标准。评论者针对所有权标准提出了许多观点。一些评论者对美国财政部金融犯罪执法网络提出该要求的意图进行推测。美国财政部金融犯罪执法网络在此确认，通过使用“直接或间接”的表述，美国财政部金融犯罪执法网络希望金融机构的客户根据规则识别其最终受益所有人，而非名义所有人或“稻草人”。此外，如第1010.230(b)(2)所述，金融机构可依赖客户提供的信息识别和核实受益所有人。

多名评论者支持美国财政部金融犯罪执法网络在提案中将构成所有权的最低股权持有阈值设定为25%。其中一些评论者要求美国财政部金融犯罪执法网络将该阈值确定为监管期望，尽管我们在提案中指出，金融机构可在进行风险评估后确定一个较低的阈值百分比。还有一些评论者要求美国财政部金融犯罪执法网络将该阈值降至10%，认为较高的阈值很容易被规避，并且与国际反洗钱规范和《外国账户税务合规法案》的要求不一致，且较低阈值带来的负担较小，因为一些金融机构实际上已开始以低于25%的阈值收集受益所有权信息。

美国财政部金融犯罪执法网络在考虑了将所有权阈值降至10%的所有观点后，拒绝在最终规则中作出更改。尽管有些金融机构已在某些情况下以低于25%的阈值收集受益所有权信息，但我们认为该实践覆盖面不足，并不能使所有义务机构对所有法人客户强制实行。一些支持采用10%阈值的评论者指出，采用较低的阈值将增加不法分子通过构建所有者权益来逃避报告责任的难度。但这同时也要求金融机构对多达11位受益所有人（包括控制权标准）进行识别和核实。在美国财政部金融犯罪执法网络的评估中，该方法的增量效益并未超过在某些情况下必须对超过两倍数量的受益所有人的身份进行识别和核实所带来的负担。此外，提议的25%的阈值与许多外国司法管辖区（包括欧盟成员国）的阈值一致，并与金融行动特别工作组标准一致（美国为执行《外国账户税务合规法案》的要求，与110多个司法管辖区签署了政府间协议，该标准用于确定协议中实体的控制人）。美国财政部金融犯罪执法网络依然认为，采用25%的阈值可以很好地平衡识别拥有法人实体实质所有者权益的关键自然人的效益与实行信息收集要求的成本。

我们重申，25%的阈值是一个基本监管基准，但义务机构可在适当情况下，基于其风险评估，为受益所有权设定一个较低的阈值（即可把持股少于25%的所有人认定为受益所有人）。一般来说，美国财政部金融犯罪执法网络不会根据一个较低的阈值来评估义务机构对本法规要求的遵守情况。然而，根据风险为本的方法，美国财政部金融犯罪执法网络预计某些金融机构可能会在某些情况下决定以较低的阈值来识别和核实受益所有人；我们认为，在法规文本随附的注释中明确这一点将有助于金融机构针对客户进行此项操作。

一些评论者要求美国财政部金融犯罪执法网络在所有权标准中加入“降级适用条款”，即在所有受益所有人均未达到最低所有权阈值的情况下，要求收集至少一位拥有法人实体大量股权的个人的受益所有权信息。我们最初在ANPRM中讨论了该条款，但众多评论者表示该方法是不切实际的，所以我们并未将该条款写入NPRM。正如我们在NPRM中指出，评论者质疑对各个所有人进行比较分析以确定该人“至少在该实体中拥有与其他人一样大量的股权”的可行性。我们对此表示同意，所以我们删除了该条款，并且我们认为重新引入该条款所带来的收益不会高于客户和一线员工实施该条款所面临的困难。尽管我们拒绝在最终规则中纳入该条款，但金融机构可据其风险为本的方法，决定在某些高风险情况下收集所有权标准下至少一位自然人的受益所有权信息，即使所有受益所有人均未达到25%的阈值。

一位评论者要求美国财政部金融犯罪执法网络说明义务机构是否有义务确定法人实体的股权持有人是否通过管理持股或改变其结构来规避25%的报告阈值。美国财政部金融犯罪执法网络指出，在大多数情况下，要求一线员工进行此类调查是不切实际的。因此，美国财政部金融犯罪执法网络提出金融机构通常可依赖开户人提供的关于股本所有权的信息，而不是直接调查股权持有人是否试图避开报告阈值。但知晓、怀疑或有理由怀疑存在此种行为的金融机构工作人员可根据具体情况提交一份可疑交易报告。

一些评论者要求明确提案中“股权”的定义（即，对企业实体拥有的所有者权益），认为所提出的定义提供了很大的自由度和灵活性，但由于其范围广泛，可能会导致困惑。因此，评论者要求以示例或附加评论的形式给予进一步的说明和指导，以帮助客户理解和遵守法规要求，并帮助员工确定哪种类型的所有者权益受此标准管辖。美国财政部金融犯罪执法网络意识到，一些金融机构可能很难在某些情况下确定某一所有者权益是否为“股权”。但正如我们在提案中指出的那样，我们有意避免使用更多的与通过所有权行使控制权有关的技术术语；我们这一做法部分基于许多行业成员表现出的偏好。上述评论者要求美国财政部金融犯罪执法网络避免使用客户和一线员工难以理解和应用的技术性和复杂的法律术语来创建定义。但除提案中提供的一般示例外，我们不愿提供其他狭隘的示例，否则可能会限制适用范围，特别是考虑到在美国和其他国家存在各种形式的法人实体。同样，我们也拒绝提供正式的指导文件，列出一线员工用于证明存在超出触发阈值的股权的文件类型。我们重申，在通常情况下，做此决定并识别受益所有人属于法人客户（及其人员）的责任，而不是金融机构一线员工的责任，除非员工有理由质疑所提供的信息的准确性。

一些评论者指出，虽然他们赞同美国财政部金融犯罪执法网络用于确定法人客户间接所有权的一般方法（即美国财政部金融犯罪执法网络不希望由金融机构或客户来分析和确定某个人是否为符合定义的受益所有人），但他们认为美国财政部金融犯罪执法网络应提供更多指导和示例，说明当自然人拥有间接股权时法人客户应如何计算所有者权益。如上文所述，我们强调美国财政部金融犯罪执法网络希望金融机构在确定法人客户的受益所有人时能够依赖客户提供的信息。我们还提出，结构复杂的法人实体配备一些出于运营、管理、会计和其他目的而对背后自然人的所有者权益有一定了解的人员，这是情有可原的。

评论者还要求说明法人客户25%或以上股权不能由任何个人直接或间接最终拥有的各种情景。这种情况可能会发生在，例如，当25%或以上所有者权益由不属于第(e)(2)款定义的法人客户的实体所持有或由信托持有时。美国财政部金融犯罪执法网络指出，拟议规则将根据美国或各州的法律设立的且至少有51%的普通股或类似股权由美国证券交易所上市实体所持有的实体排除在外。美国财政部金融犯罪执法网络认为，该条规定应能解决绝大多数排除在外的实体拥有25%或以上股权的情况。此外，在比较特殊的情况下，即排除在外的实体持有25%或以上股权却没有包含在上述排除范围内，美国财政部金融犯罪执法网络规定义务机构无须在所有权标准下识别和核实这些实体背后的自然人的身份，这是因为在所有权标准下“受益所有人”的定义是指“【每】个人（如有）......”，而在此情况下，不存在任何个人可以最终拥有此种股权。另外，如果法人客户的25%或以上股权由信托公司（法定信托除外）持有，则义务机构应收集和核实受托人的身份信息以满足所有权标准下的受益所有权要求，美国财政部金融犯罪执法网络已据此对该定义进行了修改。美国财政部金融犯罪执法网络明确指出，在任何此类情况下，法人客户仍需以控制权标准对个人进行识别。

控制权标准。评论者也对此提出了各种观点。

一些评论者要求我们减少或取消控制权标准，声称很难根据如此宽泛的定义确定控制人。我们不同意该观点。美国财政部金融犯罪执法网络提出的这个宽泛定义可为法人实体提供多种选择。因此，定义的广度可促进而非阻碍金融机构收集此信息的能力——因为法人客户仅需提供一位符合定义的控制人的信息，法人实体应能根据所提供的各种职位，轻松识别至少一位管理框架中负有重大管理责任的自然人。此外，可能有一些法人实体的自然人无法满足所有权标准；如果没有控制权标准，将会使试图掩盖其受益所有权信息的法人实体有机可乘。要求至少对一位控制人进行识别和核实可确保金融机构留存至少一位与法人实体相关的自然人的记录，有利于促进因前述原因进行的执法和监管调查。

一些评论者要求美国财政部金融犯罪执法网络提供更多信息明确满足控制权标准的人员类型，声称提供与所有权标准的解释一样详细的内容有助于规则的实施。我们认为不必要对此进行额外解释。

与金融机构尝试在所有权标准下确定受益所有权时可能遇到的各种复杂情况相比，控制权标准提供了一个简单直接的方法：法人客户必须提供一位具有重大管理控制权的个人的识别信息，还列举了一些常见的、人们所熟知的高级职位，如总裁和首席执行官等。综上所述，美国财政部金融犯罪执法网络认为这些条款已为法人客户提供了充足的信息，可帮助他们轻松识别符合控制人定义的自然人。

一些评论者要求美国财政部金融犯罪执法网络通过纳入“有效控制”概念或其他方式扩大控制权标准的范围，并提议进行一系列修改，强制要求对该标准下更多自然人进行识别，如所有行政管理人员和领导、所有高级官员以及所有能有效控制法人实体的人员等。美国财政部金融犯罪执法网络拒绝对控制权标准进行此类更改。虽然我们认识到我们的定义并未全面囊括所有可能的控制概念，包括有效控制，但我们认为该定义在充分纳入高层领导职位和可行性之间达到适当平衡。正如其中一名纳入有效控制的支持者承认，有效控制会“很难确定”。我们希望在提案中提出易于管理的定义，以同时促进法人实体和金融机构的信息收集。另外，我们认为识别和核实其他自然人的困难要大于这些信息的增量效益。

第1010.230(e)法人客户。根据提议，本条定义了“法人实体客户”一词，并划定了一系列排除在外的对象。

第1010.230(e)(1)。在拟议规则中，我们将“法人客户”定义为开立新账户的企业、有限责任公司、合伙企业或其他类似企业实体（根据美国、美国各州或其他国家法律成立）。多名评论者对该定义所覆盖的实体和其他企业提出疑问，并要求进一步说明该定义，特别是“其他类似企业实体”的含义。一些评论者要求我们把其他企业形式也纳入法人客户的定义范畴，如非法人社团和独资企业。

我们赞同对定义进行修订以进一步阐明“法人客户”定义内的实体对相关机构来说是有益的。因此，在最终规则中，我们声明法人客户是指在银行开立账户的公司、有限责任公司、其他通过向州务卿或类似机构递交公文而成立的实体、普通合伙企业、在外国成立的类似实体。这意味着“法人实体客户” 的定义不仅包括通过向州办公室提交文件而成立的公司、有限责任公司、有限合伙企业、商业信托，还包括以此方式成立的其他实体以及普通合伙企业（还包括根据其他国家的法律成立的类似实体）。该定义不包括独资企业或非法人社团，即使此类机构可以注册商标或建立税收账户等为由向州务卿递交文件，因为独资企业和非法人社团均不是独立于相关个人而合法存在的实体，实际上这为个人提供了掩盖其身份的盾牌。[55]“法人客户” 定义也不包括以自己的名义开立账户的自然人。在最终规则中，我们删除了对“新”账户的引用，以消除与该条款其他段落的重复，还因为此账户状态与法人客户的定义无关。

信托

定义也不包括信托（通过向州务卿或类似机构提交公文而成立的法定信托除外），因为与受最终规则约束的法人实体不同，信托是提供资金或其他资产并规定条款的人（委托人或授予人）与资产控制方（受托人）之间的合同安排，以实现信托书中指定方（受益人）的利益。信托通常不需要通过州来建立。正如美国财政部金融犯罪执法网络在NPRM中指出的那样，无法根据提议或最终规则中的定义从这些当事方中识别出“受益所有人”。

美国财政部金融犯罪执法网络强调，这不会也不应取代关于信托的现

55 美国财政部金融犯罪执法网络指出，这与CIP规则是一致的，该规则中的客户包括“为非法人实体（B）……如市民俱乐部开立新账户的个人”。在此情况下，开户的个人是客户，而非市民俱乐部。参见《美国联邦法规》第31篇第1020.100(c)(1)(ii)(B)条。

有义务和惯例。CIP规则的序言指出，虽然不要求金融机构仔细审查信托及其受益人，但金融机构“可能需要采取其他措施，如通过获取账户控制人的信息等，来核实非个人客户的身份”。[56]此外，美国财政部金融犯罪执法网络在提案中指出，我们认为当信托为金融机构的直接客户时，金融机构通常会识别并核实受托人的身份，因为受托人一定是信托账户的签字人（这也可作为调查执法活动的现成信息来源）。此外，根据对银行的监管指导，“在某些涉及可撤销信托的情况下，银行可能需要收集授予人、委托人、受托人或其他有权指导受托人从而对账户具有权限或控制权的一方的信息，以了解客户的真实身份”。[57]我们在此重申，我们认为，为履行义务，金融机构已采取风险为本的方法来收集与信托有关的各方人员的信息以了解他们的客户[58]，我们希望金融机构在防范洗钱和恐怖融资的过程中，继续采取这些措施。[59]

“账户”定义

美国财政部金融犯罪执法网络还指出，法人客户被定义为开立账户的客户，但NPRM没有定义“账户”一词。一些评论者要求美国财政部金融犯罪执法网络给出该术语的定义，并建议使用CIP规则中的定义。为与CIP规则保持一致，美国财政部金融犯罪执法网络将CIP规则中关于“账户”一词的定

---

56 参见“经纪商/交易商的客户识别计划”，《联邦公报》第68卷第25116页，脚注32（2003年5月9日）。

57 联邦金融机构检查委员会（FFIEC），《银行保密法/反洗钱检查手册》，第281页（2014）（联邦金融机构监察委员会手册）。

58 美国财政部金融犯罪执法网络还了解，为从事受托人业务，信托公司必须获得联邦或州的特许。此类实体应履行《银行保密法》义务，以降低此类信托的反洗钱风险。

59 最终规则也未包括由法院指定的死者遗产代表以死者个人名义开立的账户。

义添加至最终规则[60]，根据其条款，该术语不包括根据1974年《员工退休收入保障法》为员工福利计划而开立的账户。此项新增条款不仅与CIP一致，而且也适用于最终规则，因为为员工参加《员工退休收入保障法》退休计划而开立的账户被用于洗钱的风险极低。

为此，评论者要求美国财政部金融犯罪执法网络基于低洗钱风险的考虑扩大《员工退休收入保障法》计划的豁免范围，以囊括其他非《员工退休收入保障法》退休计划。美国财政部金融犯罪执法网络指出，非《员工退休收入保障法》计划的客户通常是为维护资产而建立的信托，或是与金融机构订立合同开立账户的雇主，而不是账户的潜在参与人或受益人。[61]因此，当客户为雇主且该雇主为法人实体时，金融机构需获得该法人实体雇主的受益所有人信息（除非该雇主被排除在法人客户的定义之外）。我们将在下文讨论第1010.230(h)时探讨其他免除受益所有权识别要求的请求。

最终规则第1010.230的（c）款应相应地按照文末的法规文本进行解读。

第1010.230(c)(2)条。NPRM提出了不属于法人客户定义的十类对象。前两类在很大程度上也被排除在CIP规则的要求之外。最终规则接受了所有这些提议的排除对象，但下文“慈善机构和非营利实体”标题下讨论的除外。最终规则还应评论要求添加了其他排除对象。所有这些排除对象都是经风险评估后决定的，其不需要在开户时获取受益所有权信息，因为该信息通常可从其他可靠来源获得，如受联邦职能监管机构监管的金融机构或受州银行监管机构监管的银行——第1010.230(e)(2)(i)。

---

60 参见《美国联邦法规》第31篇第1020.100(a)(2)条（适用于银行）；第1023.100(a)(2)条（适用于证券经纪人或交易商）；第1024.100(a)(2)条（适用于共同基金）；第1026.100(a)(2)条（适用于期货经纪商或商品介绍经纪商）。

61 参见美国财政部金融犯罪执法网络等的《〈美国爱国者法案〉第326节中客户识别计划要求的机构间解释性指南》，“常见问题解答：CIP最终规则”，2005年4月28日，第6页，参见http://www.fincen.gov/statutes_regs/guidance/pdf/faqsfinalciprule.pdf。

这些实体被排除在外的原因是它们受联邦或州法规的约束，并且可从相关的联邦或州机构处获得关于其受益所有权和管理的信息。

本章第1020.315(b)(2)~第1020.315(b)(5)所述的主体——第1010.230(e)(2)(ii)。

包括以下机构：

美国、各州或各州政治分区的部门或机构。美国财政部金融犯罪执法网络认为此类实体应该被排除在外，因为此类实体没有股权所有人，且很容易从公共数据源获取其管理信息。

根据美国、各州或各州政治分区的法律或至少两州之间的州际协定建立，并代表美国或各州或政治分区行使政府权力的实体。因为此类实体的所有权和管理信息是公开的，因此也被排除在外。

普通股或类似股权在纽约、美国[62]或纳斯达克证券交易所上市的实体（银行除外）。因为这些实体在向美国证券交易委员会定期提交文件时需公开披露持有发行人所发行的各类有表决权的证券5%或以上的受益所有人，且此类信息为发行人所知或可从公开文件中查明，所以将其排除在外是适当的。[63]此外，此类发行人的证券受益所有人可能还需遵守其他报告要求。[64]

根据美国或各州的法律成立的且至少51%的普通股或类似股权由上市公司持有的实体。由于此类子公司由其上市母公司控制，所以其控制和管理信息是公开的。

根据《1934年证券交易法》第12条注册的证券发行人，或根据该法第15(d)条提交报告的证券发行人[65]—第1010.230(e)(2)(iii)

将这些发行人排除在外是因为它们需在向美国证券交易委员会定期提交

62 现为纽约证券交易所MKT。

63 参见表10-K中的第12项和条例S-K中的第403项。

64 参见《证券交易法》第13(d)节和规则第13d-1至13d-102节；《证券交易法》第16(a)节和规则第16a-1至16a-13节。

65 参见《证券交易法》第16(a)节、规则第16a-1至16a-13节以及条例S-K第403项。

文件时公开披露持有发行人所发行的各类有表决权的证券5%或以上的受益所有人，且此类信息为发行人所知或可从公开文件中查明。[66] 此外，此类发行人的证券受益所有人可能还需遵守其他报告要求。[67]

《1940年投资公司法》第3节中所定义的且根据该法在美国证券交易委员会注册的投资公司——第1010.230(e)(2)(iv)

《1940年投资顾问法》第202(a)(11)节中所定义的且根据该法在美国证券交易委员会注册的投资顾问——第1010.230(e)(2)(v)

将这些实体排除在外是因为注册投资公司和注册投资顾问已在向美国证券交易委员会提交的文件中公开报告了其受益所有权。[68]

《1934年证券交易法》第3节中所定义的且根据该法第6节或第17A节进行注册的交易所或清算机构——第1010.230(e)(2)(vi)

根据《1934年证券交易法》在美国证券交易委员会注册的任何其他实体——第1010.230(e)(2)(vii)

将这些实体排除在外是因为美国证券交易委员会的注册程序要求披露和定期更新关于这些实体的受益所有人信息及其高级管理层和其他控制人员的信息。

《商品交易法》第1a节中定义的且在美国商品期货交易委员会注册的实体、商品基金经理人、商品交易顾问、零售外汇交易商、掉期交易商或主要掉期参与者——第1010.230(e)(2)(viii)

将这些实体排除在外是因为美国商品期货交易委员会的注册程序要求披露和定期更新关于这些实体的受益所有人及其高级管理层和其他控制人员的信息。

---

66 参见表10-K中的第12项和条例S-K中的第403项。

67 参见《证券交易法》第13（d）节和规则第13d-1节至第13d-102节；《证券交易法》第16（a）节和规则第16a-1节至第16a-13节。

68 参见表N-1A中的第17项和表ADV第1A部分的附件A。

根据《萨班斯-奥克斯利法案》第102节注册的公共会计师事务所——第1010.230(e)(2)(ix)

此类公司负责审计公开上市交易的公司和在美国证券交易委员会注册的经纪人/交易商。这些公司需在公众公司会计监管委员会（PCAOB）注册，还需向公众公司会计监管委员会提交年度报告和专题报告。公众公司会计监管委员会是国会成立的非营利性组织，负责监督公开上市交易公司的审计。此外，各州要求公共会计师事务所注册并提交关于其成员（如合伙人、成员或股东）信息的年度报告。[69]通常可在网上获得此类信息。

许多评论者还要求扩大法人客户定义的排除范围或对某方面作进一步说明，包括将员工福利计划账户（如上文所述）、受美国或各州监管的其他实体、外国政府和机构、外国金融机构以及非营利组织等排除在外。评论者还希望对如何处理某些类型的实体和关系进行说明。

其他受监管的实体

《1956年银行控股公司法》（《美国法典》第12编第1841条）第2节定义的银行持股公司或《房主贷款法》[《美国法典》第12编第1467a(n)条]第10（n）节定义的存贷控股公司——第1010.230(e)(2)(x)

在一些评论者的建议下，我们在最终规则把银行控股公司（包括金融控股公司）排除在受益所有权要求之外，因为美联储委员会拥有所有这些公司的受益所有权信息。出于同样的原因，我们也将存贷控股公司排除在外。

被本款排除在外的金融机构运营或提供顾问的集合投资工具——第1010.230(e)(2)(xi)

因为几位评论者指出此类集合工具的运营或提供顾问机构的受益所有权信息是可以获取的，所以美国财政部金融犯罪执法网络决定也把此类集合工

69 参见《纽约州教育法》第149条第7408.3节。

具从该要求中排除。

受各州监管的保险公司——第1010.230(e)(2)(xii)

一些评论者提议将保险公司从法人客户的定义中排除，一些要求排除受反洗钱计划管辖的所有保险公司和受美国各州监管的所有保险公司，一些要求排除拥有或控制美国证券交易委员会注册经纪人/经销商或美国证券交易委员会注册投资顾问的保险公司。我们依次对这些提议进行分析。

提议排除受反洗钱计划约束的所有保险公司以及由美国各州监管的所有保险公司的评论者未直接给出该诉求的理由。我们推测这些评论者可能认为受反洗钱计划和各州条例约束的保险公司的风险较低，因此应被排除在外。受反洗钱计划约束的保险公司并不需要向其监管机构披露受益所有权信息。因此，并不能因该原因将其排除在外。受美国各州监管的保险公司必须披露且定期更新其受益所有人以及高级管理人员和其他控制人员的身份信息。对于隶属于上市集团的保险公司，也可在他们提交给美国证券交易委员会的年度文件中找到披露的此类信息。受州监管的所有保险公司需向其州监管机构提交年度报表，披露其高级管理层、董事、受托人的身份。报表的附件Y展示了公司结构，包括保险公司的直接和间接母公司及子公司。表B是向州监管机构提交的年度注册表，披露了保险公司的执行官、董事和控股股东的信息。对于不发行股本而由其投保人完全拥有的互助保险公司，表B仍可显示其执行官和董事的信息。出于这些原因，我们认为把受州监管的保险公司排除在外是适当的，因此，我们在最终规则中增加了(e)(2)(xii)款，把受州监管的保险公司排除在外。[70]

一些评论者还希望将拥有或控制美国证券交易委员会注册经纪人/经销商或美国证券交易委员会注册投资顾问的保险公司排除在外，他们称在美国证券交易委员会注册时这些公司会对所有在经纪人/经销商或投资顾问的

70 因为在《美国联邦法规》第31篇第1010.100(vv)条［31 CFR 1010.100(vv)］对“州”进行了定义，因此在规则文本中未添加“美国的”。

间接所有权链中拥有25%或以上所有者权益的个人和实体进行披露。美国财政部金融犯罪执法网络了解到，在绝大多数情况下，拥有或控制注册经纪人/经销商或注册投资顾问的保险公司也会受到州的监管。因此，美国财政部金融犯罪执法网络认为这种额外的排除将是多余的。

由金融稳定监督委员会根据《2010年多德—弗兰克华尔街改革和消费者保护法》第八章指定的金融市场公用事业单位——第1010.230(e)(2)(xiii)

一位评论者要求美国财政部金融犯罪执法网络将指定的金融市场公用事业单位排除在法人客户的定义之外，并指出此类实体已经受到了广泛的监管。美国财政部金融犯罪执法网络了解到，被金融稳定监督委员会根据《2010年多德—弗兰克华尔街改革和消费者保护法》第八章指定为金融市场公用事业单位的实体受到联邦职能监管机构的广泛监管和监督，包括受益所有人信息的披露。因此，美国财政部金融犯罪执法网络认为将它们排除在定义之外是适当的。

被排除在外的外国实体

依法成立的外国金融机构且该机构的监管机构持有其受益所有权信息——第1010.230(e)(2)(xiv)

多位评论者要求美国财政部金融犯罪执法网络扩大对美国的受监管金融机构和上市公司的豁免范围以囊括其在美国境外的对应机构。关于受监管的外国金融机构，一些评论者指出，根据《美国爱国者法案》第312节的实施条例，即使在对外国银行进行深入尽职调查的情况下，美国银行只需在这些外国银行没上市的情况下获得其所有权信息[71]；对无须接受深入尽职调查的

71《美国联邦法规》第31篇第1010.610（b）（3）条。

外国银行（也可以说是其他外国金融机构）的代理账户提出更繁重的要求与该做法不一致。美国财政部金融犯罪执法网络同意这一分析，并已在最终规则中扩大了法人客户定义的排除范围，以纳入依法成立的且相关监管机构持有其受益所有权信息的外国金融机构。与上述其他排除对象一样，美国财政部金融犯罪执法网络认为将这些实体排除在外是适当的，因为可从相关外国监管机构获得其受益所有权和管理信息。

仅从事政府活动的非美国政府部门、机构或政治分支机构——第1010.230(e)(2)(xv)

评论者还提出某些非美国政府部门、机构和政治分支机构以及国有企业和跨国组织也应豁免于受益所有权要求。评论者指出，所有权标准下此类客户没有受益所有人，而以控制权标准识别的个人在大多数情况下不会身处美国境内，对其进行身份核实更加困难。我们同意，某些非美国政府部门、机构和政治分支机构，特别是仅从事政府活动（而非商业活动）的机构不应纳入法人客户的定义范畴，应豁免于受益所有权要求。尽管政府活动和商业活动之间的区分是根据公认的主权豁免原则进行的，但美国财政部金融犯罪执法网络并不希望义务机构的一线员工进行任何类型的法律分析来确定这条排除条款的适用性。相反，美国财政部金融犯罪执法网络希望义务机构在缺少任何可以合理质疑信息可靠性的事实的情况下依赖此类客户提供的信息。

些评论者还要求将跨国组织排除在外。据美国财政部金融犯罪执法网络所知，尚不存在一个完善的、被广泛接受的理由表明此类实体有资格被排除在该要求之外。考虑到在缺乏明确界限的情况下将这类实体纳入排除范围面临的行政困难，美国财政部金融犯罪执法网络拒绝在最终规则中把此类实体纳入排除范畴。我们意识到，许多此类组织通常没有股权（因此也没有股份）；因此，正如其他缺乏这种所有者权益的法人实体，金融机构只需在控制权标准下收集受益所有权信息。

根据《美国联邦法规》第31篇第1010.620条开立私人银行账户的法人实体——第1010.230(e)(2)(xvi)

一些评论者要求美国财政部金融犯罪执法网络说明如何处理受美国财政部金融犯罪执法网络私人银行账户规则[72]约束的非美国人的私人银行账户的受益所有人，该规则要求金融机构维护此类账户以确定此类账户所有受益所有人的身份，但采用了不同的定义。[73] 因为义务机构已建立了遵守私人银行账户规则的程序，所以美国财政部金融犯罪执法网络决定将仅建立此类账户的法人客户从受益所有权要求中排除。

未排除在外的集合投资工具

在提案中，美国财政部金融犯罪执法网络广征意见，应该采用何种方法处理由未被建议从法人客户定义中排除的金融机构所运营或提供顾问的集合投资工具，即是否也应将它们排除在该要求之外，或如果不将这些工具排除在外，是否应该要求义务机构仅在受益所有权定义的控制权标准下识别这些工具的受益所有人。我们认为此类实体的所有者权益通常会发生波动，根据所有权百分比阈值来识别这些实体的受益所有人可能会带来一些不合理的操作上的困难，因为所收集的信息仅在一段有限时间内是准确的。

一些评论者要求美国财政部金融犯罪执法网络将此类集合投资工具从受益所有权要求中排除，原因有多个，包括上文所述，如很难维护此类信息，以及此类信息的准确性是有时间限制的。评论者提出，如果不排除此类工具，美国财政部金融犯罪执法网络应要求这些金融机构仅在控制权标准下收集此类实体的受益所有权信息。美国财政部金融犯罪执法网络赞同这一点，由于在所有权标准下收集受益所有权信息的难度和有限的实用性，当集合投资工具的运营者或顾问是定义之内的实体，如非美国管理的共同基金、对冲

72《美国联邦法规》第31篇第1010.620条。

73《美国联邦法规》第31篇第1010.605（a）条。

基金以及私募股权基金，仅要求金融机构在控制权标准下收集受益所有权信息（例如，对工具的经营者、顾问或普通合伙人负有重大控制、管理或领导责任的个人）。最终规则中的第1010.230(e)(3)(i)描述了对未被排除在外的集合投资工具的处理方式。

中介账户关系

在NPRM中我们提出，如果客户是中介，且根据现有指南金融机构对中介的潜在客户没有CIP义务，则金融机构应将中介而非中介的潜在客户视为其法人客户。因此，可适用由财政部或美国财政部金融犯罪执法网络以及任何联邦职能监管机构针对经纪人/交易商、共同基金和期货行业联合发布的关于中介关系的指南。[74] 证券、共同基金和期货行业的评论者强烈支持该方法。美国财政部金融犯罪执法网络证实了将使用以下原则解读最终规则：如果现有指南规定，就CIP规则而言，金融机构应将中介机构（而非中介机构的客户）视为其客户，则金融机构应在最终规则项下将中介机构视为其客户。美国财政部金融犯罪执法网络还证实，由美国财政部金融犯罪执法网络和一个或多个联邦职能监管机构联合发布的关于CIP规则应用的其他指南如

74 参见《来自美国财政部和证券交易委员会员工的指导》，“关于共同基金客户识别规则的问答”，2003年8月11日，请访问https://www.sec.gov/divisions/investment/guidance/qamutualfund.htm.；《来自美国财政部和证券交易委员会员工的指导》，“关于经纪人/经销商客户识别计划规则的问答”（《美国联邦法规》第31篇第103.122条）（2003年10月1日），请访问http://www.fincen.gov/statutes_regs/guidance/html/20031001.html；《来自美国财政部和美国商品期货交易委员会员工的指导》，“关于期货经纪商和介绍经纪人的客户识别计划的常见问题解答”（《美国联邦法规》第31篇第103.123条），请访问http://www.fincen.gov/statutes_regs/guidance/html/futures_omnibus_account_qa_final.html；美国财政部金融犯罪执法网络的《要求对某些海外账户制定特殊尽职调查计划的规定在证券及期货业的适用性》，FIN-2006-G009（2006年5月10日），请访问http://www.fincen.gov/statutes_regs/guidance/html/312securities_futures_guidance.html。

有与最终规则相关的内容，则这些相关内容适用于最终规则。[75]

一位法律界的评论者提出，根据州法律和职业行为守则，律师对客户负有保密义务，所以由律师开立的用于代管客户资金的代管账户应受到同等待遇。该评论者提出，只有开立这些账户的律师和律师事务所才被视为法人客户，义务机构可向其收集受益所有权信息。美国财政部金融犯罪执法网络了解到许多律师持有客户信托或托管账户，且一个账户可能存有多个客户和其他第三方的资金。在正常业务过程中这些资金会流入和流出这些账户，虽然这些资金流动可能不如证券和期货行业的总合账户里的频繁，但也会给相关客户和第三方信息的收集带来很大的操作难度。正如未被排除在外的集合投资工具，美国财政部金融犯罪执法网络认为，要求收集仅在有限时间内准确的信息是不合理的。美国财政部金融犯罪执法网络还了解到，州律师协会要求律师对此类账户进行全面的记录保存，通常包括存款和取款记录，如资金来源、资金接收人和付款目的；向客户或其他人提供的显示向其支付或代表其支付的款项的对账单副本；银行对账单和存款收据。[76] 出于这些原因，美国财政部金融犯罪执法网络认为应将律师托管和客户信托账户与上述其他中介账户一样对待，因此，我们为受益所有权要求之目的将此类托管账户视为中介账户。

慈善机构和非营利实体

在NPRM中，我们建议将《1986年国内税收法》第501(c)、第527或第4947(a)(1)节提及的慈善机构和非营利实体排除在“法人实体客户”的定义之外，这些慈善机构和非营利实体不用交税，被要求且已经向美国国税局提

75 参见美国财政部金融犯罪执法网络的《客户识别计划规则对让与交易中作为执行和清算经纪商的期货经纪商的适用性》，FIN-2007-G001（2007年4月20日），请访问http://www.fincen.gov/statutes_regs/guidance/html/cftc_fincen_guidance.html；“常见问题解答：CIP规则最终”。

76 参见《纽约州法律、法规和规章》第22编第1200部分，规则1.15；《加利福尼亚州律师职业行为规则》第4100部分。

交了年度报告表。

评论者对豁免建议提出了许多问题，如为符合豁免资格，金融机构需核实以下各项：

1. 客户符合《国内税收法》所列的3节中任意1节的免税资格，这可能需要金融机构审查实体的美国国税局文件；

2. 免税资格尚未被撤销；

3. 实体被要求提交年度报告表；

4. 实体已经提交了此类报告表。

评论者担心核实慈善机构是否具有豁免资格的步骤太过烦琐，会给一线员工带来过多的操作困难。一些评论者询问金融机构是否可利用美国国家税务局（IRS）提供的搜索工具“EO Select Check”来确认机构的免税状态；其他人指出，尽管通过该网站可确认机构的免税状态，但并不能确定机构是否提交了年度报告表。此外，可能无法通过该网站获得最新信息（特别是新成立组织的最新信息）。评论者还指出，除非解决这些问题才可以促进此排除条款的使用，否则在许多情况下忽略排除条款直接获取关于此类机构的受益所有权信息更容易操作。

美国财政部金融犯罪执法网络在考虑了关于该排除条款的评论后，认为在许多情况下的确很难进行排除。美国财政部金融犯罪执法网络决定豁免对所有非营利实体（不论是否免税）按所有权标准要求识别受益所有人，但仍要求识别对客户负有重大控制、管理或领导责任的个人。这更简单、更高效，也更合乎逻辑，特别是考虑到非营利实体不存在所有者权益。因此，最终规则删除了这项排除条款，并新增了一款仅需按控制权标准识别受益所有人的法人实体定义，即任何按照非营利性机构或类似实体设立，且已向相应的州主管部门提交了必要组织文件的法人实体。

就本条款而言，非营利性机构或类似实体应包括慈善机构、非营利性机构、不以营利为目的的机构、非股份公司、公益机构或类似机构。此类机构可通过提供公司注册证明或州主管部门发放的公司存续证明的核证副本证明其资格，此类证明是法人实体在金融机构根据CIP开立账户时需要提供的。[77]美国财政部金融犯罪执法网络认为识别和核实控制权标准下的个人并不烦琐，并了解到在许多非营利性机构中，此类个人已被金融机构识别为签字人。美国财政部金融犯罪执法网络还指出，一般来说，童子军和青少年体育联盟等小型地方社区组织属于非法人协会，而不是法人实体，因此不受受益所有权要求约束。

其他提议的排除对象

一些评论者要求我们扩大排除对象的范围，包括当前免于现金交易报告要求的所有类型的实体。尽管某些排除在法人客户定义外的实体与免于现金交易报告要求[78]的实体相一致，但我们拒绝将排除范围扩展至所有现金交易报告豁免对象。现金交易报告和受益所有权要求的目标不同，许多现金交易报告豁免对象被豁免的主要依据（对现金密集型低风险企业实施该要求是不可行或不适合的）在此不适用。美国财政部金融犯罪执法网络考虑了所有现金交易报告豁免对象，并出于上述原因采纳了就豁免受益所有权要求而言合理的对象。

一些评论者还要求美国财政部金融犯罪执法网络将其他“低风险”实体排除在法人客户的定义之外。我们考虑了所有评论者提出的排除对象，只纳入了那些我们认为适合的对象。

第1010.230(f)义务机构。根据提议，本款通过援引第1010.605(e)(1)节中的定义对义务机构进行了定义，因此需遵守CIP要求的金融机构受本要求约束。美国财政部金融犯罪执法网络在提案中指出，美国财政部金融犯罪执法网络认为其最初决定将该要求只应用于这些机构的决定是适当的，因为从已

77 参见《美国联邦法规》第31篇第1020.220 (a) (2) (ii) (A) (2)条。

78 参见《美国联邦法规》第31篇第1010.230 (e) (2) (i)条，其中包括免于现金交易报告报告的某些人员。

经采用CIP程序的机构入手执行可最大程度地减少干扰和负担。

我们未收到对该限制范围的重大反对意见，因此，我们采用了此定义。

我们注意到美国财政部金融犯罪执法网络收到了不受CIP约束（因此也不受该提案约束）的机构的意见，督促我们确定是否将受益所有权和CDD要求扩展到它们的行业之前与它们进行对话。

美国财政部金融犯罪执法网络认为与所有利益相关者进行周密的交流是规则制定的一个重要组成部分，并将继续开展外部活动告知我们的政策决策和未来的规则制定。正如我们在提案中指出的，通过在规则制定过程中与这些机构进行商讨，我们认为未来将CDD要求扩展到这些机构以及潜在的其他类型的金融机构，最终有利于在整个金融系统里建立一个更加一致、可靠和有效的反洗钱监管构架。

一些评论者要求美国财政部金融犯罪执法网络将规模较小的金融机构排除在适用范围之外，他们主要认为此类机构的风险较低，且受益所有权要求的实施会造成过重的负担。我们不赞同这点。我们在提案和上文指出，此规则制定的目的之一是在整个金融行业内形成明确一致的预期，以促进在遵守反洗钱/反恐怖融资方面建立一个更加公平的竞争环境。统一实施受益所有权要求可防止由潜在客户“无须在竞争金融机构……填写同样的表格”而造成的“竞争劣势”（引自一位提出排除请求的评论者）。尽管一些较小的机构风险较低，仅规模这一点并不能成为风险评估的决定性因素，因此不适合作为排除的依据。事实上，基于规模来决定排除对象会给不法分子提供可乘之机进入金融系统。最后，美国财政部金融犯罪执法网络感谢评论者就执行负担提出的疑虑，如上文详述，美国财政部金融犯罪执法网络已对提案进行了多处更改以减轻金融机构的负担。我们重申，正如CIP规则，我们希望金融机构根据“它们的规模和业务类型”收集受益所有人信息。[79]

79 《美国联邦法规》第31篇第1020.220 (a) (1) 条；《美国联邦法规》第31篇第1023.220 (a) (1) 条；《美国联邦法规》第31篇第1024.220 (a) (1) 条；《美国联邦法规》第31篇第1026.220 (a) (1) 条。

第1010.230(g)节新账户。请参阅上文“识别与核实”下的讨论。

第1010.230(h)节豁免。本节规定允许义务机构基于特定原因为开展特定活动的法人客户开立账户，可免于适用受益所有权要求。

销售点开立的自有品牌零售信用账户

一位评论者要求美国财政部金融犯罪执法网络把提供给中小型企业客户的销售点零售信用账户，如商业自有品牌、联名信用卡、分期贷款，从受益所有权要求中排除。该评论者指出，此类账户的洗钱风险较低，主要是由于在这些客户关系中对这些卡的使用非常有限。例如，自有品牌信用卡只能用于在发行此信用卡的零售商处购买商品或服务，因此并不适合用作洗钱工具。此外，这些账户只可被用于国内交易，且通常具有较低的信用额度，降低了这些账户的风险。美国财政部金融犯罪执法网络了解到，法人实体如果没有可核实的良好的信用记录，在开立此类账户时通常需出示身份和信用记录经核实过的自然人提供的个人担保。我们认为，只可在发卡零售商的网络内使用的自有品牌信用账户的这些特征和限制，大大降低了此类账户被洗钱者和恐怖融资者滥用的风险。因此，如果自有品牌信用账户是为获得信用产品（如商业自有品牌信用卡）而在销售点开立的，仅用于在发卡零售商处购买零售商品和/或服务，且信用额度不超过5万美元，则义务机构就此点可被免于受益所有权要求。

然而，与大型信用卡组织联名的信用卡不具有相同的限制和特征可免其不被滥用。例如，联名信用卡可在认可发卡组织信用卡的任何网点或ATM上使用。因此，美国财政部金融犯罪执法网络认为，在为涉及此类联名卡的法人实体开立账户时，义务机构应获取并核实受益所有权信息。

其他豁免

在规则影响评估（RIA）的意见征询期内，一些评论者提议将某些特定活动从受益所有权要求范围内排除，主要理由是这些账户固有的结构限制以及开立此类账户的目的十分有限，因此这类账户的洗钱风险极低。

为邮资购买和融资而开立的账户

一位评论者来自一家有限目的的银行实体，该银行的主要业务是邮资的购买和融资。该评论者称，其所属机构的所有账户仅用于小型企业、政府和非营利组织预付邮资并（以额外邮资的形式）赚取利息，或通过无担保循环信用额度为邮资融资。该机构的客户无法使用这些账户购买商品、存入或提取现金、开支票或转移资金。美国财政部金融犯罪执法网络赞同，由于此类账户的开立目的以及上述特征，此类账户的洗钱风险低。因此，如果账户仅用于为购买邮资产品融资，且金融机构直接将款项汇给邮资产品的供应商，则义务机构可免于受益所有权的要求。

为保险费融资的商业账户

多名来自商业保费融资业的评论者提交了一封联名信，列出了受益所有权要求对其所在行业的预期影响，以及具有低洗钱风险的这些金融产品的结构特征。他们指出，为财产和意外伤害险筹集保费的借款人不会直接获得这些资金，相反，这些资金会直接或通过保险代理人或经纪人汇入保险公司。与上述有限目的邮资账户一样，保费融资公司的客户不能使用这些账户来购买商品、存款或提取现金、开支票或转移资金。美国财政部金融犯罪执法网络同意，由于此类账户的开立目的以及不适宜用于洗钱的特征，此类账户的洗钱风险低。因此，如果账户仅用于为保费提供资金，且金融机构直接将款项汇给保险公司或经纪人，则义务机构可免于受益所有权的要求。

为购买或租赁设备融资的账户

一家主要为小型企业设备租赁提供金融产品的银行代表提出应将此业务活动排除在受益所有权要求之外，理由与商业保险费融资业代表提出的相同。美国财政部金融犯罪执法网络了解这些金融产品具有相似的结构特征，不适合用作洗钱工具，所以如果这些账户仅用于为购买或租赁设备提供资金，且金融机构直接将资金汇给设备供应商或出租人，则义务机构可免于受益所有权要求。

第1010.230(h)(2)豁免限制。这三项豁免还受到进一步限制，以缓释与之相关的剩余有限的洗钱风险，具体如下：

- 第(h)(1)(ii)~(iv)中规定的豁免不适用于法人客户可向第三方付款或从第三方接收款项的交易账户。
- 如果第(h)(1)(ii)~(iv)所述的账户活动有现金退款的可能性，则金融机构必须在发生首次汇款或发生退款时，根据该节规定识别并核实法人客户的受益所有权。

第一条限制是我们在账户类型讨论中所述的其他结构性限制，该限制使此类账户具有低洗钱风险，因此也是符合豁免资格的必要特征。第二条限制要求在初次汇款或实际发生退款时识别和核实受益所有权信息，以缓释其中一些账户的主要洗钱风险（即发生现金退款的可能性）。基于评论者的意见以及之后对这些金融产品的调查，美国财政部金融犯罪执法网络了解到，大多数被豁免账户不会受到这些限制的影响。此外，在起草该要求时美国财政部金融犯罪执法网络已给予义务机构足够的灵活性执行此规定。尽管该限制广泛适用于可能发生退款的账户，但实际上，只有在退款实际发生时才需收集受益所有权信息。因此，提供此类产品的义务机构不必更改其准入系统，且美国财政部金融犯罪执法网络认为，在大多数情况下，它们不必收集该信息。

第1010.230(i)记录保存。在NPRM中，我们提出了与CIP要求相同的记录保存要求，以利用现有标准和流程来促进金融机构对该要求的实施。因此，根据该提案，金融机构需制定程序保存有关识别和核实受益所有人的所有信息记录，如认证表格和其他经审核或收集的相关识别信息记录的留存，保存期限自账户关闭之日起五年。此外，我们认为金融机构应当自创建之日起保存以下记录五年，包括核实文件、通过非文件方式核实的方法和核实结果、以及核实过程中发现实质性差异的解决方案。

由于不再要求收集认证表格，因此我们对最终规则的记录保存要求进行了相应修改。第1010.230(i)(1)(i)规定，记录需至少包括义务机构根据第（b）款获得的识别信息，包括但不限于认证（如有获得）。

大多数参与该问题讨论的评论者赞同美国财政部金融犯罪执法网络实施与CIP相同的记录保存要求。但两位评论者提交了大致相同的信件，对此方法表示反对，他们认为，CIP的记录保存要求对受益所有权信息的收集行不通，因为某些法人客户的此信息可能会定期发生变化，从而需要多次填写认证表格，所有这些认证表格都必须留存。尽管存在此种担忧，但我们还是拒绝更改记录保存要求。首先，认证表格不再是强制性的，因此不使用认证表格的金融机构将不必保留多份认证表格，而可以采用最合适的方式灵活地记录受益所有权信息的变化。同时我们认为，利用现有程序所带来的效益远远超过了短期记录保存标准带来的效益，因为为受益所有权信息制定单独的标准可能需要制定新的配套流程并需要对员工进行培训，且需要业务条线员工对受益所有权和CIP信息采用不同的标准。

第1010.230(j)节对另一家金融机构的依赖。我们在NPRM中提出，在满足所适用的相关CIP规则的前提下，金融机构可依赖另一家金融机构执行本节要求。

评论者对所提议的依赖条款提出了几点意见。一些评论者要求我们将依赖的标准降至适用的CIP规则以下，包括准许在没有合同和年度认证情况下的依赖，并将依赖条款扩展到受监管的货币服务企业和受到至少与美国CIP和CDD标准一样严格的国际标准约束的义务机构的外国附属行。我们目前拒绝对依赖条款进行这些更改。美国财政部金融犯罪执法网络认为，就账户管理而言，在最大程度上统一标准对于金融机构具有重要意义，对CIP和受益所有权信息采用不同的依赖标准可能会造成混乱，并对合规带来负面影响。因此，我们认为，如果要对依赖条款进行所提议的更改，必须同时对适用的CIP条款进行相同的更改，这需要进行联动性规则制定。

一位评论者要求美国财政部金融犯罪执法网络阐明起草销售、清算或交易对手协议时的依赖责任，但未进一步说明所要求的阐明类型或进行此类阐明的必要性。我们考虑了这一要求，在缺少具体而有说服力的论据来支持这种澄清的必要性的情况下，我们没有理由对该问题进行阐明。

另一位评论者要求美国财政部金融犯罪执法网络修改依赖条款，允许义务机构聘用非金融机构第三方作为受益所有权预检服务提供商来进行受益所有权尽职调查。该评论者提出，通过允许专门从事受益所有权尽职调查的第三方来履行本节的要求，可促进法人实体开立账户的能力建设，从而促进合规。因此，评论者建议在依赖条款中增加条款，允许在以下情况可依赖第三方：该依赖是合理的；第三方自愿遵守《美国法典》第31编第5318(h)条规定且经财政部或美国财政部金融犯罪执法网络认证；第三方向金融机构证明其已实施反洗钱计划，并将执行第1010.230条的要求。美国财政部金融犯罪执法网络拒绝进行以上更改。目前，美国财政部金融犯罪执法网络没有适当的机制允许第三方自愿遵守反洗钱计划要求，也无法评估和证明该方的合规性。因此，我们认为，美国财政部金融犯罪执法网络和义务机构应在执行第1010.230条中的要求并获得相关经验和了解之后再考虑该方法。

第1020.210条针对仅由联邦职能监管机构监管的金融机构（如银行、储蓄协会和信用合作社）制订的反洗钱计划要求。在NPRM中，我们提议对美国财政部金融犯罪执法网络现有的反洗钱计划规则进行修改，以明确将《美国法典》第31编第5318(h)(1)条规定的反洗钱计划的最低法定要素以及CDD最低标准要素纳入现有反洗钱监管计划（CIP）或拟议受益所有权要求。[80] 第(b)(1)至(4)款对应第5318(h)(1)条的最低法定要素，而拟议第(b)(5)款则通

80 在提案中，我们对以下这些要素进行了描述，因为我们认为这些要素对有效的反洗钱计划至关重要：（1）识别和核实客户的身份；（2）识别并核实法人客户的受益所有人（拥有或控制法人的自然人）的身份；（3）了解客户关系的目的和性质；（4）进行持续监控，以维护和更新客户信息以及识别和报告可疑交易。参见《联邦公报》第79卷第45152页。

过要求制定适当的风险为本的程序进行持续客户尽职调查阐明了CDD的其余要素，包括但不限于（1）了解客户关系的目的和性质，以建立客户风险档案，（2）进行持续监控，维护和更新客户信息以及识别和报告可疑交易。我们理解，CDD的第三和第四要素对于遵守《银行保密法》识别和报告可疑交易的现有要求是必不可少的关键步骤。因此，将CDD的第三和第四要素明确纳入反洗钱计划规则有助于使这些要素与现有的反洗钱义务保持一致。由于该提案仅旨在阐明和明确现有预期和要求，因此我们强调该提案无意降低、减少或限制联邦职能监管机构的尽职调查预期或限制其现有的监管裁量权，也无意提出任何新义务。

关于第三要素，“了解客户关系的目的和性质”以建立客户风险档案，我们详细介绍了对当前预期如何满足此提议要求的方式的理解。我们注意到，根据现有的对金融机构报告可疑交易的要求，金融机构必须就“缺少商业或明显合法目的的交易，或某客户通常不会参与的交易类型”等提交可疑交易报告。[81]银行应“在开立账户时获取足够信息，了解某职业或业务的客户通常会参与的交易”。[82] 简言之，要了解特定客户通常从事的交易类型必须要了解客户关系的目的和性质，这是识别异常、可疑交易的基准。美国财政部金融犯罪执法网络希望将该基本预期纳入对第三要素的表述中。此外，正如美国财政部金融犯罪执法网络在该提案中所述，在某些情况下，还可以通过关于产品或客户类型的固有或明确信息，如客户类型、开立账户的类型、所提供的服务或产品、其他客户基本信息等来了解客户关系的目的和性质，这些信息可能已足够了解该关系的实质和目的。我们还指出，视具体事实和情况，其他相关事实可能包括客户的基本信息，如年收入、资产净值、住所、主要职业或业务，以及长期客户的活动记录等。

81《美国联邦法规》第31篇第1020.320(a)(2)(iii)条；另请参阅《美国联邦法规》第31篇第第1023.320(a)(2)(iii)条、第1024.320(a)(2)(iii)条和第1026.320(a)(2)(iii)条。

82 联邦金融机构监察委员会手册第57页。

关于第四要素，“进行持续监控，以维护和更新客户信息以及识别和报告可疑交易”，我们认为，正如第三要素，满足可疑交易报告现有预期的行业实践应该足以落实该要求。银行应建立内部控制“为及时发现和报告可疑交易提供足够的控制和监控系统”。[83] 简言之，该提案把现有的对银行的监管预期作为明确的要求纳入美国财政部金融犯罪执法网络的反洗钱计划要求之中，以清晰阐明所述CDD最低标准包括金融机构进行的、在金融机构进行的或通过金融机构进行的所有交易的持续监控。根据提议，金融机构只有在正常监控过程中监测到与客户风险评估相关的客户信息时，才需要根据监测结果更新客户信息；并不强制要求金融机构使用附录A中的“认证表格”或其他方式连续或持续地更新客户信息。

评论者对美国财政部金融犯罪执法网络提出的明确将CDD的第三和第四要素作为“第五支柱”纳入反洗钱计划规则的提议发表了一些观点。一些评论者质疑美国财政部金融犯罪执法网络是否具有对反洗钱计划规则做此修订的法定权限。一些评论者表达了对该方法的总体认可，但希望阐明该方法的应用，而其他评论者则反对将现有监管预期写入法典，考虑到现在的监管预期，质疑是否有必要这样做。一些评论者对美国财政部金融犯罪执法网络提出的持续监控要求表示担忧，称这是强加了一项持续更新客户信息的义务。我们将在下文对这些评论进行分析，并为银行提供更清晰的说明。

一些评论者质疑美国财政部金融犯罪执法网络是否具有以此方式修改反洗钱计划规则的法定权限。他们声称，美国财政部金融犯罪执法网络的行为超出了其法定权限，因为它提议将授权法案《美国法典》第31编第5318(h)条中未提及的要素纳入反洗钱计划的实施条例。在简单阅读该法律文本后发现该论点站不住脚。第5318(h)(1)条的相关部分规定，“每个金融机构都应制订反洗钱计划，至少应包括‘四个法定支柱……’”（着重强调）。

83 同上，第29-30页。

第5318(h)(2)条进一步规定，“与相关联邦职能监管机构协商后，财政部长......可为根据第(1)条制订的计划设定最低标准......”。第一条规定并未将反洗钱计划仅限于四个法定要素，而法律体制明确赋予了财政部长[84]裁量权，即与联邦职能监管机构协商后对反洗钱计划进行修改以适应不断变化的情况。美国财政部金融犯罪执法网络今天的行为完全在财政部长的授权范围内和第5318(h)(1)条的规定范围内。

一位评论者称，在已纳入“内部控制”支柱的CDD其他要素之外另创建一个新的“第五支柱”可能会使识别和管理现有内部控制变得复杂，还可能需要更改现有系统和程序，如培训和审计职能，从而造成银行反洗钱资源的不必要消耗。正如上文和下文所述，美国财政部金融犯罪执法网络认为第五个支柱不过是将现有预期编入法典；因为这些预期应已在银行的内部控制中予以考虑，所以美国财政部金融犯罪执法网络认为将其编入法典造成的混乱是极小的（如有）。此外，美国财政部金融犯罪执法网络认为，为实现行业内的统一性和一致性，有必要明确尽职调查的要素，并将它们纳入储蓄机构（以及其他义务机构）的反洗钱计划，这一点非常重要。我们认为，统一对金融行业的要求可进一步减少不明确预期的不统一使用，从而改善整个系统。这位评论者还提出，单方面提出该要求“将美国财政部金融犯罪执法网络放在了审慎监管机构的对立面”。然而，美国财政部金融犯罪执法网络回应，拟议CDD规则以及此最终规则是在与审慎监管机构工作人员协商后发布的。

大多数银行评论者未对客户风险档案的概念提出异议。就该问题发表评论的银行指出，其了解这一应用于银行业的概念。一位受银行、经纪人/交易商、共同基金和保险公司的反洗钱要求约束的评论者提出了这样的担忧，即客户风险档案的概念牵涉个人隐私利益，客户的个人信息可能会被用于不

84 如上所述，财政部长已授权美国财政部金融犯罪执法网络局长落实《银行保密法》和相关法规。

当用途。我们在此重申，对于银行来说，“客户风险档案”一词用于指收集客户信息形成评判客户活动的基准，用于确定是否需要进行可疑交易报告。同样，我们认为无须对当前实践进行重大更改，因为它是符合现有预期和要求的，当然也不会用于不当用途。

一些评论者对提案中的持续监控要素提出了异议，并指出该要素与当前的客户和交易监控要求或预期不符，似乎是一项关于持续监控、维护和更新客户信息的新要求。评论者还要求美国财政部金融犯罪执法网络阐明持续监控与更新受益所有权信息之间的关系，并声称提案并未明确阐述金融机构应根据持续监控结果更新受益所有权信息这一预期。正如我们在提案中以及上文提到的，提出客户信息更新要求是为了规范化持续监控的现行实践，而不是强制实施一项新的不断更新客户信息的要求。但我们同意评论者的意见，即我们应对提案中提出的这一要素以此种方式进行解释。因此，最终规则对持续监控方面的表述修改如下：进行持续监控以识别和报告可疑交易，并基于风险状况维护和更新客户信息。为此，客户信息应包括法人客户（见第1010.230条给出的定义）的受益所有人信息。

我们认为，如此修改持续监控条款可更好地概述反洗钱/反恐怖融资行为的现行实践，因而可更好地概述该义务的性质，即，金融机构目前应进行监控触发的客户信息更新，在其正常监控过程中监测到与客户关系风险评估或重新评估有关的信息时，对客户信息进行更新。此类信息可能包括客户活动重大且原因不明的变化，还包括可能与客户风险评估有关的受益所有权的潜在变动。在任何此类情况下，金融机构都应相应地更新客户信息。我们在提案中指出，在反洗钱计划规则中加入持续监控要素有助于反映可满足可疑交易报告报告义务的现行实践。尽管在制订该提案时尚未提出受益所有权信息收集要求，但此类信息可用于评估客户风险以及评估交易是否可疑。此外，美国财政部金融犯罪执法网络认为，这一更新要求不仅适用于开立新账户的客户，也适用于在规则适用日拥有账户的客户。也就是说，如果金融机构通过正常监控得知法人客户的受益所有人可能已发生改变，则金融机构应识别该客户的受益所有人。例如，当法人实体账户中的所有资金忽然被转移到一个未知人员账户上时，银行启动调查，发现资金转移与相关法人实体受益所有权的变更有直接关系。[85]美国财政部金融犯罪执法网络强调，只有当金融机构在正常监控过程中监测到与客户风险评估有关的信息时才触发根据本条款更新客户信息的义务，包括更新受益所有权信息；并没有强制要求金融机构连续或持续地更新客户或受益所有权信息。

一位评论者称，对交易的持续监控不太可能为金融机构提供可表明受益所有权可能发生变更的信息。因此，评论者建议我们仅将更新受益所有权信息的预期与监控客户关系联系起来。我们大致同意交易监控不太可能捕捉到受益所有权的变更信息，因为此种监控通常不会深入到所有权或运营控制权的转移。但我们认为从这一要素中强制排除受益所有权信息是不合适的。首先，美国财政部金融犯罪执法网络认为，对最终规则中的持续监控要素进行如上文所述的修改可在很大程度上解决这一担忧——我们反复指出，我们的要求与现行实践是一致的，并且我们希望只有当银行在正常监控（无论是客户关系还是交易）过程中发现与受益所有权变更有关的重要信息时才基于风险对受益所有权信息（和其他客户信息一样）进行更新。如前款所述，在某些特殊情况下，通过交易监控可能获得与受益所有权变更相关的信息，因此，我们不会强制取消该调查途径。但金融机构无须定期使用附录A中的认证表格或以任何其他方式从客户那里获取最新受益所有权信息。

该评论者还对所提出的对所有账户关系进行监测以识别和报告可疑交易的要求表示担忧，认为这对交易监控提出了统一要求，与风险为本的方法不一致。因此，该评论者要求美国财政部金融犯罪执法网络明确表述，持续监控需采用风险为本的方法。首先，我们澄清一下，我们希望所有账户受到持续监控，并不意味着我们希望所有账户都受到同一级别的监控。相反，我们非常希望金融机构采用风险为本的方法确定每个账户的监控级别。因此，

85 对其他义务机构的反洗钱计划规则的持续监控条款也进行了相同的更改。

我们希望金融机构基于对客户和账户的风险评估，对各个账户采用不同的监控级别，这与现行实践一致。我们还提出，所有账户关系应受到该要求的约束，这仅反映了这一事实，即必须以某种形式对所有账户而非仅仅受CIP规则约束的账户进行监控，以遵守现有的可疑交易报告要求。

第1023.210条对证券经纪人或交易商的反洗钱计划要求。本条的结构变更及修订理据与上述银行条款中所述的相同。[86]

与上文针对银行展开的讨论一样，美国财政部金融犯罪执法网络强调，纳入这些要素的目的是明确阐述与现有监管预期一致的现行实践。因此，了解客户关系的目的和性质包括了证券公司为认识和了解客户通常采取的做法。在提案中，我们提出，根据现有的对金融机构报告可疑交易的要求，金融机构必须对缺少商业或明显合法目的的交易，或某客户不常参与的交易类型等提交可疑交易报告。[87] 要了解特定客户通常从事的交易类型必须要了解客户关系的目的和性质，这是识别异常、可疑交易的基准。但如下文所述，我们了解到此类评估不一定是同时进行的。

例如，作为开户时尽职调查的一部分，经纪人/交易商尤其应“查询客户资产和收入的来源，以确定资金以及证券的流入和流出是否与客户的财务状况一致”，并“了解客户可能采用的交易模式，以便以后能监测到与该模式偏离的交易（如有）”。[88] 此外，正如美国财政部金融犯罪执法网络

---

86 我们在提案中指出，美国财政部金融犯罪执法网络针对经纪人/交易商制定的现行反洗钱计划规则与美国金融业监管局（FINRA）发布的现行计划规则有所不同，主要是因为金融业监管局把可疑交易报告要求作为一个支柱包含在反洗钱计划规则中。可疑交易报告要求的此种综合处理方式也不同于此次规则制定覆盖的其他金融部门的实践。我们重申，美国财政部金融犯罪执法网络不会像金融业监管局那样，将可疑交易报告要求作为一个独立支柱纳入反洗钱计划规则中，因为美国财政部金融犯罪执法网络法规中现有独立的可疑交易报告义务已经足够。但不将可疑交易报告要求纳入计划规则并不意味着在美国金融业监管局规则中可以任何方式影响对可疑交易报告要求的处理。

87《美国联邦法规》第31篇第1020.320(a)(2)(iii)条；另请参阅《美国联邦法规》第31篇第1023.320(a)(2)(iii)条、第1024.320(a)(2)(iii)条和第1026.320(a)(2)(iii)条。

88 全国证券交易商协会（NASD），“NASD成员特别通知02-21 7”（2002年4月）。

在提案中所述，在某些情况下，还可通过有关产品或客户类型的固有或明确信息，或者客户的基本信息等来增强对客户关系实质和目的的了解，此类信息可能足以使金融机构了解该关系的实质和目的。我们进一步指出，视具体事实和情况，其他相关事实包括客户的基本信息，如年收入、资产净值、住所、主要职业或业务，以及长期客户的活动记录等。例如，美国财政部金融犯罪执法网络了解到一些证券公司有时会使用根据美国金融业监管局发布的规则2111（Rule 2111）收集的适用性信息来确定某项交易是否为特定客户的常规交易。美国财政部金融犯罪执法网络希望将这些现行实践囊括于第三要素的表述中。

关于NPRM中提出的第四要素，“进行持续监控，以维护和更新客户信息以及识别和报告可疑交易”，我们提出了我们的理解和预期，即与第三要素一样，可疑交易报告的当前行业惯例应已能满足该要求。简言之，该提案旨在将现有的监管预期作为明确要求写入美国财政部金融犯罪执法网络的反洗钱计划要求之中，以清晰阐明CDD的最低标准包括金融机构进行的、在金融机构进行的或通过金融机构进行的所有交易的持续监控。

证券行业的评论者对所提议的第五支柱提出了诸多疑虑，因为该第五支柱将适用于证券行业。一些评论者希望阐明客户风险档案的概念，以及如何理解经纪人—交易商客户的客户关系的目的和性质。评论者还要求美国财政部金融犯罪执法网络阐明证券行业的持续监控要求的范围。

评论者要求美国财政部金融犯罪执法网络阐明或界定客户风险档案的构成，并提出该术语在证券行业并不常用。一位评论者指出，尽管一些证券公司对客户进行风险评分，但这一做法并不是法规的强制要求，且未在行业内得到广泛采用。因此，该评论者反对提出该强制要求。与银行一样，证券行业的“客户风险档案”一词也是指所收集的客户信息，用于形成评估客户交易的基准，以确定是否需进行可疑交易报告。根据公司及其业务性质的不同，可适当地采取个性化风险评分，将客户划分为不同的风险类别或采用其他客户风险评估方法。我们注意到，联邦证券法和美国金融业监管局规则都没有明确要求公司为所有客户的风险进行“打分”。但存在一个基本预期，即，行业成员了解其客户带来的风险，并能够对此进行证明。与银行一样，我们并不强制要求把客户风险档案纳入现有的监控系统中，作为同时识别和评估可疑交易的基准。相反，我们希望经纪人—交易商在遵守可疑交易报告要求（据我们了解，这与现行实践相一致）的过程中，在必要或适当情况下，利用客户风险档案来确定某一交易是否可疑。

就此，评论者还要求美国财政部金融犯罪执法网络阐明经纪人—交易商应以何种方式了解客户关系的目的和性质，尤其是此类信息与现有交易监控实践之间的关系。他们声称，证券行业中大多数现有监控系统在识别市场操纵或资金流动等可疑交易时不依赖所了解的客户信息来发出警报。因此，评论者指出，由于此类客户信息不一定对初步识别可疑交易有用，所以通常不将其纳入这些监控系统中。于是一位评论者要求美国财政部金融犯罪执法网络阐明在交易监控中不需要实质和目的信息。

我们提出，了解客户关系的目的和性质并不一定要求经纪人—交易商在所有情况下都将客户信息纳入交易监控系统。相反，由于这与经纪人—交易商的可疑交易报告要求有关，我们希望至少在某些情况下可使用此类信息来确定某些标记交易是否可疑。在履行可疑交易报告义务的过程中，经纪人—交易商必须了解客户关系的目的和性质，以确定交易是否为某客户通常会参与的交易。[89]美国财政部金融犯罪执法网络了解到，许多经纪人—交易商在交易监控触发的可疑交易调查过程中（即在交易监控之后，不一定与交易监控同时进行）会使用该信息；因此，基于我们对这些做法的了解，我们认为这些公司无须为满足该要求而更改这些做法。

一位评论者质疑，如果实质和目的因素是可疑交易报告的一个内在部分，是否有必要将该要素纳入经纪人—交易商的反洗钱计划规则。该评论者

89《美国联邦法规》第31篇第1023.320(a)(2)条。

担心，如果将该要素明确纳入反洗钱计划规则，则可能需要经纪人—交易商更改开户程序以符合该节规定，并要求美国财政部金融犯罪执法网络说明如此修改反洗钱计划规则的理由。如上文所述，美国财政部金融犯罪执法网络认为，为实现行业内的统一性和一致性，必须明确尽职调查的这些要素，并纳入证券经纪人—交易商（以及其他义务机构）的反洗钱计划，这点非常重要。我们认为，统一对金融行业的要求可进一步限制应用不一致或不明确的预期，从而改善整个系统。美国财政部金融犯罪执法网络还认为，只要满足本文所讨论的现有监管预期，经纪人—交易商就可无须更改其开户程序而能满足该要求。

评论者还要求美国财政部金融犯罪执法网络阐明持续监控要求的实质。一位评论者督促美国财政部金融犯罪执法网络删除与维护和更新客户信息有关的条款，因为证券公司目前没有进行持续监控以更新客户信息的义务。另一位评论者要求美国财政部金融犯罪执法网络将更新客户信息的义务仅限于在监控过程中发现“负面事件”后。我们认为，已针对所有义务机构的最终反洗钱计划规则的持续监控条款进行了阐明性更改，并在上文的银行部分进行了讨论，这可很好地解决这些疑虑。最终规则指出应进行持续监控以识别和报告可疑交易，并基于风险状况，维护和更新客户信息。为此，客户信息应包括法人客户（见第1010.230条中的定义）的受益所有人信息。

如上文有关银行的讨论部分，当经纪人—交易商在其正常监控过程中监测到与评估客户关系风险有关的重要信息时，应更新客户信息。根据该规则，金融机构应将受益所有权信息包括在将要更新的客户信息中，以防此类信息变更可能影响客户风险，因为此类信息可能与评估客户风险有关。我们在提案中指出，在反洗钱计划规则中加入持续监控要素有助于反映可满足可疑交易报告义务的现行实践。尽管在制订该提案时尚未提出受益所有权信息收集要求，但此类信息可用于评估客户风险以及评估交易是否可疑。此外，美国财政部金融犯罪执法网络认为，这一要求不仅适用于开立新账户的客户，也适用于在规则适用日拥有账户的客户。也就是说，如果金融机构通过正常监控得知法人客户的受益所有人可能已发生改变，则金融机构应识别该客户的受益所有人，无论是否已经识别过。例如，当法人实体账户中的所有资金忽然被转移到一个未知人员账户上时，金融机构启动调查，发现资金转移与相关法人实体受益所有权的变更有直接关系。[90] 美国财政部金融犯罪执法网络强调，只有当金融机构在正常监控过程中监测到与客户风险评估有关的信息时才触发根据本条款更新客户信息的义务，包括更新受益所有权信息；并不强制要求金融机构连续或持续地更新客户或受益所有权信息。

第1024.210条针对共同基金的反洗钱计划要求。本节的结构变更及修订理据与上述经纪人—交易商和银行部分所述相同。但美国财政部金融犯罪执法网络首先指出，与其他义务机构的情况不同，共同基金的潜在客户中，只有少部分客户是直接从该基金购买其份额，绝大多数共同基金的投资者是通过中介机构（如证券经纪人—交易商）购买股票的，因此共同基金与这些客户之间没有直接关系。此外，在共同基金的所有法人客户中，通常有很大一部分是金融中介机构（如证券经纪人—交易商），其中大多数受到监管部门的监管。尽管如此，此类中介机构还是受到共同基金反洗钱计划的约束，而该计划要求它们开展以风险为本的尽职调查。在非金融中介机构的法人客户中，有相当一部分是为雇员管理福利计划的公司（或代表雇主管理福利计划的管理人员），也需对这些关系开展以风险为本的尽职调查。因此，美国财政部金融犯罪执法网络了解到作为基金的直接客户且非任何类型中介的法人实体仅占基金直接客户的一小部分，且美国财政部金融犯罪执法网络希望为实现尽职调查的目的，对此类非中介法人实体施行不同于中介客户的风险评估。以下关于共同基金客户关系的讨论在此背景下必读。

正如上文对银行和经纪人—交易商的讨论，美国财政部金融犯罪执法网

90 对其他义务机构的反洗钱计划规则的持续监控条款也进行了相同的更改。

络强调，纳入这些要素的唯一目的是明确阐述与现有监管预期一致的现行实践。因此，了解客户关系的目的和性质包括了共同基金为认识和了解客户通常采取的做法。在提案中，我们提出，根据现有的金融机构报告可疑交易的要求，金融机构必须对缺少商业或明显合法目的的交易，或某客户不常参与的交易类型等提交可疑交易报告。[91] 要了解特定客户通常从事的交易类型则必须要了解客户关系的目的和性质，这是识别异常、可疑交易的基准。正如美国财政部金融犯罪执法网络在提案中所述，视具体事实和情况，其他相关事实可能包括客户的基本信息，如年收入、资产净值、住所、主要职业或业务，以及长期客户的记录等。此外，在某些情况下，还可通过有关产品或客户类型的固有或明确信息或客户的基本信息等了解客户关系的目的和性质，且此类信息可能足以使金融机构了解该关系的实质和目的。

最后一点与共同基金行业尤其相关。该行业评论者指出，最好将共同基金理解为一种金融产品，而不是提供金融服务或投资建议的机构。我们了解到，共同基金主要通过客户最初的共同基金投资决定来了解客户关系的目的和性质，这在很大程度上反映为客户对产品的选择。与银行和经纪人—交易商的一样，此类客户信息不一定用作监控系统中的同期比较点。但与银行和经纪人—交易商一样，我们也了解到，许多共同基金在由交易监控触发的可疑交易调查过程中（即在交易监控之后，不与交易监控同时进行）会使用此类信息；我们认为共同基金无须为满足该要求而更改这一做法。美国财政部金融犯罪执法网络希望将该基本惯例纳入对第三要素的表述中。因此，我们希望能完全根据可疑交易报告规则和共同基金的相关指导对该要素进行诠释。[92]正如银行和经纪人—交易商，对于共同基金，“客户风险档案”一词同样是指收集客户信息形成评判客户交易的基准，确定是否需要进行可疑交

91《美国联邦法规》第31篇第1024.320(a)(2)(iii)条。

92 参见《联邦公报》第74卷第26213页、第26216页，脚注29（2006年5月4日）；“常见问题解答”，《对共同基金的可疑活动报告要求》，FIN-2006-G013（2006年10月4日）。

易报告。我们也不强制要求把客户风险档案纳入现有的监控系统中，以作为同时了解可疑交易的基准（如关于银行和经纪人/交易商部分所述）。相反，我们希望共同基金在遵守可疑交易报告要求（据我们了解，这与现行实践相一致）的过程中，在必要或适当情况下，利用客户风险档案来确定某一交易是否可疑。

关于NPRM中提出的第四要素，“进行持续监控，以维护和更新客户信息以及识别和报告可疑交易”，我们理解的是，与第三要素一样，可疑交易报告的当前行业预期应已能满足该要求。简言之，我们希望该提案将现有的监管预期作为明确要求写入美国财政部金融犯罪执法网络的反洗钱计划要求之中，以清晰阐明CDD的最低标准包括金融机构进行的、在金融机构进行的或通过金融机构进行的所有交易的持续监控。根据提议，只有当金融机构在正常监控过程中监测到与客户风险评估有关的信息时才触发其更新客户信息的义务；并不强制要求其连续或持续地更新客户信息。鉴于提案在结构上存在上述不明之处，我们还修改了最终规则对共同基金的持续监控要求。最终规则指出进行持续监控以识别和报告可疑交易，并基于风险状况，维护和更新客户信息。为此，客户信息应包括法人客户（见第1010.230条中的定义）的受益所有人信息。

如上文针对银行和经纪人—交易商的章节所述，我们认为对持续监控条款做此更改与现行实践更为一致，因而与以下义务的本质更为一致——如共同基金在其正常监控过程中监测到与客户关系风险评估有关的信息时，其应对客户信息进行更新。根据此规则制定提出的收集受益所有权信息的新要求，此类客户信息将包括受益所有权信息，并将适用于新客户以及规则适用日已存在的存量客户。

第1026.210条对期货经纪商和商品介绍经纪商的反洗钱计划要求。本条的结构变更及修订理据与上述其他义务机构部分所述的相同。

与其他义务机构一样，美国财政部金融犯罪执法网络重申，纳入这些要素的目的是明确阐述与现有监管预期一致的现行实践。因此，了解客户关系的目的和性质囊括了期货公司为认识和了解客户通常采取的做法。在提案中，我们提出，根据现有的对金融机构报告可疑交易的要求，金融机构必须对缺少商业或明显的合法目的的交易，或某客户不常参与的交易类型等提交可疑交易报告。[93]要了解特定客户通常从事的交易类型，期货经纪商或介绍经纪商必须了解客户关系的目的和性质，这是识别异常、可疑交易的基准。如下文所述，我们了解到，对于期货行业而言，此类评估不一定是同时进行的。

例如，根据美国全国期货协会（NFA）的反洗钱解释性通知，期货经纪商和介绍经纪商需了解其客户关系的目的和性质，以进行可疑交易报告：“识别可疑交易需熟知公司客户，包括客户的业务活动、交易活动和模式。构成可疑交易的因素因客户身份和特定交易的性质等因素而有所不同。”[94]美国财政部金融犯罪执法网络在提案中指出，在某些情况下，还可通过有关产品或客户类型的固有或明确信息或客户的基本信息等来了解客户关系的目的和性质，且此类信息可能足以使金融机构了解该关系的实质和目的。也可因开立账户的实体类型而异。例如，清算期货经纪商在开户时应把重点放在客户的信誉上，而不一定是交易模式，因为交易将通过执行期货经纪商来进行。关系的实质和目的之于清算期货经纪商，正如清算账户之于期货和期权交易。我们进一步指出并了解到，视具体事实和情况，根据美国全国期货协会的合规规则2-30和商品期货交易委员会规则1.37（a）（1）所获得的相关客户信息包括客户的基本信息，如年收入、资产净值、住所、主要职业或业务，以及长期客户的活动记录等。此类信息有助于了解客户关系的目的和性质，也有助于确定某一交易是否为特定客户通常从事的交易。美国财政部金

93《美国联邦法规》第31篇第1020.320(a)(2)(iii)条；另请参阅第1023.320(a)(2)(iii)、1024.320(a)(2)(iii)和1026.320(a)(2)(iii)条。

94 全国期货协会合规规则2-9：期货经纪商和介绍经纪商反洗钱计划解释性通知。

融犯罪执法网络希望将这些现行实践囊括于对第三要素的表述中。

关于NPRM中提出的第四要素，“进行持续监控，以维护和更新客户信息以及识别和报告可疑交易”，我们提出了我们的理解和预期，即与第三要素一样，可疑交易报告的当前行业惯例应已能满足该要求。简言之，该提案把现有的监管预期作为明确要求写入美国财政部金融犯罪执法网络的反洗钱计划要求之中，以清晰阐明CDD的最低标准包括金融机构进行的、在金融机构进行的或通过金融机构进行的所有交易的持续监控。根据提议，只有当金融机构在正常监控过程中监测到与客户风险评估有关的信息时才触发其更新客户信息的义务；并不强制要求其连续或持续地更新客户信息。鉴于提案在结构上存在上述不明之处，我们还修改了最终规则对期货经纪商和介绍经纪商的持续监控要求。最终规则指出进行持续监控以识别和报告可疑交易，并基于风险，维护和更新客户信息。为此，客户信息应包括关于法人客户（见第1010.230条中的定义）的受益所有人信息。

如上文有关银行、经纪人—交易商和共同基金的章节所述，我们认为做此更改可更好地阐述现行实践，因而更好地阐述以下义务的实质——如期货公司在其正常监控过程中监测到与客户关系风险评估有关的信息时，应对客户信息进行更新。

期货行业的一位评论者对提案中提出的CDD的第三和第四要素提出了诸多疑虑。

评论者质疑美国财政部金融犯罪执法网络以此种方式修改反洗钱计划规则的权限，认为将非《银行保密法》监管计划（具体来说，即我们在提案中描述期货公司所采用的了解客户的现行实践时提到的适用性和了解你的客户规则）纳入《银行保密法》法规超出了美国财政部金融犯罪执法网络的权限。首先，如上文所述，美国财政部金融犯罪执法网络重申了其法定权限包括通过添加法规以外的其他要素来修改反洗钱计划规则。我们也不赞同对反洗钱计划规则做此修改是通过纳入援引美国财政部金融犯罪执法网络法定权限之外的其他监管计划的说法。我们在提案中引用美国劳工统计局和美国全国期货协会规则仅为说明“此信息可能与了解客户关系的目的和性质有关”[95]，也可能与遵守合规规则2-9有关。我们认识到此信息的相关性并不意味着必须将这些其他监管计划纳入《银行保密法》法规。如上文所述，我们了解到，作为惯例，一些期货公司会使用此信息来了解客户关系的目的和性质，但就法规合规性或预期而言，第五要素并不要求将此信息纳入同期的期货公司的反洗钱监控程序。

该评论者还要求美国财政部金融犯罪执法网络阐明构成客户风险档案的要素，并指出该术语（客户风险档案）在期货行业的反洗钱环境中并不常用。该评论者要求美国财政部金融犯罪执法网络将该术语从最终规则中删除，或提供其他评价机会，因为不了解该术语的含义。与银行、经纪人—交易商、共同基金一样，对期货行业而言，“客户风险档案”一词也用于指收集客户信息形成评判客户交易的基准，确定是否需要进行可疑交易报告。我们提出，虽然联邦的期货法和全国期货协会的规则都没有明确要求公司制定“客户风险档案”或为所有客户的风险进行“打分”，但存在这一基本预期，即，行业成员能够了解其客户带来的风险，并能够对此进行证明。与银行、经纪人—交易商和共同基金一样，我们并不强制要求把客户风险档案纳入现有的监控系统，以作为同时了解可疑交易的基准。相反，我们希望期货经纪商和介绍经纪商在遵守可疑交易报告要求（据我们了解，这与现行实践相一致）的过程中，在必要或适当情况下，利用客户风险档案来确定某一交易是否可疑。因此，我们认为不必删除该术语，也不必提供其他评价机会。

此外，评论者还要求美国财政部金融犯罪执法网络阐明持续监控要求的实质，并称如果美国财政部金融犯罪执法网络希望进行持续监控以更新客户信息，这将是一个沉重的负担。我们认为，上文所述对最终规则的持续监控条款所做的阐明性更改可解决该问题。

95《联邦公报》第79卷第45163页，脚注51。

最后，对于提案中所述的第五支柱不仅限于CIP规则适用客户，还适用于机构建立的所有账户，评论者要求美国财政部金融犯罪执法网络阐明术语“账户”和“客户”之间的区别意义。该评论者要求美国财政部金融犯罪执法网络特别就对期货行业的指导阐明这一点，指出CIP义务不适用于让予交易和综合关系中的执行经纪商，并担心第五支柱可能会取代该指导。我们提出所有账户关系而不仅是CIP规则定义中的“账户”都应受到该要求的约束，仅为说明必须以某种形式对所有账户进行监控，以遵守现有的可疑交易报告要求。[96]

四、监管分析

（一）第13563号和第12866号行政命令

该法规已被视为具有重大经济意义的监管行为［定义见第12866号行政命令第3（f）（1）节］。因此，该最终规则已由美国管理与预算办公室（美国管理与预算办公室）审阅。由于这是一项具有重大经济意义的监管措施，美国财政部金融犯罪执法网络于2015年12月24日发布了规则影响评估（RIA）预案，并随附一份根据《管制弹性法案》制订的管制弹性分析预案（IRFA）。我们收到了以下关于规则影响评估和/或管制弹性分析预案的38条评论。我们已将其他数据点、成本源以及评论者提出的其他观点直接纳入规则影响评估终版，并在下文将其完整列于我们回应尚未解决的评论之后。

对RIA总体评论的讨论

一些评论者请求延长RIA的评论期限，声称30天不足以收集更多的数据来回应RIA的分析，特别是考虑到RIA是在冬假期间发表。美国财政部金融

96 “虽然在让予交易中仅作为执行经纪商行事的期货经纪商无须实施客户识别计划，但期货经纪商的反洗钱计划应包含基于风险的政策、程序和控制措施，以对其运营（包括其中间业务交易）带来的洗钱风险进行评估；监测和缓释此类风险；监测和报告可疑交易。”参见FIN-2007-G001。

犯罪执法网络拒绝了该请求，并指出该时间期限是足够的，“特别是考虑到在CDD规则制定过程中已提供足够长的评论期，其中包括征求业界对……CDD相关成本和负担的看法”。在最终规则的序言中提到，在该规则制定过程中我们进行了长达数年的广泛宣传，在此期间，多位评论者就实施该规则所产生的成本提供了意见。在这些评论者中，只有一小部分评论者对这些预期效果进行了有意义的量化。在下文关于成本的评论部分，美国财政部金融犯罪执法网络和财政部经济政策办公室（OEP）对提供此类数据的当事方进行了大量的跟进调查，认定获取数据以完全量化CDD规则执行成本是不可行的。由于这一挑战，加上量化CDD规则预期收益的困难，我们只能依靠盈亏平衡分析法[97]来评估CDD规则的相对效益和成本。盈亏平衡分析法中使用的成本包括对信息技术（IT）升级成本的数量级评估，信息技术的升级是金融机构在评论期内以及我们在随后的外联活动中，被识别为实施成本最主要的驱动因素。鉴于RIA旨在衡量该规则的总预期成本和效益，考虑到数据的质量和数量，我们进行了数量级评估。除非当前数据点为异常值，否则收集更多数据可能不会实质性改变数量级评估的结论。初步成本估算的结果不会改变，因此不会对RIA的最终结论产生重大影响。在评论期内，我们未收到关于IT成本的任何实质性评论。我们收到的所有评论和数据点，无论是关于已包含在RIA中的实施成本，还是被我们忽略并在此后添加的成本（请注意，我们将从评论者处获得的所有相关可量化数据都并入了更新后的RIA中，这造成了计算费用的上涨），皆未对我们的结果产生重大影响。

一些评论者对RIA中分析的“学术”性质表示质疑，认为规则会影响不法分子的行为并进而影响总体犯罪水平的假设是毫无依据的。例如，一些评论者对以下说法提出了质疑：受益所有权要求会迫使犯罪分子向金融机构提供对执法机构有价值的信息。这些评论者指出，此类人员可能会提供虚假信

97 正如RIA所述，盈亏平衡分析是用来确定效益的现值要达到多大才能等于成本的现值。

息，或仅为了开户而雇用“稻草人”。我们将在下文讨论针对我们的分析假设提出的具体意见。

关于我们在RIA中采用的方法过于学术性的总体评论，我们首先提出，根据 美国管理与预算办公室指南，RIA应“基于最合理获得的……经济信息。为实现这一点，【机构】通常应使用经过同行评审的文献（如有）”[98]。不幸的是，对于犯罪分子违反反洗钱/反恐怖融资法律和法规的行为，并没有直接的经验性证据。在缺乏此类分析以及相关数据的情况下，美国财政部金融犯罪执法网络认为，通过利用犯罪经济学的相关学术文献来制定一个框架，用于正式研究CDD规则对犯罪结果可能产生的影响是既合理又适当的。在缺乏规则对犯罪的影响的经验性估算这种不理想的情况下，规范的犯罪经济学模型至少可为规则所借助的用于影响犯罪的机制提供有用信息，而反过来又可基于其合理性对该机制进行评估。像任何一种经济模型一样，该模型假设其行为者的行为是理性的，一些评论者对该前提有异议，并借此来抗议我们使用任何犯罪经济模型。[99] 关于犯罪分子不是经济参与者，因此不会对激励作出反应的观点，我们基于经同行评审的学术期刊中的经验性证据对此提出强烈反对。[100]

一些评论者声称，美国财政部金融犯罪执法网络和财政部经济政策办公

98 美国管理与预算办公室公告A-4，请访问https://www.whitehouse.gov/omb/circulars_a004_a-4.

99 更正式地讲，如果一个人的偏好有以下特征则是合理的：（i）他在任意两个可能的选项之间都有明确的偏好；（ii）他的偏好表现出传递性—例如，在选项x，y和z，如果喜欢x多于y，喜欢y多于z，则喜欢x多于z。（See page 6 of Mas- Colell, Andreu, Michael D. Whinston, and Jerry R. Green. *Microeconomic Theory*. New York: Oxford University Press, 1995.）

100 犯罪经济学的规范模型预测，CDD规则可通过让犯罪分子意识到开立金融账户进行非法活动的风险增高，减少非法活动。同样，增加警力可让犯罪分子感知到风险增加进而减少犯罪活动。最近一项关于不同的警务策略如何遏制犯罪状态的经验研究调查显示：“……有确凿的证据表明，警力增加和各类警力部署对遏制犯罪起到一定作用。”［See Chalfin, Aaron and Justin McCrary, “Criminal Deterrence: A Review of the Literature,” forthcoming, *Journal of Economic Literature* (2016).］。重要的是，作者还讨论了高曝光度的警察战术通过威慑而不是剥夺犯罪分子的权利来减少更多犯罪。因此，我们完全可以假设潜在犯罪分子在思考他们应如何应对CDD规则的实施也是合理的。

室在RIA中评估预期成本和效益时采用了不一致的方法。这些评论者提出，我们把某些未量化的效益包括在内，但排除了某些未量化的成本，因此分析不严谨。这份RIA根据财政部经济政策办公室指南量化了某些成本类别，并定性描述了其他成本类别和效益。财政部经济政策办公室公告A-4指导机构尽可能量化成本和效益。"无法量化效益"时，我们"提供了相关的定量信息以及对未量化效益的说明"[101]。与这些评论者所言相反，我们并没有因选择性地依靠未量化的效益而忽略未量化的成本。对于最初未在RIA中加以说明但后来由评论者指出的成本，我们已对RIA的某些部分进行了修订以纳入这部分成本。对于我们无法量化的最大成本，即信息技术升级成本，我们完全认可并认识到在RIA中对该成本进行评估的重要性，并描述了我们在尝试获取关于该成本的有效数据时遇到的困难。我们在定性成本部分提供了数量级评估，并将该分析纳入盈亏平衡分析法。

一些评论者对监管计划的一般方法持反对意见，在该计划下，成本几乎全部由金融机构承担，而效益惠及整个社会，不单是金融机构及其客户。他们认为，这使CDD规则成为对金融机构的一项非法税收。但该规则并不是税收。此外，我们不同意将该监管方案描述成不适当的或不正常的。许多联邦监管方案都具有类似的基本假设、结构和影响，例如，某些环境法规的成本主要（或全部）由排放物的生产者（电厂、汽车制造商等）承担，而效益却惠及整个社会。与环境法规类似，CDD规则旨在纠正正向溢出，在此种情况下，正向溢出会导致对反洗钱/反恐怖融资安全措施投资效率的低下。具体而言，通过收集受益所有权信息来减少非法活动将使全社会受益，但是金融机构在做投资决定时仅理性地考虑其自身利益。CDD规则旨在通过强迫金融机构收集受益所有权信息，提高对反洗钱/反恐怖融资措施的投资，以提高整体福祉水平（即使扣除金融机构的成本）。认识到实施CDD规则的成本

101 财政部经济政策办公室公告A–4。

后，我们已对规则进行了多处更改，如前言所述，以便最大限度地降低合规性对义务机构的影响，在实现该规则立法目的的同时，最大限度降低合规要求对义务机构的影响。

一位公司注册代理评论者反复提到在NPRM评论期提出的关于扩展受益所有权要求的依赖条款范围应囊括非金融机构的建议，并认为该扩展将减少合规成本。我们拒绝了此建议，最终规则的序言部分阐明了原因。

在RIA的意见征询期内，一些评论者对规则本身表达了许多担忧，这些担忧与NPRM意见征询期内评论者提出的担忧基本相同，如要求使较小的机构豁免于该规则、取消核实要求等；这些问题已在最终规则的序言中进行了讨论。

费用相关评论

一些评论者反对我们采用综合法来评估实施CDD规则相关的预期成本。其中一些评论者认为我们使用的金融机构样本非常有限，提供的数据不足以支撑我们对成本的定量评估，称我们应使用大量有代表性的金融机构样本进行充分的量化分析。一位代表中型银行的评论者提出，这份RIA并不充分，因为它仅考虑CDD规则对普遍金融机构的影响，并没有考虑CDD对不同类别的金融机构（如规模、业务范围、结构、地理位置或客户群不同的金融机构）产生的差别影响。这位评论者提出，我们应在RIA中多加考虑CDD规则对中小型银行的影响，提供更多关于中型银行实施CDD规则的预期成本的数据，并确定RIA中未包含的其他预期成本来源。

关于不应该使用如此小的样本量来计算成本数据的说法，我们同意应该从大量各类金融机构获取特定的精细数据。但在与金融机构和IT公司联系后，我们认为这样做是不切实际的。为了在NPRM意见征询期之后进一步开发成本数据，我们找出并评估了所有提出具体成本问题并通过数据或叙述性说明证实美国财政部金融犯罪执法网络低估了实施CDD规则的成本的意见信。自初步审查阶段，美国财政部金融犯罪执法网络联系了许多评论者，询问他们是否愿意就他们提出的成本问题进行更广泛的讨论。为促进这些评论者参与讨论，美国财政部金融犯罪执法网络预先提出了一些讨论主题：

- 评论机构的法人客户准入流程，以及如何使用此类信息来遵守反洗钱/反恐怖融资要求；
- 法人客户准入所需的文件类型；
- 法人客户开户预计所需时间；
- 评论机构每年开立的法人实体账户的大概数量；
- 根据NPRM中提出的要求，为识别和核实受益所有人而可能对准入程序作出的改变以及此类改变的大致成本；
- 评论机构更新其网上准入系统的频率，“开放”这些系统以进行更新的基础成本，以及每次实质性更改大约所需的增量成本；
- 为符合NPRM中提出的要求可能需对其他系统作出的更改或更新，以及此类更改的大致成本；
- 将认证表格纳入评论机构运营的成本和后勤困难；
- 为实施NPRM中提出的要求需要进行额外的员工培训，以及这些费用占《银行保密法》年度培训总支出的比例；
- 美国财政部金融犯罪执法网络尚未考虑到的实施NPRM中提出的要求相关的其他费用。

因为我们明白此类讨论可能需要详细记录专有商业信息，所以我们提出机构的答复不会被纳入公共记录，但作为规则制定的一个环节，我们会告知参与者我们可能会概括性地记录他们的答复但不提及来源。

在讨论中，我们了解到各机构的准入流程都与其他机构有所不同，因此很难对义务机构为实施该规则需采取的措施得出概括结论，但我们可从中推断出大概的成本。更重要的是，虽然各机构通常能够提供关于培训和其他人力资源的预估成本，但与我们交谈的一些机构无法提供实施CDD规则的很多其他成本估值，即使只是粗略估算，甚至即使是给定了估值范围，也是如此。由于缺乏可用数据，也因为美国财政部金融犯罪执法网络了解到大多数金融机构通过购买系统以输入和存储客户数据，而不是构建内部系统，所以我们还从多家提供反洗钱/反恐怖融资合规的IT系统的大型供应商处收集类似信息。与金融机构一样，我们为参与的IT供应商提供了相同的讨论主题（如上所示），但因为这些供应商在准入和筛查过程中起到的作用不同，我们作了适当修改。尽管我们了解到许多大型IT供应商与金融机构的合作方式，但没有一家供应商能够量化估算修改系统的成本，即使只是粗略估算；甚至即使是给定了估值范围，也是如此。出于这些原因，我们认为即使对金融机构和供应商进行更广泛的调查可能也无法为我们的分析提供支持。因此，根据美国管理与预算办公室指南，我们明确了预计成本的来源，并在可能的情况下量化了这些成本。为评估拟议规则，我们采用了盈亏平衡分析法，该分析法对IT升级成本进行了数量级评估，得出的上限为100亿美元（在提议规则制定通知发出和监督影响评估期间大多数评论者认为这是迄今为止最实质的预测费用）并为RIA中已量化的其他大额成本确定了最高费用方案。

关于我们未充分考虑所提议的CDD规则对中小型机构的影响的问题，我们提出，在整个规则制定过程中，我们了解此类机构在实施CDD规则时可能面临的挑战；我们对规则进行了相应修改，以促进该规则的实施，这在上文“逐条分析”中有详述。例如，根据对NPRM的反馈意见，我们提出不强制使用认证表格，金融机构可灵活地利用其现有的准入系统来满足受益所有权认证要求。在NPRM意见征询期内，一些评论者发现了一些其他类别的实体，它们的受益所有权信息可通过其他途径获取，因此我们将这些类别的实体排除在法人客户定义之外，以进一步减轻负担。对于多个评论者提出的难以对排除在外的慈善组织进行管理，从而加重负担的问题，我们对此进行了简化。重要的是，针对许多评论者提出的难以在最终规则发布后一年内落实CDD规则，我们将金融机构落实法规的时间期限延长至两年。至于评论者提供的其他成本源和成本数据，我们对此表示赞赏，并酌情将其纳入了我们在RIA中的分析，如下文所述。

一些评论者声称，我们低估了某些成本，且未在成本分析中考虑金融机构为遵守提议的CDD规则而必须采取的其他措施。我们在此对这些评论进行分析。

客户准入。一些评论者声称我们对准入时间的估算太低。针对这些评论，我们调整了RIA中的计算，并在RIA中进行了详细描述。其中一些评论者还声称，我们估算的“负责开立新账户的职员”的小时工资过低，并指出他们职员的平均工资要比这高得多。我们当然知道，生活成本较高的大都市的职员所赚取的工资要高于平均水平，这些工资水平并不能代表整个国家的工资水平（当然生活成本极低的美国农村地区的职员的工资水平也无法准确代表整个国家的工资水平）。鉴于劳工统计局给出的平均职业工资基于来自美国各地的工资数据（考虑了各地劳动力市场上同一职业的工资差异），我们认为开立账户职员的全国平均工资具有代表性，因此拒绝在计算中采用另一不同的工资。

一位评论者还声称，我们对额外的准入时间纳入准入流程的方式理解有误，认为我们的观点是基于“一个明显错误的假设，即仅一次（稍微长一点的）会面就能集齐拟议CDD规则要求的其他文件”。与这个说法正好相反，我们对准入的额外增加时间的评估并不以此假设为前提。我们的确认为，正如该评论者所指出的，“金融机构通常会给客户一段时间，如30天，来收集相关开户文件，并且该过程通常需要不止一次会面”。对现行实践的这段描述凸显了我们对预期持有的这样一个观点：在最终规则生效之后，对潜在客户产生的额外负担是有限的，也就是说，当前的情况是，想在金融机构开立账户的潜在商业客户手头上通常没有需要的所有文件（包括CIP信息），且金融机构已制定了向这些潜在客户告知开户所需文件的措施。我们希望可以利用这些现行实践，并且机构收集法人客户的此信息的方式不会与上述方式有太大的出入。

制定和开展员工培训。一些评论者指出，我们未考虑针对CDD规则中的新义务设计和开展员工培训的成本（不同于金融机构的员工花在培训方面的时间成本，我们确实在RIA中考虑了该成本）。针对这些评论，我们在RIA

中新增了一节纳入这些成本，详见RIA。

政策和程序修订。一些评论者注意到，RIA未考虑在实施CDD规则过程中对政策和程序进行修订的成本。针对这些评论，我们在RIA中新增了一节纳入这些成本，详见RIA。

内部控制的额外费用。一些评论者指出，RIA未考虑与受益所有权信息收集有关的内部控制的额外费用，如合规性审查。RIA指出，由于缺乏此类成本的实际估算，我们未将其纳入规则的量化成本总额中。但我们认为，与RIA中的量化成本相比，特别是与数量级评估得出的IT升级成本的上限相比，内部控制的实际额外成本很小，因此未将这些额外内部控制成本包括在内也不会影响RIA的结论。

与额外可疑交易报告调查和归档相关的成本。一些评论者指出，金融服务机构调查和报告可疑交易时可能会产生一些额外成本，应在RIA中对这些成本加以考虑。但正如RIA所述，由于很难确定最终规则是否会导致此种性质的额外成本，即使会也很难确定其数额，因此我们未量化这些成本。

员工培训成本。一位银行评论者称，接受实施成本调查的对象认为，员工平均所需的培训量是RIA所确定的三倍。但该评论者没有提供任何关于该估值的依据，得出该估值的假设，以及任何估值数（美元）。评论者也没有说明该三倍的估值是RIA给定范围的最低值的三倍还是最高值的三倍（我们猜测该倍数是最高值的三倍），是针对第一年的培训还是进修培训。讨论该问题的所有其他评论者指出，成本估值在RIA规定的范围内。因此，我们拒绝更改与员工培训相关的成本估值（上文所述除外）。

信息技术成本。一位银行评论者提出，美国财政部金融犯罪执法网络未在RIA中充分考虑与IT升级相关的成本。此说法误解了我们估算IT成本的方法。如上文所述，美国财政部金融犯罪执法网络未能成功获取这些升级成本的详细数据，所以在某种程度上需要进行数量级分析。该分析通过基于有限数据的数量级评估来直接估算IT升级成本，得出的上限为100亿美元（根据某些金融机构提供的粗略估算得出）。[102]

与业务丢失/“去风险化”相关的成本。一些评论者反对不纳入业务丢失相关成本，这些业务丢失或因法人客户的所有人注重隐私而拒绝开户，或因金融机构无法获得所有人的个人信息而拒绝为法人客户开户。一些评论者认为，由于大部分小型企业的所有人不愿在开户过程中向义务机构提供个人信息，因此他们会转而选择不受监管的融资来源。同样，一位银行评论者称，提议的CDD规则“有可能助长‘去风险化’行为，因为许多金融机构会发现如果正确识别受益所有人的风险管理无法满足监管要求，开立账户或提供信贷会变得越来越困难”。

对于存款或交易账户以及大多数信贷产品，美国财政部金融犯罪执法网络并不认为受益所有权要求会对受其约束的绝大多数法人实体所有人的行为产生重要影响。合法企业需要开立金融系统内的交易账户来开展业务，而且在许多情况下，仅使用现金或通过不受监管的实体来操作是极其困难的（而且风险更大、成本更高）。此外，我们认为大多数法人客户所有人并不会如此抵触将个人信息提供给义务机构开立账户，因为他们在此类机构开立个人账户时，也必须提供相同的个人信息。无论如何，此种抵触行为（实质将导致无法接受银行服务）成本颇高，原因如上所述。此外，不管个人如何看待在各种业务关系中披露个人信息，此类信息通常是进行各种商业来往所必需的，如购买保险，或通过美国海关和移民局表格I-9核实在美国的就业资格。因此，我们不赞同一位评论者鉴于许多人“对公开个人信息特别敏感”这一观点（尽管我们承认这是一个普遍问题）所提出的“几乎不可能……说服某些受益所有人提供其个人信息”。

---

102 规则影响评估和管制弹性分析预案的一些评论者表示，他们需要安装昂贵的IT升级程序来跟踪受益所有权信息的变化，以遵守各反洗钱程序规则的拟议修正案的要求。美国财政部金融犯罪执法网络认为，这些评论误解了这些拟议要求。所以，美国财政部金融犯罪执法网络对该要求进行了修改，详见“逐条分析”。

出于同样的原因，我们认为受益所有权要求不会产生上述评论者指出的重大的“去风险化”效应。我们在最终规则的序言中指出，通常允许义务机构依赖法人客户提供的所有权结构信息，大大削弱了该评论者所称的“去风险化”的主要驱动因素。

关于潜在的业务丢失问题，尽管美国财政部金融犯罪执法网络认为合法企业需要从银行办理交易账户，但某些特定类型的信贷产品也可从不受管制的竞争对手处获得。我们已仔细考虑了关于对市场中的特殊类型账户施加该要求的预期影响的评论，在此情况下，负担增加可能导致潜在客户选择不受管制的机构。正如我们在上文“逐条分析”中所述，我们认为评论者提出的将此类账户排除在规则范围之外的政策理由足够让人信服，因此，我们已将此类账户排除在受益所有权要求范围之外。因此，我们不必将这种可能发生的逃避作为规则成本来考虑。

其他成本。几位来自行业协会的评论者指出了多个不广泛适用于其所代表机构的成本来源。例如，一位评论者考察了多家银行，指出其中一些银行确定了成本，如一家银行的金融调查部门带来的成本，却未被其他银行提出。但由于无法量化这些成本，因此未将其包含在RIA中。但我们认为，与RIA中包含的量化成本相比，特别是与极高的IT升级成本相比，实际产生的其他成本极可能很低，因此我们坚信未纳入这些成本不会影响RIA的结论。

效益相关评论

几位评论者质疑受益所有权要求能提供有用信息的想法，认为犯罪分子只需在认证表格上填写虚假信息，或雇用一名无关人员代替其开立账户，就可轻易规避该要求。他们还质疑在无法核实受益所有人身份的情况下该人提供的信息的价值。一位评论者提出，不法分子可通过建立一个结构复杂的空壳公司来完全规避该要求。我们将一一解答这些疑虑。

首先，我们接受这一毫无争议的观念，即犯罪分子在进行非法活动时通常会想办法规避法律和监管要求，同时我们强调随着这些非法活动被发现的可能性增加，一些犯罪分子参与这些非法活动的可能性就会降低（至少通过美国金融系统）。确实，聪明的不法分子能够通过欺骗或诡计规避许多此类要求，“犯罪分子会撒谎”这一事实已被证明可消除许多刑事和监管禁令，但在此处不足以成为证明。该基本做法能极大地便利执法和监管部门识别和核实与之后被确定为从事非法活动的法人实体有关的至少一位自然人的身份。不法分子可能会建立复杂的空壳公司网络或重构其所有权，以掩盖其实际所有人；正因为存在此漏洞，法人实体被要求提供控制权标准下一位自然人的姓名。尽管犯罪分子可能会提供虚假的受益所有权信息，但是核实受益所有人的身份能有效阻止其提供虚假信息以完全规避审查。此外，司法部在规则制定过程中提出，伪造的受益所有权核实信息可作为证明犯罪意图的宝贵证据。经核实的自然人的身份（其作为受益所有人的身份尚未核实）甚至也会为执法和监管机构提供调查线索，它们可以据此了解法人实体。尽管我们承认，不法分子可以随便雇佣一个人为其空壳公司在义务机构开立账户，这在理论上是可能的，但我们质疑给予陌生人权限和控制像金融机构账户一样重要的内容（即使在有限的时间内）这一点是否明智可行。

在这些批评意见中，一些评论者提出，我们未证明预期的执法和监管效益与我们在盈亏平衡分析中确定为效益主要衡量标准的非法资金流动减少之间的紧密联系。正如RIA中所述，是否启动和进行刑事和监管调查以及是否提起并成功完成起诉涉及许多复杂因素，且不可能证明某单一因素，如引入CDD规则，对这些结果的影响。我们认为，由于我们在RIA中描述的原因，受益所有权要求可通过阻止非法资金流入美国金融系统，或通过定罪和没收资金减少每年在美国的非法资金流动。

一些评论者质疑我们把符合国际标准作为一项效益在RIA中进行衡量。作为回应，我们提出美国管理与预算办公室指南指出“美国和国际规则的统一可能需要联邦监管机构发挥强大的作用”。[103]

103 美国管理与预算办公室公告A–4。

其他事宜

一些评论者声称，美国财政部金融犯罪执法网络未充分考虑监管备选方案。例如，他们认为，美国财政部金融犯罪执法网络应考虑要求各州在公司设立时收集和核实此类信息，或应由美国国税局通过税收档案系统收集此类信息。我们在RIA中讨论了这些方案。

如上文所述，一些评论者要求美国财政部金融犯罪执法网络使某些特殊类型账户豁免于受益所有权要求，如为财产和伤亡保险费融资而开立的账户；为租赁重型机械和设备融资而开立的账户；为邮资和相关项目融资而开立的账户。已在上文的“逐条分析”中对这些要求进行了讨论。

（二）最终规则影响评估

1. 行动纲要

客户尽职调查（CDD）的主要目的是协助执法部门进行财务调查，以阻止犯罪分子利用法人实体的匿名性从事欺诈、洗钱、恐怖融资、贪腐和逃避制裁等金融犯罪。财政部给出了某些要求的预估成本，并对其他成本和效益进行了定性评估。除效益的定性评估外，我们还进行了盈亏平衡分析，以评估达到该规则相关的量化成本所需的效益水平。财政部承认该评估存在不确定性，并在本规则影响评估（RIA）中对这些不确定性进行了讨论。尽管因为数据和建模限制，我们无法完全量化CDD规则带来的所有成本和效益，但美国财政部认为，最终规定将为社会带来正的净效益。

RIA采用了盈亏平衡分析法得出，CDD规则必须每十年（2016—2025年）使美国的年非法收益降低0.16%至0.6%，才能实现正的净效益。如果将非法收益的定义扩展至非法毒品交易涉及的收益（如RIA所述，非法收益并不总包括此类收益），则减少量必须在0.12%~0.47%。对于这两类非法活动，当IT升级成本在上限时，实际收益的减少量将从2016年的14.6亿美元增长至2025年的18.1亿美元。当IT升级成本在下限时，减少量分别为3.8亿美元和4.7亿美元。

但RIA认为，上述两个阈值上限估算值都非常保守，因为它们都基于规则成本的上限，而未纳入其全部效益。[104] 具体来说，估值：

- 基于数量级成本评估（10年期IT升级成本的上限现值为100亿美元）；
- 纳入RIA中量化成本的最高成本方案，包括金融机构的员工培训（包括制订培训方案）、新客户准入以及政策和程序修订成本；
- 与以下效益无关，因此也未对其进行说明：该规则有效阻止犯罪的发生所节约的成本形成的所有效益，因为非法收益的减少只能反映资金形式的节约成本，这些节约成本即阻止受害者非自愿转移给犯罪者的资金；所排除的效益包括，因避免欺诈欺骗而在处理欺诈欺骗以及所带来的心理痛苦和折磨等后果方面所节约的时间；
- 与RIA中讨论的其他影响无关，因此也未对其进行说明，包括增加的追回资产、因报告义务和联邦税法支付下采用更强的监测和补救工具而增加的税收，以及美国政府遵守国际标准的声誉效益。

因此，即使RIA假定了高昂的IT成本，我们发现CDD最终规则仅需带来适度水平的效益，就能证明RIA中列出的成本是合理的。财政部认为，实行CDD规则可减少非法活动。

2. 简介与摘要

（1）规则影响评估（RIA）概述

金融犯罪执法网络（美国财政部金融犯罪执法网络）根据《银行保密法》发布规则旨在阐明和加强对以下金融机构的客户尽职调查（CDD）要求：银行、证券经纪人或交易商、共同基金、期货经纪商以及商品介绍经纪商。最终规则包含了明确的CDD条款和识别法人客户的受益所有人的新监管

104 对于给定的非法活动，假定在十年范围内的每一年中，实际非法收益减少百分比的估算阈值是恒定的，并基于估计和假设值采用成本上限来计算。按照阈值估算，规则效益的现值将等于其成本的现值。

要求。受益所有人是指直接或间接拥有实体至少25%的股权的个人，以及对实体负有重大控制、管理或指导责任的个人。[105]

CDD最终规则可为执法调查提供受益所有权信息，减少非法活动，虽然收集和存储法人账户受益所有人的数据会带来额外成本。我们希望该规则可对非法活动和执法调查产生有意义的影响，但很难对这些影响进行量化。因此，我们只能对规则的效益进行定性描述。我们随后会提供抵消成本所需的最低效益水平的保守估计。

我们量化了金融机构及其客户遵守最终规则所需的某些成本，特别是以下活动所需的额外时间的价值：金融机构员工培训、员工培训设计和开展、合规政策和程序修订以及新账户准入。在整个分析过程中，我们采用了“无措施”基准，也就是说，我们在未采用该规则的情形下，计算和讨论最终规则的成本和效益。根据我们的估算，第一年的成本约为3.7亿美元至5.2亿美元。在10年期的成本中，有近一半是客户用于开立账户的额外时间成本，另一半是大约29000个相关机构用于员工培训、合规和账户准入的额外时间成本。[106]培训成本会在第一年后急剧下降，因为第一年大部分成本是用于设计员工培训模块，所以我们认为第一年后就不会产生该成本了。我们基于7%的折现率所估算的10年可量化成本的现值为11.5亿美元至21.5亿美元，基于3%的折现率所估算的现值为13亿美元到25亿美元。基于7%的折现率所估算的年度成本为1.53亿美元至2.87亿美元；基于3%的折现率所估算的年度成本为1.48亿美元至2.82亿美元。

---

105 因为管理与预算办公室（美国管理与预算办公室）认定拟议规则属于具有重大经济意义的监管措施，所以财政部经济政策办公室与美国财政部金融犯罪执法网络联手根据第13563号和12866号行政命令编制了此评估。关于《拟定法规通知》（Notice of Proposed Rulemaking），请参见《联邦公报》第79卷第45151页（79 FR 45151）（2014年8月4日）。

106 财政部根据美国联邦存款保险公司、国家信用社管理局（NCVA）、证券交易委员会和商品期货交易委员会提供的信息计算了相关机构的数量。财政部未对受监管实体最终是否能够将成本转嫁给客户进行关联分析。

正如下文在盈亏平衡分析中所述，即使假设该规则的总成本异乎寻常地高，CDD规则也只需将年度实际非法活动减少0.16%（2016年约3.8亿美元上升至2025年约4.7亿美元）至0.6%（2016年约14.6亿美元上升至2025年约18.1亿美元），就可产生正的净效益（如果包括了非法毒品交易中的收益，只需减少非法收益0.12%至0.47%）。[107][108]

总之，该成本—效益分析对规则的效益和某些成本进行了定性讨论，并对可获得足够数据的成本进行了定量估算。由于获取的非法活动数据有限，且先前未对受益所有权披露政策进行任何更改，所以无法非常准确地估计最终规则在减少犯罪方面的影响，因此也无法进行定量评估。由于无法对效益和成本进行完全量化，因此我们采用盈亏平衡分析法来确定最终规则的效益需达到多大才能抵销成本。鉴于盈亏平衡分析取决于最终规则产生效益的效力，且阻止一起犯罪的效益是该犯罪成本的倒数[109]，我们需对该规则将会影响的犯罪成本进行评估。对于该法规的RIA，我们使用财政部给出的美国每

---

107 该计算使用的是美国每年产生的3000亿美元的非法收入估值（Office of Terrorism and Financial Intelligence. 2015. *National Money Laundering Risk Assessment*）。

108 包含非法毒品交易收入的非法收益与不包含非法毒品交易收入的非法收益之间的区别对于把效益解释为犯罪成本来说很重要。如下文所述，受害者非自愿地转移给犯罪者的非法收益（如通过欺诈行为）自然被计入犯罪的“外部”成本。另外，自愿交易（如非法毒品交易）产生的非法收益，不可被轻易地纳入外部成本。如果非法毒品交易的收益水平足以表明这些交易所涉毒品对社会带来的成本——丧失健康和生活品质、劳动力损失等，则可使用更广义的非法活动（即包括毒品交易）来衡量减少犯罪带来的社会效益。尽管在此情况下，我们未在盈亏平衡分析中考虑拟议规则对其他类型的非法活动（如恐怖融资）的影响，但CDD规则可能会影响低概率、高影响事件发生的可能性，可能会产生显著的效益。例如，恐怖主义和金融犯罪可造成高达数十亿美元的财产破坏、税收收入减少和生命损失。根据美国精算学会的估算，在纽约市发生一起涉及化学、核能、生物或放射袭击的中等影响事件可能导致超过4450亿美元的保险损失，而在旧金山发生一次卡车炸弹袭击事件可能导致近90亿美元的保险损失。“致总统的金融市场工作小组的一封关于恐怖主义风险分析的信”（American Academy of Actuaries, April 21, 2006.）。

109“成本”和“效益”这两个术语可以互换，具体取决于是在研究犯罪的影响还是在研究犯罪削减计划的有效性。See page 276 of Cohen, Mark A., “Measuring the Costs and Benefits of Crime and Justice,” Criminal Justice 4 (2000): 263-315 (“...the cost of a crime is the same as the benefit of a crime that was prevented”)。

年的金融犯罪产生的3000亿美元非法收益的估值，作为在盈亏平衡分析中确定该规则最低效力（效益刚好抵销成本）的依据。所有这些收益在以合法的幌子重新进入市场前，都必须经过洗钱。[110]

本节的其余部分描述了CDD规则的原理，讨论了监管备选方案，并总结了成本—效益分析的发现。第（2）节给出了某些成本的定量估值；第（3）节对效益和我们无法量化的成本进行了定性讨论；第（4）节也是最后一节采用盈亏平衡分析，为最终规则的采用提供了依据。

（2）CDD要求的原理

在某些情况下，市场会根据社会需求对商品和服务进行分配。然而，如果不能满足所有必要条件，市场就无法有效地进行商品分配，这种情况被称为市场失灵。经济学家认为，发生市场失灵时，有必要采取政策干预。CDD最终规则旨在解决两种市场失灵，这两种失灵都有外溢性（也称为外部性），即非该市场交易买卖方的福利受到该市场中交易的影响。外溢可产生正面或负面效应。例如，流感疫苗市场出现了正面的外溢效应：接种疫苗的人减少了未接种疫苗的人感染流感的可能性。从社会整体福祉来看，正面外溢效应意味着相关市场中发生的交易量小于社会最优量。相反，负面外溢效应意味着发生的交易量太大，导致社会福祉减少。例如，一家造纸厂因排放废水而污染了河流，可能会对下游捕鱼的渔民产生负面影响，渔民会发现他们能钓的鱼数量减少或由于河流污染而无法食用钓到的鱼。[111] 我们将在下文更详细地讨论CDD要求解决的外溢问题。

非法活动会对社会造成“消极”而非“积极”影响。由于收集受益所有权信息的成本是由金融机构承担的，因此它们在决定减少犯罪的安全措施

110 见脚注106。

111 无论外溢效应是正面的还是负面的，市场失灵都是由于缺乏允许外溢市场中的参与方和非参与方相互补偿，以使外溢市场中生产和消费的数量达到社会最优的第二市场造成的。例如，渔民没有支付造纸厂所有者相关费用以减少纸张生产从而减少废水产生量的正规机制。此种“市场的缺失”意味着总体福祉可能低于社会愿意为之付出的费用。

的投资水平时仅考虑了自身的利益。[112]也就是说，从社会的角度看，金融机构对此类措施的投资不足。如果社会中的所有成员都是未来犯罪活动的潜在受害者，那么预防金融犯罪（包括洗钱和恐怖融资）具有公共产品的特征。换言之，所有公民都将从预防犯罪活动的行动中受益，而无论这些行动由谁买单。

如果没有最终规则，金融机构将继续出于自身利益进行低于有效水平的投资，而忽略在安全措施上花费的每一美元对更广泛的社会福利产生的积极影响，尤其是在金融机构认为收集受益所有权信息会导致其业务被不需要收集该信息的竞争对手抢夺时。强制所有相关机构遵守最终规则会加强金融机构受益所有权披露，从而提高非法活动的实施成本。

如果没有最终规则，就会产生负面外溢效应，因为反洗钱/反恐怖融资法规较为宽松的国家可能会沦为不法分子对其在他国进行的非法活动产生的收益进行洗钱的目的地。规章制度较为宽松的国家接受了资本流入，却不承担造成资本流入的刑事犯罪的成本。在反洗钱/反恐怖融资政策方面的国际合作可减少此种市场失灵。采用最终规则，可实现美国标准与国际社会标准的统一，提高在美国对从其他国家进行的非法活动中获得的收益进行洗钱的成本，从而减少当前的负面外溢效应。

（3）最终CDD规则替代监管方案讨论

在本节中，我们将讨论最终CDD规则的五种替代方案；最终CDD规则为新法人账户设置的受益所有权披露阈值为25%。前三种替代方案是CDD要求的变体，其余两种是替代监管方案：

替代方案1：受益所有权披露阈值为10%。

替代方案2：受益所有权披露阈值为50%。

112 即使在极端情况下，金融机构能够转嫁收集这些信息的全部成本，也不表示针对减少犯罪的安全措施的最终投资水平能够实现社会福祉最大化。事实上，金融机构之间的客户争夺战会限制它们将成本转嫁给客户的能力。

替代方案3：将拟议的25%受益所有权披露阈值应用于现有法人账户以及新账户。

替代方案4：在成立公司时，由州政府官员收集和核实受益所有人身份。

替代方案5：由美国国税局收集和核实受益所有人身份。

替代方案6：豁免小于一定资产规模或持有小于指定最低法人账户数量的金融机构。

替代方案1设定了10%的受益所有权阈值，为识别参与非法金融活动的个人提供更多信息。因为最多可收集11人[113]的信息，所以可通过持有低至10%的股份的所有人来识别非法融资。然而，实际上我们认为10%的阈值会给合法法人实体带来重大影响和巨大负担，而识别更多受益所有人身份信息给执法部门带来的效益并不会超过这些负担。此种阈值变更也会增加金融机构和客户准入方面的时间成本（在某些情况下时间会翻倍，因为受益所有人的数量会增加一倍以上，从最多5人增加至最多11人）和其他数据存储成本。根据美国财政部金融犯罪执法网络的评估，新方法有时要求收集和核实超过两倍人数的受益所有人的身份。然而，其增量效益不及上述收集和核实产生的负担。金融机构在IT更新、人员培训和内部控制方面的增量成本超出最终规则所产生的成本的幅度是有限的。

替代方案2设定了50%的受益所有权阈值，要求不那么严格，但为识别参与非法融资的个人提供的信息较少。采用50%的阈值意味着持有高达49%股份的所有人的相关信息将不予收集。此外，高阈值也会使规则更容易被规避，因为相比25%的阈值，法人实体的受益所有人更容易将其所有权权益降至50%的阈值以下。要求收集最多3人[114]的个人信息会在一定程度上降低金融

113 在前文所述的受益所有人定义的两个要素下，所有权要素下最多为10人，控制权要素下为1人。

114 所有权要素下2人，控制权要素下1人。

机构及其客户的数据收集成本。然而，由于金融机构仍将承担IT更新、人员培训和内部控制等主要成本，因此对于最终规则而言，总体节省额可能是有限的。我们无法量化这一较高的披露阈值造成的最终规则的效益减少，但我们认为，相较拟议的阈值，50%的阈值会使非法人员更容易利用法人实体来掩盖其金融活动。

替代方案3对新账户采用与最终规则相同的受益所有权披露阈值，但仍要求在规则生效时追溯性收集存量账户的受益所有权信息。由于金融机构需要雇佣更多的人员从客户那里收集受益所有权数据并将其输入账户数据库，因此替代方案3增加的主要是人工成本。同时，替代方案3也会增加义务机构的现有客户的成本。IT开发成本不会高于最终规则产生的成本。根据我们的预测，上述成本将是巨大的。在2012年的ANPRM中，美国财政部金融犯罪执法网络就是否需要对存量账户追溯性收集受益所有权信息征求各方意见。许多提议者提出反对意见，他们认为要求追溯性收集所有存量账户的受益所有人信息任务繁重。针对上述意见，美国财政部金融犯罪执法网络在NPRM中提出该要求仅适用于自规则适用日起开立新账户的法人客户。在NPRM意见征集阶段，绝大多数提议者重申了他们对追溯性收集受益所有权信息义务的反对意见。相较最终规则，替代方案3可能会产生更多效益，因为存量账户存量会远远超过新账户流入量，从而提供关于更多账户的受益所有权信息。但受益所有权信息增加这一优势会随着时间弱化。此外，由于替代方案3要求更高，其合规最终期限也会延长。

关于替代方案4，许多提议者指出，要求创建实体的州而非开立账户的金融机构履行收集受益所有权信息的义务会更加有效，也更为合适。尽管提出这一要求可能减少该规则下金融机构应承担的某些成本，但财政部认为义务机构仍需承担在开户时收集和核实受益所有权信息的独立义务。

此外，如NPRM中所述，政府支持分别在成立公司和开立账户时收集此类信息。这样做的主要原因如下：（i）公司成立和开户通常发生在不同的时间节点，可能导致信息的变更；（ii）没有针对美国成立的法人实体在美国开立银行账户的相关要求，或禁止非美国法人实体在美国开立账户的要求。因此，需要适用于上述两种账户开立情况的相关要求。此外，由于没有相关宪法授予联邦政府直接要求各州收集此类信息的权力，联邦政府可能会在对各州提出此种要求的方式和程度方面受到宪法的限制。并且，如果50个州和哥伦比亚特区未能就这一要求采取一致行动，非法人员可能在未实施该要求的州成立公司。此类漏洞将会消除该要求在州一级的效益。

关于替代方案5，一些提议者还指出国税局联邦官员可通过获取法人实体的雇主识别码来更有效地收集受益所有权信息。这样，成本就从金融机构转嫁给政府。基于以上原因，财政部认为，在公司成立时和开户时收集和核实受益所有权信息都是必要且有益的。此外，美国财政部金融犯罪执法网络无权要求美国国税局收集此类信息。并且，由于税收信息的敏感性以及为保护纳税人隐私而对使用此类信息施加的诸多法律限制，还需对税法进行立法修改。

在替代方案6中，美国财政部金融犯罪执法网络还考虑豁免小于一定资产规模或持有指定最低数量法人账户的金融机构。美国财政部金融犯罪执法网络认为识别金融机构法人客户的受益所有人并核实其身份是有效反洗钱计划的必要组成部分。如果美国财政部金融犯罪执法网络把小型实体或法人账户数量小于指定数量的实体排除在该要求之外，则这些金融机构将更可能被洗钱者和其他金融犯罪分子利用，因为犯罪分子会筛选出不受该要求限制的机构。

（4）调查结果摘要

1）成本

i. 定量评估

针对关于我们在拟议规则中的合规成本估算偏低的意见，我们对提供意见的金融机构以及当前向金融机构提供相关反洗钱/反恐怖融资软件的IT供应商进行了电话采访。[115]根据采访中获得的信息，我们估算了CDD要求下金

115 财政部了解到，大多数金融机构并未构建自己的客户数据输入和存储系统，而是从专门向金融机构提供此类产品的第三方购买此类系统。

融机构及其客户开立新法人账户所需的额外时间，以及金融机构进行员工培训和修订反洗钱计划和程序的成本。表1(a)以7%的折现率分别列出每种量化成本类别在第一年、前十年（现值）以及前十年年度成本高估算值和低估算值。[116]

表1(a)　基于7%折现率的量化成本

单位：百万美元

	金融机构				
	培训	准入	合规	客户	总计
第一年成本					
低估算值…………………………	211	45	55	61	371
高估算值…………………………	256	89	55	121	521
10年期成本现值：					
低估算值…………………………	264	353	55	477	1149
高估算值…………………………	439	705	55	955	2154
年度成本：					
低估算值…………………………	35	47	7	64	153
高估算值…………………………	59	94	7	127	287

注：分析的第一年为2016年。所有数字均以2014年的美元计。

资料来源：财政部的计算。

根据我们的估算，第一年成本约为3.7亿美元至5.2亿美元；之后几年的培训成本会降低。此外，我们预计十年期成本的现值约为11.5亿美元至21.5亿美元；年度成本约为1.5亿美元至2.9亿美元。表1(b)展示了基于3%折现率的类似成本。其中，第一年成本没有变化。但根据我们的估算，十年期成本将上升至13亿美元至25亿美元，而年度成本将略微下降至1.5亿美元至2.9亿美元。[117][118]

116 年度成本值是每个十年期内发生的未折现恒定年度成本（如有），且将在成本流折现（采用表1a中7%的折现率）和汇总后，生成表中相应“十年期成本现值”项的值。例如，使用7%的折现率时，一个10年期5900万美元的成本流（表1a中年度培训成本的“高估算值”）的现值为4.39亿美元。

117 原文疑似计算有误。——译者

118 原文疑似计算有误。——译者

表1(b) 基于3%折现率的量化成本

单位：百万美元

	金融机构				
	培训	准入	合规	客户	总计
第一年成本					
低估算值…………………………	211	45	55	61	371[116]
高估算值…………………………	256	89	55	121	521[117]
10年期成本现值：					
低估算值…………………………	274	414	55	560	1303
高估算值…………………………	476	827	55	1120	2479
年度成本：					
低估算值…………………………	31	47	6	64	148
高估算值…………………………	54	94	6	128	282

注：分析的第一年为2016年。所有数字均以2014年的美元计。

资料来源：财政部的计算。

ii. 定性评估

由于缺乏数据，我们无法可靠地量化与规则执行相关的几种成本。例如，由于缺乏数据进行定量评估，我们对相关机构IT升级以及美国刑事调查的增量成本进行了定性讨论。

2）效益

CDD最终规则的主要目的是减少金融犯罪（如洗钱和恐怖融资）等非法活动。然而，就减少犯罪而言，目前无法对最终规则的任何效益进行精确衡量，因此也无法进行定量评估。影响针对规则效益进行可靠定量评估的两个主要因素如下：其一，非法活动很难被察觉，这意味着报告的措施很可能是不可靠的；其二，美国对受益所有权的要求在过去并无变化，所以无法据此估算对结果的影响。

此外，在这种情况下，很难通过历史数据估算政策变化的影响。根据《银行保密法》制定的现有反洗钱/反恐怖融资规则以及随后的法规已有效减少了金融犯罪（包括洗钱和恐怖融资）。并且，2008年国际金融危机后，美国和国际监管制度发生了广泛变化，增加了评估CDD要求变化产生的潜在影响的难度，因为即使对非反洗钱/反恐怖融资规则的变更也可能引起被监管方行为的改变，所以很难界定CDD要求产生的潜在影响。正进行的金融监管改革（包括《2010年多德—弗兰克华尔街改革和消费者保护法》）更增加了对最终规则潜在影响进行评估的难度。最后，不断变化的外部因素，如不断演变的外国政府反洗钱/反恐怖融资政策和海外金融机构的管理规范可能影响在美国发生的非法活动，如通过跨境机构进行的非法活动。

由于上述以及其他原因，成本效益分析在很大程度上依赖相关文献中关于潜在影响的定性评估。最后，尽管我们认为，CDD要求实施后洗钱案件起诉数量的大幅提升等可以表明规则在降低犯罪活动水平方面的效力，但鉴于立案和起诉所需的时间，我们可能无法在几年内进行此类量化评估。

3. 成本定量估算

（1）对相关机构造成的成本

1）员工培训

我们根据从金融机构和美国劳工统计局（BLS）获得的数据，对相关机构的培训成本进行了高成本和低成本估算。上述估算仅涉及与最终规则直接相关的培训成本，不涉及金融机构为遵守更广泛的反洗钱/反恐怖融资法规所需的全套培训活动。根据相关机构的雇员总数和雇员加权平均小时工资，我们以接受培训的雇员的比例以及培训时长为变量，进行了高成本和低成本估算。[119] 高成本估算假定相关机构三分之二的员工接受了培训，且一次性初始培训时长为一小时，随后年度进修培训时长为15分钟。低成本估算假定三分之一的员工接受了培训，且初始培训时长为30分钟，年度进修培训时长为10分钟。

在高成本和低成本估算中，我们提出四种主要假设。首先，我们假设员工培训的机会成本等于其工资率而非总薪酬（工资加福利）。[120] 其次，我们

119 为表示相关机构的劳动力，我们将使用在以下4位编码北美产业分类体系（NAICS）行业的营业机构工作的所有雇员的工资数据：5221（储蓄信贷中介），5222（非储蓄信贷中介），5223（与储蓄信贷中介相关的活动）或5231（证券和商品合约中介与经纪业务）。

120 如果员工短暂的培训时间主要取代的是其生产力不足的工作时间，则根据该假设计算的培训机会成本要高于必要的机会成本。

将针对10年期的时间范围采用美国劳工统计局2012—2022预测的金融活动每年0.9%的就业增长率。[121]再次，我们采用2015年《社会保障受托人报告》中1.2%的年度实际总工资增长率（四舍五入后的中间假设）。[122] 最后，我们假设员工流动率与美国劳工统计局职位空缺和流动调查中金融和保险部门提供的数据一致。[123]我们认为，基于上述假设得出的估算值解释了分析期间可能影响成本的主要因素。

表2对估算成本进行了汇总。根据接受培训的员工的比例和培训课程时长，第一年的培训成本估计在2.1亿美元至2.6亿美元之间。第一年的成本比随后几年的成本要高出许多，有以下两个原因：在第一年，所有接受培训的员工接受的初始培训时间较长，但在随后几年中接受的进修培训时间较短，且合规人员必须在第一年对培训进行设计。[124] 我们在考虑员工流动时假设需要岗位培训的新员工在第一年接受完整的初始培训，并在随后的每一年接受进修培训。我们还假设需要培训和不需要培训的岗位的流动率相同。

折现率为7%和3%时，10年期低成本估算和高成本估算的现期折现值分

121 劳工统计局，2013年，“对2022年产业就业和产出的预测”，《劳工评论月刊》。http://www.bls.gov/opub/mlr/2013/article/industry-employment-and-output-projections-to-2022.html。

122 联邦养老、遗属保险与联邦残障保险信托基金受托委员会，2015年，《联邦养老、遗属保险与联邦残障保险信托基金受托委员会2015年年度报告》。http://www.ssa.gov/oact/tr/2015/tr2015.pdf。

123 劳工统计局，2015年，职位空缺和劳动力流动调查新闻稿。http://www.bls.gov/news.release/archives/jolts_03102015.htm#jolts_table9.f.2。我们采用表16中金融业和保险业2010—2014年度总离职率的平均值。

124 根据某大型贸易协会提出的意见，我们认为各金融机构设计培训所需的时间为200小时。此外，我们采用2014年5月美国劳工统计局职业就业统计中在4位编码NAICS行业的营业机构（见脚注116）工作的“合规专员”的工资数据，这些合规专员的平均小时工资为34.03美元。则培训设计总成本-该工资×200（小时）×金融机构数量。

别约为2.65亿美元至4.4亿美元，以及2.75亿美元至4.75亿美元。[125 126]

表2　培训成本估算（现值）

单位：百万美元

年	7%折现率		3%折现率	
	低估算值	高估算值	低估算值	高估算值
1	211.1	256.0	211.1	256.0
2	7.0	24.4	7.3	25.3
3	6.7	23.3	7.2	25.1
4	6.4	22.2	7.2	24.9
5	6.1	21.2	7.1	24.7
6	5.9	20.2	7.0	24.5
7	5.5	19.3	7.0	24.3
8	5.3	18.4	6.9	24.1
9	5.1	17.6	6.9	23.8
10	4.8	16.8	6.8	23.6
现值	263.8	439.4	274.4	476.3

注：第一年为2016年。包括根据2015年《社会保障年度受托人报告》中总中值得出的年度实际工资增长率。行业平均工资基于2014年5月美国劳工统计局职业类别就业统计数据（针对NAIC-4代码为5221、5222、5223和5231的行业）。职业流动率为美国劳工统计局在2015年3月的金融和保险部门职位空缺和劳动力流动调查中得出的总离职率的5年平均值。就业增长预测来自2013年12月的美国劳工统计局经济新闻稿。低成本估算假定三分之一的员工接受了30分钟的初始培训和每年10分钟的进修培训。高成本估算假定三分之二的员工接受了1小时的初始培训和每年15分钟进修培训。数据与原文一致。

资料来源：财政部的计算。

125 为完整起见，根据美国管理与预算办公室指导，我们分别采用7%和3%的折现率来估算10年期的现期折现值。对于主要影响个人消费的法规，通常适合采用3%的折现率来计算未来的消费流；而对于影响私营金融机构的法规，则更合适采用7%的折现率(See Office of Management and Budget (OMB), *Regulatory Impact Analysis*: A Primer, Aug. 15, 2011)。

126 我们采访的某大型银行的代表表示，其所有员工都必须接受一个半小时的培训。在上述分析中，如果所有相关机构的所有员工都需接受一个小时的初始培训和随后每年15分钟的进修培训，那么10年期培训成本的现值为5.61亿美元。尽管我们认为不太可能需要进行如此广泛的员工培训，但这一估值为总培训成本提供了上限。

2）额外准入成本

金融机构将主要通过在法人实体开立账户过程中收集受益所有权和控制权信息来满足CDD最终规则的要求。我们以新法人账户的预期年度数量乘以因最终规则产生的额外准入时间成本来估算CDD要求给机构造成的额外准入成本。[127]我们估计每年新增账户数量为800万，包括将被排除或豁免于该规则之外的所有财务账户。根据与相关机构的电话沟通以及收到的关于2015年12月发布的NPRM和RIA预案的公众意见，我们认为为满足CDD要求的规定，平均需要20~40分钟的额外时间来开立账户。[128]我们预估一家金融机构开立一个账户的额外时间成本为16.77美元，即金融行业中“新账户开立人员”的平均工资（根据美国劳工统计局提供的数据）。如以7%的折现率计算，准入成本的现值约3.5亿美元至7.05亿美元；如以3%的折现率计算，准入成本的现值为4.1亿美元至8.25亿美元。

表3展示了用于10年期分析的与最终规则相关的准入成本估算。

表3　金融机构准入成本估算（现值）

单位：百万美元

年	7%折现率		3%折现率	
	低估算值	高估算值	低估算值	高估算值
	额外20分钟	额外40分钟	额外20分钟	额外40分钟
1 ……………………………………	44.7	89.4	44.7	89.4
2 ……………………………………	42.3	84.6	43.9	87.9
3 ……………………………………	40.0	80.0	43.2	86.3
4 ……………………………………	37.8	75.7	42.4	84.8
5 ……………………………………	35.8	71.6	41.7	83.3
6 ……………………………………	33.8	67.7	40.9	81.9
7 ……………………………………	32.0	64.0	40.2	80.5
8 ……………………………………	30.3	60.5	39.5	79.1

127 此额外准入时间包括收集和核实受益所有权信息以及保存相关记录的时间。

128 在RIA预案中，我们针对低估算值和高估算值场景每个账户平均增加准入时间15分钟和30分钟，但一些人认为上述估值偏低。

续表

年	7%折现率		3%折现率	
	低估算值	高估算值	低估算值	高估算值
	额外20分钟	额外40分钟	额外20分钟	额外40分钟
9	28.6	57.3	38.8	77.7
10	27.1	54.2	38.2	76.3
现值	352.5	705.0	413.6	827.2

注：第一年为2016年。包括根据2015年《社会保障年度受托人报告》中总中值得出的年度实际工资增长率。平均工资率基于美国劳工统计局职业类别就业统计数据（2014年5月，适用于新账户开立人员）。基于每年开立800万个法人账户的预期。数据与原文一致。

资料来源：财政部的计算。

3）政策和程序修改

为确保遵守最终CDD规则，合规专员需修改其受最终规则影响的反洗钱计划和程序（如账户准入）。在提交的RIA相关意见中，某大型贸易协会提出每家金融机构需额外花费56个小时进行此类修改。用额外小时数乘以相关行业中合规专员的平均工资（34.03美元，见脚注122）再乘以相关机构的数量，得出更新合规程序的总成本为5500万美元，这仅是发生在第一年的成本。

（2）新账户开立过程中的额外客户时间

相关机构的客户也将因最终规则所导致的准入时间延长而产生额外成本（我们已在上文分析了对相关机构造成的成本）。根据与相关机构的电话沟通以及收到的关于2015年12月发布的NPRM和RIA预案的公众意见，我们估算了对客户造成的成本。估算时，我们假设客户开立新法人账户所需的额外时间等于机构的额外准入时间，并且等于开立账户所需的平均额外时间、将开立的新账户数量估值以及客户时间成本估值的乘积。同样地，为与金融机构额外准入成本的计算保持一致，我们必须在计算客户成本时假设每年开立800万个新法人账户。我们采用2014年5月《全国职业就业和工资估算》（National Occupational Employment and Wage Estimates report）报告中所有雇员的加权平均小时工资，即每小时22.71美元。如使用7%的折现率，相关机构客户新开户的总额外成本的现值为4.75亿美元至9.55亿美元；如使用3%的折现率，则成本的现值为5.6亿美元至12亿美元。

表4　客户成本估算（现值）

单位：百万美元

年	7%折现率		3%折现率	
	低估算值	高估算值	低估算值	高估算值
	额外20分钟	额外40分钟	额外20分钟	额外40分钟
1	60.6	121.1	60.6	121.1
2	57.3	114.6	59.5	119.0
3	54.2	108.3	58.5	116.9
4	51.2	102.5	57.4	114.9
5	48.5	96.9	56.4	112.9
6	45.8	91.7	55.5	110.9
7	43.3	86.7	54.5	109.0
8	41.0	82.0	53.5	107.1
9	38.8	77.6	52.6	105.2
10	36.7	73.3	51.7	103.3
现值	477.3	954.7	560.1	1120.3

注：第一年为2016年。包括根据2015年《社会保障年度受托人报告》中的总实际工资增长率中值得出的年度实际计时工资增长率。实际计时工资率基于美国劳工统计局职业类别就业统计数据（2014年）中所有职业的加权平均小时工资率。基于每年开立800万个法人账户的预期。数据与原文一致。

资料来源：财政部的计算。

4. 定性成本讨论

（1）对美国刑事调查与司法制度造成的增量成本

美国财政部认为，最终规则可能会增加联邦金融情报和刑事司法机构的成本，因为需要额外的资源来处理最终规则可能触发的更多可疑交易报告、调查、起诉和监禁。这些活动有助于将金融犯罪分子、洗钱人员、恐怖主义资助方和其他对国家安全构成威胁的人员绳之以法，从而减少犯罪和恐怖融资。我们不会对实施该最终规则引起的上述执法活动的变化（及其相关成本）进行量化，但我们将在以下各节中进行简要描述。如下文所述，我们甚至很难预测最终规则导致的执法活动变化的方向。因此，任何针对程度的估算都是推测性的。

1）可疑交易报告处理

我们预计，随着最终规则的采用，越来越多的义务机构将提交包括关于法人账户受益所有权信息的可疑交易报告，因为随着时间的推移，会有越来越多的账户在开户时收集受益所有权信息。此类信息帮助执法机构更快速地识别同谋身份。然而，我们尚不清楚此类信息对可疑交易报告的数量以及联邦用于分析的资源方面的潜在影响。目前提交的可疑交易报告中，有很大一部分涉及金融机构认为可疑的交易，因为这些交易是由潜在的空壳公司完成或牵涉此类公司的。然而，新收集的受益所有权数据可能会排除某些已标记的可疑交易，从而抵消最终规则项下提交的可疑交易报告的数量。新信息会导致之前须提交的可疑交易报告现不再提交。可疑交易报告初次提交量从2010年至2014年的变化情况如表5所示。由于无法确定最终CDD规则对可疑交易报告未来提交量的影响，我们无法对相关潜在影响的程度进行评估。

表5　相关机构在美国初次提交的可疑交易报告（可疑交易报告）：初次提交的所有类型的可疑交易报告总和[129]

2010年	2011年	2012年	2013年	2014年	5年平均值
690603	798780	842947	1000074	909371	848355

注：统计数据基于标识为首次提交的且在指定年份（截至2015年10月8日）收到的可疑交易报告数量。

资料来源：美国财政部金融犯罪执法网络的记录系统。

2）调查

相关机构收集法人实体的受益所有权信息可能增加联邦政府需调查的金融犯罪的数量，并增加此类调查的费用。更全面地掌握受益所有权信息有助于对关联实体以及与法人账户持有人相关联的个人的钱款流向进行追踪，并有可能发现先前未知的与犯罪活动有关的线索。全面的受益所有权信息也可帮助执法机构更好地确定行动目标，加快从调查到起诉的进程，抵消较高的

129 英文原表无单位。——译者

资源需求。

3）起诉

同样，最终规则可促进对参与非法活动的法人实体的受益所有人以及与该法人实体有关的其他关键个人的识别和起诉，这有可能导致正式提起诉讼的案件增多（与未采用最终规则时的案件数量相比）。起诉的增加会相应增加相关联邦工作人员和承办者的参与时间。在采用最终规则的情况下，受益所有权信息有助于对多种犯罪进行起诉。表6列出了过去五年中各类起诉的数量。由于无法确定最终CDD规则对未来起诉数量的影响，因此我们无法对相关潜在影响的程度进行评估。但是，即使是在五年平均水平（46000起）的基础上增长约1%，也会相应增加460起诉讼。

表6　根据犯罪类型划分的联邦起诉案件

单位：起

犯罪类型	2010年	2011年	2012年	2013年	2014年	5年平均值
交易和持有毒品……………………	26805	28422	26858	25884	21577	25909
政府监管（Government Regulatory）	2974	2815	2455	2728	2501	2693
国家内部安全/恐怖主义　…………	365	319	267	269	212	286
官员腐败…………………………	727	585	633	636	524	621
有组织犯罪………………………	572	582	363	390	316	445
武器………………………………	7614	7465	7774	7136	6632	7324
白领犯罪…………………………	9722	10162	8433	8373	7864	8911
总计………………………………	48779	50350	46773	45416	39626	46189

资料来源：TRACFed数据库。

4）监禁

如果最终规则导致胜诉数量增加，那么我们预计监禁成本也会相应增加。监禁人数的增加会导致更大的可变成本（如食物、衣服和住所等）以及联邦监狱的人员成本（警卫和其他工作人员及其工作区、培训和设备）。一般而言，如果最终规则导致监禁人数激增，从而需建立一个或多个新联邦机构并将其投入运营，那么成本可能会进一步上升。[130] 表7列出了2010—2014年各类犯罪监禁人数，其中案件起诉中用到了受益所有人信息。由于无法确定最终CDD规则对未来监禁人数的影响，我们无法对相关潜在影响的程度进行评估。但即使是在五年平均水平（约36000）的基础上增长约1%，也会相应增加360起监禁。

表7　联邦各类犯罪监禁人数

犯罪类型	2010年	2011年	2012年	2013年	2014年	5年平均值
交易和持有毒品……………………	21426	21686	23449	21663	20990	21843
政府监管（Government Regulatory）	1000	1053	1065	929	856	981
国家内部安全/恐怖主义 …………	198	186	154	177	176	178
官员腐败…………………………	357	343	358	339	373	354
有组织犯罪………………………	340	367	363	252	248	314
武器………………………………	6594	6428	6553	6311	5981	6373
白领犯罪…………………………	6211	6381	5844	5444	5537	5883
总计………………………………	36126	36444	37786	35115	34161	35926

资料来源：TRACFed数据库。

（2）对相关机构造成的成本

1）IT升级

CDD最终规则要求金融机构收集、存储和检索新账户持有人的受益所有权数据，也就是说规则对金融机构的IT系统也有影响。金融机构可自行构建“内部”IT网络，也可从第三方供应商处购买这些系统，并与之签订多年服

130 虽然监狱人口过多不可能仅因为拟议规则造成，但完整起见，我们还是提到这一点。目前，联邦监狱局在美国经营或管理141家机构，囚犯总数约为194000人。按照犯罪类型，可能受拟议规则影响的犯罪包括（括号中的数字为占联邦囚犯总数的百分比）：银行与保险，伪造及挪用公款（0.3%）；毒品犯罪（48.4%）；勒索、欺诈和贿赂（6.3%）；以及国家安全（0.0%）（数据显示，有76人因国家安全罪被监禁）［Federal Bureau of Prisons, *Inmate Statistics—Offenses,* available at http://www.bop.gov/about/statistics/statistics_inmate_offenses.jsp (accessed October 15, 2015)］。

务合同，以遵从相关规定。单个供应商可能会向数百家金融机构客户出售针对其特定类型（如，信用社而非银行）量身定做的多个核心平台。然后，供应商将为各金融机构个性化设置其所购买的IT平台。

如果向多个客户出售同一平台（已进行个性化设置）的供应商只需对核心平台的软件进行一次升级即可使所有IT系统符合最终规则的要求，则在生产符合CDD要求的IT系统方面实现了规模经济。换句话说，当供应商将合规的平台出售给另一个客户时，所有购买该平台的客户的平均合规成本都会下降。还有一种情况是，供应商为响应最终规则需要对每个客户的IT系统进行升级，且每次升级产生的额外费用相同。在存在规模经济的情况下，如果所有其他条件相同，义务机构使用的核心平台数量越少，则为遵循最终规则投入的程序员的工作时间成本就会越低。我们可以将建立和维护内部网络的金融机构视为拥有单一客户的供应商。

根据与金融机构签订的标准服务合同，第三方供应商会对规则进行监控，然后对IT系统进行更改，从而代表金融机构遵循相关规定。在合同期限内，供应商通常需承担必要的系统更改成本以确保合规。然而，在与财政部的讨论中，一些供应商表示根据这些服务合同的条款实施CDD要求的成本太高，并且可能会向其客户收取额外费用。遵守最终规则导致的IT成本增加的幅度在一定程度上还取决于要求金融机构使用收集的受益所有权数据的方式。例如，仅要求金融机构以电子方式存储应要求提交给政府的信息，比要求将该信息与其他数据库的数据集成的成本要低。

即使我们能准确地预测供应商因CDD要求的实施而向金融机构客户收取的额外费用，但这些预测数值并不一定能涵盖因实施CDD要求而对社会造成的全部IT相关成本。除了程序员工作时间成本增加外，供应商还声称其不得不推迟其他新计划的开发工作（如开发现有平台的其他功能等）。原则上，CDD要求产生的所有IT相关成本应等于供应商和金融机构在不延迟其他发展计划的前提下为遵守规则雇佣的提供内部IT服务的人员的劳动时间成本。

在NPRM发布后的意见征询期内，金融机构表示，根据最终CDD规则的要求升级现有IT系统的成本很大，虽然它们并未给出具体成本。但我们通过一对一电话访谈获取了一些金融机构对增量IT成本的估算。具体来说，一家大型银行、一家中型银行和一家小型信用合作社IT升级成本分别约为2000万美元、300万美元至500万美元，以及5万美元至7万美元；两家大型信用合作社的估算成本分别为23270美元和11500美元。财政部将这些数据用于可能受影响的银行和非银行金融机构，评估其IT成本的数量级。财政部认为规则实施的第一年实际的IT总成本可能会低至十多亿美元。

由于信息不足，应谨慎对待IT成本的数量级评估。美国财政部金融犯罪执法网络仅获得了5家机构提供的IT升级成本估算，且涉及范围广。某些成本估算值似乎是矛盾的，因为根据我们的估算，规模更大的公司会产生更大的成本。由于样本量很小，再加上我们不了解各个公司提供的成本数据的质量，我们无法利用这些成本估算来合理地推算整个行业的成本。我们仅基于这些调查结果提供数量级信息，帮助进行盈亏平衡分析。

总资产	银行或机构数量（个）	各公司平均IT升级成本（基于获取的数据）（美元）	IT升级总成本（除总计外，单位为百万美元）
>2000亿美元	11	20000000	220
100亿美元至2000亿美元	74	3000000~5000000	222~370
10亿美元至100亿美元	473	11500~23270	5~11
<10亿美元	4762	50000~70000	238~333
非银行机构（包括信用合作社）	23496	129000~176000	3030~4140
总计	28816	……	十亿美元[130]

2）可疑交易报告的生成和提交

当金融机构监测到涉嫌洗钱或欺诈的行为时，其员工必须进行进一步调查，确定是否需要就这些活动向美国财政部金融犯罪执法网络提交可疑交易报告。在许多情况下，金融机构经过仔细调查后，决定最初认为可疑的交易

131 英文原图即如此，无关于工厂升级总成本的总计数据。——译者

无须提交可疑交易报告。由于存在可疑行为误报，金融机构最终提交的可疑交易报告数量并不直接对应于其填写可疑交易报告耗费的劳动力。一些金融机构在与财政部进行电话访谈时表示，它们认为根据最终规则将会发现更多的可疑交易，但这并不意味着它们会提交更多的可疑交易报告。因为难以确定最终规则在生成和提交可疑交易报告方面对金融机构劳动力需求的影响，因此我们不会对该成本进行量化。

3）内部控制/合规

CDD要求需要金融机构合规专员投入更多工作时间，确保其所在机构的程序合规。金融机构在与财政部的电话访谈中提出，为确保遵守CDD规则，需要针对进行的审计工作制定额外的程序并进行额外审核。一家金融机构表示，为加强审计可能需要雇佣更多合规人员。由于不确定金融机构如何根据最终CDD规则调整合规专员的配备，我们无法对该成本进行量化。

4）潜在资本损失（转移至国外的账户）和放弃资本（未开立的账户）

针对欧盟的受益所有权披露规则[132]的一份前瞻性研究认为，2007年该规则的实施可能会致使某些账户持有人将其资产转移到不适用该政策的其他国家，[133]但如果美国实施CDD要求，这种情况似乎不太可能发生。CDD要求似乎也不太可能造成本应在国内相关机构开立的法人账户转移到国内或国外其他金融机构开户的情况。

财政部认为，合法交易账户持有人不太可能因受益所有权披露要求而关闭账户；潜在交易账户持有人也不太可能因披露要求而不开立新账户。理由

132 所述规则指2005年10月26日欧洲议会和欧洲理事会关于禁止使用金融系统进行洗钱和恐怖融资的第2005/60/EC号指令。各成员国遵守该规则的最终期限为2007年12月15日。

133 预计资本损失是根据调查结果得出的。国家银行协会三分之一受访者认为，有益的披露规则可能导致国家银行部门的资本流出增加（Transcrime. 2007. Cost Benefit Analysis of Transparency Requirements in the Company/Corporate Field and Banking Sector Relevant for the Fight Against Money Laundering and Other Financial Crime. A study financed by the European Commission）。Transcrime，2007年，“对公司/企业和银行部门关于反洗钱和打击其他金融犯罪透明度要求的成本收益分析”。该研究由欧盟委员会资助。

有三：

第一，对于大多数在美国运营的企业，如果没有在美国国内银行开立的交易账户，它们将难以开展基本业务（如接收应收款和支付发票等）。[134]

第二，根据金融行动特别工作组（FATF）的建议，所有成员国应要求其国内金融机构进行客户尽职调查，并要求其执法机构与其他成员国的执法机构（包括美国执法机构）展开合作。与上述2007年欧盟研究提及的情况不同，现在大多数FATF成员（以及许多其他辖区）已开始遵守FATF客户尽职调查标准；所以，世界上几乎所有国家和地区（不仅仅是发达经济体）都要求金融机构在开立账户时获取法人的受益所有权信息。

第三，根据《外国账户税务合规法案》外国金融机构需向美国国税局报告关于美国纳税人持有的账户的身份识别和收入信息。[135]《外国账户税务合规法案》的要求适用于全球所有金融机构；美国已就实施《外国账户税务合规法案》与112个司法管辖区签订了政府间协议，但位于未签订政府间协议的司法管辖区的金融机构仍需遵守《外国账户税务合规法案》的报告要求。在这112个外国司法管辖区中的任何一个国家或地区开立账户的法人实体都需要披露其美国受益所有权信息。因此，为了隐瞒受益所有权信息而在美国以外的国家或地区开立银行账户相对于在美国开立账户并没有实质性优势。

（3）与非犯罪活动有关的费用增加[136]

1）隐私损失

我们希望尽可能降低金融机构客户隐私损失成本。之所以会产生一些成本，是因为根据受益所有权信息披露要求，法人实体需披露在其成立时任何

134 一些意见指出，对于某些特殊的信贷产品，受益所有权要求可能会致使企业使用其他竞争产品。因为美国财政部金融犯罪执法网络认为此类产品被用于洗钱或恐怖融资的风险很低。所以满足某些条件时，这些产品会被豁免于受益所有权要求。

135 或某些将美国纳税人视为“实质美国所有人”（指在该实体中持有10%或以上所有权的个人）或“控制人”（对于位于签订政府间协议的司法管辖区的金融机构，根据FATF的建议，指对实体行使控制权的自然人）的外国实体。

136 这些成本大于金融机构转嫁给客户的因遵守CDD要求产生的增量成本。

州都未要求其披露的信息。所以，许多实体会披露一些先前未披露的受益所有权信息。

严格来说，学术研究结果可能不适用于本规则，因为此类披露是法律要求的披露。但是，研究表明，个人在自行披露个人信息前，首先会权衡预期效益和任何可能的负面后果。[137] 个人通常会因为一些小利（通常是非财务利益）而披露个人信息。[138] 如果个人相信机构能够负责任地存储和使用信息，那么个人与机构共享信息的意愿就会增强。[139] 因为受益所有权信息量少，且其传播仅限于金融机构（或法律程序的执法部门），所以我们预计守法个人进行个人信息披露的成本很低。

相比之下，我们预计金融犯罪分子在披露先前私密的受益所有权信息方面将要承担较高的成本，因为披露可能导致金融机构拒绝提供服务、没收资产或起诉和监禁等后果。由于最终规则的意图是提高犯罪活动的成本，因此该隐私损失成本变化与最终规则的预期效果是一致的。我们不会对隐私损失的价值进行估算。

2）对客户的潜在影响（包括对无银行账户人群开户的影响）

根据联邦存款保险公司（FDIC）的调查，2013年美国"无银行账户"人口占所有家庭的7.7%。[140] 无银行账户家庭在被保险金融机构没有账户。我们认为开发"一个能够让银行有效地服务尽可能多的消费者的金融系统"

---

137 Hal Varian，"个人隐私的经济方面"，《互联网政策与经济》，W.H. Lehr、L.M. Pupillo编辑，第101-109页，纽约：施普林格出版社，2009年。也可参见Il-Horn Hann、Kai-Lung Hui、Tom Lee和I Png，"网络信息隐私：衡量成本效益的平衡"，《ICIS 2002年会议论文集》第1篇（2002年）。

138 Jens Grossklags、Alessandro Acquisti，"如何从行为经济学的角度看待隐私？"，《数字隐私：理论、技术和实践》，Alessandro Acquisti、Stefanos Gritzalis，Costas Lambrinoudakis和Sabrina De Capitanidi Vimercati编辑，第363-377页，博卡拉顿：Auerbach出版社，2008年。

139 Tamara Dinev、Paul Hart，"用于电子商务交易的扩展隐私演算模型"，《信息系统研究》第17篇第1期（2006年），第61-80页。此项研究是在近年来大型企业和政府机构发生重大IT数据泄露之前进行的。

140 联邦存款保险公司，2014年，"2013年联邦存款保险公司全国无银行账户和银行服务覆盖不足的家庭调查"。

非常有价值。

理论上讲，如果将金融机构面临的合规成本转嫁给客户（例如，通过提高最低存款标准和/或手续费），可能会增加客户开户的障碍，某些消费者可能会因金额过高而无法进入银行业务系统。[141]我们并未找到评估反洗钱/反恐怖融资对美国无银行账户人群潜在影响的文献，我们也不会对其进行量化。但我们认为，金融机构因最终规则发生的成本相对较低，且该成本会被转嫁到广泛的客户群，因此预计对无银行账户群体的边际影响很小。

5. 效益的定性讨论

（1）犯罪和恐怖活动减少

最终规则的主要目的是减少非法活动。基于上文所讨论的原因，尚不存在CDD要求对结果影响的可靠的（成本效益分析中的效益计算可参照评估结果的）定量评估。因此，本分析基于相关文献对非法活动的可能减少量进行了定性评估。

根据《2015年国家洗钱风险评估》（*National Money Laundering Risk Assessment* 2015）的估算，美国每年的洗钱量为3000亿美元。该估算还指出，洗钱者利用的一个主要漏洞是“创建法人实体时无须提供关于受益所有人身份的准确信息”。[142]报告表明，许多金融犯罪正是利用了信息易隐藏的特点进行金融犯罪活动。[143]因此，最终规则中的受益所有权披露要求可能会大大减少美国的金融犯罪。

由于缺乏关于反洗钱/反恐怖融资政策与非法活动之间联系的直接实证估算数据，我们参考了犯罪经济学相关文献。诺贝尔奖得主加里·贝克尔

141 Peter Reuter和Edwin Truman，《脏钱追踪：反洗钱进展》，华盛顿：彼得森学院，2004年。

142 美国财政部恐怖主义和金融情报办公室，《2015年国家洗钱风险评估》。

143 美国财政部认为，“金融交易的匿名性是造成风险评估中大多数漏洞的根本原因”（See U.S. Department of the Treasury. Office of Terrorism and Financial Intelligence. 2015. *National Money Laundering Risk Assessment.*）。

（Gary Becker）是这一领域的领军人物，他假定犯罪分子基于其预期的犯罪成本和效益作出合理决定。[144] 贝克尔认为，个人进行犯罪行为的决定取决于其逍遥法外获得的收入、定罪的可能性、定罪后的惩罚以及合法工作的收入。一个理性的人在选择犯罪时期望的回报（考虑定罪风险和相关处罚）要高出合法工作的回报。

我们可以将贝克尔模型应用于犯罪分子，评估新政策对非法活动的影响。通过揭露更多犯罪分子的身份，CDD要求可帮助金融情报和执法部门将犯罪行为与犯罪者联系起来，从而增加定罪的可能性。因此，根据贝克尔模型，我们认为CDD要求可减少非法活动。犯罪分子被监禁后将无法在服刑期间从事非法活动，这种现象被称为“能力丧失效应”。较高的逮捕和定罪率也可阻止潜在犯罪分子犯罪。大量犯罪经济学实证文献表明，较高的逮捕和定罪可能性（通常表现为较多的警力），可通过消除犯罪能力和威慑降低犯罪率。[145]

一般而言，犯罪分子有可能会将其账户转移至不要求进行受益所有权识别和核实的国家。但我们认为这不太可能发生，因为世界上大多数国家已要求金融机构收集和核实法人账户持有人的受益所有权信息。理论上讲，犯罪分子还可能将其受益所有权份额降低至披露阈值以下，但我们认为这种可能性也不大，因为犯罪分子很难通过其持有少数股权的载体来洗钱。犯罪分子需承担采取以上措施所产生的成本，并可能需承担因使用较麻烦且成本较高的金融服务所产生的成本。总的来说，较高的犯罪成本将会减少预期的犯罪效益，所以我们预计金融犯罪率也会相应降低。

为计算CDD要求带来的犯罪减少的效益，我们需要了解CDD要求对非法活动的负面影响（如上文所述）以及非法活动对社会造成的成本（若存在

144 参见加里•贝克尔“犯罪与惩罚：一种经济分析”，《政治经济学杂志》第78期（1968年），第169-217页。

145 参见Chalfin Aaron和Justin McCrary，“犯罪威慑：文献综述”，《经济文献杂志》投稿（2015年）。另参见Daniel Nagin，“威慑：供经济学家参考的犯罪学家的证据审查”，《经济学年刊》，2013年第5期，第83-105页。

本规则，则不会发生这些成本）。但将这些成本一一列举并非易事，因此我们根据犯罪成本相关文献来区分犯罪的“社会成本”和“外部成本”，从而更准确地了解最终规则的潜在效益。[146]外部成本是一人（受害者）非自愿地被另一人（犯罪者）强加的成本。例如，在一起偷车案中，外部成本可能包括车辆的转售价、盗窃时车辆中物品的价值、受害者处理后续事宜花费的时间的价值，以及受害者遭受的心理痛苦和折磨。然而，不论犯罪者选择保留还是出售车辆及其中的物品，车辆和物品仍可供社会中的某个人使用，可以被认为是从一个人转移到另一个人。因此，有人提出，与受害者遭受的痛苦、折磨和浪费的时间不同（这些损失不能被他人的收益所抵消），被盗物品（或金钱）的价值并未构成社会成本。[147] 这种观点相当于在评估减少犯罪的政策时将犯罪者的福祉纳入整体社会福利。然而，近期一项调查显示，“在实践中，研究人员普遍的观点是，犯罪分子的福祉不应被算作社会福利一部分”。[148]我们在RIA中也采用这样的观点，即使用外部成本作为犯罪成本的相关概念。也就是说，任何从受害者非自愿转移至犯罪分子的资金的减少都构成CDD要求的效益。

针对减少的犯罪和恐怖融资的价值的完整计算包括因减少这些活动而避免对受害者造成的全部伤害。除财务损失等有形成本（我们采用外部成本，因此这些成本不会被犯罪分子的利益抵消）之外，对犯罪成本的研究还发现存在无形损失，包括犯罪活动导致的痛苦、折磨和生活质量下降等。Button等（2014）采访了伦敦700多名金融欺诈受害者。根据受害人反馈，金融欺

146 本节中关于社会成本和外部成本的描述和示例参考了Aaron Chalfin的工作论文（“The Economic Cost of Crime.” Working paper, University of Cincinnati (2013). and Cohen, Mark A. “Measuring the Costs and Benefits of Crime and Justice.” *Criminal Justice* 4 (2000): 263-315）。

147 注意：犯罪的社会成本不是外部成本的一部分。犯罪的社会成本还可包括公共部门或普通公民用于预防犯罪的任何资源（这些资源本可被更有效地用于其他用途），以及因企业选择不在高犯罪率地区开展业务而失去的经济机会。

148 参见Aaron Chalfin工作论文“犯罪的经济代价”第5页，辛辛那提大学（2013年），以及其中引用的提出其他观点的文章。

诈对他们产生的重大影响包括“抑郁或精神病”（7%）、“心理/情感影响，失去信任等”（37%）、压力（44%）和愤怒（68%）。[149]美国国家司法研究所在美国进行的一项关于金融欺诈的全国性研究发现，14%的欺诈受害者的健康或情绪状况直接受欺诈行为的影响。[150]但我们没有关于犯罪心理成本的实证估算数据。许多犯罪成本研究并未充分考虑犯罪对受害者的心理影响，[151]因此，避免犯罪产生的真实的经济价值可能会超过基于公布的犯罪成本研究得出的估算值。

（2）执法效益

受益所有权检索成本降低

最终规则的直接效益是执法机构获取受益所有权信息的成本降低。当前系统通常要求联邦调查人员在条件许可时动用资源搜索受益所有权信息。采用最终规则将减少执法机构的搜索成本，因为金融机构会收集新法人账户的相关信息，且执法机构的调查员仅需提供传票就可获得此类信息。此外，更多机构将会在其提交的可疑交易报告中包含受益所有权信息，联邦当局可随时使用此类信息。我们并未估算该潜在效益的价值，但我们预计随着被披露受益所有权信息的账户所占比例逐渐增加，潜在效益的价值也会不断增长。[152]

6. 转移

接下来，我们会讨论一些不符合严格定义的社会成本或效益的潜在影响，它们可能会影响某些利益相关方。这些影响不包括在成本或效益中。

---

149 Kathryn McCollister，Michael French和Hai Fang，“犯罪给社会带来的成本：为进行政策和计划评估所进行的新犯罪评估”，《毒品和酒精依赖》第108篇（2010年），第98-109页。

150 Richard Titus、Fred Heinzelmann和John Boyle，“欺诈分析：全国调查报告”，《美国国家司法学院杂志》（1995年），第28-34页。

151 Kathryn McCollister、Michael French和Hai Fang，“犯罪给社会带来的成本：为进行政策和计划评估所进行的新犯罪评估”，《毒品和酒精依赖》第108篇（2010年），第98-109页。

152 我们之所以预计被披露受益所有权信息的账户所占比例逐渐增加是因为根据拟议规则，只有新法人账户才需披露此类信息。

（1）因资本损失（账户转移到国外）而导致的税收损失

如果在相关机构开立的金融账户可产生应税收入，且开立账户的决定受到受益所有权信息收集的影响，则CDD最终规则可能会导致原本可征收的税收的损失。但我们认为受益所有权披露对法人账户数量的影响可以忽略不计，因为美国的法人实体通常需要开立银行账户来经营业务。此外，世界上绝大多数国家要求其辖内金融机构收集并核实法人账户持有人的受益所有权信息。所以，几乎不存在允许金融机构在法人实体开立账户时不收集该实体的受益所有权信息的安全港。（参见4（2）4）中的讨论）

（2）资产追回量增加

如果成功起诉的数量因最终规则而增加，我们预计联邦当局追回的资产量将有所增加。我们将因最终规则而导致的资产增加视为转移。表8显示，2010年至2014年，美国司法部没收基金每年没收的资产超过15亿美元，其中两年的没收资产超过40亿美元，[153]且在同一时期，美国财政部没收基金一项每年没收资产的价值已超过5亿美元。[154]由于无法确定最终CDD规则对未来资产追回的影响，我们无法对潜在影响的程度进行评估。然而，即使是在美国司法部没收资产的五年平均水平（约29亿美元）的基础上增长5%，追回资产量也会相应增加1.45亿美元。

---

153 基于美国司法部资产没收计划的统计数据。美国司法部资产没收计划网页列出了以下参与机构。司法部机构：刑事局洗钱和资产追回处；烟酒枪炮及爆炸物管理局；禁毒署；联邦调查局；美国法警署；美国检察署；资产没收管理人员。美国其他政府机构：美国邮政监察局；食品和药物管理局；美国农业部监察长办公室；国务院外交安全局；国防刑事调查处[Source: U.S. Department of Justice. 2015. *Participants and Roles.* http://www.justice.gov/afp/participants-and-roles (accessed September 14, 2015).]。

154 参与机构包括美国国税局刑事调查司、美国移民与海关执法局、美国海关与边境保护局、美国特勤局和美国海岸警卫队[Source: U.S. Department of the Treasury. 2015. *Terrorism and Financial Intelligence.* http://www.treasury.gov/about/organizational-structure/offices/Pages/The-Executive-Office-for-Asset-Forfeiture. aspx (accessed October 8, 2015).]。

表8　司法部没收基金、没收资产存款基金和财政部没收基金的资产
（美国司法部，美国财政部）

单位：百万名义美元

	2010年	2011年	2012年	2013年	2014年	5年平均值
司法部的没收资产…………………	1947	1617	4453	2148	4551	2943
财政部的没收资产…………………	1142	929	523	1713	784	1018

注：本年度收入包括直接收入和反向资产共享。

资料来源：U.S. Department of Justice，Assets Forfeiture Program. Annual Reports to Congress (eds. 2004-2014). Adapted from“Assets Forfeiture Fund and Seized Assets Deposits Fund—Method of Disposition of Forfeited Property”tables. http://www.justice.gov/afp/reports-congress, accessed October 8, 2015. Treasury Executive Office for Asset Forfeiture.

（3）可通过提高税收合规性增加的税收

美国财政部认为，义务机构针对其国内法人账户收集的受益所有权信息可为国税局在对民事和刑事税收违规行为进行审计和调查期间提供新信息。通过随时获取义务机构的账户受益所有权信息，国税局可确定受益所有人是否准确报告了得自实体的收入。此外，因为国税局可获取此类信息，账户受益所有人将会更加自觉遵守税收规定。增加的税收收入将全部被视为转移。

7. 声誉影响

（1）关于符合国际政策标准的声誉影响

金融行动特别工作组已制定相关国际标准，加强旨在打击洗钱和恐怖融资的联合行动。广泛采用这些国际标准可限制犯罪分子开户地点的选择，增加其犯罪成本，避免金融犯罪分子寻求法律或执法不严格的司法管辖区作为“安全港”。

针对美国遵守国际反洗钱/反恐怖融资标准情况的近期审查对美国未完全采用客户尽职调查框架提出批评。《2006年FATF互评估报告》（MER）提出，美国已经实施了与国际标准大致相符的反洗钱/反恐怖融资系统。但该报告也指出了美国框架中的CDD缺陷，并认为其只是“部分符合”CDD建议。产生缺陷的一个重要原因，即美国框架缺乏明确的受益所有人身份识别要求。[155] 国际货币基金组织（IMF）于2010年指出，2006年以来美国在加强识别账户受益所有人的要求方面"取得的进展有限"。[156] 在《2015年美国金融部门评估》（2015 *Financial Sector Assessment of the United States*）中，国际货币基金组着肯定了美国为解决2006年FATF互评估报告指出的缺陷所做的努力，但同时表示在2015年6月研究结束前，美国尚未取得实质性的政策进展。[157]

针对2006年的FATF报告，美国政府承诺完善客户尽职调查标准。2013年"美国G-8公司所有权和控制权透明行动计划"提出要明确和完善针对美国金融机构的客户尽职调查标准。[158] 2015年10月，"美国G-20行动计划"指出，美国将参与制定客户尽职调查规则，并要求金融机构披露受益所有权信息。[159]

通过实施CDD要求，美国可以更好地遵守FATF CDD标准，履行其对公众的承诺。此外，美国能够进一步展现其在FATF和其他国际机构取得的进展，并鼓励其他司法管辖区遵守FATF标准，避免其因不合规而落下"虚张声势"的罪名。由于声誉影响是无形的，我们不会量化或以金钱衡量此种潜在声誉影响的程度，但我们认为影响是重大的。人们普遍认为美国是打击洗钱和恐怖融资的全球领导者，但美国目前也是极少数的不遵守核心标准（要求金融机构识别并核实法人账户的受益所有人身份）的FATF成员之一。我

155 金融行动特别工作组，2006年，"美国关于反洗钱和打击恐怖主义行为的第三次互评估报告摘要"。金融行动特别工作组正在对美国进行互评估，该评估将于2016年10月完成。

156 国际货币基金组织，国际货币基金组着国家报告，编号10/253，2010年，"美国金融部门评估计划文件：反洗钱和反恐怖融资技术说明"。

157 国际货币基金组织，国际货币基金组着国家报告，编号15/174，2015年，"美国金融部门评估计划：反洗钱和反恐怖融资技术说明"。

158 白宫新闻秘书办公室，2013年，"美国G-8公司所有权和控制权透明行动计划"，详见https://www.whitehouse.gov/the-press-office/2013/06/18/united-states-g-8-action-plan-transparency-company-ownership-and-control（2015年10月8日访问）。

159 白宫，"美国实施20国集团受益所有权高级别原则的行动计划"，详见https://www.whitehouse.gov/blog/2015/10/16/us-action-plan-implement-g-20-high-level-principles-beneficial-ownership。

们认为，美国未能完全遵守世界上大多数其他国家都能够遵守的标准，这会动摇美国在打击非法金融问题上的领导地位。

（2）对金融机构的声誉影响

我们认为，实施拟议的CDD要求不太可能对义务机构产生较大的声誉影响，理由如下：客户对金融机构的信心是有效金融系统的必要组成部分。[160] 存款人信任金融机构能够妥善保管存款、根据取款申请提供资金，并满足其他监管和审慎要求。

原则上，完全遵守反洗钱/反恐怖融资法规（包括最终规则）的金融机构可能会被客户和投资者认定为风险较小的机构（至少与未遵守规定的机构相比是这样）。但是，我们不能以CDD要求的合规情况来区分金融机构，因为所有相关机构都需遵守相同的要求，并预期实现普遍合规。因此，我们认为该规则对合规机构的潜在声誉影响是微不足道的。

8. 盈亏平衡分析和结论

理想情况下，成本效益分析会对所有效益和成本进行量化，将其转换为现值，然后再评估效益现值是否超过成本现值。但有时无法对规则产生的效益和成本完全进行量化，在此情况下，可使用其他替代方法来评估规则。[161] 对于无法量化的重要效益和成本，应采用“阈值”或“盈亏平衡”分析来评估其重要性。[162] 通过该分析可得出效益现值须达到多少才能等于成本现值。[163] “规则的变更将产生等于或大于该盈亏平衡水平的折现效益”这一可

160 国际货币基金组织交流事务、政策制定和审查部，2001年，“金融系统滥用、金融犯罪和洗钱：背景文件”。

161 关于此种情况的讨论以及受其影响的拟议联邦法规的示例，参见Sunstein, Cass. “The Limits of Quantification.” *California Law Review* 102, no. 6 (2014): 1369-1422.

162 参见美国管理与预算办公室通告A-4第2页、第10页，2003年。

163 关于基于盈亏平衡分析对过去的规则进行监管分析的示例，参见国土安全部海关和边境保护局“进口商安全申报及对承运人的附加要求”，《联邦公报》第73卷第71730页（2008年11月25日），以及国土安全部海关和边境保护局“商用飞机和船只乘客和乘务员清单的提前电子传输”，《联邦公报》第72卷第48320页（2007年8月23日）。

信的说法进一步说明采用规则的必要性。[164] 如上文所述，我们认为规则的效益是显著但无法量化的，因此有必要进行盈亏平衡分析。通过盈亏平衡分析得出一系列成本（包括主要的量化成本和IT成本数量级估算值），得出规则实施成本上限为100亿美元，从而确定了规则为社会带来净效益需要满足的效益阈值。CDD要求应产生怎样的效果，才值得投入这些成本呢？由于盈亏平衡分析中使用的成本上限较高，因此针对这一问题的分析结果非常保守。

如RIA第一部分所述，根据美国财政部2015年《国家洗钱风险评估》（*National Money Laundering Risk Assessment*），美国每年产生的非法收益为3000亿美元。如果这3000亿美元为受害者非自愿转移给犯罪者的资金，则其构成了非法活动造成的总外部成本的一部分。[165] CDD最终规则旨在减少此种非法收益，减少的非法收益即前文所述的未量化的“犯罪和恐怖活动减少”效益中的“犯罪减少”部分。由于我们参考节省的外部成本这一相关概念，因此3000亿美元这一数据的减少将是最终规则实际效益的下限（换言之，这并不反映个人在遭受金融犯罪后损失的时间或承受的精神损失，以及其他成本）。[166]请注意，该效益也是一个下限值，因为它不包括RIA中讨论的其他定性效益（减少的恐怖活动除外）。

成本方面，IT升级成本是RIA中确定的最大定性成本。在针对NPRM的公开意见以及与个别提议者的跟进电话中，金融机构都强调规则将会带来巨大的IT升级成本。在随后的盈亏平衡分析中，我们同时列出了主要的量化成

---

164 在进行盈亏平衡分析时，我们使用7%的折现率对未来现金流进行折算。

165 这一数据对于并非因毒品销售而获得的收益（根据联合国毒品和犯罪问题办公室2010年的估算，此类收益约占美国总收入的22%；我们假定2015年及以后的年份也是如此）是合理的，此类收益主要为欺诈收益。区分这两种收益很重要，因为买卖毒品的个人可能是自愿进行个人交易。关于应在何种情况下将毒品销售收益包括在犯罪的减少给社会带来的效益中，可参见前文。

166 关于非财产损失（包括但不限于受害者承受的痛苦和折磨以及与非法活动相关的暴力行为造成的死亡风险）在社会犯罪总成本中的重要性的进一步讨论，参见Richard Freeman（1999）（see pages 3558-3560 of Freeman, Richard. “The Economics of Crime,” In *Handbook of Labor Economics*, edited by Orley Ashenfelter and David Card, 3530-3563. New York: Elsevier, 1999）。

本和IT成本数量级，但未考虑所有其他未量化的成本，因为我们认为这些成本可能相对较小。例如，如前文所述，我们尚不清楚执法活动（及相关成本）会因规则增加还是减少。[167]此外，我们也不清楚金融机构出具和提交可疑交易报告的成本会因规则增加还是减少。关于金融机构因销户或未开立账户而造成的资本损失，RIA在相关部分详细介绍了这些成本为何可以忽略不计的原因。最后，RIA的前文部分还解释了为什么客户的未量化成本可能会很低。

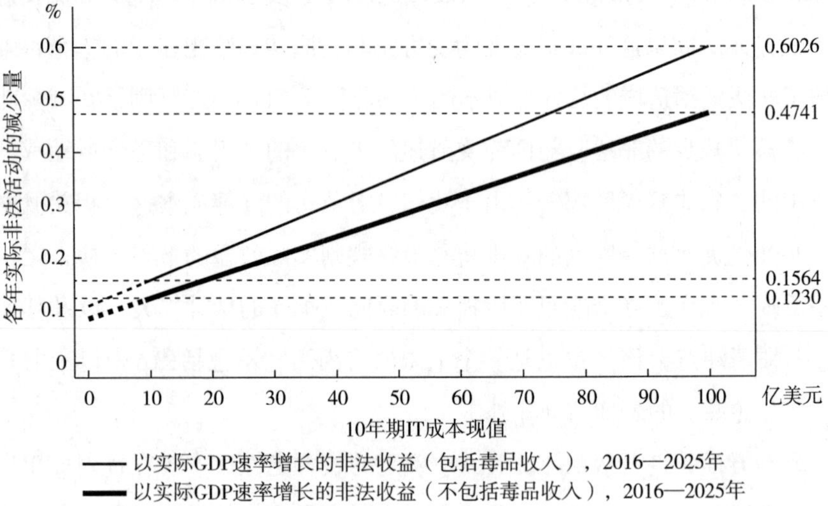

注：虚线部分为IT成本低于10亿美元下限时所需的减少量。2015年非法收益额：3000亿美元（包括毒品收入），2360亿美元（不包括毒品收入）。

图1　实际非法活动的盈亏平衡减少量及成本

总而言之，在此RIA中，无法量化的主要效益是减少的犯罪和恐怖活动，且其成本包括与培训、准入、合规和实体负担相关的成本，IT升级的数量级评估以及其他定性成本。通过纳入数量级评估与其他量化成本，我们可

167 请注意，如果CDD要求能够促使资源更有效地用于调查和起诉，则CDD要求可在不增加执法活动数量的前提下降低非法活动水平（即使监禁人数未发生变化，也就是说非法活动的减少完全是因为要求的威慑作用）。

以确定有必要采用规则的效益阈值。图1展示了不同定义下的非法活动（即是否包括毒品销售）的不同总成本所需的年度非法活动的降低值阈值。考虑到2016—2025年非法活动的可能途径，若每年非法收益的减少量百分比等于图1中的百分比，那么产生的一系列效益的现值应等于成本的现值。

我们可以从图1得出一个主要结论，即2016年非法活动（以实际收益美元计算）仅需减少0.6%或0.47%（取决于是否包括毒品销售收益）或约14.5亿美元，CDD要求的效益就可超过其IT成本上限。[168] 在盈亏平衡分析中，我们提出了两种成本情景。我们认识到，数量级IT成本分析的质量不高，因此不能将其纳入主要成本分析中。但是，为了进行盈亏平衡分析，我们认为将IT成本纳入成本分析能够提供一种保守的成本情景。其中，CDD要求仅需帮助减少很少一部分实际非法活动就可证明所产生的费用（上限100亿美元）是合理的。因此，财政部认为最终规则减少的非法活动将足以抵消其对政府、金融机构、客户和社会其他部门造成的负担。

我们得出的结论是，非法活动仅需减少0.12%~0.6%就可抵销该规则产生的成本。因此，我们认为该规则将对整个社会有益。

（三）最终管制弹性法案分析

根据《管制弹性法案》（RFA），监管机构发布监管规则草案时，应提供初期管制弹性分析（IRFA）预案，或证明拟议规则不会对众多小型实体产生重大经济影响。[169] 美国财政部金融犯罪执法网络发布其NPRM时[170]认为，拟议规则不会对众多小型实体产生重大经济影响，且对此进行了证明。[171]由于许多针对NPRM的提议者声称，拟议规则的实施成本将比美国财政部金融

168 确切来说，这些是在10年期内发生的实际IT成本，从其现值无法看出这些实际成本在10年中的分布情况。

169《美国法典》第5编第601~612节。

170《联邦公报》第79卷第45151页（2014年8月4日）。

171《联邦公报》第79卷第45151页，第45168-45169页。

犯罪执法网络估计的成本高，因此美国财政部金融犯罪执法网络于2015年12月24日制订并发布了IRFA预案以及RIA预案，就拟议规则是否会对众多小型实体产生重大经济影响征求各实体（包括小型实体）的意见。美国财政部金融犯罪执法网络总共收到38条意见，其中小型实体的意见为4条（代表小型实体的协会也提供了几条意见）；上文对所有意见进行了讨论。

RFA要求每个最终管制弹性分析都应包括以下内容：

- 对规则的必要性和目标的简要说明；
- 公众针对IRFA提出的重要问题摘要，机构对此类问题的评估摘要，以及基于这些意见而对拟议规则所做的更改的声明；
- 对拟议规则适用的小型实体的描述和数量估算；
- 对拟议规则的报告、记录保存和其他合规性要求，包括对需满足该要求的小型实体的类别的评估以及编制报告或记录所需的专业技能的描述；
- 说明该机构在符合立法目的情况下所采取的在最大限度上减少对小型实体产生重大经济影响的措施，包括采用最终规则中特定替代方案的事实、政策和法律原因，以及逐项说明为何该机构未采用其他会对小型实体产生影响的替代方案。

1. 对该规则的原因和目标的说明

美国财政部金融犯罪执法网络之所以采用最终规则，是因为其认为有必要对义务机构制定更明确的规则，在《银行保密法》框架内明确和加强CDD，从而提高透明度并保护金融体系免遭非法使用。[172]CDD要求将通过以下途径推进《银行保密法》目标的实现：（i）提高受益所有权信息对执法机构、联邦职能监管机构和自律组织的可用性；（ii）提高金融机构、执法机构和情报界识别恐怖组织、毒枭和金融犯罪分子的资产和账户的能力；

172 所述义务机构包括联邦监管银行、证券经纪人和经销商、共同基金、期货经纪商以及商品中介经纪人。

（iii）帮助金融机构评估和缓释风险，遵守现有的《银行保密法》和有关当局的规定；（iv）推动关于税收合规的报告和调查，推动实现与《海外账户税务合规法案》（*Foreign Account Tax Compliance Act*）有关的承诺；（v）推动实现金融部门之间和内部实施和执行CDD监管期望的一致性。

2. 公众针对IRFA提出的重要问题摘要，机构对此类问题的评估摘要，以及基于这些意见对拟议规则所做的更改的声明

美国财政部金融犯罪执法网络仔细斟酌了收到的关于NPRM的意见信，上文序言对意见进行了总体概述，“逐条分析”部分也对意见中提出的重要问题进行了探讨。此外，上述RIA的前言部分还讨论了收到的关于RIA和IRFA预案的意见，包括针对规则对行业造成的预计成本的意见。美国财政部金融犯罪执法网络考虑了来自小型实体及代表小型实体的协会的意见，无论这些意见是否与IRFA相关。在提出意见的四家小型实体中，有三家表示，银行业的监管负担和成本普遍增加，小型银行因而难以继续保持盈利，并要求美国财政部金融犯罪执法网络豁免小于一定资产规模或法人账户小于一定数量的实体。其中一家机构表示，其企业账户数量较少，但为了遵守规则，必须要花费数千美元来购买跟踪软件。第四家小型银行是一家主要为小型企业提供设备租赁的利基贷方。该银行声称，许多同业竞争者不受最终规则的约束，这让它们[173]处于明显的竞争劣势。美国财政部金融犯罪执法网络认为为提供该产品而开立的账户被用于洗钱或恐怖融资的风险很低，所以在满足某些条件的前提下，此类账户可被豁免于受益所有权要求。

美国财政部金融犯罪执法网络先前曾考虑并拒绝将小型金融机构从规则中豁免。如果美国财政部金融犯罪执法网络将小于一定规模的机构从规则中豁免，那些企图进入金融系统进行犯罪活动的人员将更容易得逞。对于那些为了合规而购买跟踪软件的机构，美国财政部金融犯罪执法网络从未打算强加此类要求。义务机构无须使用特定的系统来跟踪和监控受益所有权信息；

173 指第四家小型银行同类银行。——译者相反，如果在正常监控过程中发现与评估客户风险相关的信息时，金融机构需要更新客户的相关信息（包括受益所有权信息）。此类与评估客户风险相关的信息可能包括客户受益所有权的变更。上文的“逐条分析”部分对该问题（包括美国财政部金融犯罪执法网络为在最终规则中明确该问题而对拟议规则进行的修订）进行了更全面的说明。

小型实体因最终规则预计产生的成本详见下文第4条；美国财政部金融犯罪执法网络为尽可能减少规则对小型实体的经济影响采取的其他措施见下文第5条。

3. 对拟议规则适用的小型实体的描述和数量估算

本规则适用于《银行保密法》中定义的所有联邦监管银行、证券经纪人或交易商、共同基金、期货经纪商以及商品中介经纪人。基于最新数据，就RFA而言，约有5088家联邦政府监管的小型银行（约占银行总数6348家的80%）；[174]6165家联邦政府监管的信用合作社（其中约93%为小型信用合作社）；[175]1349家小型证券经纪人或交易商（约占总数4269家的32%）；[176]90家小型共同基金（约占总数10711家的8%[177]）；[178]无小型期货经纪商；1323家商品中介经纪人，其中大多数是小型实体。[179]由于本规则将适用于所有上

174 小企业管理局（SBA）将资产少于5.5亿美元的储蓄机构（包括信用合作社）定义为小型企业。该信息由联邦存款保险公司于2015年6月30日提供。

175 本信息由NCUA于2015年6月30日提供。

176 对于适用于证券经纪人或交易商以及共同基金的小型实体的定义，美国财政部金融犯罪执法网络使用的是美国证券交易委员会的定义。参见《美国联邦法规》第17编第240.0-10（c）节和第270.0-10节。本信息由美国证券交易委员会于2014年12月31日提供。

177 8%为原文，疑似有误。——译者

178 本信息由美国证券交易委员会于2014年12月31日提供。

179 美国劳工统计局认定，就RFA而言，期货经纪商不是小型实体，因此RFA的要求不适用于期货经纪商。美国劳工统计局作出这一认定的部分原因是期货经纪商有义务满足美国劳工统计局规定的最低资金要求，以加强对客户隔离基金的保护，并保护期货经纪商的总体财务状况。SBA将年总收入少于700万美元的商品中介经纪人定义为小型商品中介经纪人。尽管美国劳工统计局没有关于小型实体确切数量的最新数据，但我们了解到大多数实体为小型实体。本信息由美国劳工统计局于2015年6月30日提供。

述小型金融机构，因此美国财政部金融犯罪执法网络认为本规则将适用于众多小型实体。

4. 对拟议规则的报告、记录保存和其他合规性要求，包括对需满足该要求的小型实体的类别的评估以及编制报告或记录所需的专业技能的描述

（1）受益所有权要求

本规则对所有义务机构（包括所有小型实体）提出了识别并核实其法人客户的受益所有人的身份并保留此类信息记录的新要求。我们收到的许多关于NPRM的意见指出，美国财政部金融犯罪执法网络低估了该提案在以下方面造成的负担，包括（i）开户时间增加，（ii）培训，（iii）信息技术（IT），但仅有极少数意见包含具体的成本估算。为获得有关此要求的更具体的成本估算，美国财政部金融犯罪执法网络对提交意见的几家金融机构进行了电话采访，其中包括三家小型金融机构。美国财政部金融犯罪执法网络进行电话采访的目的是根据第13563号和第12866号行政令为拟议规则的RIA预案以及IRFA收集信息。最终RIA与该FRFA同时发布。美国财政部金融犯罪执法网络获得的其他成本估算信息见下文的讨论。美国财政部金融犯罪执法网络还提出，除下文列出的估算之外，仅有一家小型银行对规则产生的总成本进行了估算，其估算的初始成本为2000美元，随后每年的成本为1500美元。

1）开户时间增加。根据拟议规则，金融机构需从每个开立新账户的法人实体获得认证并保存认证，以满足受益所有权要求。该认证包含所列出的每位受益所有人的识别信息。金融机构还需通过文件或非文件的方法来进行身份核实，并将以下内容说明在其记录中保存五年：（i）任何用于核实的文件；（ii）采用的非文件方法以及相应结果；（iii）对核实身份信息时发现的任何明显差异的解决方案。美国财政部金融犯罪执法网络认为，开立新账户的金融机构员工需掌握记录和维护此类信息的必要技能。

最终规则对小型金融机构造成的开户负担取决于每个开立新账户的法人

客户的受益所有人数量，[180]每个受益所有人所需的额外时间，以及在特定时期内小型金融机构为法人实体开立的新账户的数量。在NPRM的认证中，美国财政部金融犯罪执法网络几乎没有可用于估算这些变量的信息。并且，美国财政部金融犯罪执法网络认为可合理地假设，在小型机构开立账户的大多数法人客户很有可能是所有权结构较简单的小型企业（如，由两人直接拥有的单一法人实体），所以受益所有人为1人或2人。

此外，因为所有义务机构10多年来一直遵守CIP规则[181]，而拟议规则采用了CIP规则程序，因此，美国财政部金融犯罪执法网络认为小型机构可以利用这些程序来遵守相关要求。所以，美国财政部金融犯罪执法网络在其认证中估算平均需要20分钟来满足提案中的受益所有人识别、核实和记录保存要求。此外，对于认证，美国财政部金融犯罪执法网络没有关于小型金融机构每年开立的法人账户总数的直接数据（部分基于从一家大型金融机构获得的其每年开立法人账户的估算值）。美国财政部金融犯罪执法网络预计，小型机构每天最多可为法人实体开立1.5个新账户，而实际数量可能更少。由于缺乏小型机构法人客户受益所有人平均人数或在任何时期开立的此类账户的数量的统计数据，因此美国财政部金融犯罪执法网络就这些问题征求意见。

通过上文所述的电话采访，美国财政部金融犯罪执法网络获得了一些额外数据，从而更好地评估开户的额外成本。由于目前金融机构未被要求收集受益所有权信息，因此无法估算金融机构法人客户的受益所有人平均数量，但美国财政部金融犯罪执法网络仍认为小型金融机构的客户通常为小型企业，所以受益所有人的人数不超过两人。根据我们调查的银行的估算，每个

180 NPRM建议将受益所有人定义为（i）直接或间接持有法人实体25%或以上股权的个人，（ii）对实体负有重大控制、管理或指导责任的个人。因此，一个法人实体最多可能有5位受益所有人。

181 参见《美国联邦法规》第31编第1020.220节、第1023.220节、第1024.220节和第1026.220节。

受益所有人可能要额外花费10~15分钟。假设通常情况下有两人被认定为受益所有人，在IRFA中，美国财政部金融犯罪执法网络预计开立法人账户所需的额外时间介于较低值（额外的15分钟）与较高值（额外的30分钟）之间。美国财政部金融犯罪执法网络在电话采访中询问了三家小型金融机构每年开立的法人账户数量。尽管金融机构通常不保留关于其法人客户数量的信息，但通常会维护其零售（即个人）客户的数据库，以及企业或组织客户的数据库。金融机构的大量企业客户或组织客户是独资企业，为不受拟议规则约束的法人实体。[182]因此，很难精确估算将受拟议规则约束的某一小型金融机构的法人客户的数量。然而，基于从美国财政部金融犯罪执法网络的外联活动获得的数据以及RIA草案中的工资假设，在IRFA中，我们预计这一要求将对小型银行产生每年2000~4000美元的开户成本。[183]

针对IRFA提出意见的所有小型企业均未对开立法人账户所需时间进行估算；只有一家企业给出了其每年开立的此类账户的数量（70个）。根据其他提议者对RIA草案的意见，美国财政部金融犯罪执法网络已将金融机构开立账户的预估时间从IRFA中的15~30分钟增加至20~40分钟。根据为471家法人实体开立新账户以及“新账户开立人员”的平均工资为16.77美元两项数据，得出一家小型银行的年度成本为2550~5100美元。美国财政部金融犯罪

182 根据美国国税局提供的纳税申报表数据，在所有提交纳税申报表的企业中，约75%为独资企业。

183 我们调查的一家小型银行称其在2014年为471家机构开立了账户，其中包括未知数量的不受该规则约束的独资企业以及179家贷款客户（银行通常会针对这些客户识别受益所有人，以获得个人担保）。我们调查的另一家小型银行称其在2014年为333家法人实体开立了账户，其中包括未知数量的独资企业以及106家贷款客户。我们调查的一家小型信用合作社每年为24~36家企业开立账户，其中也包括未知数量的独资企业。美国财政部金融犯罪执法网络认为上述成本估算值偏高，因为该计算是基于开立较多法人账户的小型银行，并假定报告的账户中未有为独资企业开立的账户。此外，上述数据还包括银行通常已确定受益所有人的贷款客户。成本估算的依据如下：银行报告每年开立471个新账户，开户额外时间为15~30分钟，以及劳工统计局报告的金融业“新账户开立人员”的平均工资16.77美元。美国财政部金融犯罪执法网络认为，采用每年471个新账户比采用NPRM中规定的每天1.5个新账户更合适，因为这是基于小型银行提供的实际数据得出的。

执法网络同时指出，不同小型实体之间的成本也可能存在很大差异。例如，某家对IRFA提出意见的小型银行称其每年约为商业客户开立70个新账户，而估算成本为每年380~760美元。

2）培训（员工时间）。美国财政部金融犯罪执法网络在其认证中指出，金融机构通常会定期对员工进行《银行保密法》合规培训，这一新要求会包含在定期培训中。多位提议者指出需要进行额外培训以满足要求，但他们并未给出具体的成本估算。所以，美国财政部金融犯罪执法网络希望通过外联活动确定具体的成本。根据抽样调查，美国财政部金融犯罪执法网络了解到，金融机构需针对该要求对三分之一至三分之二的员工进行培训。假设一家小型金融机构有125名员工，培训时间为一小时，且采用RIA中使用的工资假设，则根据培训员工的百分比，在规则生效的第一年，估算培训费用将为1250~2500美元。[184] 此后所需的培训数量将会减少。

美国财政部金融犯罪执法网络未收到小型实体关于组织和开展培训的成本的任何意见。由于所有金融机构关于RIA草案的意见中的估算值通常都在IRFA的估算范围内，因此美国财政部金融犯罪执法网络在FRFA中保留了该估算值。美国财政部金融犯罪执法网络还指出，这一估算值肯定远远超过大多数小型信用社的实际成本，因为美国财政部金融犯罪执法网络了解到约3000家小型信用合作社的员工人数不超过5人。[185] 基于上述假设，为一家拥有5名员工的机构提供培训的成本将远远小于上述1250美元的较低估算值。

3）培训（组织和开展培训）。此外，一些提议者指出，美国财政部金融犯罪执法网络应该考虑机构组织和设计培训的成本。虽然没有小型实体对

184 美国财政部金融犯罪执法网络认为估算的成本范围偏高，因为这一成本范围是根据接受采访的小型金融机构中员工数量最多的机构得出的。此外，成本计算使用的是2014年5月美国劳工统计局《全国职业就业和工资估算》（*National Occupational and Wage Estimates*）报告的NAICS代码为5221（储蓄信贷中介）、5222（非储蓄信贷中介）、5223（与储蓄信贷中介相关的活动）和5231（证券和商品合约中介与经纪业务）的加权平均工资29.92美元。

185 来自国家信用联盟协会的意见信，2016年1月22日，第4页。

此进行成本估算，但一家行业协会表示，小型银行组织和开展培训的费用约为13000美元。尽管对于小型实体中规模较大的机构而言，这一数据似乎是合理的，但它可能远远超过小型机构（包括员工数不超过5人的机构）组织和开展培训所产生的成本。

4）信息技术。美国财政部金融犯罪执法网络在其认证中指出，金融机构会定期更新其IT系统，且小型金融机构通常会将其IT需求外包给供应商，而供应商会以最小的额外成本将必要的修改纳入向小型金融机构提供的方案中。美国财政部金融犯罪执法网络与供应商讨论了采用拟议规则将导致的更改以及为提供合规系统而将向客户收取的额外费用。供应商告诉美国财政部金融犯罪执法网络，他们通常会承担合同期内维持必要合规性所需的系统升级费用。但一些供应商表示，为满足新要求进行更新成本太高，必须向金融机构客户增收费用。供应商还表示，在最终规则发布前，他们无法确定如何对系统进行更改，也无法估算此类更改对金融机构客户产生的额外费用。

在针对RIA和IRFA的意见中，两名提议者（均不是小型实体）对遵守规则所需的IT升级成本进行了估算。由于缺少针对小型实体的具体估算，美国财政部金融犯罪执法网络无法为FRFA提供这笔费用的估算值或估值范围。美国财政部金融犯罪执法网络指出，一家拥有23亿美元资产的信用合作社预计的IT升级成本为23270美元，而一家拥有28亿美元资产的信用合作社预计的成本为11500美元。由于这些机构的规模比最大的小型信用合作社还要大几倍，因此小型实体的IT升级成本通常会低于10000美元。[186]

5）政策和程序修订。美国财政部金融犯罪执法网络在认证中指出，为符合拟议规则，义务机构需修改其反洗钱计划。然而，正是因为金融机构会定期更新计划，所以无法估算为遵守最终规则而进行反洗钱计划更新所需

186 在上文所述的NPRM意见征集阶段结束后的美国财政部金融犯罪执法网络外联活动中，美国财政部金融犯罪执法网络联系的一家小型信用合作社称其估算的IT升级成本为50000~70000美元。该估算似乎与上述估算有偏差，不可用于整个行业的估算。

的时间或费用。在针对NPRM的意见中，美国财政部金融犯罪执法网络未收到对此项活动费用的任何具体估算，且RIA或IRFA预案也未包含任何此类估算。在针对RIA和IRFA预案的意见中，一些金融机构对此类更新和修订成本进行了估算。虽然这些机构都不是小型实体，但一家贸易协会表示，根据其对多家小型银行的调查，完成此类修订平均需要40个小时。基于RIA中采用的薪资估算值，美国财政部金融犯罪执法网络估计小型实体平均需花费1360美元。[187]

6）内部控制。美国财政部金融犯罪执法网络了解到，规则会增加义务机构（包括小型实体）用于确定金融机构是否符合新要求的内部控制和审计功能的成本。但美国财政部金融犯罪执法网络未能在对NPRM或RIA和IRFA预案的意见中获得足够的用于估算此类成本的信息，因此美国财政部金融犯罪执法网络不会在FRFA中对此类成本进行估算。

（2）客户尽职调查要求

最终规则还将要求义务机构把客户尽职调查程序纳入其反洗钱计划，包括了解客户关系的目的和性质，建立客户风险档案并持续监控客户关系从而识别和报告可疑交易，并基于风险维护和更新客户信息。美国财政部金融犯罪执法网络认为，上述要求是义务机构为按照现有规定监测和提交可疑交易报告必须采取的措施，[188]因此上述要求是现有规定的内在要求，且不会产生任何新义务，也不会对任何小型实体造成实质、重大的经济影响。美国财政部金融犯罪执法网络认为，提出明确的CDD要求是明确、巩固和协调所有义务机构的预期和做法的最有效方法。对这些要求进行明确说明可帮助实现金融机构、监管机构和执法机构按照同一套明确原则运作的目标。

RIA和IRFA预案的一些提议者（包括一家小型银行）表示，要满足这些

187 为估算这笔费用，我们采用2014年5月美国劳工统计局职业就业统计中在4位编码NAICS行业的营业机构工作的“合规专员”的工资数据。这些合规专员的平均小时工资为34.03美元。

188 如参见《美国联邦法规》第31编第1020.320节。

要求，就必须购买数千美元的跟踪软件。美国财政部金融犯罪执法网络已在上文FRFA第2条和“逐条分析”部分中对这一问题进行了探讨。

5. 对该机构采取的与适用法规的既定目标一致的、旨在最大限度地减少对小型实体的重大经济影响的措施的说明，包括对选择最终规则中采用的替代方案的事实、政策和法律原因，以及该机构未采用的其他影响小型实体的该规则的重要替代方案的原因的说明

美国财政部金融犯罪执法网络考虑了拟议规则的多种替代方案，包括将低于一定资产或法人客户阈值的小型金融机构从要求中豁免，以及采用较低（如10%）或较高（如50%）阈值界定受益所有人最低资本所有权。对于豁免低于一定资产或法人实体账户数量的金融机构，美国财政部金融犯罪执法网络认为识别金融机构法人客户的受益所有人并核实其身份是有效反洗钱计划的必要组成部分。如果美国财政部金融犯罪执法网络把小型实体或法人账户数量小于指定数量的实体排除在该要求之外，则这些金融机构将更可能被洗钱者和其他金融犯罪分子利用，因为犯罪分子会筛选出不受要求限制的机构。美国财政部金融犯罪执法网络还考虑了在受益所有权的定义中为股权所有权设定不同阈值的替代方案。例如，如果将所有权阈值降低以包括拥有法人实体10%或以上股权的个人，则金融机构将可能需要将更多的个人确认为受益所有人。这样做虽然可以获得更多的信息，但也会导致准入时间和费用的增加。而如果将所有权阈值提升至持有50%或以上股权的个人，则金融机构将需识别和核实最多3人而非5人的身份，从而可略微减少初始准入的时间成本。但此举不会改变培训或IT成本，因此也不会显著降低规则的总成本，且提供的有用信息较少。美国财政部金融犯罪执法网络还考虑了追溯性应用受益所有权要求，要求金融机构识别所有存量账户和新账户的受益所有人。尽管此举将提供更多客户受益所有权信息，产生更大的效益，但同时也将给金融机构带来更大的负担。在考虑了所有替代方案之后，美国财政部金融犯罪执法网络认为将所有权阈值设置为25%是适当的，因为25%的阈值能够实现效益最大化，负担最小化。

尽管美国财政部金融犯罪执法网络决定不采用上述替代方案，但其根据收到的相关意见在最终规则中采取了一些措施，从而最大限度地降低对受规则约束的小型实体的经济影响。这些措施包括明确“法人客户”的定义，将过渡期从一年延长至两年；取消关于金融机构应使用认证表格来获取受益所有权信息的要求；增加不受该要求约束的法人实体的类别；简化与慈善和非营利组织豁免相关的要求；阐明金融机构无须定期或持续更新受益所有权信息，仅需在其正常监控过程中监控到与评估客户风险有关信息时进行更新（如上文所述）。此类信息可能包括客户受益所有权的变更。详情见上文“逐条分析”部分。

（四）《文书削减法案》分析

本规则（31 CFR 1010.230）中包含的新记录保存要求已获得美国管理与预算办公室的批准，所依据的法案为《1995年文书削减法案》（PRA），《美国法典》第44编第3501节及以下（44 U.S.C. 3501 et seq.），控制编号1506-0070。《1995年文书削减法案》对联邦机构收集或倡议收集《1995年文书削减法案》中界定的信息提出了具体要求。根据《1995年文书削减法案》的规定，除非机构出示有效的美国管理与预算办公室控制编号，否则其不得收集或倡议收集相关信息，任何人也无须对此类信息收集要求作出回应。

总而言之，本规则要求义务机构[189]收集用于识别和核实其法人客户（不包括被本定义排除在外的客户）的受益所有人[190]的身份的信息，并保留相关记录。[191]

---

189 银行、证券经纪人和经销商、共同基金、期货经纪商以及商品中介经纪人。

190 受益所有人包括直接或间接持有法人实体25%或以上股权的个人，以及对控制、管理或领导法人客户负有重大责任的个人。

191 该要求适用于为法人实体建立的账户。法人实体通常包括公司、有限责任公司或其他通过向州务卿或类似机构提交公文成立的实体、普通合伙企业或根据外国法律成立的任何类似实体。

根据拟议最终规则，义务机构需建立并维护合理设计的、用于识别和核实法人客户开立的新账户[192]的受益所有人的书面程序。此外，金融机构还应当保存所获得的识别信息、核实文件、通过非文件方式核实的方法和核实结果，以及核实过程中发现实质性差异的解决方案。根据拟议规则，义务机构需从每个法人客户获得规定形式的包含所需识别信息的认证。最终规则规定，机构可通过使用认证表格或其他方式从客户那里获取信息。

我们收到了针对拟议规则中多个问题的141条意见。许多提议者指出，出于多种原因，规则的实施成本远超提案中的估算成本。提议者认为，实施规则产生的最大成本是IT系统升级成本。只有一位提议者特别提到拟议规则未充分陈述《1995年文书削减法案》的要求。根据收到的关于该提案实施成本的意见，财政部制定并公布了RIA预案以及IRFA。美国财政部金融犯罪执法网络收到了38条针对上述文件的意见（见上文）。根据这些意见，美国财政部金融犯罪执法网络修改了RIA和IRFA，并发布了最终RIA和FRFA（上文已逐一列出）。

美国财政部金融犯罪执法网络根据针对该提案以及RIA和IRFA预案的意见，重新考虑了提案中关于《1995年文书削减法案》的负担估算，并于下文给出经修改的估算值。修改的估算值是美国财政部金融犯罪执法网络根据收到的意见（尤其是RIA相关意见）中的信息得出的。具体而言，美国财政部金融犯罪执法网络将制定和维护受益所有权识别程序的估算时间从1小时增加至56小时（小型实体为40小时），并将其对法人客户受益所有人的识别、核实、审查和记录保留的估算时间从每个客户20分钟增加至每个客户20~40分钟。

受影响的群体：某些金融机构、企业或其他营利性和非营利性实体。

美国管理与预算办公室控制编号：1506-0070。

192 新账户指在发布日期两年后的规则适用日之后开立的账户。

频率：按要求。

预计负担：

（i）制定并维护受益所有人识别程序：56小时。[193]

（ii）客户识别和核实以及对受益所有权信息的审查和记录保存：每个法人客户所需时间为20~40分钟。

预计受访对象数量：28917。[194]

预计年度总回复数：10843875。[195]

预计记录保存时间：7041289小时。[196]

以上数据假定2013年的开户数量足以代表平均每年为新法人实体开立的账户数量。根据受益所有权要求，记录须保留五年。关于负担估算准确性的意见以及减少此种负担的建议应直接提交至财政部信息与法规事务办公室以及管理和预算办公室文书削减法案项目（1506）事务员，华盛顿特区20503号。

（五）《1995年无资金保障施令法声明》

《1995年无资金保障施令改革法》（*Unfunded Mandates Reform Act of 1995*）第202节，《美国公法》（*Unfunded Mandates Act*）第104-4号要求机构在颁布任何包括可能导致州、地方和部落政府或私营部门在任意一年的总支出为1亿美元或以上联邦施令前，需拟定一份预算影响声明。美国财政部金融犯罪执法网络认为RIA提供了无资金保障施令法要求的分析。

---

193 制定初始程序时间为56个小时（小型实体为40个小时）。此后每年的维护时间为20分钟。

194 包括《银行保密法》项下定义的储蓄机构（12513）、证券经纪人/经销商（4269）、期货经纪商（101）、商品中介经纪人（1323）和开放式共同基金（10711）。以上数据表示将受最终规则要求约束的实体总数。

195 根据初步研究，各义务机构平均每个工作日开立1.5个新法人账户。每年有250个工作日。

196 10843875 × 30分钟（开立每个账户的时间）÷ 每小时60分钟≈5421937小时（加开发时间1619352小时，第一年共计7041289小时）。

《美国联邦法规》第31编1010、1020、1023、1024和1026（31 CFR Parts 1010，1020，1023，1024，and 1026）中的主题词列表

行政惯例和程序、银行、银行业、经纪商、货币、联邦住房贷款银行、外国银行、外币、赌博、调查、抵押、罚款、报告和记录保存要求、证券和恐怖主义。

权威文献与发行

出于序言中所述的原因，对《美国联邦法规》第31编第十章作出如下修改：

第1010部分　总则

一、第1010部分的权威文献引用如下：

权威文献：《美国法典》第12编第1829b节和第1951-1959节（12 U.S.C. 1829b and 1951-1959）；《美国法典》第31编第5311~5314节和第5316~5332节（31 U.S.C. 5311~5314 and 5316~5332）；《公法》第107~56号第3篇第314部分（title III，sec. 314 Pub. L. 107-56），《美国法令全书》第115篇第307页（115 Stat. 307）。

二、增加第1010.230条，内容如下：

（一）第1010.230条对法人客户的受益所有权要求

（1）综述。义务机构需制定和维护合理设计的用于识别和核实法人客户的受益所有人的程序，并将这些程序纳入《美国法典》第31篇第5318（h）节及其实施条例要求的反洗钱合规计划。

（2）识别与核实。对于法人客户，义务机构的客户尽职调查程序应确保：

1）在开立新账户时，识别每个法人客户的受益所有人，除非根据本条第（5）款该客户被排除在外，或根据本条第（8）款该账户被豁免。义务机构可通过代表法人客户开立账户的个人获得本节附录A中形式的认证表格，或通过其他方式从个人获得认证表格所要求的信息，只要该人证明据其所知此类信息是准确的。

2）在合理可行的范围内，采取风险为本的程序，核实义务机构识别的每个受益所有人的身份。此类程序须至少包含对以下章节项下的个人客户进行身份核实所需的要素：本章第1020.220（a）（2）（针对银行）；本章第1023.220（a）（2）（针对证券经销商或经纪人）；本章第1024.220（a）（2）（针对共同基金）；本章第1026.220（a）（2）（针对期货经纪商或商品中介经纪人）。前提条件是，在进行书面核实时，金融机构可使用以下章节所列文件的复印件或其他复制品：本章第1020.220（a）（2）（ii）（A）（1）（针对银行）；本章第1023.220（针对证券经销商或经纪人）；本章第1024.220（针对共同基金）；本章第1026.220（针对期货经纪商或商品中介经纪人）。若无合理理由怀疑信息的可靠性，则金融机构可以依赖法人客户提供的受益所有人的身份信息。

3）账户。就本节而言，账户具有以下章节规定的含义：本章第1020.100（a）（针对银行）；本章第1023.100（a）（针对证券经销商或经纪人）；本章第1024.100（a）（针对共同基金）；本章第1026.100（a）（针对期货经纪商或商品中介经纪人）。

4）受益所有人。就本节而言，受益所有人指以下人员：

i. 通过任何合同、约定、协议、合作或其他方式直接或间接持有法人客户25%或以上股权的个人。

ii. 对控制、管理或领导法人客户负有重大责任的个人，包括以下人员：

（i） 执行官或高级管理人员（如首席执行官、首席财务官、首席运营官、管理人员、普通合伙人、总裁、副总裁或财务主管）；

（ii） 定期执行类似职能的任何其他人员。

iii. 如果信托通过任何合同、约定、协议、合作或其他方式直接或间接持有法人客户25%或以上股权，则本节4）i中的受益所有人应指受托人。如果本节5）ii中所列的实体通过任何合同、约定、协议、合作或其他方式直接或间接持有法人客户25%或以上股权，则无须为本节4）i的目的而识别拥有该实体股权的个人。

对第4）款的说明。满足"受益所有人"定义的个人数量可能会有所不同，因此需根据本节进行识别和核实。根据本节4）i的规定，可能需最多识别四人（根据实际情况而定）。根据本节4）ii的规定，只需识别一人。

在某些情况下，可能需根据本节4）i和4）ii识别同一人。义务机构也可基于其风险分析将其他人纳入其客户尽职调查。

5）法人客户。就本节而言：

i. 法人客户指开立账户的公司、有限责任公司、其他通过向州务卿或类似机构提交公文成立的实体、普通合伙企业以及在外国成立的任何类似实体。

ii. 法人客户不包括：

（i） 受联邦职能监管机构监管的金融机构或受州银行监管机构监管的银行；

（ii） 本章1020.315（b）（2）~1020.315（b）（5）中所述的个人；

（iii） 根据《1934年证券交易法》第12节注册的或根据该法第15（d）条提交报告的证券发行人；

（iv） 《1940年投资公司法》第3节中定义的且根据该法在证券交易委员会注册的投资公司；

（v） 《1940年投资顾问法》第202（a）（11）节中定义的且根据该法在证券交易委员会注册的投资顾问；

（vi） 《1934年证券交易法》第3节中定义的且根据该法第6节或第17A节注册的交易所或清算机构；

（vii） 根据《1934年证券交易法》在证券交易委员会注册的任何其他实体；

（viii） 《商品交易法》第1a节中定义的且在商品期货交易委员会注册的实体、商品基金经理人、期货交易顾问、零售外汇交易商、掉期交易商或主要掉期参与者；

（ix） 根据《萨班斯—奥克斯利法案》第102节注册的公共会

计师事务所；

（x） 《1956年银行控股公司法》（《美国法典》第12编第1841节）中定义的银行控股公司或《房主贷款法》［《美国法典》第12编第1467a（n）节］定义的储蓄和贷款控股公司；

（xi） 被本节5）ii排除的金融机构运作或提供顾问的集合投资工具；

（xii） 由州监管的保险公司；

（xiii） 由金融稳定监督委员会根据2010年《多德—弗兰克华尔街改革和消费者保护法》第8章指定的金融市场工具；

（xiv） 依法成立的外国金融机构，且该机构的监管机构持有其受益所有权信息；

（xv） 仅从事政府活动而非商业活动的非美国政府部门、机构或政治分区；

（xvi） 仅根据本章第1010.620节开立私人银行账户的法人实体。

iii. 以下法人客户仅适用受益所有权要求的控制权标准：

（i） 未被本节第5）ii条排除的由金融机构运作或提供顾问的集合投资工具；

（ii） 作为非营利性机构或类似实体设立的且已向相应的国家权力机关提交组织文件（如有必要）的法人实体。

6）义务机构。就本节而言，义务机构具有本章1010.605　5）i中规定的含义。

7）新账户。就本节而言，新账户是指法人客户在规则适用日或规则适用日后在义务机构开立的账户。

8）豁免。

i. 仅当金融机构为客户开立以下类型的账户时，义务机构无须根据本节1）、2）i和2）ii规定识别和核实受益所有人身份：

（i） 在销售点开立的提供商业自有品牌信用卡等信贷产品的账户，且仅用于购买这些零售商的零售商品和/或服务，额度为5万美元；

（ii） 购买邮资产品的融资账户，金融机构直接将款项汇给邮资产品供应商；

（iii） 保险费融资账户，金融机构直接将款项汇给保险提供者或经纪人；

（iv） 购买或租赁器材的融资账户，金融机构直接将款项汇给器材供应商或出租方；

ii. 豁免限制。

（i） 本节（h）（1）（ii）~（iv）中规定的豁免不适用于法人客户用于向第三方付款或从第三方接收付款的交易账户；

（ii） 如果本节（h）（1）（ii）~（iv）所述的账户活动存在现金退款的可能性，则金融机构必须在发生首次汇款或此类退款时，根据本节规定识别并核实法人客户的受益所有权。

9）记录保存。义务机构必须建立程序记录和维护根据执行本节第（b）款的程序获得的所有信息。

i. 所需记录。记录应至少包括以下内容：

（i） 针对识别，须记录义务机构根据本节第（b）款获得的身份识别信息，包括但不限于认证表格（如有）。

（ii） 针对核实，须保留对所使用文件［注明类型、核实编码、签发地、签发日期以及到期日（如有）］、非文件方法、采取行动的成效、明显差异的解决方案的描述。

ii. 记录保存。义务机构必须在账户关闭之日后继续保留根据本节第（i）（1）（i）款所做记录五年，以及在根据本节第（i）（1）（ii）款所做记录后，继续保存该记录五年。

10）依赖另一家金融机构。如果义务机构的任何法人客户正在或已在其他金融机构开立账户，或就提供或从事服务、交易或其他金融交易而与其他金融机构建立类似业务关系，则义务机构可依赖该其他金融机构（如附属行）来执行本节的要求，但前提如下：

i. 在此情形下，该依赖是合理的；

ii. 另一家金融机构适用于《美国法典》第31编第5318（h）条规定，并且受联邦职能监管机构监管；

iii. 与另一家金融机构订立合同，合同要求该金融机构每年向义务机构证明其已实施反洗钱计划，并且该金融机构（或其代理）会按照义务机构的特定程序要求行事，以遵守本节的要求。

法案代码P

第1010.230节附录A 关于法人客户受益所有人的认证

一、总则

关于该认证表格

为帮助政府打击金融犯罪，联邦法规要求某些金融机构获取、核实和记录关于法人客户受益所有人的信息。法人实体可被用来掩盖恐怖融资、洗钱、逃税、腐败、欺诈和其他金融犯罪活动。要求披露拥有或控制法人实体的关键人物（即受益所有人）有助于执法机构对这些罪行进行调查和起诉。

谁来填写此表格?

此表须由代表法人实体在以下美国金融机构开立新账户的个人填写：（i）银行或信用合作社；（ii）证券经销商或经纪人；（iii）共同基金；（iv）期货经纪商；（v）商品中介经纪人。

就本表格而言，法人实体包括公司、有限责任公司或其他通过向州务卿或类似机构提交公文而成立的实体、普通合伙企业以及在美国或国外成立的任何类似业务实体。法人实体不包括独资企业、非公司社团或代表其自身开户的自然人。

需要提供哪些信息?

此表格要求填报人提供以下人员（即受益所有人）的姓名、地址、出生日期和社会安全号码（非美国公民则为护照号或其他类似信息）：

（i）直接或间接持有法人客户25%或以上股权的个人（如有）（例如，持有公司25%或以上股权的自然人）；

（ii）在管理法人客户方面负有重大责任的个人（如首席执行官、首席财务官、首席运营官、管理人员、普通合伙人、总裁、副总裁或财务主管）。

满足“受益所有人”定义的人数可能会有所变动。根据上文第（i）项的规定，可能需要最多识别4名受益所有人，也有可能未识别出受益所有人（根据实际情况而定）。无论根据第（i）项确定的人数有多少，都必须根据第（ii）项的规定提供一人的身份识别信息。在某些情况下，可能根据这两项规定识别的是同一人（例如，Acme，Inc.公司的总裁同时也持有30%的股权）。因此，填写完整的表格将包含至少1人［第（ii）项下］的身份信息，以及最多5人[第（ii）项下1人和第（i）项下持有25%的股权的4人]的识别信息。

金融机构还可能会要求查看表格中列出的每个受益所有人的驾照或其他身份证明文件的副本。

二、受益所有人认证

代表法人开立账户的人须提供以下信息：

（一）开立账户的自然人的姓名和职位

____

（二）所涉法人实体的名称和地址：

____

（三）关于通过合同、约定、协议、合作或其他方式直接或间接持有以上法人实体25%或以上股权的个人的以下信息：

姓名	出生日期	地址（住宅或办公地址）	对于美国公民：社会安全号码	对于非美国公民：护照号码和签发国家或其他类似的身份证号码[1]

（如果没有满足该定义的个人，请填写“不适用”。）

（四）以下对上述法人实体负有重大管理责任的个人的信息

- 执行官或高级经理（例如，首席执行官、首席财务官、首席运营官、管理人员、普通合伙人、总裁、副总裁和财务主管）；
- 定期执行类似职能的任何其他人。

[在适当的情况下，以上第（c）节中列出的个人也可在第（d）节中列出]。

姓名/职位	出生日期	地址（住宅或办公地址）	对于美国公民：社会安全号码	对于非美国公民：护照号码和签发国家或其他类似的身份证号码[1]

本人（开立账户的自然人的姓名）在此保证，据本人所知，以上提供的信息是完整和正确的。

签名：________________________ 日期：__________________

如果不提供护照号码，非美国公民可提供其身份证号码，或其他任何由政府签发、载有照片或类似防护信息的可证明国籍或居住地的有效证件号码及签发国。

法人实体识别编码__________________（可选）

第1020部分　针对银行的规则

三、第1020部分的权威文献引用如下：

权威文献：《美国法典》第12编第1829b节和第1951~1959节；《美国法典》第31编第5311~5314节和第5316~5332节；《美国公法》第107-56号第3篇第314部分，《美国法令全书》第115篇第307页。

四、对第1020.210节的内容修订如下：

第1020.210节 针对仅由联邦职能监管机构监管的金融机构（包括银行、储蓄协会和信用合作社）的反洗钱计划要求。

受联邦职能监管机构的监管且不受自我监管组织规定约束的金融机构实施并维护符合以下要求的反洗钱计划时，其应被视为满足《美国法典》第31编第5318（h）（1）节的要求：

（一）符合本章第1010.610节和第1010.620节的要求；

（二）至少包括以下内容：

1. 确保持续合规的内部控制机制；

2. 由银行人员或外部人员进行独立合规性测试；

3. 指定负责协调和监控日常合规性的个人；

4. 对相关人员的培训；

5. 适当的以风险为本的持续客户尽职调查程序，包括但不限于：

（1）了解客户关系的目的和性质，建立客户风险档案；

（2）进行持续监控，识别和报告可疑交易，并基于风险状况维护和更新客户信息。就（二）5（2）而言，客户信息应包括关于法人客户的受益所有人的信息（定义见本章第1010.230条）。

（三）遵守关于此类计划的联邦职能监管机构的规定。

第1023部分　针对证券经纪人或交易商的规则

五、第1023部分的权威文献引用如下：

权威文献：《美国法典》第12编第1829b节和第1951~1959节；《美国法典》第31编第5311~5314节和第5316~5332节；《美国公法》第107-56号第3篇第314部分；《美国法令全书》第115篇第307页。

六、对第1023.210节的内容修订如下：

第1023.210节　针对证券经纪人或交易商的反洗钱计划要求。

如果证券经纪人或交易商实施并维护经高级管理层批准的且符合以下要求的书面反洗钱计划，则其应被视为符合《美国法典》第31编第5318（h）（1）节的要求：

（一）符合本章第1010.610节和第1010.620节的要求，以及联邦职能监管机构制定的关于反洗钱计划的建立和实施的任何适用规定；

（二）至少包括以下内容：

1. 建立并执行设计合理的政策、程序和内部控制措施，确保遵守《银行保密法》的适用规定及其实施条例；

2. 由经纪人/交易商的人员或合格的外部人员进行独立合规性测试；

3. 指定一名或多名人员负责实施和监控该计划的运行及内部控制；

4. 对相关人员的持续培训；

5. 适当的以风险为本的持续客户尽职调查程序，包括但不限于：

（1）了解客户关系的目的和性质，建立客户风险档案；

（2）进行持续监控，识别和报告可疑交易，并基于风险状况维护和更新客户信息。就（二）5（2）而言，客户信息应包括关于法人客户的受益所有人的信息（定义见本章第1010.230条）。

（三）遵守自律组织制定的关于此类计划的规则、规定或要求，但前提条件是，经相应的联邦职能监管机构与美国财政部金融犯罪执法网络协商后，根据《1934年证券交易法》，此类规则、规定或要求已生效。

第1024部分　针对共同基金的规则

七、第1024部分的权威文献引用如下：

权威文献：《美国法典》第12编第1829b节和第1951~1959节；《美国法典》第31编第5311~5314节和第5316~5332节；《美国公法》第107-56号第3篇第314部分，《美国法令全书》第115篇第307页。

八、对第1024.210节的内容修订如下：

第1024.210节 针对共同基金的反洗钱计划要求。

（一）自2002年7月24日开始，各共同基金应制订并实施设计合理的书面反洗钱计划，防止共同基金被用于洗钱或恐怖融资，从而遵守《银行保密法》（《美国法典》第31编第5311节等）的相关要求以及美国财政部根据其颁布的实施条例，并监控合规情况。各共同基金的反洗钱计划须得到其董事会或受托人的书面批准。各共同基金应向美国证券交易委员会提交反洗钱计划，以供其审阅。

（二）反洗钱计划应至少：

1. 建立并执行设计合理的政策、程序和内部控制措施，防止共同基金被用于洗钱或恐怖融资，并确保遵守《银行保密法》的适用规定及其实施条例；

2. 规定由共同基金的人员或合格的外部人员进行独立合规性测试；

3. 指定一名或多名人员负责实施和监控该计划的运行及内部控制；

4. 适当的以风险为本的持续客户尽职调查程序，包括但不限于：

（1）了解客户关系的目的和性质，建立客户风险档案；

（2）进行持续监控，识别和报告可疑交易，并基于风险状况维护和更新客户信息。就（二）5（2）而言，客户信息应包括关于法人客户的受益所有人的信息（定义见本章第1010.230条）。

第1026部分　针对期货经纪商和商品中介经纪人的规则

九、第1026部分的权威文献引用如下：

权威文献：《美国法典》第12编第1829b节和第1951~1959节；《美国法典》第31编第5311~5314节和第5316~5332节；《美国公法》第107~56号第3篇第314部分，《美国法令全书》第115篇第307页。

十、对第1026.210节的内容修订如下：

第1026.210节　针对期货经纪商和商品中介经纪人的反洗钱计划要求。

如果期货经纪商和商品中介经纪人实施并维护经高级管理层批准的且符合以下要求的书面反洗钱计划，则其应被视为满足《美国法典》第31编第5318（h）（1）节的要求：

（一）符合本章第1010.610节和第1010.620节的要求，以及联邦职能监管机构制定的关于反洗钱计划的建立和实施的任何适用规定；

（二）至少包括以下内容：

1. 建立并执行设计合理的政策、程序和内部控制措施，防止金融机构被用于洗钱或恐怖融资，并确保遵守《银行保密法》的适用规定及其实施条例；

2. 由期货经纪商或商品中介经纪人的人员或合格的外部人员进行独立合规性测试；

3. 指定一名或多名人员负责实施和监控该计划的运行及内部控制；

4. 对相关人员的持续培训；

5. 适当的以风险为本的持续客户尽职调查程序，包括但不限于：

（1）了解客户关系的目的和性质，建立客户风险档案；

（2）进行持续监控，识别和报告可疑交易，并基于风险状况维护和更新客户信息。就（二）5.（2）而言，客户信息应包括关于法人客户的受益所有人的信息（定义见本章第1010.230条）。

（三）遵守自律组织制定的关于此类计划的规则、规定或要求；但前提条件是，经相应的联邦职能监管机构与美国财政部金融犯罪执法网络协商后，根据《1934年证券交易法》，此类规则、规定或要求已生效。

日期：2016年5月2日。

David R. Pearl

美国财政部执行部长

【联邦公报文件2016-10567，提交时间2016年5月6日，上午8:45】

法案代码C

2016年7月19日答疑

美国财政部金融犯罪执法网络指南

（FIN–2016–G003）

发布日期：2016 年 7 月 19 日

主题：金融机构客户尽职调查要求常见问题解答

美国财政部下金融犯罪执法网络（FinCEN）发布本常见问题解答，旨在帮助义务机构了解2016年5月11日发布的“金融机构客户尽职调查要求”（以下简称客户尽职调查规则）范围。您可访问https://www.gpo.gov/fdsys/pkg/FR-2016-05-11/pdf/2016-10567.pdf查看相关内容。本常见问题解答为客户尽职调查规则提供解释性指南。此外，金融犯罪执法网络拟酌情发布其他常见问题解答或指南。

常见问题解答

问题1：客户尽职调查规则的目的

问：金融犯罪执法网络为什么发布客户尽职调查规则?

答：金融犯罪执法网络发布的客户尽职调查规则对现行的《银行保密法》（BSA）规定进行了修改、解释和细化。除载明各项尽职调查要求外，客户尽职调查规则还对金融机构提出了新的要求，从而在遵守特定豁免条款的前提下，识别并核实法人客户受益所有人身份。如客户尽职调查规则前言部分所述，金融犯罪执法网络希望法人客户识别其最终受益所有人，而非“名义所有人”或“稻草人”。

问题2：客户尽职调查规则适用范围

问：客户尽职调查规则是否适用于所有金融机构?

答：否。客户尽职调查规则仅适用于规则涵盖的金融机构（义务机构）。

问题3：义务机构

问：客户尽职调查规则涵盖哪些金融机构?

答：客户尽职调查规则适用的金融机构包括联邦监管的银行及联邦参保信用社、共同基金、证券经销商或经纪人、期货经纪商以及商品中介经纪人。[197]

---

197 “涵盖的金融机构”相关内容见《美国联邦法规》第31篇第1010.605(e)(1)条（31 CFR 1010.605(e) (1)）。

问题4：在受益所有权方面，对义务机构有哪些客户尽职调查要求

问：在收集受益所有权信息方面，对义务机构有哪些要求？

答：根据客户尽职调查规则，其涵盖的金融机构应建立并维护相应的设计合理的书面程序，识别和核实法人客户的受益所有人。通过上述程序，机构应能够在开立新账户时识别每个客户的受益所有人，除非该客户或账户被豁免。此外，上述程序必须建立以风险为本的惯例，从而在合理、可行的范围内核实金融机构识别出的各受益所有人的身份。上述程序必须包含按照适用的客户身份核实程序（CIP）要求核实个人客户身份所需的要素。[198]

简言之，义务机构需获取、核实和记录法人客户受益所有人的身份。

问题5：修订反洗钱计划的要求

问：客户尽职调查规则中对其涵盖的金融机构的反洗钱计划要求是否有变化？

答：是。客户尽职调查规则修订了其涵盖的各金融机构的反洗钱计划要求，明确规定涵盖机构应执行并维护适当的以风险为本的程序，进行持续的客户尽职调查，包括以下内容：

- 了解客户关系的目的和性质；
- 进行持续监控，识别和报告可疑交易，并基于风险状况维护和更新客户信息。

义务机构的反洗钱计划应至少包括以下内容：（1）内部控制机制；（2）独立测试；（3）指定合规官或个人负责日常合规；（4）相关人员培训；（5）以风险为本的客户持续尽职调查程序，包括了解客户关系的目的和性质、进行持续监控、识别和报告可疑交易，并基于风险维护状况和更新

198 关于适用的客户身份核实程序要求，见31 CFR 1020.220(a)(2), 31 CFR 1023.220(a)(2), 31 CFR 1024.220, and 31 CFR 1026.220(a)(2)。

客户信息。

问题6：识别和核实受益所有人身份的程序

问：义务机构用于识别和核实法人客户受益所有人身份的程序是否必须与其客户身份识别程序相同？

答：否。然而，根据客户尽职调查规则，这些程序应至少包含按照适用的客户身份识别程序要求核实个人客户身份所需的要素。但是，金融机构可在核实文件时使用身份证明文件的影印本或其他复制品。

问题7：反洗钱程序

问：义务机构是否需要将识别和核实法人客户受益所有人身份的程序纳入其反洗钱合规体系？

答：是。义务机构必须将客户尽职调查程序纳入其反洗钱合规体系。

问题8：收集受益所有权信息

问：义务机构是否需要收集法人客户受益所有权相关的信息？

答：是的。除了客户身份核实程序要求收集的客户信息外，义务机构还必须收集法人客户受益所有人相关信息。

问题9：受益所有人的定义

问：受益所有人的定义是什么？

答：根据客户尽职调查规则，受益所有人须满足以下条件之一：

- 直接或间接持有法人客户25%或以上股权的个人（即所有权标准）；
- 任何对法人客户承担重要控制、管理或领导责任的个人，包括执行官或高级管理人员（如首席执行官、首席财务官、首席运营官、管理人员、普通合伙人、总裁、副总裁或财务主管）或任何其他执行类似职能的个人（即控制权标准）。由于法人结构存在很大差异，因此上述职位清单仅为示例，并非固定要求。

根据本定义，一个法人实体共有1~5名受益所有人（即控制权标准1名，所有权标准0~4名）。

问题10：受益所有人信息收集

问： 义务机构是否需要直接从法人客户受益所有人处获取信息？

答： 否。根据客户尽职调查规则，金融机构应从代表法人客户开立新账户的的个人处获取其受益所有人信息。该个人可以但不一定为受益所有人。

问题11：必须收集的法人客户受益所有权信息

问： 规则涵盖的机构需要收集法人客户受益所有人哪些类型的信息？

答： 与个人客户的客户身份核实程序相同，义务机构必须在开户时从法人客户处收集持有法人客户25%或以上股权的个人（如有）和主要控制/管理法人实体的人员的姓名、出生日期、地址，社会安全号码或其他政府标识号（外国人则为护照号或其他类似信息）。

问题12：名义所有人

问： 金融机构要求提供受益所有人身份信息时，法人实体可否提供名义所有人身份信息？

答： 不可以。如客户尽职调查规则前言所述，金融犯罪执法网络希望法人客户识别其最终受益所有人，而非“名义所有人”或“稻草人”。金融犯罪执法网络重申，识别最终受益所有人是法人客户的责任，并且金融机构可以依赖客户提供的信息，除非机构有理由质疑信息的准确性。

问题13：受益所有权要求的控制权标准

问： 哪些个人满足“对法人客户承担重要控制、管理或领导责任”这一定义？

答：根据客户尽职调查规则，法人实体必须提供“对公司承担重要控制、管理或领导责任”的控制人的信息。该规则还提供了可能符合要求的控制人职位，包括“执行官或高级管理人员（如首席执行官、首席财务官、首席运营官、管理人员、普通合伙人、总裁、副总裁或财务主管）”。金融犯罪执法网络的期望是识别的控制人必须为法人实体中的高级人员，负责组织的运营，并且可接触公司日常运营相关信息。本职位清单只为举例，并非固定。

问题14：账户的定义

问：客户尽职调查规则对“账户”的定义是什么？

答：为了与客户身份核实程序保持一致，金融犯罪执法网络在客户尽职调查规则中增加的“账户”一词的定义与银行、证券经销商或经纪人、共同基金、期货经纪商以及商品中介经纪人的客户身份核实程序对“账户”的定义一致。

问题15：新账户的定义

问：什么是新账户？

答：根据客户尽职调查规则，新账户指法人客户在2018年5月11日当日或之后在义务机构开立的账户。

问题16：存量账户适用性

问：义务机构是否必须获取存量账户的受益信息？

答：否。客户尽职调查规则不包括规则适用日前已开立的存量账户。

问题17：豁免和豁免限制

问：哪些类型账户不适用客户尽职调查规则？

答：是。根据特定限制条件，当客户开立以下四类账户中的任意一类时，义务机构无须识别和核实法人客户的受益所有人身份：

- 在销售点开立的用于提供信贷产品的账户（仅用于购买这些零售商的零售商品和/或服务），额度为5万美元；
- 购买邮资的融资账户，且金融机构直接将款项汇给邮资产品供应商；
- 保险费融资账户，且金融机构直接将款项汇给保险提供者或经纪人；
- 购买或租赁器材的融资账户，且金融机构直接将款项汇给器材供应商或出租方。
- 上述豁免不适用于下列两种情况：
- 账户为交易账户，法人客户可通过该账户向第三方付款或从第三方收款。
- 若为购买邮资、保险费、租赁器材开立的融资账户存在现金退款的可能性，则金融机构必须在最初汇款或退款时识别和核实法人客户的受益所有人身份。

问题18：收集受益所有权信息

问：义务机构是否必须收集法人客户所有受益所有人的受益所有权信息？

答：义务机构必须收集并核实符合所有权标准定义的所有人以及符合控制权标准的某一人的受益所有权信息。根据所有权标准，涵盖金融机构仅需收集直接或间接持有法人实体25%或以上股权的所有人的受益所有权信息；根据控制权标准，涵盖金融机构仅需收集对控制、管理或领导法人实体负有重大责任的某一人的受益所有权信息。但是，客户尽职调查规则承认，存在无持有法人实体25%或以上股权的个人的情况。在这种情况下，金融机构仍需收集控制、管理或领导法人客户的某一人的信息。

问题19：认证表格

问：义务机构是否必须使用客户尽职调查最终规则附件A中的认证表格？

答：否。金融机构可自行选择是否使用认证表格获取所需的受益所有权信息。金融机构也可使用认证表格样本、机构自有表格或其他符合此义务实质要求的任何方式以遵守相关规定。

问题20：法人客户的定义

问：法人实体客户的定义是什么？

答：根据客户尽职调查规则，法人客户包括开立账户的公司、有限责任公司、其他通过向州务卿或类似机构提交申请文件成立的实体、普通合伙企业、在外国成立的类似实体，以及有限合伙企业、通过向州办公室提交文件创建的商业信托，以及以相同方式创建的任何其他实体。

法人客户不包括独资企业、非法人团体或代表自己开立账户的自然人。

问题21：非法人客户

问：是否存在不属于法人客户且不需要义务机构获取其受益所有权信息的实体？

答：是。客户尽职调查规则对法人客户的定义中不包括受联邦或州监管的，且可以从联邦或州机构获取其受益所有权和管理信息的实体，举例如下：

- 受联邦职能监管机构监管的金融机构或受州银行监管机构监管的银行；
- 因现金交易报告义务豁免的某些主体；
- 美国、美国各州或州的各分区的部门或机构；
- 根据美国、美国各州或州的各分区法律或根据州际协定成立的实体；
- 普通股或类似股权在纽约证券交易所、美国证券交易所或纳斯达克证券交易所上市的实体（银行除外）；
- 根据美国或美国各州法律成立的任何实体，且上市公司拥有该实体至少51%的普通股或类似股权；

- 根据《1934年证券交易法》第12条注册的证券发行人，或根据该法第15(d)条提交报告的证券发行人；
- 《1940年投资公司法》第3条规定的在美国证券交易委员会注册的投资公司；
- 《1940年投资顾问法》第202(a)(11)条规定的在美国证券交易委员会注册的投资顾问；
- 《证券交易法》第3条规定的代兑或清算机构，且已根据该法第6条或第17A条注册。
- 根据《证券交易法》在美国证券交易委员会注册的任何其他实体；
- 根据《商品交易法》第1a条规定，在美国商品期货交易委员会注册的注册实体、商品基金经理人、期货交易顾问、零售外汇交易商、掉期交易商或主要掉期参与者；
- 根据《萨班斯—奥克斯利法案》第102条注册的公共会计师事务所。

其他受监管实体：

- 《1956年银行控股公司法》第2条（12 USC 1841）规定的银行控股公司，或《住宅所有者贷款法》第10(n)条[12 USC 1467a(n)]规定的存贷持股公司；
- 客户尽职调查最终规则中非法人客户的金融机构运作或建议的集合投资工具；
- 州监管的保险公司；
- 金融稳定监督委员会根据《2010年多德—弗兰克华尔街改革和消费者保护法》第8章指定的金融市场工具；

非法人客户的外国实体：

- 依法成立的外国金融机构，且该机构的监管机构保留其受益所有权信息；
- 仅开展政府活动而非商业活动的非美国政府部门、机构或政治分区；

- 仅根据《美国联邦法规》第31篇第1010.620条开立私人银行账户的法人实体。

问题22：信托

问：法人客户中是否包括信托？

答：否。除通过向州务卿或类似机构提交申请文件成立的信托外，法人客户不包括其他任何信托。因为信托是提供资金或其他资产并规定期限的一方（授予人/委托人）与资产控制方（受托人）基于信托书中指定的一方（受益人）的利益达成的合同约定。

通常，各州无须针对信托成立采取任何行动。

客户尽职调查规则一般不会取代现行的信托义务和惯例。客户身份核实程序规则的序言部分指出，虽然不要求金融机构审核信托的受益人，但各机构“可能需要采取其他措施核实非个人客户的身份，例如获得对账户有控制权的个人的相关信息”。我们了解到，当信托为金融机构的直接客户时，金融机构通常还会识别并核实受托人的身份，因为受托人必定是信托账户的签名人。此外，根据银行监督指南，“涉及可撤销信托时，银行可能需要收集委托人、授予人、受托人或其他有权领导受托人的个人，以及因此对账户有管理权或控制权的个人的相关信息，从而确定客户的真实身份”。[199]

问题23：海外资产控制办公室（OFAC）规定

问：金融机构是否需要遵守海外资产控制办公室关于受益所有权信息的规定？

答：义务机构使用受益所有权信息方式应与其收集的客户其他信息的方

199 美国联邦金融机构检查委员会，《BSA/反洗钱检查手册》（2014年），第281页。

式使用（例如，根据客户识别程序要求），其中包括遵守海外资产控制办公室执行的制裁措施。

问题24：第314(a)条的要求

问：义务机构现在是否具有第314(a)条项下受益所有权信息相关的附加义务？

答：金融犯罪执法网络不希望客户尽职调查规则项下获得的信息对金融机构第314(a)条项下增加额外要求。实施第314(a)条的法规不需要报告与第314(a)条请求中指定对象相匹配的账户或与交易相关的受益所有权信息。义务机构需要使用第314(a)条要求中相关身份信息在该机构保存的账户或交易记录中检索，并报告上述记录中是否存在与特定对象的匹配情况。

问题25：客户尽职调查最终规则的生效日期

问：客户尽职调查规则的生效日期是哪一天？

答：2016年7月11日，即客户尽职调查规则在《联邦公报》发布后60天。

问题26：客户尽职调查最终规则的规则适用日

问：规则涵盖的机构必须在何时实施客户尽职调查最终规则？

答：义务机构必须于2018年5月11日（即客户尽职调查最终规则在《联邦公报》发布之日后的两年）实施并遵守客户尽职调查规则。

2018年4月3日答疑

美国财政部金融犯罪执法网络指南

（FIN–2018–G001）

发布日期：2018 年 4 月 3 日

主题：金融机构客户尽职调查要求常见问题解答

美国财政部下金融犯罪执法网络（FinCEN）发布本常见问题解答，旨在帮助义务机构了解2016年5月11日发布的“金融机构客户尽职调查要求”（以下简称客户尽职调查规则或规则）范围，该要求于2017年9月29日修订，您可访问https://www.fincen.gov/resources/statutes-regulations/federal-register-notices/customer-due-diligence-requirements查看相关内容。2016年7月19日，美国金融犯罪执法网络发布常见问题解答，您可访问https://www.fincen.gov/resources/statutes-regulations/guidance/frequently-asked-questions-regarding-customer-due- diligence查看相关内容。美国金融犯罪执法网络拟酌情发布其他常见问题解答、指南或采取其他纾困措施。

义务机构注意到或有合理理由怀疑客户规避或试图规避受益所有权或其他客户尽职调查要求时，应考虑是否需要拒绝开户、销户或提交可疑活动报告（无论下面作出任何解释）。

常见问题解答

问题1：受益所有权阈值

问：义务机构在收集受益所有权信息时，能否采用并实施较法人客户受益所有权要求（《美国联邦法规》第31编第1010.230条）规定的义务更严格的书面内部政策和程序？

答：可以。义务机构（即规则涵盖的金融机构）在收集和核实受益所有权信息时，可实施较客户尽职调查规定中的要求更严格的书面内部政策和程序。

受益所有权透明化为执法部门、税务、监管或反恐调查提供非常有价值的信息。

客户尽职调查规则针对此类有价值信息的收集设定了25%的受益所有权阈值。因此，义务机构将通过收集直接或间接持有法人客户25%或以上股权的个人（如有）以及对法人客户拥有管理控制权的个人的信息，从而履行其受益所有权识别义务。但是，义务机构可自行选择是否收集持有法人客户较低股权比例的自然人以及一个以上具有管理控制权的个人的信息。

问题2：受益所有权阈值与其他反洗钱计划义务的相互作用

问：是否存在义务机构应考虑根据反洗钱（AML）计划要求，对特定客户以较低股权比例收集受益所有权信息的情况？

答：在某些情况下，金融机构可根据本机构对客户的风险评估结果，决定是否有必要以较低股权比例收集和核实受益所有权信息。

然而，受益所有权透明化仅是义务机构履行客户尽职调查义务的一个方面。金融机构可得出合理结论：以25%以下股权比例收集受益所有权信息，既无助于缓释客户带来的具体风险，也无助于提供对金融机构分析风险有用的信息。相反，可通过其他合理的方法来缓释任何额外增加的风险，如加强监控力度或收集与特定法人客户相关的其他信息（如预期账户活动）。

然而，在任何情况下，义务机构均应建立并维护合理设计的书面程序，识别并核实法人客户的受益所有人的身份，并将上述程序纳入本机构反洗钱合规计划。[200]

问题3：收集直接和间接所有人的受益所有权信息：所有权结构复杂的法人客户

问：若法人实体被识别出持有开立账户的法人客户25%或以上股权，义务机构是否应获取被识别为所有人的该法人实体的受益所有权信息？

答：根据客户尽职调查规则的受益所有权识别要求，义务机构必须从其法人客户处收集受益所有人信息（除非该实体符合豁免条件或账户被豁免）。因此，义务机构必须从其法人客户处获取满足定义要求的个人的身份（无论是直接持股还是通过多个公司结构间接持股），如下例所示。

根据客户尽职调查规则，艾伦是客户的受益所有人，因为他通过直接拥有A公司间接持有客户30%的股权。贝蒂也是客户的受益所有人，因为她通过直接拥有A公司间接持有客户20%的股权，并通过B公司间接持有客户16⅔%的股权，总计间接持有客户36⅔%的所有权权益。卡尔和黛安均不是客户的受益所有人，因为他们通过直接拥有B公司分别间接持有客户16⅔%的股权。

200 见《美国法典》第31编第5318（h）条；《美国联邦法规》第31编第1010.230(a)条。

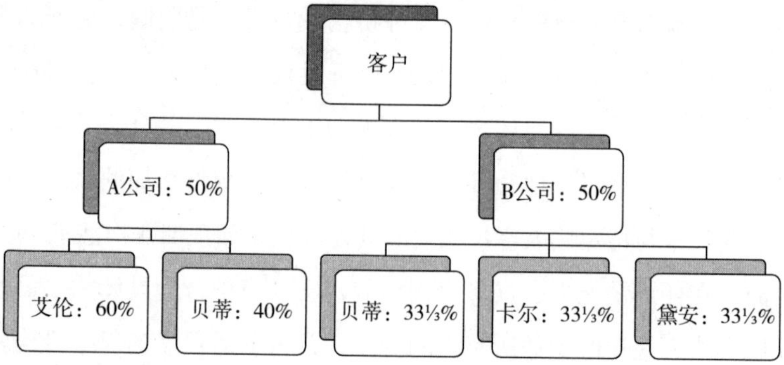

若无合理理由质疑信息可靠性，金融机构可以依赖法人客户的代表提供的受益所有权信息。

问题4：识别和核实：核实受益所有权信息的方法

问：根据客户尽职调查规则，哪些身份核实方法能够可靠证实受益所有权？

答：义务机构必须根据风险为本的程序核实各受益所有人的身份，这些程序应至少包含金融机构按照适用的客户识别程序（CIP）核实个人客户身份的相同要素。其中包括解决金融机构无法合理相信其知悉法人客户受益所有人真实身份的情况。[201]虽然客户尽职调查规则的受益所有权核实程序必须包含与现有客户识别程序相同的元素，但二者不需要完全相同。[202]例如，义务机构的政策和程序可以规定，如果受益所有人不在场，可接受法人客户呈递的驾驶执照影印本，用于核实受益所有人身份；然而这在客户识别程序中

201 根据客户识别程序要求，金融机构的客户识别程序必须包括应对金融机构无法合理相信其知悉客户真实身份的情况。这些程序应对以下情况进行说明：（1）机构不应开立账户的情况；（2）当客户使用账户，金融机构试图核实客户身份的条款；（3）尝试核实客户身份失败时，机构何时进行销户；（4）何时应依照相关法律、法规提交可疑活动报告[*See, e.g.,* 31 CFR 1020.220(a)(2)(iii)]。

202 见《美国联邦法规》第31编第1020.220(a)(2)条；《美国联邦法规》第31编第1023.220(a)(2)条；《美国联邦法规》第31编第1024.220(a)(2)条；《美国联邦法规》第31编第1026.220(a)(2)条。

则是不被许可的（见问题6）。

金融机构的客户识别程序必须包含核实客户身份的程序，包括说明机构何时使用文件核实、非文件核实，或二者结合的方式进行身份核实。[203]义务机构可使用相同的方法核实法人客户受益所有人的身份。此外，相较于客户识别程序要求，客户尽职调查规则明确授权义务机构在文件核实时使用影印本或其他复制文件。[204]

文件核实可采纳有效的政府签发的证明国籍或居住地并附有照片的身份证明或类似证明文件，如驾照或护照。[205]非文件核实方法可包括联系受益所有人；将法人客户（或受益所有人，视情况而定）提供的信息与其他来源获得的信息进行比较，独立核实受益所有人身份；与其他金融机构核对参考资料；获取财务报表；等等。[206]

金融机构应自行开展风险为本的分析，确定适当的核实方法和可接受的适当文件或影印本或复制品类型，以符合受益所有人核实要求。

问题5：收集受益所有权信息：地址要求

问：对法人客户受益所有人提供的地址有哪些要求——住宅或商业地址？

答：客户尽职调查规则对地址证明的要求与客户识别程序规则中要求相同。对于个人受益所有人，义务机构必须获取其居住地址或办公地址。如果二者都不可用，可采纳的替代选项包括军队邮局（APO）或舰队邮局

203 见《美国联邦法规》第31编第1020.220(a)(2)（ii）条。

204 见《美国联邦法规》第31编第1010.230（b）(2)条。

205 见《美国联邦法规》第31编第1020.220(a)(2)（ii）(a)条。

206 见《美国联邦法规》第31编第1020.220(a)(2)（ii）（B）条。

（FPO）邮箱编码，或其近亲或其他联系人的居住地址或办公地址。[207]

问题6：识别和核实：法人客户的代表

问：若受益所有人在开立新账户期间无法亲自到场并选择向法人实体代表提供驾照复印件，义务机构应采用什么程序识别和核实法人客户受益所有人的身份？

答：义务机构可从法人客户的代表处获取完整的认证表格或其他等效信息，识别法人客户的受益所有人。只要机构无合理理由怀疑信息的可靠性，则所述机构便可采纳此类信息。[208]此外，义务机构可凭借有效身份文件的影印本或其他复制品，或通过问题4中所述的非文件方式，核实无法亲自到场的受益所有人的身份。

问题7：识别和核实：现有客户作为新法人客户账户的受益所有人

问：如果被认定为新法人账户受益所有人的个人为义务机构的现有客户，并已开展金融机构客户识别程序，则义务机构还需识别和核实该个人的身份吗？或金融机构是否可采纳先前客户识别程序的识别和核实结果？

答：一般而言，义务机构必须在开立每个新账户时识别和核实法人客户受益所有人的身份。然而，如果被认定为受益所有人的个人为金融机构现有客户并已开展金融机构的客户识别程序，则金融机构可通过已有信息满足识别和核实要求，只要现有信息是最新的、准确的，且法人实体客户代表证明或证实（口头或书面）现有客户识别程序获取的信息是准确的。

---

207 见《美国联邦法规》第31编第1020.220(a)(2)(i)(3)条；《美国联邦法规》第31编第1023.220(a)(2)(i)(3)条；《美国联邦法规》第31编第1024.220(a)（2(i)(3)条；《美国联邦法规》第31编第1026.220(a)(2)(i)(3)条。

208 见《美国联邦法规》第31编第1010.230(b)(1)条。

例如，×公司的一名代表在一家金融机构为该公司开立了一个新账户，该代表确认甲某持有×公司25%的股权，且甲某于该金融机构拥有个人账户。根据客户识别程序要求，该机构在个人账户开立时已识别并核实甲某的身份。此种情况下，义务机构可依据现有关于甲某的客户识别程序识别和核实的信息，只要×公司的代表能够证明或证实（口头或书面）甲某现有信息的准确性，从而符合客户尽职调查规则。义务机构对新账户受益所有权的记录可参照相关客户识别程序记录，无须重复核实信息。

问题8：如何获取受益所有权认证表格或客户尽职调查规则附录A

问：义务机构是否必须使用受益所有权认证表格（客户尽职调查规则附录A）？如果需要，如何获取表格副本？

答：没有强制要求义务机构必须采用认证表格。相反，认证表格是可选择使用的，旨在为义务机构便捷获取所需受益所有权信息提供一种可行的方法。金融机构可选择其他方法遵守客户尽职调查规则中的规定，例如使用机构自有表格或其他符合此义务实质性要求的任何方式。义务机构应保留该表格，无须提交给美国金融犯罪执法网络。

义务机构可访问https://www.fincen.gov/resources/filing-information，获取客户尽职调查规则附录A中的非强制性认证表格副本（可填写和不可填写）。

问题9：保存受益所有权信息：多套受益所有权认证文件

问：如果义务机构更新了法人客户账户的受益所有权信息，随后同一法人客户的代表开立了新账户，则该机构是否需要保存所有受益所有权文件，即包括开户时收集的初始文件、更新文件，以及更新文件副本在内的三套文件？

答：是的。义务机构必须保存收集的法人客户受益所有权相关的全部信息。获取的识别信息（包括认证表格或其等效物）必须在法人账户销户后保存五年。[209]但是，所有核实记录必须在记录完成后保存五年。[210]因此，金融机构是否必须保留其中一套识别或核实记录取决于开户和销户日期或记录日期。例如，如果义务机构在为法人客户开立新账户时，将其现有的受益所有权信息视为真实和准确的识别信息，则金融机构应保存原始记录和任何更新的信息，包括对现有信息（如问题7和问题10所述）的任何口头或书面确认记录，直到新账户销户后五年，以符合监管规定的记录保存要求。义务机构还必须保存对核实文件、任何非文件方法和核实措施结果的说明，以及对识别和核实身份信息时发现的任何实质性差异的解决办法，直至记录完成后五年。

问题10：识别和核实：单个法人客户开立多个账户时的认证

问：如果单个法人客户在某义务机构开立多个账户（无论是否为同时开立），所述金融机构是否必须识别并核实所有账户的客户受益所有权？

答：一般而言，义务机构必须识别和核实所有新开立账户的法人客户的受益所有权信息，无论开立账户的数量是多少，具体时间如何。然而，已经取得法人客户受益所有人认证表格（或其等效物）的金融机构，可以依据表格信息以满足针对后续开立账户的受益所有权识别要求，只要客户证明或证实（口头或书面）随后开立各新账户时，这些相关信息是最新的、准确的，且该金融机构无合理理由怀疑信息的可靠性。所述机构还需要保存此类认证或证明记录，包括客户的口头和书面证明。

问题11：识别和核实：用于内部记录或经营目的的账户

问：美国金融犯罪执法网络了解到，义务机构（特别是证券和期货行业）为法人客户开立新账户并识别其受益所有权后，尽管客户并未具体要

209 见《美国联邦法规》第31编第1010.230(i)(2)条。

210 同上。

求，但所述金融机构可能会为该客户开立一个或多个用于金融机构内部记录或经营目的的额外账户或子账户，以便客户投资于特定产品或实施特定的交易策略。就受益所有权要求而言，这些账户是否属于“新账户”？

答：受益所有权要求适用于“新账户”，其定义为“每个账户……由法人客户开立”[211]［已补充重点内容］。若客户并未要求开立账户，而金融机构出于自身行政或经营目的开立账户（或子账户），为客户提供一种特定的交易策略，且金融机构已收集此类法人客户的受益所有权信息，则相关法人客户的账户（或子账户）不被视为客户尽职调查规则项下的“新账户”或“账户”。区分客户开立的此类账户与金融机构独自开立的此类账户符合客户尽职调查规则的目的，可缓释法人实体试图通过开立新账户进入金融系统时有关受益所有权混淆的风险。[212]

此解释仅适用于仅为先前已识别其受益所有权的现有法人客户的业务而创建的账户（或子账户）。因此，下列账户（或子账户）不适用于上述解释：

- 为另一法人（包括现有法人实体的子公司）实施的交易策略而创建的账户（或子账户）；
- 金融机构现有法人客户的客户直接通过金融机构进行交易活动（无须现有法人客户参与）进行交易的账户（或子账户）。

问题12：收集受益所有权信息：产品或服务展期

问：金融产品展期时（如贷款续期或存单转存），金融机构是否应要求其法人客户证明现有客户的受益所有人？

211 见《美国联邦法规》第31编第1010.230(g)条。此外，“账户”一词的定义参照客户识别程序要求中的定义。《美国联邦法规》第31编第1010.230(c)条。

212 见《联邦公报》第68卷第25093页（客户识别程序规则前言规定，“财政部和机构应注意，根据[美国爱国者]法案，监管应要求建立‘核实任何拟开户人身份’的合理程序。由于这些变动并非由客户发起，因此这些账户不属于第326条规定的范围”）。

答：是的。此种情形与客户识别程序规则及后续机构间指导中对“账户”的定义一致[213]，即每次发生贷款续期或存单转存时，银行就相当于与客户建立新的正式银行关系和新账户。对于银行而言，每次建立新的正式银行关系时，义务机构均需获取开设新账户的法人实体的受益所有权信息，即便该法人实体为现有客户。对于2018年5月11日之前提供的金融服务或产品，义务机构必须在上述日期后首次展期之日获取这些产品和服务的经证实的法人客户受益所有权信息。如果随后每次展期涉及的法人客户和金融服务或产品（如贷款或定期存单）保持不变，客户证明或证实机构先前取得的受益所有权信息是准确的、最新的，且机构无合理理由怀疑信息的可靠性，则金融机构无须重复收集受益所有权信息。我们了解到，行业通常不会将贷款续期或存单转存视为新账户，而且相关产品的洗钱风险极低。因此，如果客户证明其受益所有权信息时，还同意将此类信息出现的任何变更通知金融机构，则此类协议可被视为客户的认证或证明，并应在贷款或存单尚未偿还期间妥善记录和维护。

问题13：收集受益所有权信息：存量账户

问：义务机构是否需要收集或更新客户尽职调查规则适用日（2018年5月11日）前开立账户的客户受益所有权信息？

答：金融机构无须进行追溯审核，以获取2018年5月11日前开户客户的受益所有权信息。若金融机构在正常监控过程中发现与评估或重新评估客户风险相关的客户信息，显示受益所有权可能发生变化，则所述机构有义务获取或更新2018年5月11日前开户的法人客户的受益所有权信息。[214]

213 见“《美国爱国者法案》第326条，关于客户识别程序要求的机构间解释性指导，常见问题解答：最终客户识别程序要求”，第8页（2005年4月28日）。

214 见《联邦公报》第81卷第29421页。

问题14：无具体风险关注时，获取或更新受益所有权信息的义务

问：若无基于风险状况的关注点，那么义务机构是否需在常规定期重检存量账户时，获取或更新受益所有权信息？换言之，所述重检是否会触发客户尽职调查规则中的受益所有权识别义务？

答：不会。若无具体的风险关注点，义务机构无须在常规或定期重检期间获取或更新受益所有权信息。金融机构应制定并实施风险为本的程序以开展持续客户尽职调查，包括进行常规监控、识别和报告可疑活动，并基于风险状况维护和更新客户信息。因此，定期重检本身并不会触发受益所有权信息的获取或更新。如问题13和问题16解答部分所述，若金融机构在正常监控过程中发现与评估或重新评估客户的总体风险状况相关的客户或账户信息（如受益所有权信息）可能发生变化，则金融机构有义务获取或更新信息。若无此类风险相关的触发因素或事件，则义务机构可自行决定是否收集或更新受益所有权信息。

金融机构可按其认为适当的频率，自行决定是否收集或更新客户受益所有权信息。

问题15：监控和更新客户信息的流程

问：义务机构是否需要实施现有流程以外的其他流程，以符合客户尽职调查规则中持续监控和更新要求？

答：如果义务机构已有适当的监控流程，能够满足客户尽职调查规则的要求，则所述机构可运用其现有的监控流程以遵守客户尽职调查的监控和更新义务。如客户尽职调查规则前言所述，“满足可疑交易报告现有预期的行业实践应该足以落实该要求”。[215]

215《联邦公报》第81卷第29420页。

问题16：更新受益所有权信息

问： 如果需要更新受益所有权信息，是否可以在义务机构的数据库中进行变更，而无须实际获取并重新认证信息？

答： 视情况而定。义务机构必须就收集、维护和更新法人实体的受益所有权信息制定书面的内部政策、程序和内部控制。客户尽职调查规则规定，义务机构应监控并基于风险状况更新客户信息（包括受益所有权信息）；若信息为最新、最准确时，则无须重新认证。[216]义务机构可通过其记录开户时从客户处获取账户信息所使用的相同或相似流程，相应更新记录，以体现现有的受益所有人信息的变化。例如，如果更新仅涉及现有受益所有人的地址变更，且此前已收集和核实该受益所有人身份信息，则可能不需要进行完整的重新认证。此时，义务机构应与法人客户进行口头沟通，确认地址变更的准确性，并在其数据库中更新信息。但是，如果更新的信息涉及受益所有权变更，则需要收集、认证和核实新的受益所有人身份。

问题17：受益所有权信息：识别和核实要求在开户环节和风险触发后更新环节有哪些异同？

问： 美国金融犯罪执法网络在开立新账户环节和触发事件环节识别和核实受益所有人信息的要求是否有所不同？

答： 否。无论义务机构是在法人实体最初开立新账户时还是在触发事件发生时识别和核实受益所有人身份，识别和核实的基本要素都是相同的。也就是说，义务机构必须获取各受益所有人的姓名、出生日期、地址和识别码（如社会安全号码或客户识别程序认可的其他识别码），以识别受益所有人并核实其身份。然而，金融机构针对客户最初开立账户和触发事件发生后更

216 如参见《美国联邦法规》第31编第1020.210(b)(5)(ii)条（适用于银行），第1023.210(b)(5)(ii)条（适用于证券经销商或经纪人），第1024.210(b)(5)(ii)条（适用于共同基金），以及第1026.210(b)(5)(ii)条（适用于期货经纪商及商品中介经纪人）。

新账户时的信息收集政策、程序、流程以及信息量可能有所不同。

根据《美国联邦法规》第1010.230(b)条相关规定，若法人客户于2018年5月11日当日或之后开立新账户，或在触发事件发生后首次更新存量账户以纳入受益所有权信息，则义务机构必须识别并核实受益所有人身份。

相反，在识别和报告可疑活动及维护和更新客户信息的正常监控过程中，因触发事件所收集的信息的广度取决于变更的信息。换言之，只有发生变更的信息才需要被更新（如受益所有人地址变更）。如果发现触发事件导致该法人实体的受益所有权可能已完全改变，则必须根据第1010.230(b)条收集、认证和核实任何新的受益所有人身份。

问题18：收集受益所有权信息：相关经理人或顾问为法人实体客户的集合投资工具

问：义务机构是否需要识别并核实持有集合投资工具（该集合投资工具的经理人或顾问符合法人实体客户的定义）25%或以上所有权权益的受益所有人的身份？

答：否。尽管客户尽职调查规则规定义务机构应收集和核实持有法人客户25%或以上股权的受益所有人的身份，但一般来说，金融机构无须穿透集合投资工具，以识别和核实任何持有25%或以上权益份额的个人的身份。鉴于集合投资工具所有权架构变动不定，义务机构难以收集并核实这类实体的所有权身份。因此，所述金融机构无须要求客户穿透集合投资工具，以确定并报告任何个人持有的权益份额。然而，义务机构必须根据控制权标准（即对控制、管理或指导该工具负有重大责任的个人，包括该工具的投资组合经理、商品基金经理人、期货交易顾问或普通合伙人等）收集集合投资工具的受益所有权信息，以遵守客户尽职调查规则。[217]

217 如果此类经理、经理人或顾问本身为实体，则有必要识别负责控制、管理或指导该经理、经理人、顾问或普通合伙人的个人（*See* 31 CFR 1010.230(e)(3)(i), 81 FR at 29415）。

问题19：收集受益所有权信息：存在多个受托人的信托

问：当法人客户25%或以上股权为共同受托人（多个受托人）监管的信托持有，义务机构是否需要识别并核实所有共同受托人的身份？

答：不需要。如果信托通过任何合同、约定、协议、合作或其他形式直接或间接持有法人客户25%或以上股权，则所有权/权益标准项下的受益所有人为受托人。如果存在多个受托人或共同受托人，金融机构应至少收集并核实持有法人客户25%或以上股权（且该法人客户不在豁免之列）的至少一名共同受托人的身份。义务机构可结合其风险评估、客户风险状况以及本机构开户程序，选择是否需要识别额外的共同受托人的身份，以作为客户尽职调查的一部分。

问题20：收集受益所有权信息：受托人实体为受益所有人

问：如果持有法人客户25%或以上股权的信托的受托人为法人实体（如律师事务所、银行托管部门等），那么该法人实体是否可以被识别为所有权/权益标准下的受益所有人，是否需要识别至自然人？

答：如果信托通过任何合同、约定、协议、合作或其他形式直接或间接持有法人客户25%或以上股权，则所有权/权益标准下的受益所有人为受托人，无论受托人是自然人还是法人。[218]如果不存在所有权/权益标准下的自然人，则无须识别至自然人。但是，相关机构应收集法人实体受托人的身份信息，作为其客户识别程序的一部分，与相关机构的风险评估和客户风险状况相一致。除所有权/权益标准外，义务机构还必须识别并核实控制标准下作为法人客户受益所有人的自然人，以满足客户尽职调查规则。[219]

所有权/权益标准和控制权标准虽然存在关联性，却是相互独立的规

218 见《美国联邦法规》第31编第1010.230(d)(3)条。

219 见《美国联邦法规》第31编第1010.230(d)(2)条。

定。因此，义务机构满足或免于其中一项标准下的监管义务并不意味着其同时满足或免于另一项标准下的义务。

问题21：核实不适用“法人客户”定义的请求

问：义务机构如何核实不适用“法人客户”定义的资格？

答：根据第1010.230(e)(2)条的规定，几类法人客户免于客户尽职调查规则项下的收集和核实要求，因为有关监管机构要求其报告受益所有权信息或此类信息已公开。金融机构可依据法人客户提供的信息来确定法人实体是否被排除在法人客户定义之外，前提是金融机构无合理理由怀疑信息的可靠性。金融机构是否有相关合理理由取决于开户时的事实和情况。义务机构必须建立并维护以风险为本的合理书面程序，在开立新账户时识别并核实所有法人客户的受益所有人身份，除非该客户不属于法人客户的范畴。义务机构应在其风险为本的书面政策和程序中，说明其确定除外资格时拟获取并合理参考的信息类型。

问题22：法人客户的定义：独资企业和非法人团体

问：根据客户尽职调查规则，由配偶组成的独资企业或其他非法人团体是否被视为法人客户？

答：否。根据客户尽职调查规则，独资企业（无论由个人还是配偶组成）和非法人团体均不属于法人客户，即使这些企业可能向州务卿备案以便注册商号或建立税务账户。这是因为无论是独资企业还是非法人团体都不是独立于相关个人的法人实体，因此受益所有权本身界定并不模糊。[220]

问题23：慈善机构、非营利组织或类似实体的定义

问：评估慈善机构、非营利组织或类似实体的非法人客户资格时，义务

220 见《联邦公报》第81卷第29398页、第29412页（2016年5月11日）。

机构是否仅可参照《国内税收法》（IRC）中对上述实体的定义?

答：不可以。界定慈善机构和非营利实体是否为非法人客户并非局限于《国内税收法》中符合慈善、非营利定义或描述的实体或类似实体。客户尽职调查规则不依据《国内税收法》中所述的实体的免税状态来界定其是否为非法人客户。所有以非营利组织形式、非股份公司形式或由适当州权力机关成立的其他类似形式的非营利实体（无论是否免税），均被排除在所有权/权益标准要求之外，因为非营利实体通常没有所有权权益。[221]

但是，金融机构必须根据控制标准收集任何此类实体的受益所有权信息。[222]

问题24：法人客户的定义：公开上市公司和在国外交易所上市的实体。

问：在美国上市的公司和在国外交易所上市的实体是否不属于法人客户的范畴?上述公司和实体是否也因此免于客户尽职调查规则?

答：在美国上市的公司不属于法人客户。具体而言，客户尽职调查规则将某些被《美国联邦法规》第31编第1020.315（b）条规定列为“豁免对象”的实体从法人客户的定义中排除，包括普通股或类似股权在纽约证券交易所、美国证券交易所（现称纽约证券交易所）或纳斯达克证券交易所上市的任何公司（银行除外）。[223]客户尽职调查规则还规定，如果美国某实体至少51%的普通股或类似股权为某上市实体持有，则该美国实体将免于客户尽职调查规则，[224]因为这些美国公司受公开披露和报告要求的约束，提供的信息与客户尽职调查规则项下规定收集的信息类似。

221 见《联邦公报》第81卷第29412页。

222 同上。

223 见《美国联邦法规》第31编第1020.315(b)(4)条。

224 见《美国联邦法规》第31编第1020.315(b)(5)条。

在国外交易所上市的公司仍属于法人客户。此类公司可能不像美国上市公司那样经受相同或类似的公开披露和报告要求，因此需要收集其受益所有权信息。

问题25：收集受益所有权信息：在国外交易所上市的法人实体

问：义务机构是否可以采取风险为本的方法收集在国外交易所上市的法人实体的受益所有权信息？

答：不可以。金融机构不得采取“风险为本的方法”收集在国外交易所上市的法人客户的受益所有权信息，因为此类机构仍属于法人客户。然而，相关机构可参照针对其他法人客户（无论是否上市）的做法，采信此类实体的公开披露信息，只要机构无理由怀疑信息的准确性或及时性。

问题26：外国金融机构

问：外国金融机构被排除于客户尽职调查规则中的“法人客户”定义之外，是否取决于该机构的外国监管部门实施的受益所有权要求与美国的要求是否相符？

答：否。为识别受益所有权，当非美国辖内创建的外国金融机构的外国监管机构收集和维护该外国金融机构的受益所有人信息时，所述外国金融机构即不属于“法人客户”的范畴。[225]客户尽职调查规则并未规定义务机构研究外国监管机构对外国金融机构实施的具体透明度要求，或将所述要求与美国联邦职能监管机构对美国金融机构实施的相应要求进行比较。但是，如果外国监管机构并未收集和维护其监管的外国金融机构的受益所有权信息，则美国金融机构应根据客户尽职调查规则，收集和维护外国金融机构开立账户的受益所有权信息。与任何豁免条款相同，义务机构可依据其法人客户的陈

225 见《美国联邦法规》第31编第1010.230(e)(1)(xiv)条。

述，确定豁免条款是否适用，但前提是义务机构无合理理由怀疑陈述的可靠性。（见问题21。）

为满足现有客户尽职调查规则，开有外国金融机构代理行账户的义务机构需要针对此类账户建立和维护具体的以风险为本的尽职调查程序和控制措施，包括考虑所有相关因素，[226]以及识别某些高风险外国银行的受益所有权。[227]所述代理行账户将继续适用上述要求，而非客户尽职调查规则中反洗钱计划规定的要求。

问题27：非法人客户：美国政府编制的保留受益所有权信息的外国监管机构名单

问：美国政府是否会保留非美国司法管辖区名单，所述司法管辖区的监管机构保留其监管或监督的金融机构的受益所有权信息？

答：不会。义务机构应联系相关外国监管机构或使用其他有效手段，确定外国监管机构是否保留其监管或监督的金融机构的受益所有权信息。

问题28：非法人客户：仅参与政府活动的非美国政府部门、机构或政治分区

问：哪些实体将被视为“仅参与政府活动而非商业活动的非美国政府部门、机构或政治分区”[228]，从而符合非法人客户条件？

答：被视为仅参与政府活动而非商业活动的非美国政府实体的法人客户包括由非美国政府机构或政治分区拥有和经营的实体（如大使馆或领事馆），以及外国政府的执行机构（如参与纯政府性质活动的国有企业，此类活动指直接行使立法、行政或司法权力的非营利活动）。参与营利活动的国

226 见《美国联邦法规》第31编第1010.610(a)(2)(iv)条。

227 见《美国联邦法规》第31编第1010.610(b)(3)条。

228《美国联邦法规》第31编第1010.230(e)(2)(xv)条。

有企业，如主权财富基金、航空公司或石油公司等，不符合法人客户的豁免条款。一般来说，许多国有企业可能没有持有25%或以上股权的个人，因为政府部门、机构或政治分区持有相关股权。

在这种情况下，义务机构仅需识别控制权标准下（作为受益所有人）的个人。同样，对于不满足其他豁免条款的作为集合投资工具的国有企业，金融机构应根据受益所有人定义项下的控制权标准而非所有权/权益标准来获取受益所有权信息。

此外，与客户尽职调查规则中其他识别和核实实例类似，义务机构可以合理依据法人客户的陈述（来识别受益所有人），前提是机构无合理理由怀疑所有权信息的可靠性。

问题29：在销售点建立的自有品牌零售信贷账户

问：销售点豁免条款是否仅适用于在收银台开立的账户，或是否适用于仅在自有品牌零售商使用的所有信贷账户申请？

答：根据客户尽职调查规则，“义务机构为法人客户开立账户，即在销售点开立的提供商业自有品牌信用卡等信贷产品的账户，且仅用于购买这些零售商的零售产品和/或服务，额度为5万美元”，则义务机构免于所述要求。鉴于在实体店开立零售信贷账户的风险极低，因此为促进零售商销量开设的零售信贷账户提供销售点豁免。

问题30：设备融资和租赁豁免：设备的定义

问：设备融资豁免适用于哪些业务和设备？

答：客户尽职调查规则反映了美国金融犯罪执法网络的认识，即企业需要通过融资获得设备，实现持续的业务运营。许多这类企业（包括大型企业和小型企业）开立账户仅仅是为购买和租赁设备进行融资。受限于特定限制条件，客户尽职调查规则规定，由于在义务机构开立的设备融资和租赁账户的洗钱风险较低，因此不必对在所述机构开立此类账户的法人客户的受益所有人的身份进行识别和核实。[229]该豁免旨在涵盖企业购买或租赁的商业设备，如农业设备、建筑机械、飞机、计算机、打印机、复印机和汽车。客户尽职调查规则并未将豁免范围限于小型企业。无论豁免是否适用，义务机构必须遵守所有其他适用的银行保密法/反洗钱法项下的义务，包括在怀疑设备可能用于犯罪活动时提交可疑活动报告的义务。

问题31：设备融资和租赁豁免：为购买或租赁设备开立的融资账户

问：客户直接从义务机构租赁时，设备租赁和购买豁免是否适用?

答：适用。试举一例：航空有限责任公司（Aviation LLC）经营了多家飞行训练学校。该公司走访飞机供应商，为其飞行训练学校添置5架飞机。公司选择了拟添置的飞机，并联系作为出租人的义务机构，以获得必要的设备融资来添置飞机。

作为出租人的义务机构对飞机和航空有限责任公司的业务进行了审查，同意从飞机供应商处购买飞机，然后以规定的租金金额和期限将飞机租赁给航空有限责任公司。作为出租人的义务机构购买飞机，直接向飞机供应商付款，并获得飞机所有权作为抵押。然后，作为出租人的义务机构与航空有限责任公司签订租赁协议，后者在金融机构开设账户，仅用于添置飞机和定期支付租金。根据租赁条款，不可以现金形式向航空有限责任公司退款。

设备租赁和购买豁免条款适用，因为在义务机构开立的账户满足所有豁免条件，即（1）账户开立目的是为设备的购买或租赁融资；（2）金融机构直接将款项汇给供应商或出租人；（3）账户活动不存在现金退款的可能性。首先，义务机构直接向供应商全额付款，获得设备所有权，并将设备租赁给法人客户。其次，航空有限责任公司开立该账户的唯一目的是为其训练

229 见《美国联邦法规》第31编第1010.230(h)(1)(iv)条。

学校添置飞机的设备租赁进行融资。最后，不可能以现金方式向航空有限责任公司退款。如最终规则所述，在某些条件下，为设备租赁或购买融资创建的账户不受受益所有权要求的限制，因为这些账户的洗钱和恐怖融资的风险很低。[230]

问题32：现金交易报告和交易汇总

问：在何种情况下，应将法人客户交易和其受益所有人交易合并，以提交现金交易报告？金融机构是否需要主动检查受益所有权信息，以符合现金交易报告汇总要求？

答：一般而言，“如果金融机构发现在任何一个营业日内，由任何人或代表任何人进行的多笔交易导致现金流入或流出总额超过1万美元”，则金融机构必须汇总多笔货币交易。[231]对于可能共有一个共同所有人的法人客户，除非有确凿的理由作出相反推论，否则义务机构应认为，共有一个共同所有人的不同企业各自独立经营。因此，如果没有迹象表明这些企业不是独立经营的（如企业雇员相同，地址相同，一个企业的账户被反复用于支付另一个企业或共同所有人的费用），则金融机构不应将涉及这些业务的交易与企业各自业务或与共同所有人业务进行汇总，以提交现金交易报告。[232]

问题33：在现金交易报告中列出受益人

问：编制企业（即公司、有限责任公司和普通合伙企业）现金交易报告时，是否需要在报告中将受益所有人列为受益人？如果是，相关要求是否也适用于信托和房地产账户？

---

230 见《美国联邦法规》第31编第1010.230(h)(1)(iv)条。

231《美国联邦法规》第31编第1010.313条。

232 见美国金融犯罪执法网络第2001-2要求，《现金交易报告：汇总》（2001年8月23日）；美国金融犯罪执法网络指南2012-G001，《共同所有权企业现金交易报告汇总》（2012年3月16日）。另见《联邦公报》第81卷第29409页。

答：否。就报告要求而言，客户尽职调查规则不改变现有现金交易报告要求或美国金融犯罪执法网络发布的任何指南。因此，编制现金交易报告时，义务机构无须列出企业、信托或房地产账户的受益所有人。只有在金融机构了解到需要备案的交易是代表受益所有人进行，且在任何一个工作日内导致现金流入或流出总额超过1万美元的情况下，金融机构必须在现金交易报告第一部分列出受益所有人。

问题34：客户尽职调查规则对董事会或高级管理层审查反洗钱计划程序的影响

问：义务机构是否需要遵循特定程序批准反洗钱计划的变更，或要求董事会或高级管理层批准此类变更？联邦职能监管机构能否指导其辖内金融机构遵循特定的审批流程？

答：义务机构可以继续遵循其现有的内部程序来批准反洗钱计划的变更，包括纳入客户尽职调查规则的新要求。然而，这些程序应符合机构所属的联邦职能监管机构的要求和期望。

问题35：以风险为本记录客户关系的性质和目的

问：根据客户尽职调查规则，金融机构需了解"客户关系的性质和目的，以建立客户风险档案"。金融机构应收集哪些信息以满足这一要求？能否以风险为本记录客户关系的性质和目的？

答：了解客户关系的性质和目的，以建立客户风险档案，是持续客户尽职调查的重要组成部分，且必须应用于所有客户和账户。基于客户类别的了解是指，对于某些风险较低的客户，金融机构可通过固有或明确的信息了解客户关系的性质和目的，该类信息包括客户类型或账户类型、服务、产品或其他客户基本信息（包括开户时获取的信息）。

风险状况可以但不必包括风险评级系统或客户类别。因此，证明对客户关系的性质和目的的了解所需的记录因客户、账户、服务或产品类型而异。

问题36：客户风险档案信息的使用

问：确定了客户关系的性质和目的后，美国金融犯罪执法网络希望如何使用这些信息？

答：在开户时收集的有关了解客户关系的性质和目的的信息对建立客户风险档案至关重要。此类信息应作为评估客户活动、报告可能存在的可疑活动的标准（如客户在一个月内预期使用电汇或存款数量）。如果账户活动发生变化，特别是相对于账户的原始性质和目的的预期变化，则以风险为本的监控可视具体情况确定是否需要更新客户信息（如受益所有权信息）。

问题37：客户关系的性质和目的

问：了解客户关系的性质和目的时，金融机构是否需要针对明确的产品或客户类型（如保险箱）收集和记录客户风险档案？

答：金融机构必须实施以风险为本的程序，作为其反洗钱计划的一部分，以证明其了解客户关系的性质和目的，从而建立客户风险档案。客户风险档案指“开户时收集的客户信息，以作为评估客户活动、报告可疑活动的标准。此类信息可能包括客户类型或账户类型、服务或产品等明确信息”。[233]某些产品（如保险箱）的性质和目的是明确的，因此除了记录开立特定类型账户外，不需额外记录来证明对其性质和目的的了解。

233《联邦公报》第81卷第29398页、第29398页（2016年5月11日）。

美国联邦金融机构检查委员会(FFIEC)《银行保密法/反洗钱检查手册》(摘译)

法人客户受益所有权规定

概述

目标：评估银行识别和核实法人客户受益所有人的书面程序以及同相关监管要求的整体合规性。

根据受益所有权规则[1]，银行必须制定并维持书面程序，旨在识别并核实法人客户受益所有人，并将该程序纳入其反洗钱合规计划。

国内外法人实体均可能通过隐瞒真实的所有权涉入洗钱等犯罪活动。银行收集法人客户的受益所有权信息，能够为执法部门提供有关利用法人结构隐瞒违法行为和非法资产的犯罪嫌疑人的关键信息。要求与银行来往的法人客户提供识别信息，如拥有或控制该法人实体的自然人的姓名、出生日期以及社会安全号码，能够增加法人实体的透明度，从而降低犯罪的可能性。

1 见《美国联邦法规》第31篇第31CFR 1010.230条。

同其他客户信息类似，银行根据规则收集的受益所有权信息也应符合其他监管要求，包括但不限于识别可疑活动，识别被海外资产控制办公室制裁的对象。银行应在其政策、程序、流程中明确指出受益所有权信息如何被用来满足其他监管要求。

法人客户

根据受益所有权规则，[2]法人客户包括在银行开立账户的公司、有限责任公司、其他通过州务卿或类似机构提交申请文件而成立的实体、普通合伙企业、在外国成立的类似实体。根据受益所有权规则，许多类型的商业实体不属于法人客户。此外，受到一定的局限，法人客户在开立特定类型账户时，银行无须识别并核实其受益所有人身份。有关受益所有权规则的豁免条款，请参见附件1。这些豁免条款不会改变或取代其他现行的《银行保密法》/反洗钱（BSA/AML）以及海外资产控制办公室制裁相关要求。

受益所有人

受益所有权由控制权和所有权双重标准决定。就控制权标准，受益所有人是主要控制、管理或领导法人客户的个人，[3]包括执行官或高级管理人员（首席执行官、首席财务官、首席营运官、总裁），或任何其他执行类似职能的人员。每位法人客户必须拥有一名以控制权标准认定的受益所有人。

就所有权标准，受益所有人指通过合同、约定、协议、合作或其他形式直接或间接拥有法人客户25%或以上股权的个人（若有）。[4]如果信托通过合同、约定、协议、合作或其他形式直接或间接拥有法人客户25%或以上

2 见《美国联邦法规》第31篇第1010.230(e)(1)条。

3 见《美国联邦法规》第31篇第1010.230(d)(2)条。

4 见《美国联邦法规》第31篇第1010.230(d)(1)条。

股权，则受益所有人为受托人。[5]若不存在拥有法人客户25%或以上股权的个人，则无须进行所有权标准下的受益所有人识别。因此，所有法人客户各自拥有1~5名受益所有人——以控制权标准判定的1名及所有权标准判定的0~4名。

银行可以依赖法人客户提供的受益所有人或所有人身份信息，前提是银行没有合理理由怀疑此信息的可靠性。[6]但是，如果银行职员知道、怀疑或有理由怀疑持股人试图绕过报告阈值，需根据情形提交可疑活动报告。[7]有关提交可疑活动报告的详情可参见美国联邦金融机构检查委员会的《BSA/AML检查手册》（*FFIEC BSA/AML Examination Manual*）第60页的“概述”（“Overview”）部分。

受益所有权信息识别

对于2018年5月11日后开立新账户的法人客户，银行必须制定并维护相关书面程序，列明必须获取的受益所有人信息。银行应至少获取法人客户所有受益所有人的下列信息：

- 姓名；
- 出生日期；
- 地址[8]；

5 见《美国联邦法规》第31篇第1010.230(d)(3)条。

6 见《美国联邦法规》第31篇第1010.230(b)(2)条。

7 财政部金融犯罪执法网络（2016），“金融机构客户尽职调查要求”，最终规则（RIN 1506-AB25），《联邦公报》第81卷（5月11日），第29410页。

8 对于个人：住宅或办公地址，若个人不具有该地址，可提供军队邮局（APO）或舰队邮局（FPO）信箱编码，近亲或其他联系人的住宅或办公地址，或者说明客户实际所处位置。对于非个人的主体（如公司、合伙企业或信托机构）：主要营业地址，当地办公室地址或其他实际位置（*See* 31 CFR 1010.220(a)(2)(i)(3)）。

- 证件号[9]。

银行可通过代表法人客户开户的个人填写的认证表格[10]，或个人以其他方式提供表格所要求的信息中获取法人客户的受益所有人识别信息，前提是该个人尽其所知证实所提供信息的准确性。银行可以依赖代表法人客户开户的个人提供的受益所有人身份信息，前提是银行没有怀疑这些信息的可靠性。如果法人客户开立多个账户，银行可依据已有的受益所有人记录，前提是银行证实（口头或者书面）这些信息在账户开立之时是最新且准确的。[11]

银行必须具备相关程序维护并更新客户信息，包括基于风险状况维护和更新法人客户受益所有人信息。此外，对于2018年5月11日之前的存量客户，银行无须对其进行追溯审查以获取受益所有权信息。

但是，银行需要根据其持续监控，获取（和更新）现有法人客户的受益所有权信息。有关维护和更新受益所有权等客户信息的更多指引，请参见美国联邦金融机构检查委员会《BSA/AML检查手册》“客户尽职调查概述”（“Customer Due Diligence Overview”）部分的“客户关系的持续监控”（“Ongoing Monitoring of Customer Relationship”）相关内容。[12]

受益所有人信息核实

银行必须制定并维护以风险为本的书面程序，要求在新账户开立后的一

---

9 美国公民的识别号即为纳税人识别号（TIN）（或之前申请纳税人识别号的相关证明），非美国公民的识别号应为下列的一项或多项：TIN，护照号码及其签发国，外国人身份证号码，或由政府签发、载有照片或类似防护信息的可证明国籍和住址的有效证件号码及签发国。TIN定义见1986年美国《国内税收法》第6109节（《美国法典》第26编第6109节，26 USC 6109）和美国国税局相关规定[如社会安全号码（SSN），个人纳税识别号码（ITIN），或雇主身份识别号码（EIN）]（*See* 31 CFR 1010.220(a)(2)(i)(4)）。

10 见《美国联邦法规》第31篇第1010.230条，附件A，《法人客户受益所有人证明》（2016）。

11 美国金融犯罪执法网络，FIN-2018-G001，《金融机构客户尽职调查要求常见问题》，问题10，2018年4月。

12 美国联邦金融机构检查委员会，《核心检查概述及程序，客户尽职调查概述》，2018年5月。

段合理时间内，核实法人客户的各受益所有人身份。该程序必须包含《美国联邦法规》第31篇第1020.220(a)(2)条规定的个人客户身份核实因素，前提是在文件核实时，银行使用《美国联邦法规》第31篇第1020.220条下第(a)(2)(ii)(A)(1)条列明的文件的影印件或复印件。有关文件和非文件核实方法的相关内容，可参见美国联邦金融机构检查委员会《BSA/AML检查手册》的“客户身份识别体系”（“Customer Identification Program”）的核心概述部分。

银行无须保证客户身份信息每个因素的准确性，但必须核实足量的信息以形成对法人客户受益所有人真实身份的合理认知。银行用于核实受益所有人身份的程序必须说明何时使用文件核实法，何时使用非文件核实法，何时二者结合使用。

受益所有权信息识别和核实的不足

根据《美国联邦法规》第31篇第1020.220条，银行应制定制度、程序、流程以处理银行无法对法人客户受益所有人真实身份形成合理认知的情况。该制度、程序和流程应包括以下内容：

- 银行不应该开立账户的情况。
- 银行核实法人客户受益所有人身份的过程中客户可使用相关账户的条款。
- 核实法人客户受益所有人身份失败后，银行应销户的情况。
- 根据适用法律法规，银行应何时提交可疑交易报告。

文件记录和保存要求

银行必须为受益所有权识别和信息核实制定记录保存流程。银行所获取的任何身份信息，包括但不限于证明（如有），在销户后必须至少保存五年。

银行必须在记录形成后，将所用文件[注明类型、识别编码、签发地、签发日期以及到期日（如有）]、非文件核实方法及采取行动的成效、明显差异的解决方式的描述保存五年。

信赖其他金融机构

银行可信赖其他金融机构（包括子公司）对其法人客户所落实的受益所有权规则要求，如果该法人客户正在或已经在该金融机构开立账户，或与该金融机构建立有类似业务关系以开展服务、贸易或其他金融交易。条件如下：

- 在此情形下，信赖是合理的；
- 被信赖的金融机构受制于《美国法典》第31编第5318（h）条规则，并且受联邦职能监管机构[13]监管；
- 与被信赖的金融机构签订合同，要求该金融机构每年向银行证明其已落实反洗钱计划，并且该金融机构（或其代理）会按照银行的程序要求行事，以符合受益所有权规则。

---

13 联邦职能监管机构指美联储、联邦存款保险公司、国家信用社管理局、美国货币监理署、美国证券交易委员会、美国商品期货交易委员会。

检查程序

受益所有权

目标：评估银行识别和核实法人客户受益所有人的书面程序以及同相关监管要求的整体合规性。

1. 确定银行是否具备适当的书面程序以收集和核实规定所需信息，并为2018年5月11日后开立账户的法人客户留存受益所有人信息（如姓名、地址、纳税人识别号、出生日期）。

2. 确定银行是否具备适当的以风险为本制度流程以更新受益所有人信息等客户信息，并保存现有客户信息。

交易测试

3. 根据风险评估、之前的检查报告和银行审计结果审查，选择2018年5月11日之后法人客户新开立的账户为样本，以此检查与受益所有权规则的合规性。样本应包括多种账户类型。根据该样本确定银行是否履行了下述程序：

- 根据受益所有权规则［31 CFR 1010.230］开立账户；
- 按要求获取法人客户各受益所有人的识别信息（如姓名、出生日期、地址、证件号）；
- 在账户开立后的一段合理时间内，核实足够的受益所有人身份信息，从而对受益所有人的真实身份形成合理认识；
- 适当处理不能正确识别受益所有人身份的情况；
- 根据受益所有权规则，保存所需身份信息记录、核实身份所用方法以及核实结果[31 CFR 1010.230（i）]；

- 酌情提交可疑活动报告。

4. 根据所完成的交易测试等检查程序，就遵守受益所有权规则程序的适当性形成结论。

附件1　受益所有权

非法人客户实体

根据《美国联邦法规》第31篇第1010.230(e)(2)条，法人客户不包括：

- 受联邦职能监管机构监管[14]的金融机构或受州银行监管机构监管的银行；
- 《美国联邦法规》第31篇第1020.315(b)(2)~ (5)条所述主体：
    - 美国、各州或各州的各分区的部门或机构；
    - 依据美国、各州或各州的各分区的法律成立的实体，或根据两个或以上州之间的州际协定成立的实体，且该实体代表美国、各州或各州的分区实施政治权力；
    - 普通股或类似股权在纽约证券交易所或美国证券交易所（现称NYSE American）上市，或被指定为纳斯达克全国市场证券在纳斯达克上市的除银行外的实体（有例外）；
    - 根据美国或各州法律成立的任何“上市实体”的子公司（银行除外），并且该上市公司拥有该子公司至少51%的普通股或类似股权，前提是非银行金融机构主体只在其国内经营范围内是豁免主体；
- 根据《1934年证券交易法》第12条注册的证券发行人，或根据该法第15(d)条提交报告的证券发行人；
- 投资公司、投资顾问、代兑或清算机构、在美国证券交易委员会注册的其他实体；
- 注册实体、商品基金经理人、期货交易顾问、零售外汇交易商、掉

14 联邦职能监管机构指：美联储、联邦存款保险公司、国家信用社管理局、美国货币监理署、美国证券交易委员会、美国商品期货交易委员会。

期交易商、在美国商品期货交易委员会注册的主要掉期参与者；

- 根据《萨班斯—奥克斯利法案》第102条注册的公共会计事务所；
- 银行控股公司或存贷持股公司；
- 被(e)(2)条排除在外的金融机构运作或建议的集合投资工具；
- 由州监管的保险公司；
- 金融稳定监督委员会指定的金融市场工具；
- 依法成立的外国金融机构，且该机构的监管机构持有其受益所有权信息；
- 仅开展政府活动的非美国政府部门、机构或政治分区；
- 仅根据《美国联邦法规》第31篇第1010.620条开立私人银行账户的法人实体。

信托

法人客户不包括信托，但通过州务卿或类似机构提交申请文件而成立的信托除外。[15]

所有权标准豁免

只需遵循受益所有权要求的控制标准的法人客户包括以下实体：

- 由《美国联邦法规》第31篇第1010.230(e)(2)条包含的金融机构运作或建议的集合投资工具；
- 任何已经向相关州权力机关提交了所需文件的非营利性公司或相似实体。

15 美国金融犯罪执法网络，FIN-2016-G003，“金融机构客户尽职调查要求常见问题”，问题22，2016年7月19日。

豁免和豁免限制

由于受到某些限制，客户开立下列类型账户时，银行无须识别和核实其受益所有人的身份：

- 在销售点开立的提供商业自有品牌信用卡等信贷产品的账户，且只用于购买这些零售商的零售产品和/或服务，额度在50000美元以内；
- 购买邮资产品且金融机构直接将款项汇给邮资产品供应商的融资账户；
- 保险费融资账户，且金融机构直接将款项汇给保险公司或经纪人；
- 购买或租赁器材的融资账户，金融机构直接将款项汇给器材供应商或出租方。

这些豁免不适用于下列情况：

- 账户为交易账户，且法人客户可通过该账户向第三方付款或从第三方处接收款项；
- 如果开立的为购买邮资产品、保险费、购买或租赁器材融资的账户存在现金退款的可能性，则必须由银行在最初汇款或退款时识别和核实法人客户的受益所有权。

公司透明度法案*

第LXIV编　建立受益所有权信息报告要求

第6401节　简称。

本编可被援引为《公司透明度法案》。

第6402节　国会意见。

国会意见认为，

（1）每年根据各州法律成立的股份有限公司和有限责任公司达到了200多万家。

（2）大多数州或全部州并不要求根据该州法律成立的股份有限公司、有限责任公司或其他类似实体提供其受益所有人的信息。

（3）恶意行为者则会试图隐瞒其在美国成立的股份有限公司、有限责任公司或其他类似实体的所有权信息，用于开展非法活动（包括洗钱、恐怖融资、扩散融资、严重税务欺诈、贩卖人口和毒品、伪造、盗版、证券欺诈、金融诈骗和美国海外腐败行为），危害美国及其盟国的国家安全利益。

（4）洗钱者和其他商业活动参与者会故意利用公司复杂结构逃避检查，甚至可能将公司结构层层分解（类似俄罗斯的套娃玩偶）以隐秘地通过各种司法管辖，这样每次调查人员获取国内外实体所有权信息时，就会发现另一个新实体，导致调查过程不断进行下去。

* 节选自美国《2021年国防授权法案》F部分第64篇。

（5）需要进行联邦立法，用于收集根据美国各州法律成立的股份有限公司、有限责任公司或其他类似实体的受益所有权信息以便：

（A）针对公司活动制定清晰的联邦标准；

（B）保护重要的美国国家安全利益；

（C）保护国内和对外贸易；

（D）打击洗钱、恐怖融资和其他非法活动，加强重要的国家安全、情报和执法工作；以及

（E）确保美国符合相关国际反洗钱和反恐怖融资标准的要求。

（6）根据本编修订内容所收集的受益所有权信息属于敏感信息，使用对象仅限于经授权的政府机构并且具备有效的保障和控制措施，以便：

（A）推动重要的国家安全、情报和执法活动；以及

（B）批准向金融机构提供受益所有权信息，敦促金融机构遵守相关法律中的反洗钱、反恐怖融资及客户尽职调查的要求。

（7）根据相关法律的要求，美国财政部长应：

（A）采用最高安全级别的保护未加密信息系统的信息安全方法和技术，在非公开数据库中安全储存维护第（1）款的信息；以及

（B）采取定期审计等各种措施，保证政府机构只有在用于本编授权目的时才能获得受益所有权信息。

（8）在制定受益所有权信息的相关报告规定时，美国财政部长应尽可能最大限度地遵守本编的目的：

（A）尽量减轻申报公司收集受益所有权信息时所需承担的负担；

（B）告知申报公司受益所有人的身份识别方面的清晰规则；以及

（C）合理设计信息收集的方式，利用收集的信息生成对国家安全、情报和执法部门及联邦职能监管机构有用的数据库。

第6403节　受益所有权信息报告要求。

（a）一般而言，《美国法典》第31编第53章第II子章（经本篇第6306（a）（1）、第6307（a）和第6313（a）节的修正）在末尾处增加以下

内容：

§ 5336　受益所有权信息报告要求

（a）定义。在本节中：

（1）可接受的身份证件。“可接受的身份证件”一词指符合以下要求的个人：

（A）美国政府签发的有效期内的护照；

（B）各州、地方政府或印第安部落颁发的有效期内的个人身份证明文件；

（C）各州颁发的有效期内的驾照；

（D）外国政府签发的有效期内的护照［如果个人未持有上述第（A）、（B）或（C）项规定的文件］。

（2）申请人。“申请人”一词系指符合以下要求的个人：

（A）申请根据各州或印第安部落法律成立股份有限公司、有限责任公司或其他类似实体的人员；

（B）根据各州或印第安部落法律，向州务卿或相应负责人提交文件，为依据外国法律成立的股份有限公司、有限责任公司或其他类似实体在美国经商进行注册或提交申请。

（3）受益所有人。“受益所有人”一词指：

（A）通过任何合同、安排、协议、关系或其他方式，直接或间接进行以下活动的个人：

（i）对实体进行实质性控制；

（ii）最少持有或者控制25%的实体所有权权益。

（B）但不包括以下人员：

（i）对于该实体所在州规定的未成年子女，如果已根据本节要求报告了此类未成年子女的父母或监护人信息，则不包括此类未成年子女；

（ii）作为代理人、中介、托管人或者代表他人行事的个人；

（iii）仅以雇员身份代表股份有限公司、有限责任公司或其他类似实体行事的个人，并且此类个人对该实体的控制或从该实体享有的经济利益完全基于雇佣关系；

（iv）仅凭借继承权在股份有限公司、有限责任公司或其他类似实体享有利益的个人；

（v）股份有限公司、有限责任公司或其他类似实体的债权人，除非此类债权人符合第（A）项的要求。

（4）主任。“主任”一词指美国财政部金融犯罪执法网络的主任。

（5）美国财政部金融犯罪执法网络。“美国金融犯罪执法网络”一词指美国财政部的金融犯罪执法网络。

（6）美国财政部金融犯罪执法网络识别码。“美国金融犯罪执法网络识别码”一词指美国财政部金融犯罪执法网络根据本节要求分发给个人的唯一识别码。

（7）外国人。“外国人”一词指《国内税收法（1986年）》第7701（a）节定义的非美国人士。

（8）印第安部落。“印第安部落”一词指《联邦政府认可的印第安部落名单（1994年法案）》第102节中（《美国法典》第25编第5130节）的“印第安部落”。

（9）合法获得永久居留权。“合法获得永久居留权”一词具有《移民与国籍法》第101（a）节（《美国法典》第8编第1101（a）节）所规定的含义。

（10）集合投资工具。“集合投资工具”指：

（A）符合《投资公司法（1940年）》第3（a）节（《美国法典》第15编第80a-3（a）节）定义的投资公司；

（B）符合以下要求的公司也属于集合投资工具：

（i）符合该节要求的投资公司，但不属于《投资公司法（1940年）》

第3（c）节第（1）或（7）款（《美国法典》第15编第80a-3（c）节）例外情况的投资公司；

（ii）其法定名称被识别为向美国证券交易委员会提交的ADV表格（或后续表格）中的适用投资顾问。

（11）申报公司。“申报公司”一词指：

（A）符合以下要求的股份有限公司、有限责任公司或其他类似实体：

（i）根据州或印第安部落的法律向州务卿办公室或类似办公室提交文件成立；

（ii）根据外国法律成立，并根据州或印第安部落的法律，通过向州务卿办公室或类似办公室提交文件在美国注册开展业务。

（B）但不包括以下人员：

（i）符合以下要求的发行人：

（I）根据《证券交易法（1934年）》第12节（《美国法典》第15编第781节）注册的证券发行人；

（II）需要根据《证券交易法（1934年）》第15（d）节（《美国法典》第15编第78o（d）节）的要求定期提交补充资料的发行人；

（ii）符合以下要求的实体：

（I）根据美国法律、印第安部落法律，州或州的政治分区要求，或者两个或两个以上州之间的州际协定所建立的实体；

（II）代表美国或任何此类印第安部落、州或政治分区行使政府权力的实体。

（iii）符合以下定义要求的银行：

（I）《联邦存款保险法案》第3节（《美国法典》第12编第1813节）；

（II）《投资公司法（1940年）》第2（a）节［《美国法典》第15编第80a-2（a）节］；

（III）《投资顾问法案（1940年）》第202（a）节［《美国法典》第15编第80b-2（a）节］；

（iv）联邦信用合作社或州信用合作社［根据《联邦信用合作社法》第101节（《美国法典》第12编第1752节）的定义］；

（v）《银行控股公司法（1956年）》第2节（《美国法典》第12编第1841节）中定义的银行控股公司，或《房屋所有人贷款法》第10（a）节［《美国法典》第12编第1467a（a）节］中定义的储蓄和贷款控股公司；

（vi）根据第5330节要求在美国财政部注册的汇款公司；

（vii）根据《证券交易法（1934年）》第15节（《美国法典》第15编第78o节）所注册的经纪人或交易商［术语定义参见《证券交易法（1934年）》的第3节（《美国法典》第15编第78c节）］；

（viii）根据《证券交易法（1934年）》第6或第17A节（《美国法典》第15编第78f，78q–1节）所注册的交易或清算机构［术语定义参见《证券交易法（1934年）》的第3节（《美国法典》第15编第78c节）］；

（ix）根据《证券交易法（1934年）》（《美国法典》第15编第78a节等），在美国证券交易委员会注册的、不符合条款（i）、（vii）或（viii）要求的任何其他实体；

（x）符合以下要求的实体：

（I）符合《投资公司法（1940年）》第3节（《美国法典》第15编第80a-3节）要求的投资公司；或符合《投资顾问法案（1940年）》第202节（《美国法典》第15编第80b–2节）要求的投资顾问；

（II）根据《投资公司法（1940年）》（《美国法典》第15编第80a–1节等）要求或《投资顾问法案（1940年）》（《美国法典》第15编第80b–1节等）要求在美国证券交易委员会注册的实体；

（xi）符合以下要求的投资顾问：

（I）符合《投资顾问法案（1940年）》第203（1）节［《美国法典》第15编第80b–3（1）节］要求的投资顾问；

（II）已向美国证券交易委员会提交ADV表格第1A部分第10项附表A和附表B或其任何后续文件；

（xii）符合《投资公司法（1940年）》第2节（《美国法典》第15编第80a-2节）要求的保险公司；

（xiii）符合以下要求的实体：

（I）由州政府授权且受保险事务专员或类似州政府官员或机构监管的保险公司；以及

（II）在美国境内设有现场运营办事处的实体；

（xiv）（I）符合《商品交易法》第1a节（《美国法典》第7编第1a节）要求的注册实体；

（II）符合以下要求的实体：

（aa）（AA）符合《商品交易法》第1a节（《美国法典》第7编第1a节）要求的期货经纪商、中介经纪人、掉期交易商、主要掉期参与者、期货基金经理人或商品交易顾问；

（BB）符合《商品交易法》第2（c）（2）（B）节［《美国法典》第7编第2（c）（2）（B）节］要求的零售外汇交易商；

（bb）根据《商品交易法》（《美国法典》第7编第1节等）的要求，在商品期货交易委员会注册的实体；

（xv）根据《萨班斯—奥克斯利法案（2002年）》第102节（《美国法典》第15编第7212节）要求注册的公共会计师事务所；

（xvi）在美国境内提供电信业务、供电、天然气或供水和生活污水服务的公用事业公司；

（xvii）由金融稳定监督委员会根据《支付、清算和结算监督法（2010年）》第804节（《美国法典》第12编第5463节）要求指定的金融市场公用事业公司；

（xviii）任何由条款（iii）、（iv）、（vii）、（x）或（xi）中规定人员所操作或建议的集合投资工具；

（xix）符合以下要求的任何组织：

（I）符合《国内税收法（1986年）》第501（c）节［不考虑该法第508

（a）节］要求、并且按照《国内税收法（1986年）》第501（a）节享受免税的组织，在该组织失去免税资格的情况下，本分条款应从其失去免税资格起180天内继续包含此类组织；

（II）符合《国内税收法（1986年）》第527（e）（1）节要求，并且按照《国内税收法（1986年）》第527（a）节享受免税的政治组织；或

（III）符合《国内税收法（1986年）》第4947（a）节第（1）或（2）款要求的信托机构；

（xx）符合以下要求的股份有限公司、有限责任公司或其他类似实体：

（I）专为条款（xix）所述的任何实体提供经济帮助或对上述实体具有治理权的股份有限公司、有限责任公司或其他类似实体；

（II）美国人士；

（III）由一名或多名美国公民或合法获得永久居留权的美国人士实益拥有或全权控制；

（IV）至少大部分资金或收入来自一名或多名美国公民或合法获得永久居留权的美国人士；

（xxi）符合以下要求的实体：

（I）在美国境内雇用20名以上的全职员工；

（II）在上一年提交的美国联邦所得税申报表中上报的总收入或销售总额超过500万美元，包括以下实体的进款或销售额：

（aa）该实体拥有的其他实体；

（bb）通过该实体经营的其他实体；

（III）在美国境内设有现场运营办事处；

（xxii）由条款（i）、（ii）、（iii）、（iv）、（v）、（vii）、（viii）、（ix）、（x）、（xi）、（xii）、（xiii）、（xiv）、（xv）、（xvi）、（xvii）、（xix）或（xxi）中规定的一个或多个实体直接或间接持有或控制其所有权权益的股份有限公司、有限责任公司或其他类似实体；

（xxiii）符合以下要求的股份有限公司、有限责任公司或其他类似

实体：

（I）存续时间超过1年；

（II）未从事经营活动的；

（III）并非由外国人士直接或间接持有；

（IV）在过去12个月内，未发生所有权变更或收发大于1000美元的资金（包括该实体或其关联方持有权益的一个或多个金融账户收发的全部资金）；

（V）未持有任何种类或类型的资产（包括任何股份有限公司、有限责任公司或其他类似实体享有的所有者权益）；

（xxiv）由美国财政部长在获得司法部长和国土安全部部长书面同意后根据相关法规确定的任何类型的一个或多个实体应豁免于第（b）分节的要求，因为要求此类一个或多个实体提供受益所有权信息，可能造成以下影响：

（I）不符合公共利益；

（II）在国家安全、情报和执法机构发现、阻止或处置洗钱、恐怖融资、扩散融资、严重税务欺诈或其他犯罪的活动中，无法起到很大的作用。

（12）各州。“各州”一词指美国各州、哥伦比亚特区、波多黎各联邦、北马里亚纳群岛联邦、美属萨摩亚、关岛、美属维尔京群岛，以及美国的任何其他联邦、领土或属地。

（13）唯一识别码。“唯一识别码”一词指对于个人或只有一个成员的实体，可接受的身份证件中的唯一识别码。

（14）美国人士。“美国人士”一词指《国内税收法（1986年）》第7701（a）节定义的美国人士。

（b）受益所有权信息报告。

（1）报告。

（A）一般而言，每个申报公司应根据美国财政部长的规定，向美国财政部金融犯罪执法网络提交包含第（2）段所述信息的报告。

（B）现有实体的报告。根据美国财政部长的规定，在本分节条例生效日期之前成立或注册的任何申报公司应及时并且最迟在本分节规定的法规生效日期2年内，向美国财政部金融犯罪执法网络提交包含第（2）段所述信息的报告。

（C）在成立或注册时进行报告。根据美国财政部长的规定，在本分节条例生效日期之后成立或注册的任何申报公司应在成立或注册时，向美国财政部金融犯罪执法网络提交包含第（2）段所述信息的报告。

（D）变更受益所有权的最新报告。根据美国财政部长的规定，申报公司应及时并最晚在第（2）段所述任何信息变更日之后1年内，向美国财政部金融犯罪执法网络提交包含变更信息的报告。

（E）美国财政部长对受益所有权变更的更新报告进行审查。与司法部部长和国土安全部部长协商后，美国财政部长应进行审查用于评估以下内容：

（i）要求股份有限公司、有限责任公司或其他类似实体在短于（D）项要求的时间内更新第（2）款中与所有权变更有关的受益所有权信息报告，且应考虑到（D）项下的更新要求和报告所需信息；

（ii）对执法和国家安全官员可能带来的益处，以及在受益所有人名单发生变化后在较短时间内更新受益所有人名单的要求将给股份有限公司、有限责任公司或其他类似实体带来的负担；以及

（iii）在不迟于本节规定实施两年内，应视具体情况对条例进行必要的修改，用于实施本节评审的发现和结论。

（F）法规要求。根据第（A）至第（D）项的要求颁布法规时，美国财政部长应根据实际情况尽量：

（i）与各州、地方和部落政府机构建立合作伙伴关系；

（ii）通过现有的联邦、各州和地方程序及步骤收集第（2）款要求的信息；

（iii）鉴于合法运行企业的合规成本，尽量减少申报公司收集第（2）

款所述信息需要承担的负担，采取措施降低信息收集成本；

（iv）收集第（2）款信息时应保证收集信息能有效用于：

（I）推动重要的国家安全、情报和执法活动；

（II）批准向金融机构提供受益所有权信息，敦促金融机构遵守相关法律中的反洗钱、反恐怖融资及客户尽职调查的要求；

（G）简化监管规定。为简化申报公司和金融机构为实现本节合规性需要遵守的程序，美国财政部长应将本分节的规定添加到《联邦法规汇编》第31编第1010部分或其任何后续内容。

（2）所需信息。

（A）一般而言，根据美国财政部长的条例要求，除第（B）项规定的情况外，第（1）款中要求提交的报告应通过以下方法明确相应申报公司的各个受益所有人以及相关申请人：

（i）法定名称全称；

（ii）出生年月；

（iii）截至报告提交日的当前住宅或商业地址；

（iv）（I）可接受的身份证件中的唯一识别码；

（II）符合第（3）款要求的美国财政部金融犯罪执法网络识别码。

（B）针对享有所有者权益的豁免实体的报告要求。如果第（a）（11）（B）分节中的豁免实体直接或间接持有或将持有申报公司所有者权益，则申报公司或申请人应：

（i）对于豁免实体，仅列出豁免实体的名称；

（ii）不得被要求报告（A）项所要求的与豁免实体有关的信息。

（C）某些集合投资工具的报告要求。根据外国法律成立、依据第（a）（11）（B）（xviii）分节享受豁免的任何股份有限公司、有限责任公司或其他类似实体，应向美国财政部金融犯罪执法网络提交一份书面证明文件，用于证明已按照本分节规定的方式提供拥有集合投资工具实质性控制权的个人的身份信息。

（D）豁免子公司的报告要求。根据美国财政部长的规定，依据第（a）（11）（B）（xxii）分节享受豁免的任何股份有限公司、有限责任公司或其他类似实体，不再符合第（a）（11）（B）（xxii）分节的标准要求时，应向美国财政部金融犯罪执法网络提交一份包含第（A）项要求信息的报告。

（E）特权实体的报告要求。根据美国财政部长的规定，依据第（a）（11）（B）（xxiii）分节享受豁免的任何股份有限公司、有限责任公司或其他类似实体，不再符合第（a）（11）（B）（xxiii）分节的标准要求时，应向美国财政部金融犯罪执法网络提交一份包含第（A）项要求信息的报告。

（3）美国财政部金融犯罪执法网络识别码。

（A）发布美国财政部金融犯罪执法网络识别码。

（i）一般而言，收到个人按照第（2）（A）款要求提交的个人信息，或实体按照本节要求提供的受益所有权信息后，美国财政部金融犯罪执法网络应向此类个人或实体发放美国财政部金融犯罪执法网络识别码。

（ii）信息更新。拥有美国财政部金融犯罪执法网络识别码的个人或实体应基于第（1）款的要求，向美国财政部金融犯罪执法网络提交相关文件，用于按照第（1）（D）款规定的方式及时更新第（2）款中的任何信息。

（iii）唯一标识符。美国财政部金融犯罪执法网络只能向同一个人或实体（包括任何后继实体）发放一个美国财政部金融犯罪执法网络识别码。

（B）个人使用美国财政部金融犯罪执法网络识别码。需要报告第（2）款中要求的个人信息的任何个人也可选择报告其美国财政部金融犯罪执法网络识别码。

（C）实体使用美国财政部金融犯罪执法网络识别码。如果个人是或可能是申报公司的受益所有人，且该受益所有人持有该个人在直接或间接持有申报公司权益的实体中的权益，申报公司可报告实体的美国财政部金融犯罪执法网络识别码，以代替提供第（2）（A）款要求的有关个人的信息。

（4）颁发条例。美国财政部长应：

（A）通过颁发条例，用于规定管理第（2）款的报告和第（3）款的美国财政部金融犯罪执法网络识别码的程序标准；

（B）按照本节的以下要求，在可行的范围内实施第（A）项规定的条例：

（i）减轻申报公司收集受益所有权信息时所需承担的负担（包括消除重复要求）；

（ii）保证向美国财政部金融犯罪执法网络报告的受益所有权信息准确、完整且有价值。

（5）生效日。本分节的要求应在美国财政部长根据本分节所颁布实施条例的生效日当日生效。此类条例应在本节内容公布日1年之内颁布。

（6）报告。美国财政部长应在第（5）款规定的生效日1年内，向国会提交一份说明执行第（2）款要求所采用程序标准的报告（随后两年每年提交一次），其中应对以下内容进行评估：

（A）此类程序标准能否有效减少报告负担（包括去除重复要求）以及能否提高基于第（2）款要求所提交报告的准确性；

（B）用于执行第（2）款要求的任何替代程序标准。

（c）美国财政部金融犯罪执法网络对受益所有权信息的保存和披露。

（1）信息保留。美国财政部金融犯罪执法网络应留存第（b）分节规定的涉及各申报公司的受益所有权信息，留存期自申报公司终止经营之日起不少于5年。

（2）披露。

（A）禁止披露。除非本分节以及根据本分节颁布的协议另外进行授权，否则基于本分节报告的受益所有权信息应属于机密信息，下列人员不得对其进行披露：

（i）美国官员或雇员；

（ii）各州、地方或部落机构的官员或雇员；

（iii）接收本分节规定信息的任何金融机构或监管机构的官员或雇员。

（B）美国财政部金融犯罪执法网络披露信息的范围。只有在收到以下要求后，美国财政部金融犯罪执法网络才可披露基于本节要求报告的受益所有权信息：

（i）通过相应协议进行以下申请：

（I）国家安全、情报或执法联邦机构为推进此类活动提出的申请；

（II）来自州、地方或部落的执法机构的请求，当具有司法管辖权的法院，包括该法院的任何官员，已授权执法机构在刑事或民事调查中获取受益所有人信息；

（ii）根据国际条约、协议或公约，来自联邦机构的代表另一个国家的执法机构、检察官或法官提出的请求，包括外国中央机关或主管当局（或类似的指定）；或者，在没有条约、协议或公约时，来自可信的外国执法部门、司法机构或检察机关的正式请求；

（I）响应此类外国的调查或起诉协助申请；

（II）并且

（aa）需要遵守公约、协议和约定中关于公开披露任何接收到的受益所有权信息的披露使用条款；

（bb）不得将信息用于授权批准的调查或国家安全情报活动以外的任何其他目的；

（iii）在获得申报公司的同意下，金融机构根据客户尽职调查要求提出的请求，以促进金融机构根据适用法律满足客户尽职调查要求；

（iv）联邦职能监管机构或其他相应监管机构根据第（C）项要求提出的申请；

（C）金融机构和监管机构的披露形式和方式。财政部长应根据（B）（iii）条款，通过法规规定向金融机构提供信息的形式和方式，该法规应规定联邦职能监管机构或由财政部长指定的其他有权监管机构能够获取该信息，如果该监管机构：

（i）获得法律授权评估、监督、执行或通过其他方式确定金融机构是否满足相应子款所述要求；

（ii）使用此类信息仅用于进行条款（i）所述的评估、监督或授权调查或活动；

（iii）与美国财政部长针对相应信息安全保存协议达成一致意见。

（3）相应协议。美国财政部长应通过颁布条例，建立第（2）（A）款中所述的监管协议，用于

（A）保护美国财政部长直接提供的任何受益所有权信息的安全性及保密性；

（B）要求任何申请机构负责人亲自批准申请机构使用的标准程序，并且需要每半年向美国财政部长证明此类标准程序符合本款要求；

（C）要求申请机构按照美国财政部长的要求建立并维护一个安全体系用于储存美国财政部长直接提供的此类受益所有权信息；

（D）要求申请机构按照美国财政部长规定的时间和内容向其提交报告，用于报告该机构为确保美国财政部长直接提供的受益所有权信息保密性所建立并使用的程序；

（E）要求第（2）（B）（i）（I）款所述机构的负责人或其委任人员，为第（2）款中所述的每项授权调查或其他活动提供书面证明，该证明需要：

（i）按照美国财政部长规定的形式和方式（如果有），说明已经满足相应要求；

（ii）至少需要说明为何受益所有权涉及第（2）款中所述的授权调查或其他活动；

（F）要求申请机构在切实可行的情况下，将其所申请的信息仅用于提交受益所有权使用申请时所申报的目的；

（G）按照美国财政部长的要求，将基于本节规定可获取受益所有权信息访问权限设置为仅对申请机构的以下用户开放：

（i）直接参与第（2）款规定的授权调查或活动；

（ii）履行其职责或责任需要获取此类信息；

（iii）满足以下要求的人士：

（I）经过适当培训；

（II）使用经过适当培训的人员访问数据库；

（iv）采用适当的身份核实机制获取信息；

（v）与美国财政部长达成协议获得授权访问此类信息；

（H）要求提出请求的机构建立并维护财政部长认可的系统，永久留存标准格式的请求记录，以确保该机构向部长提交的每个受益所有人信息获取请求的可追踪，该记录应包括请求原因、提出请求的个人姓名、请求的日期、由该机构或向该机构提供的受益所有人信息，以及其他任何财政部长确定的适当信息；

（I）要求从美国财政部长获取受益所有权信息的申请机构进行年度审计，确认已按照本款要求的方式访问并使用从美国财政部长获取的受益所有权信息，且按照要求向美国财政部长提供审计结果；

（J）要求美国财政部长年度审计各机构针对基于本款所建立协议的遵守情况，用于保证各机构正确地申请和使用受益所有权信息；以及

（K）提供美国财政部长认为必要或合适的其他保障措施（以及美国财政部长在条例中规定的保障措施），用于保证受益所有权的机密性。

（4）违反协议。第（2）（B）款中所述申请机构的任何员工或官员违反第（3）款所述协议的规定（包括未经授权的披露或使用）时，应根据第（h）（3）（B）分节的规定面临刑事和民事处罚。

（5）财政部权限。

（A）一般而言，财政部的官员和雇员应能获取受益所有人信息，根据财政部长规定的程序和保障措施，进行检查或信息披露。

（B）税务管理。美国财政部的官员和员工可依据本分节的规定，获取受益所有权信息用于税务管理。

（6）拒绝申请。出现下列情况时，美国财政部长应拒绝申请：

（A）未按照第（2）（C）款中美国财政部长规定的格式和方式申请；

（B）出现以下情况时，可拒绝提供本分节中申请的信息：

（i）申请机构不满足本分节的任何其他要求；

（ii）出于非法目的申请信息；

（iii）存在其他正当理由拒绝请求。

（7）暂停访问。美国财政部长可依据第（6）款所列的任何理由［包括反复或严重违反第（2）款的任何要求］，暂停或禁止申请机构访问信息。

（8）安全保护措施。美国财政部长应针对根据第（b）分节向美国财政部金融犯罪执法网络所报告的信息，提供保护措施（包括加密）并保证此类保证措施满足以下要求：

（A）满足基于第44编第35章第II子章所制定标准指南的要求；

（B）根据所适用的法律，包含用于影响重大系统的联邦信息系统安全控制措施（不包括国家安全系统），防止对信息的保密性、完整性或可用性造成可能影响，避免严重或灾难性后果。

（9）美国财政部长的报告。美国财政部长应在本分节规定条例的生效日1年内，向参议院银行、住房和城市事务委员会以及众议院金融服务委员会提交一份报告（随后5年每年提交一次），且该报告应满足以下要求：

（A）可包含分类附件；

（B）在报告所涵盖的期间内，对于根据第（2）（B）（i）（II）款提交的每个请求，应与财政部长制定的协议保持一致，该协议对于保护执法机关敏感信息、税收相关信息、保密信息至关重要，这些信息应包括：

（i）提交申请的日期；

（ii）申请的来源；

（iii）申请获批、受拒或待处理；

（iv）概述拒绝此类申请的理由（如果适用）。

（10）美国联邦政府审计长进行的审计。美国联邦政府审计长应在本分节规定条例的生效日1年内，进行以下活动（随后6年每年一次）：

（A）审计美国财政部长基于这些条例所制定的程序和保障措施，包括核查申请机构系统以及检查申请机构是否遵守依据本分节建立的协议，用于确定此类程序和保障措施能否满足本分节的要求以及美国财政部是否按照本分节的要求正确使用受益所有权信息；

（B）向美国财政部长、参议院银行、住房和城市事务委员会以及众议院金融服务委员会提交一份包含基于本款要求开展的任何审计调查结果和决定的报告。

（11）美国财政部证言。

（A）一般而言，在每年3月31日之前（自2022年起连续5年），主任应在参议院银行、住房和城市事务委员会、众议院金融服务委员会或其相应的附属委员会就美国财政部金融犯罪执法网络的相关问题作证，具体问题如下所示：

（i）美国金融犯罪执法网络在执行《2020年反洗钱法案》及其修正案要求的过程中的预期计划、目标和所需资源；

（ii）美国财政部金融犯罪执法网络在当前和上一财年是否获得了充足拨款，用于支持以下活动：

（I）保证美国财政部金融犯罪执法网络可尽量高效高速地完成《2020年反洗钱法案》及其修正案中规定的美国财政部金融犯罪执法网络的要求和责任；

（II）稳定有效地执行实施《2020年反洗钱法案》及其修正案的各项规定；

（iii）根据主任的要求，加强美国财政部金融犯罪执法网络的管理工作，用于满足《2020年反洗钱法案》及其修正案的各项要求；

（iv）进行必要的公众宣传，推广传播《2020年反洗钱法案》及其修正案中的任何新要求，包括以下内容：

（I）向业界提供新受益所有权数据库目标和运作方面的教育；

（II）向美国盟国或合作伙伴国政府推广美国财政部金融犯罪执法网络关于如何保留和使用受益所有权信息的最佳实践；

（v）私营部门、美国财政部金融犯罪执法网络和联邦、州以及地方机构和实体之间沟通和协调产生的任何可以促进和改善，参与实施创新方法以履行《2020年反洗钱法案》及其修正案、《银行保密法》（定义见《2020年反洗钱法案》第6003条），以及其他反洗钱合规法律的政策建议；以及

（vi）主任认为适当的任何其他事宜。

（B）证词分类。第（A）项要求的证词应满足以下要求：

（i）应按照非保密的形式提交；

（ii）可能包括机密部分。

（d）机构协调。

（1）一般而言，美国财政部长应与相关联邦、各州和部落机构共同合作，在实际可行的情况下，更新第（b）分节中所述的信息。

（2）相关联邦、各州和部落机构提供的信息。相关联邦、各州和部落机构，根据美国财政部长的决定，在实际可行的情况下，根据适用法律保护规定的要求，应配合美国财政部金融犯罪执法网络并提供其要求的信息，用于保证受益所有权信息的准确性、完整性和实用性。

（3）条例。经与其他相关联邦政府机构负责人协商，美国财政部长可颁布必要条例用于实施执行本分节。

（e）联邦政府的通知责任。

（1）联邦。美国财政部长应采取所有可行措施，通知根据本节规定需要报告受益所有权信息的人员，包括描述一种或多种义务履行形式的适当信息材料，或由美国国税局和美国财政部金融犯罪执法网络（美国财政部金融犯罪执法网络）定期发布的其他信息材料。

（2）各州和印第安部落。

（A）一般而言，各州和印第安部落应在基于第（b）（4）分节颁布的条例生效日起2年内采取下列措施，才能获取本分节提供的资金：

（i）州务卿，或者各州或印第安部落中按照各州或印第安部落法律负责实体成立或注册的人员，应定期评估年费（包括初次成立或注册实体时）；审核任何美国经营许可证的续期；针对各州或印第安部落企业税评估或更新，进行以下活动：

（I）通知申报人作为本节规定的申报公司需要满足的要求，包括按照第（b）分节第（1）和第（2）款的规定提交并更新报告；

（II）向申报人提供美国财政部长基于本分节要求所创建的申报公司表格副本，或此类表格的互联网链接。

（ii）州务卿，或者各州或印第安部落中按照各州或印第安部落法律负责实体成立或注册的人员应更新本节网站、与公司注册、办公地址信息有关的表格，通知各申报人作为本节规定的申报公司需要满足的要求，包括向申报公司提供美国财政部长基于本分节要求所创建的申报公司表格的互联网链接。

（B）美国财政部的通知。根据第（A）项条款（i）或条款（ii）规定所发出的通知应明确指出此类通知代表美国财政部发出，目的是要求在美国成立或注册的商业实体进行非公开注册，以防止洗钱、恐怖融资、扩散融资、严重的税收欺诈和其他金融犯罪。

（f）不允许发行不记名股票的股份公司或有限责任公司。根据各州或印第安部落法律成立的股份有限公司、有限责任公司或其他类似实体不得出具不记名形式的证明，用于证明其持有实体的全部或部分权益。

（g）条例。颁布实施本节条例时，主任应联系小型企业界的成员以及其他相关方，保证实体根据本节要求高效地实施相关流程。

（h）处罚。

（1）违反规定的报告。任何人士的下列行为均属非法行为：

（A）向美国财政部金融犯罪执法网络故意提供或试图提供虚假的或欺诈性的、第（b）分节要求的受益所有权信息（包括虚假的或欺诈性的身份照片或文档）；

（B）故意不向美国财政部金融犯罪执法网络报告第（b）分节要求的完整或更新的受益所有权信息。

（2）未经授权的披露或使用。未经本节授权，任何人故意披露或使用通过以下方式获得的受益所有权信息都属于违法行为：

（A）基于第（b）分节向美国财政部金融犯罪执法网络提交的报告；

（B）美国财政部金融犯罪执法网络基于第（c）分节进行的披露。

（3）刑事和民事处罚。

（A）违反规定的报告。任何违反第（1）款第（A）或（B）项的任何人士：

（i）在违反规定的行为持续或未采取补救措施期间，每天应向美国政府支付500美元以内的民事罚款；

（ii）处以1万美元以下的罚款或2年以下的监禁，或二者并处：

（B）未经授权的披露或不符合规定的使用。任何违反第（2）款规定的人士将：

（i）在违反规定的行为持续或未采取补救措施期间，每天应向美国政府支付500美元以内的民事罚款；以及

（ii）（I）处以25万美元以下的罚款或5年以下的监禁，或二者并处：

（II）同时违反其他美国法律或参与了12个月内所涉金额超过10万美元的任何违法行为，将处以50万美元以下的罚款或10年以下的监禁，或二者并处。

（C）安全港条款。

（i）安全港条款。

（I）一般而言，除非出现分条款（II）的情况，任何人士如果满足以下要求，则不得根据第（A）项受到民事或刑事处罚：

（aa）有理由认为此类人士根据第（b）分节提交的任何报告含有不准确信息；

（bb）根据美国财政部长颁布的条例，在此类人士提交报告日之后90天

内，在任何情况下都自愿并迅速地提交包含纠正信息的报告。

（II）例外情况。如果在提交第（b）分节所要求报告时出现以下情况，不应免除此类人士应接受的条款（i）规定的处罚：

（aa）为逃避执行第（b）分节所述报告要求；

（bb）了解报告中包含不准确信息。

（ii）帮助。针对根据条款（i）（I）需要提交更正报告的人士，美国财政部金融犯罪执法网络应为其提供帮助。

（4）用户投诉程序。

（A）一般而言，财政部监察长应与财政部长协调，提供公开联系信息，以接收关于受益所有人信息的通知和收集流程或关于该信息的准确性、完整性、及时性的外部评论或投诉。

（B）报告。美国财政部的监察长应定期向国会提交满足以下要求的报告：

（i）汇总外部意见或投诉以及监察长在收集受益所有权信息方面进行的相关调查；

（ii）（与美国财政部金融犯罪执法网络协作）包括提出建议，改善受益所有权信息报告要求的通知、收集和更新流程采用的形式和方式，保证向美国财政部金融犯罪执法网络报告的受益所有权信息准确、完整且有价值。

（5）美国财政部监察长办公室负责调查网络安全违规事件。

（A）一般而言，如果出现网络安全违规事件导致大量敏感受益所有权信息未经授权的访问和泄露，美国财政部监察长应对美国财政部金融犯罪执法网络的网络安全进行调查，尽可能确定美国财政部金融犯罪执法网络信息安全和保密协议中存在的任何漏洞并提出相关修复建议。

（B）报告。美国财政部的监察长应定期向美国财政部长针对每份基于第（A）项开展的调查，提交一份报告。

（C）美国财政部长的行动。收到基于第（B）项的报告后，美国财政部长应：

（i）确定主任是否需要对网络安全违规事件负责，或者是否网络安全违规事件由执行主任授意的政策、实践或程序导致；

（ii）向国会提交一份概述美国财政部长调查结果的书面报告，其中应包括美国财政部长对该主任是否留任或解雇的决定。

（6）定义。在本分节，“故意”一词指自发故意违反已知的法律义务。

（i）持续审查豁免实体。

（1）一般而言，在基于第（b）（4）分节要求所颁布条例的生效日当日及之后，如果美国财政部长根据《2020年反洗钱法案》第6502（c）节所要求提供的报告信息或其可获得的任何其他信息决定，第（a）（11）（B）款所述实体或实体类别已涉及重大的洗钱、恐怖融资、扩散融资、严重税务欺诈或其他金融犯罪，美国财政部长应在其做出此类决定90天内，向参议院银行、住房和城市事务委员会和众议院金融服务委员会提供一份报告，说明做出此类决定的原因以及防止上述活动的立法建议。

（2）保密附件。第（1）款要求的报告应满足以下要求：

（A）应采用非保密的形式提交；

（B）可能包含保密附件。”

（b）一致性修订。对《美国法典》第31编作出如下修订：

（1）在第5321（a）节中，

（A）在第（1）款中每个该术语出现的位置，删除“第5314节和第5315节”，插入“第5314节、第5315节和第5336节”；

（B）在第（6）款每个该术语出现的位置，在“子章”后插入“（除了第5336节）”；

（2）在第5322节中每个该术语出现的位置，删除“第5315节或第5324节”，插入“第5315节、第5324节和第5336节”；

（3）在第53章的章节表（经本篇第6306（b）（1）节、第6307（b）节和第6313（b）节修订）的末尾添加了以下内容：

“§5336.受益所有权信息报告要求”。

（c）联邦政府承包商的报告要求。

（1）一般而言，联邦采购政策的负责人应在该法案颁布2年内，根据《美国法典》第41编第1303（a）（1）节的要求修改《联邦采购条例》，要求任何需要根据《美国法典》第31编第5336节［经本节第（a）分节补充］的要求披露受益所有权信息的承包商或分包商，向联邦政府依据此类条款的要求提供待披露的信息。此类披露信息将纳入合同金额超出《美国法典》第41编第134节中简化收购阈值的标书或建议书。

（2）适用性。根据《2020财年国防授权法》（116-92号公法）第847节的定义，第（1）款中所述的修订不适用于需要满足847节中受益所有权披露和审核要求的承包商或分包商。

（d）经修订的尽职调查规则。

（1）一般而言，美国财政部长应在基于《美国法典》第31编第5336（b）（4）节所颁布条例生效日的1年内（经本节第（a）分节补充），修订“金融机构的客户尽职调查要求”的最终规则（《联邦公报》第81期29397（2016年5月11日）），用于满足以下要求：

（A）使该规则符合本篇以及本篇相关修订的要求；

（B）使金融机构能访问申报公司根据第5336节所申报并按照美国财政部长规定的形式和方式所提供的受益所有权信息，促进此类金融该机构符合相关法律中的反洗钱、反恐怖融资，以及客户尽职调查要求；

（C）减轻金融机构和法人实体因本篇以及本篇修订的实施而所需承担的不必要或重复负担。

（2）符合性。

（A）一般而言，在执行第（1）款时，美国财政部长应在本分节规定的修订规则生效日，废除《联邦法规汇编》第31编第1010.230节第（b）至第（j）款。

（B）解释规则。本节的任何内容均不得解释为授权美国财政部长废除《联邦法规汇编》第31编第1010.230（a）节要求金融机构识别核实法人实体客户的受益所有人的规定。

（3）考虑事项。执行本分节要求时，美国财政部长应考虑以下事项：

（A）报告受益所有权信息时应采用风险为本的原则；

（B）金融机构在获取更新受益所有权信息的过程中，对美国财政部金融犯罪执法网络所提供信息的依赖程度；

（C）向美国财政部长报告更准确、完整和及时的受益所有权信息所需采取的策略；

（D）美国财政部长认为适当的任何其他事宜。

欧盟

欧洲议会和欧盟理事会第2015/849号指令（摘译）

第三章　受益所有权信息

第30条

1. 成员国应确保其领土内的公司和其他法人实体获取和持有充分、准确和最新的受益所有权信息，包括其所持股权的详细情况。

成员国应确保当各义务实体根据第二章的规定进行客户尽职调查时，这些实体除了需要提供法定所有人的信息之外，还需提供其受益所有人信息。

2. 成员国应要求主管部门和金融情报机构能够及时获取第1款提及的信息。

3. 成员国应确保由各成员国的中央登记处保存第1款提及的信息，例如，商业登记处、欧洲议会和欧盟理事会第2009/101/EC号指令第3条提及的公司登记处[1]，或者公共登记处。成员国应向欧盟委员会告知这些国家机构的特征。可根据国家制度收集该数据库所载的受益所有人信息。

---

1 欧洲议会和欧盟理事会2009年9月16日关于协调保障措施的第2009/101/EC号指令，成员国要求公司采取条约第48条第2款所定义的保障措施，保护成员和第三方的权益，以便使这些保障措施对等（OJ L 258, 1.10.2009, p. 11）。

4. 成员国应要求第3款提及的中央登记处所保存的信息是充分、准确和最新的。

5. 成员国应确保在所有情况下，以下各方均能获取受益所有人的信息：

（a）主管部门和金融情报机构（获取信息不受任何限制）；

（b）义务实体（在第二章规定的客户尽职调查框架内获取信息）；

（c）能证明其合法权益的任何个人或组织。

其中 (c)点提及的个人或组织应至少能获取受益所有人的姓名、出生年月、国籍和居住国以及所持受益权益的性质和比例。

为落实本条款，获取受益所有权信息应遵守数据保护规则，可能需要进行网上登记并交纳费用。为获取信息收取的费用不得超过由此产生的行政费用。

6. 第3款提及的中央登记处应确保主管部门和金融情报机构能及时和不受限制地从其处获取信息，而不必通知相关实体。中央登记处还应确保义务实体进行客户尽职调查时，能够及时从其处获取信息。

7. 成员国应确保本国主管部门和金融情报机构能够及时向其他成员国的主管部门和金融情报机构提供第1款和第3款提及的信息。

8. 成员国应要求义务实体不能仅依赖第3款提及的中央登记处来进行第二章所规定的客户尽职调查要求，而应使用以风险为本的方法完成这些要求。

9. 在特殊情况下，当提供受益所有人信息可能导致受益所有人面临欺诈、绑架、勒索、暴力或恐吓风险，或者当受益所有人为未成年人或因其他原因不符合受益所有人资格时，成员国可视具体情况做出豁免，不要求向第5款(b)和(c)提及的对象提供受益所有权的所有或部分信息。根据此款授予的豁免不适用于信贷机构和金融机构，以及第2条第1款(3)(b)提及的作为公职人员的义务实体。

10. 2019年6月26日之前，欧盟委员会应通过根据第2009/101/EC号指令第4条a（1）所设的欧洲中央平台向欧洲议会和欧盟理事会提交一份报告，评估第3款提及的中央登记处之间是否存在安全有效地互联互通的条件、技术规范和程序。适当情况下，该报告应随附一份立法建议。

第31条

1. 成员国应要求受本国法律管辖的任何明示信托的受托人掌握关于该信托受益所有权的充分、准确和最新的信息。该信息应包括以下人员的身份：

（a）委托人；

（b）受托人；

（c）保护人（如有）；

（d）受益人或受益人类型；

（e）对该信托行使有效控制的任何其他自然人。

2. 成员国应确保当受托人以受托人身份建立业务关系，或进行超出第11条(b)、(c)和(d)点的偶发性交易阈值时，受托人及时向义务实体披露其状况并提供第1款提及的信息。

3. 成员国应要求主管部门和金融情报机构能够及时获取第1款提及的信息。

4. 成员国应要求当信托产生税务事项时，由中央登记处保存第1款提及的信息。中央登记处应确保主管部门和金融情报机构能够及时、不受限制地从其处获取信息，而不必通知信托所涉当事方。中央登记处还可允许义务实体在第二章规定的客户尽职调查框架内及时从其处获取信息。成员国应向欧盟委员会告知这些国家机构的特征。

5. 成员国应要求第4款提及的中央登记处所保存的信息必须是充分、准确和最新的。

6. 成员国应确保义务实体不完全依赖第4款提及的中央登记处来履行第二章规定的客户尽职调查要求，应采取以风险为本的方法履行上述要求。

7. 成员国应确保本国主管部门和金融情报机构能够及时向其他成员国的主管部门和金融情报机构提供第1款和第4款提及的信息。

8. 成员国应确保本条规定的措施适用于具有与信托类似结构或功能的其他法律安排。

9. 2019年6月26日之前，欧盟委员会应向欧洲议会和欧盟理事会提交一份报告，评估中央登记处之间是否存在安全有效地互联互通的条件、技术规范和程序。适当情况下，该报告应随附一份立法建议。

欧洲议会和欧盟理事会第2018/843号指令

2018年5月30日欧洲议会和欧盟理事会第2018/843号（欧盟）指令修正关于防止利用金融系统洗钱或资助恐怖融资的第2015/849号（欧盟）指令以及修正第2009/138/EC号和第2013/36/EU号指令（与欧洲经济区相关的案文）

欧洲议会和欧盟理事会：

考虑到《欧洲联盟运作条约》，特别是其中第114条，考虑到欧盟委员会的提案，在将立法草案提交各国议会之后，考虑到欧洲中央银行的意见[1]，考虑到欧洲经济和社会委员会的意见[2]，根据正常的立法流程[3]，鉴于：

（1）欧洲议会和欧盟委员会第2015/849号（欧盟）指令[4] 是防止利用欧盟金融系统洗钱和恐怖融资的主要法律文书。该指令被纳入国内法的最后期限是2017年6月26日，该指令制订了一个全面而有效的法律框架，即要求各成员国识别、了解和缓释与洗钱和恐怖融资有关的风险，解决以恐怖主义为目的筹集资金或资产的问题。

（2）某些现代技术服务正作为替代性金融系统日渐普及，但它们依然

1 OJ C 459, 9.12.2016, p. 3.

2 OJ C 34, 2.2.2017, p. 121.

3 欧洲议会2018年4月19日的立场（尚未在公报中公布）和欧盟理事会2018年5月14日的决定。

4 2015年5月20日欧洲议会和欧盟理事会关于防止利用金融系统洗钱或恐怖融资且修订欧洲议会和欧盟理事会第648/2012号（欧盟）条例，废除欧洲议会和欧盟理事会第2005/60 EC号（欧盟）指令以及委员会第2006/70/EC号指令的第2015/849号（欧盟）指令（OJ L 141, 5.6.2015, p.73）。

在欧盟法律管辖范围之外或适用法律管辖的例外情形，而这可能已经不再合理。为跟上不断变化的新趋势，应采取进一步措施，确保企业和其他法人实体及信托和与信托具有类似结构或职能的法律安排（“类似法律安排”）的金融交易更加透明，以便改善现有的防御性框架并更加有效地打击恐怖融资。必须注意的是所采取的措施应当与风险相称。

（3）联合国、国际刑警组织和欧洲刑警组织一直在报告有组织犯罪与恐怖主义之间日益趋同的情况。有组织犯罪与恐怖主义之间的关系，以及犯罪团伙和恐怖主义集团之间的联系，对欧盟构成了日益严重的安全威胁。防止利用金融系统进行洗钱或恐怖融资是应对这一威胁的战略的重要部分。

（4）近年来各成员国在采用和执行金融行动特别工作组（FATF）的标准方面取得了巨大进展，也对经济合作与发展组织在提高透明度方面的工作表示认可。尽管如此，仍需进一步提高欧盟经济和金融环境的整体透明度。除非存在阻碍犯罪分子通过不透明的结构隐匿资金的环境，否则将无法有效地防止洗钱和恐怖融资。欧盟金融系统是否完整，取决于企业和其他法人实体、信托和类似法律安排的透明度。本指令的目的不仅在于监测和调查洗钱行为，还要防止这种行为的发生。提高透明度可以成为一种强有力的震慑手段。

（5）尽管应当追求实现第2015/849号（欧盟）法令的目标，并且任何修正案都应当与欧盟在打击恐怖主义和恐怖融资领域正在采取的行动保持一致，这类修正仍应适当考虑保护个人数据的基本权利，遵守比例原则。委员会致欧洲议会、欧盟理事会、欧洲经济及社会委员会和地区委员会的题为“欧洲安全议程”的通信指出，必须采取措施以更加全面有效的方式解决恐怖融资问题，同时强调金融市场的渗透为恐怖融资提供了可乘之机。欧洲理事会2015年12月17日至18日的结论也强调必须迅速采取进一步行动，打击所有领域的恐怖融资行为。

（6）委员会致欧洲议会和欧盟理事会的题为“加强打击恐怖主义行动计划”的通信强调，必须适应新的威胁，并相应地对第2015/849号（欧盟）

指令进行修正。

（7）欧盟措施还应准确反映国际事态发展及承诺。因此，应将联合国安全理事会关于对国际和平与安全的威胁的第2195 (2014)号决议，以及关于恐怖主义行为对国际和平与安全的威胁的第2199(2015)号和第2253(2015)号决议纳入考虑范围。这些安理会决议分别涉及恐怖主义与跨国有组织犯罪之间的联系，防止恐怖主义集团取得使用国际金融机构的机会，并扩大制裁框架将伊拉克和黎凡特的伊斯兰国包括在内。

（8）参与虚拟货币与法定货币（被指定为一国法定货币并在发行国当作交换媒介的硬币、纸币和电子货币）兑换服务的提供商以及托管钱包提供商不承担欧盟关于识别可疑活动的义务。因此，恐怖主义集团可将资金转入欧盟金融系统或在虚拟货币网络内转移资金，具体做法是隐藏转移行为，或者利用这些平台某种程度上的匿名交易特性。必须扩大第2015/849号（欧盟）指令的范围，将参与虚拟货币与法定货币兑换服务的提供商和托管钱包提供商包括在内。为打击洗钱和应对恐怖融资行为，主管部门应当通过义务实体监测虚拟货币的使用情况。这类监测将提供一种均衡而相称的方法，保障在替代性金融和社会创业领域取得技术进步并实现高度透明。

（9）虚拟货币的匿名特性导致其可能被滥用于犯罪用途。将参与虚拟货币与法定货币兑换服务的提供商和托管钱包提供商包括在内，也无法彻底解决与虚拟货币交易相关的匿名问题，因为用户无须提供商也能进行交易，因此将依然存在很大一部分匿名虚拟货币交易。为应对与匿名机制相关的风险，各国金融情报机构应获得可将虚拟货币地址与虚拟货币所有人身份相联系的信息。此外，应进一步评估用户自愿向指定主管部门申报的可能性。

（10）不得将虚拟货币与欧洲议会和欧盟理事会第2009/110/EC号法令[5]

5 2009年9月16日欧洲议会和欧盟理事会关于开展、实现和审慎监督电子货币机构业务并且修正第2005/60/EC号和第2006/48/EC号指令、废除第2000/46/EC号指令的第2009/110/EC号指令（OJ L 267, 10.10.2009, p.7）。

第2条第(2)点界定的电子货币，或者第2015/2366号（欧盟）法令[6]第4条第(25)点界定的更宽泛的“资金”概念，或者第2015/2366号（欧盟）法令第3条(k)点和(e)点确定的被豁免工具所存储的货币价值，或者只能在具体游戏环境下使用的游戏货币相混淆。尽管虚拟货币可经常当作支付方式使用，它们也可以用作其他用途，例如兑换、投资、储值工具或在网上赌场使用等。本指令的目的是涵盖虚拟货币的所有潜在用途。

（11）在极其有限的范围内，例如在某个城市或某个地区以及在少数用户之间使用的地方货币（也称为补充货币）不得被当作虚拟货币。

（12）当识别出相关第三方国家的反洗钱和反恐怖融资行为机制存在重大缺陷时，应限制涉及高风险第三国的业务关系或交易，除非额外采取充足的缓释风险措施或应对措施。在处理这类高风险案例以及此类业务关系或交易时，成员国应要求义务实体采取强化的客户尽职调查措施，以管理和缓释这些风险。因此，各成员国可在国家层面确定针对高风险第三国采取的强化尽职调查措施的类型。成员国之间在做法上各不相同，给委员会在高风险第三国业务关系管理方面带来了薄弱环节。必须在欧盟层面规定这些国家采取统一做法，提高委员会确定的高风险第三国清单的有效性。成员国统一做法应侧重强化客户尽职调查，尽管国内法尚未要求采取此类措施。为满足国际义务要求，成员国可要求义务实体在以风险为本并考虑业务关系或交易具体情况的前提下，酌情采取额外的风险缓释措施，为强化客户尽职调查措施作补充。防止洗钱和打击恐怖融资领域的相关国际组织和标准制定者可呼吁采取适当应对措施，保护国际金融系统免受特定国家洗钱和恐怖融资风险的持续重大影响。此外，成员国应要求义务实体考虑有关应对措施的建议和要求，例如金融行动特别工作组（FATF）及国际协议的要求，并根据建议及

6 2015年11月25日欧洲议会和欧盟理事会关于内部市场支付服务并且修正第2002/65/EC号、第2009/110/EC号和第2013/36/EU号指令以及第1093/2010号（欧盟）条例、废除第2007/64/EC号指令的第2015/2366号（欧盟）指令（OJ L 337, 23.12.2015,p.35）。

要求针对欧盟委员会确定的高风险第三国采取额外的风险缓释措施。

（13）鉴于洗钱和恐怖融资带来的威胁在不断演变，欧盟应当要求成员国采取统一的反洗钱和反恐怖融资机制，同时对成员国机制的有效性进行评估。为掌握成员国将欧盟要求纳入本国反洗钱和反恐怖融资机制情况、对要求的执行情况、采取防御性框架情况，委员会应在成员国反洗钱和反恐怖融资机制的基础上开展评估，这些评估不应影响相关国际组织和标准制定者所做的评估。

（14）通用预付卡具有合法用途，是促进社会融合和普惠金融的工具。但匿名预付卡很容易被用于恐怖融资。因此，必须阻止恐怖分子使用预付卡资助恐怖活动，具体做法是进一步降低义务实体根据第2015/849号（欧盟）指令可以不进行某些客户尽职调查措施的预付卡限额。在考虑客户使用通用预付工具的需求，并且不阻碍预付工具用于促进社会融合和普惠金融的前提下，必须下调当前通用匿名预付卡的阈值，并查明交易金额超过50欧元的远程支付交易用户的身份。”

（15）其他国家发行的预付卡并非都像欧盟仅限在境内使用。因此，必须确保欧盟以外发行的匿名预付卡只有当被认为符合欧盟法律规定时，才能在欧盟使用。这条规则必须充分遵守国际贸易相关义务，尤其要遵守《服务贸易总协定》。

（16）金融情报机构在查明恐怖主义网络尤其是跨境网络的财务运作方式和资助者方面发挥着重要作用。金融情报对于揭露为恐怖主义犯罪提供便利的行为以及恐怖主义组织网络和计划而言至关重要。由于缺乏规范的国际标准，各国金融情报机构在职能、权限和权力方面差异巨大。成员国应努力确保采取更加有效和协调一致的做法来处理涉及恐怖主义，包括涉及滥用虚拟货币的金融调查。但目前的不一致不应影响金融情报机构的工作，特别不应影响金融情报机构为了支持其他情报、调查和司法主管部门及国际合作而进行防御性措施的能力。金融情报机构应能获取信息，并能够无阻碍地交换信息，在需与执法部门开展合作的情况下能与执法部门交换信息。在所有涉嫌犯罪尤其是涉及恐怖融资的情况下，信息应当毫不迟延地直接快速流通。因此，必须明确金融情报机构的权力范围和合作领域，从而进一步加强金融情报机构的运行效力和效率。

（17）金融情报机构应能从任何义务实体处获取行使职责所必须的相关信息。金融情报机构必须不受阻碍地获取信息，这对于追踪资金流动、尽早识别非法资金网络和非法资金流动至关重要。当怀疑存在洗钱或恐怖融资时，金融情报机构有必要从义务实体处获取更多信息。这种怀疑可能来源于提交给金融情报机构的可疑交易报告，也可能来源于金融情报机构自己的分析判断、主管部门提供的情报，或者另一个金融情报机构提供的信息等。因此，即便没有可疑交易报告，金融情报机构也应能够在其职能范围内从任一义务实体处获取信息。这不包括金融情报机构要求义务实体统一报送信息的情形，而只是在特定条件下获取信息。金融情报机构还应能够在欧盟内部另一个金融情报机构的请求下提供此类信息，并与提出请求的金融情报机构交换信息。

（18）金融情报机构的目的是收集和分析相关信息从而建立可疑交易与潜在犯罪活动之间的联系，以打击洗钱和恐怖融资行为，在有理由怀疑存在洗钱、洗钱上游犯罪或恐怖融资行为的情况下，向主管部门提交分析结果和补充信息。无论是出于自愿还是在请求下交换信息，金融情报机构均不得以尚未查明相关上游犯罪、存在国家犯罪法特征和对相关上游犯罪在定义上的差异，或者没有指明具体的相关上游犯罪为由，拒绝与另一个金融情报机构交换信息。同样，无论可能的相关上游犯罪属于何种类型，金融情报机构均应事先允许另一个金融情报机构向主管部门转交信息，以便能够有效执行信息传递职能。金融情报机构已经报告，由于各国对税收犯罪（欧盟法律不统一）等某些上游犯罪的定义不同，因此在交换信息方面存在困难。但各国对上游犯罪定义的差异不应影响对本指令所确定信息的相互交换、向主管部门的信息传递，以及对该信息的使用。金融情报机构应根据《金融行动特别工作组建议》和埃格蒙特集团的《金融情报机构信息交换原则》，迅速、有效地确保与第三国金融情报机构之间在洗钱、相关上游犯罪和恐怖融资方面开展最广泛的国际合作。

（19）为了开展对信贷和金融机构反洗钱/反恐怖融资方面的监管，获取机构审慎经营有关的信息，例如董事和股东人选的适当性、内部控制机制、公司治理或合规风险管理情况等通常是必不可少的。同样，反洗钱/反恐怖融资信息对审慎监管者也很重要。因此，负责监督信贷和金融机构的反洗钱/反恐怖融资的主管部门与审慎监管机构之间的保密信息交换和相互协作不应由于该领域缺乏明确规定可能导致的法律不确定性而受到阻碍。由于在许多情况下，审慎监管工作被委托给非反洗钱/反恐怖融资监管机构，例如欧洲中央银行负责开展，因此清楚阐明这方面信息交换的法律框架更为重要。

（20）如果金融情报机构和其他主管部门不能及时获取银行、支付账户及保管箱持有人的身份信息，特别当持有人为匿名的情况下，这会阻碍监测恐怖主义相关的资金转移。同属一人的银行和支付账户及保管箱的国家数据相互割裂，导致金融情报机构和其他主管部门无法及时获得数据。因此，必须在所有成员国建立集中自动化的数据存储机制，如登记册或数据检索系统，以及时获取银行和付款账户及保管箱持有人及其代理人和最终受益人身份信息。在各成员国金融情报机构能够立即获取其申请的未经过滤的数据的前提下，最好使用已有的数据传输机制。成员国应考虑向这类机制输入能更有效地缓释洗钱和恐怖融资风险所必要的其他信息。应确保金融情报机构和主管部门（除负责起诉的部门）对获取相关信息的询问和请求完全保密。

（21）为尊重隐私和保护个人数据，开展反洗钱/反恐怖融资调查所需的最低限度的数据应通过集中自动化机制存储银行和付款账户信息，如登记册或数据检索系统。考虑到为有效查明受益所有人身份所采取的制度和法律传统，成员国应能决定哪些数据是有用的且适合采集的。在将有关这些机制的条款纳入国内法时，成员国应明确信息保留期间，该期间应与客户尽职调查中留存的文件和信息的保留期间相同。成员国应能够依法普遍延长保留期，而无须根据个案逐一作出决定。延长的保留期不得超过五年。该保留期不应损害国内法规定其他数据保留要求，应允许逐案作出决定从而为刑事或行政诉讼提供便利。对于这些机制的访问应仅限于需要了解的内容。

（22）精确识别并核实自然人和法人的数据对于反洗钱或反恐怖融资至关重要。交易和支付数字化技术的最新发展使安全远程认证或电子认证成为可能。特别是在得到通知的电子认证计划和如何确保跨境法律承认方面，应将欧洲议会和欧盟理事会第910/2014号（欧盟）条例[7]所列的认证方式考虑在内，它们提供了高度安全的工具以及核对成员国层面所确立识别方法的基准。此外，还可将国家相关主管部门规定、承认、核准或接受的安全远程认证或电子认证流程考虑在内。此外，在认证流程中，还应酌情考虑第910/2014号（欧盟）条例列明的电子文件识别和信托服务。在适用本指令时应考虑技术中立原则。

（23）为识别欧盟政治公众人物，成员国应公布清单，列明根据国家法律、条例和行政规定被认定为重要公共职能的具体职务。成员国应要求在其境内得到认可的各国际组织公布并更新该国际组织的重要公共职务清单。

（24）对当前框架下存量客户的重检采用以风险为本的方法。但由于与部分中介机构有关的洗钱、恐怖融资和相关上游犯罪风险较高，这种方法可能无法及时监测和评估风险。因此，必须确保对某些特定类别的存量客户开展定期监控。

（25）目前要求成员国掌握境内成立的企业和其他法人实体的受益所有权的适当、准确和最新的信息。获取受益所有人的最新准确信息是追踪借企业结构隐藏其身份的罪犯的关键要素。全球互通互联的金融系统使在世界各地隐藏和转移资金成为可能，从事洗钱和恐怖融资的人及其他罪犯已经越来越多地利用全球金融系统。

---

7 2014年7月23日欧洲议会和欧盟理事会关于内部银行电子交易的电子识别和信托服务并且废除第1999/93/EC号指令的第910/2014号（欧盟）条例（OJ L 257, 28.8.2014,第73页）。

（26）应当明确成员国负责监测和登记信托和类似法律安排的受益所有权的具体因素。由于成员国的法律制度各不相同，某些信托和类似法律安排并未在欧盟所有地方得到监测和登记。应在信托受托人和在类似法律安排担任同等职位人员的所在地或居住地，对信托和类似法律安排的受益所有权信息进行登记。为确保对信托和类似法律安排受益所有权信息进行有效监测和登记，成员国之间也必须开展合作。成员国信托和类似法律安排受益所有人登记册的互联将使这一信息可供访问，还将确保避免在欧盟内部对相同信托和类似法律安排进行重复登记。

（27）适用于获取信托和类似法律安排受益所有权信息的规则应与适用于企业和其他法人实体的相应规则大致相当。欧盟内部现有的信托种类繁多，而类似法律安排的种类更多，因此应当由成员国决定信托或类似法律安排是否与企业和其他法人实体相当。将这些规定纳入国内法的目的是，防止信托或类似法律安排被用作洗钱、恐怖融资或相关上游犯罪。

（28）鉴于信托和类似法律安排的特征各不相同，成员国应当根据国内法和数据保护条例来确定与企业和其他法人实体不同的信托和类似法律安排的透明度要求。基于信托和类似法律安排的类型特征不同，所涉及的洗钱和恐怖融资的风险会有所差异，同时对这些风险的认识也会随时间因国家和超国家风险评估结果等因素不断变化。为此，如果提供信托和类似法律安排的受益所有人信息是为防止利用金融系统洗钱或进行恐怖融资这一合法目的所需采取的必要且适当的措施，那么成员国应可以更广泛地提供这类信息。在决定此类信托或类似法律安排的受益所有人信息的透明度水平时，成员国应适当考虑到对个人基本权利特别是隐私权和个人数据权利的保护。应允许能够表明合法权益的任何人获取信息。还应允许任何人通过书面请求获取有关某一信托和类似法律安排的受益所有人信息，而该信托和类似法律安排通过直接或间接所有权（包括通过不记名持股），或通过其他方式的控制，持有或拥有在欧盟外成立的企业或其他法人实体的所有权权益。对于提供信托和类似法律安排的受益所有人信息的请求，允许提供这类信息的标准和条件应足够精确并符合本指令的宗旨。如有合理理由怀疑书面请求不符合本指令的目标，成员国应可以拒绝书面请求。

（29）为确保法律的确定性和公平的竞争环境，必须明确阐明在欧盟制定的哪些法律安排应被认为在功能或结构上与信托类似。因此，应要求各成员国识别信托（如果国内法承认）和根据国家法律框架或习惯设立并与信托具有类似结构或功能（如能够将资产的法定所有权和受益所有权分离或切断）的类似法律安排。此后，成员国应考虑到通过《欧洲联盟公报》（*Official Journal of the European Union*），向委员会通报这些信托或类似法律安排的类型、特征描述和名称，并酌情通报其适用法律基础，以便被其他成员国识别。应考虑到信托和类似法律安排在整个欧盟内部可能具有不同的法律特征。当信托或类似法律安排在结构或功能上与企业和其他法人实体的特征类似时，公众获取受益所有权信息将有助于打击对信托和类似法律安排的滥用，就像公众获取信息有助于防止企业和其他法人实体被用于洗钱和恐怖融资。

（30）公众获取受益所有权信息，一方面可以让公众（包括媒体或民间社会组织）加大对信息的审查，另一方面有助于维持对商业交易和金融系统的信任。它能通过帮助调查或通过声誉影响打击利用公司和其他法人实体和法律安排进行洗钱或恐怖融资活动，前提是任何能够参与交易的人都清楚受益所有人的身份。它还能促进金融机构和参与打击此类犯罪的主管部门（包括第三国的主管部门）及时有效地获取信息。获取该信息还将有助于对洗钱、相关上游犯罪和恐怖融资行为进行调查。

（31）投资者和公众对金融市场的信心主要取决于是否具有准确的披露制度，能够提供企业受益所有权和所有权架构方面的透明度。这对于以集中所有权为特征的企业治理制度，如欧盟的企业治理制度，尤为如此。一方面，具有重大投票权和现金流权的大投资者可能有助于公司的长期发展和公司效益。另一方面，持有大量投票权的控股受益人可能牺牲少数投资人的利益，而将企业资产和机会用于谋求个人利益。提振金融市场的信心应被视为一个积极的副作用，而非视为提高透明度的目的。提高透明度的目的在于创造一个不太可能被用来洗钱和恐怖融资的环境。

（32）投资者和公众对金融市场的信心主要取决于是否具有一个明确的披露制度，该制度能够提供企业和其他法人实体以及某些类型的信托和类似法律安排在受益所有权和所有权架构方面的透明度。因此，成员国应制定明确的公众获取信息规则，允许以充分协调且一致的方式获取受益所有权信息，从而使第三方能够在整个欧盟范围内查明企业和其他法人实体以及某些类型的信托和类似法律安排的受益所有人。

（33）因此，各成员国应制定有关公众获取信息的明确规定，允许通过列明受益所有权信息的中央登记册，以充分协调且一致的方式获取关于企业和其他法人实体的受益所有权信息，从而使第三方能够在整个欧盟范围内查明企业和其他法人实体的受益所有人。此外，还必须建立一个连贯一致的法律框架，确保与信托和类似法律安排受益所有权有关的信息在欧盟范围内一经登记，公众就能更好地获取这些信息。适用于信托和类似法律安排的关于获取受益所有权相关信息的规则应当与适用于企业和其他法人实体的相应规则相当。

（34）在所有情况下，无论是企业和其他法人实体，还是信托和类似法律安排，尤其应当在防止洗钱和恐怖主义的公众利益与数据主体的基本权利之间达成平衡。向公众提供的数据应当有限度、明确而详尽地作出界定，并应当具有通用性，以最大限度地减少可能对受益所有人造成的影响。同时，向公众提供的信息不应与目前收集的信息有太大差异。为限制对尊重一般私人生活权利、特别是保护个人数据权利的干预，这类信息本质上应当与企业和其他法人实体及信托和类似法律安排的受益所有人状态相关，并应严格限于受益所有人开展的经济活动范围。在高级管理人员因职务被认定为受益所有人，而非通过经其他方式持有所有权权益或实施控制的情况下，应在登记册中明确体现出来。关于受益所有人信息，成员国应提供中央登记册收录的国籍信息，特别是非本国受益所有人信息。为推动登记程序，由于绝大多数受益所有人将是中央登记册保管国的国民，如未输入其他信息，成员国可假定受益所有人持有该国国籍。

（35）加强公共审查将有助于避免法人实体和法律安排遭到滥用，包括被用于避税。例如，当信托或类似法律安排受益所有权信息的登记理由不复存在之后，必须确保受益所有权信息在至少五年内仍能通过国家登记册和登记册互联系统供人访问。但成员国应能够对受益所有权的信息处理依法作出规定，包括因其他目的对个人数据的处理作出规定，如果这类信息处理符合公共利益的目的，并构成在民主社会实现合法目的的必要且适当的措施的话。

（36）此外，为确保制定适当而均衡的方法，保障私人生活和个人数据保护权利，成员国应能够在提供信息会使受益所有人面临欺诈、绑架、敲诈、勒索、骚扰、暴力或恐吓的严重影响的特例情况下，对通过受益所有权信息登记册进行信息披露和获取此类信息作出豁免规定。成员国还应可以要求进行网上登记，以识别从登记册获取信息的人员的身份，以及要求就获取登记册内信息支付费用。

（37）成员国保管受益所有权信息的中央登记册通过欧洲议会和欧盟理事会第 2017/1132号（欧盟）指令[8]所设欧洲中央平台互联，需要具有不同技术特征的国家系统互相协作。这需要在考虑到登记册之间的差异的基础上，确立相应的技术措施和规格。为确保在统一条件下执行该指令，应向委员会赋予执行权力以解决此类技术和操作问题。应根据欧洲议会和欧盟理事会第182/2011号（欧盟）条例[9]第5条提及的检查程序执行此项权力。在任何情况下，委员会应与成员国代表就该系统的操作及其未来发展问题定期开展对

8 2017年6月14日欧洲议会和欧盟理事会关于公司法某些方面的第2017/1132号（欧盟）指令（OJ L 169, 30.6.2017,p.46）。

9 欧洲议会和欧盟理事会2011年2月16日关于制定成员国对委员会行使执行权力控制机制的规则和一般性原则的第182/201号条例（OJ L 55, 28.2.2011, p.13）。

话，确保成员国参与整个系统的正常运行。

（38）欧洲议会和欧盟理事会第 2016/679号（欧盟）条例[10]适用于根据该指令对个人数据的处理。因此，应相应通知作为受益所有人的自然人，其个人数据已在国家登记册上登记。此外，应仅提供与实际受益所有人相对应的最新个人数据，并应向受益人告知其在欧洲议会和欧盟理事会第2016/679号（欧盟）条例和第2016/680号（欧盟）指令[11]所载的当前欧盟数据保护法律框架下享有的权利以及行使这些权利所适用的程序。此外，为防止登记册中的信息遭到滥用并且抵消受益所有人的权利，成员国似宜考虑为受益所有人提供与请求方有关的信息及其提出请求的法律依据。

（39）在对金融情报部门和主管部门之间的差异进行报告会破坏正在进行的调查的情况下，金融情报机构或主管部门应推迟对差异的报告，直至不予报告的理由不复存在。此外，如任何差异与国内法的保密规定相悖或者可能构成通风报信罪，金融情报机构与主管部门则不得对此进行报告。

（40）本指令不妨碍根据第2016/680号（欧盟）指令对由主管部门处理的个人数据的保护。

（41）信息的获取和合法权益的定义应受信托受托人或在类似法律安排中处于同等职位的人的所在国或居住国的法律管辖。如果信托受托人或在类似法律安排中处于同等职位的人的所在地或居住地不在任何成员国，对信息的获取和合法权益的定义则受根据本指令的规定信托或类似法律安排的受益所有权信息的登记国的法律管辖。

（42）成员国应对合法权益作出定义，将其既当作一般性概念，也根据

---

10 2016年4月27日欧洲议会和欧盟理事会关于个人数据处理的保护和个人数据自由流动，且废除第95/46/EC指令的第2016/679 号（欧盟）条例（通用数据保护条例，GDPR）（OJ L 119, 4.5.2016, p.1）。

11 2016年4月27日欧洲议会和欧盟理事会关于在主管部门为防止、调查、监测或起诉犯罪行为或执行犯罪处罚之目的处理个人数据方面的自然人保护和这类数据自由流动以及废除理事会第2008/977/JHA号框架决定的第2016/680号（欧盟）指令（OJ L 119, 4.5.2016,p.89）。

国内法作为获取受益所有权信息的标准。特别是，这些定义不应将合法权益的概念限定于待决行政或法律程序的情况下，应当将非政府组织和调查记者（在适当情况下）在反洗钱、反恐怖融资和上游犯罪领域的预防工作考虑在内。一旦各成员国的受益所有权登记册互联，且成员国信托或其他法律安排的受益所有权信息已根据本指令相关条款进行登记，应根据各成员国相关主管部门的决定和对于“合法权益”的定义，允许国内和跨境访问各成员国登记册。关于成员国受益所有权登记册，成员国还应能够制定申诉机制，对允许或拒绝提供受益所有权信息的决定提出申诉。为确保登记和信息交换连贯有效，成员国应确保负责信托和类似法律安排受益所有权登记册的主管部门与其他成员国的对应部门相互合作，交换关于接受一个成员国法律的管辖但在另一个成员国接受管理的信托和类似法律安排的信息。

（43）与第三国代理机构之间的跨境代理关系持续且重复。因此，在要求在该具体背景下采纳强化尽职调查措施的同时，成员国应考虑到代理关系不包括一次性交易或单纯的信息交换能力。此外，在认识到并非所有跨境代理银行服务都具有相同的洗钱和恐怖融资风险的同时，可适用以风险为本的原则来决定在多大程度上实施本指令制定的措施，不预判代理金融机构洗钱和恐怖融资风险的程度。

（44）必须确保义务实体正确地执行反洗钱和反恐怖融资规则。在此情况下，成员国应加强公共管理部门的作为，包括金融情报机构在内被指定担负打击洗钱或恐怖融资职责的主管部门；具有调查或起诉洗钱、相关上游犯罪和恐怖融资行为，追踪和查封或冻结和扣押犯罪资产职能的主管部门；接受关于货币及不记名可转让票据跨境交易报告的主管部门；具有确保义务实体合规的监管或监督职责的主管部门。成员国应加强其他相关主管部门，包括反腐败部门和税务部门的作用。

（45）成员国应确保对所有义务实体进行有效公正的监管，最好由公共管理部门通过单独独立的国家监管机构或监督机构来执行。

（46）犯罪分子通过多个金融中介机构转移非法所得以免被人察觉。因此，在适当考虑国内法所载的数据保护规则的同时，不仅需允许信贷和金融机构在集团成员之间交换信息，还需允许与其他信贷和金融机构交换信息。

（47）负责监督义务实体对本指令遵守情况的主管部门应能够相互合作并交换保密信息，无论各自的性质或情况如何。为此，这类主管部门应具备充足的保密信息交换的法律依据，不得因该领域缺乏明确规定所导致的法律不确定性无意间阻碍反洗钱/反恐怖融资行为主管监督部门和审慎监管机构之间的合作。应根据欧洲相关部门立法制定的综合监管原则和模式来监督反洗钱/反恐怖融资行为的集团政策是否得到有效执行。

（48）为实现本指令的宗旨，成员国主管部门之间必须开展信息交换并且相互提供援助。因此，成员国不得阻碍这种信息交换和相互援助，也不得对其施加不合理或不适当的限制条件。

（49）根据成员国与委员会2011年9月28日关于解释性文件的联合政治宣言[12]，成员国已经在有充分理由的情况下，在转化国内法措施的通知中附加一份或多份文件，以解释一项指令的部分内容与已转化国内法文书的相应部分之间的关系。关于本指令，立法机构认为将这类文件纳入国内法的理由充分。

（50）由于成员国为保护各自金融系统通过的不同措施，可能既不符合内部市场的正常运作，也不符合法治和欧盟公共政策的描述，因此仅通过各成员国自身无法充分实现本指令的目标，即通过防止、监测和调查洗钱和恐怖融资行为的方式保护金融系统。相反，从影响范围和效果来看，在欧盟层面采取措施能更好地实现该目标，因此欧洲联盟可根据《欧洲联盟条约》第5条所载的从属性原则采取各项措施。根据该条所载的相称性原则，本指令并未超过实现这一目标所需的范围。

（51）本指令尊重《欧洲联盟基本权利宪章》（以下简称《宪章》）规

12 OJ C 369, 17.12.2011, p.14.

定的各项基本权利，并遵守《宪章》认可的各项原则，特别是尊重私人和家庭生活权利（《宪章》第7条）、保护个人数据权利（《宪章》第8条）和经商自由（《宪章》第16条）。

（52）在拟定本指令执行情况的评估报告时，委员会应适当考虑到尊重《宪章》规定的基本权利和各项原则。

（53）鉴于必须立即执行通过的措施，以加强欧盟为防止洗钱和恐怖融资所设的制度，并且考虑到成员国对于尽快将第2015/849号（欧盟）指令纳入国内法的承诺，应在2020年1月10日之前将第2015/849号（欧盟）指令修正案纳入国内法。成员国应在2020年1月10日之前建立企业和其他法人实体受益所有权登记册，并在2020年3月10日之前设立信托和类似法律安排受益所有权登记册。应在2021年3月10日之前通过欧洲中央平台将各中央登记册互联。成员国应在2020年9月10日之前建立集中自动化机制，以识别银行和支付账户及保管箱持有人的身份。

（54）根据欧洲议会和欧盟理事会第45/2001号条例[13]第28(2)条，向欧洲数据保护监察专员咨询，其在2017年2月2日发表了意见[14]。

因此应相应地对第2015/849号（欧盟）指令进行修订。

已通过本指令：

第1条

第2015/849号（欧盟）指令修正案

第2015/849号（欧盟）指令修订如下：

（1）第2(1)条第(3)点修订如下：

（a）点由如下内容取代：

---

13 2000年12月18日欧洲议会和欧盟理事会关于欧盟机构处理个人信息和个人数据自由流动方面个人保护的第45/2001号条例（OJ L 8, 12.1.2001,p.1）。

14 OJ C 85, 18.3.2017, p. 3.

"（a）审计员、外部会计和税务顾问，以及任何以直接或通过与该人有关联的其他人提供有关税务问题的物质帮助、援助或建议为主营业务或专业活动的人；"

（b）第(d)点由如下内容取代：

"（d）房产中介，包括不动产租赁中间人，但仅涉及月租金达到1万欧元或以上的交易；"

（c）补充如下几点：

"（g）参与虚拟货币与法定货币之间兑换服务的提供商；"

"（i）从事艺术品交易或作为艺术品交易中间人的人员，包括交易由艺术画廊和拍卖行进行，以及交易或一系列相关交易价值在1万欧元及以上的情况；

（j）在交易由自由港进行以及交易或一系列相关交易价值在1万欧元及以上的情况下，存储和交易艺术品或作为艺术品交易中间人的人员；"

（2）第3条修订如下：

（a）第(4)点修订如下：

（i）(a)点由如下内容取代：

"（a）第2017/541号（欧盟）指令第二、第三项下（*）所规定的恐怖主义犯罪、与恐怖主义团体有关的犯罪和与恐怖主义活动有关的犯罪；

（*）2017年3月15日欧洲议会和欧盟理事会关于打击恐怖主义并且取代理事会第2002/475/JHA号框架决定、修正理事会第2005/671/JHA号决定的第2017/541号（欧盟）指令，（OJ L 88, 31.3.2017, p.6）；"

（ii）(c)点由下列内容取代：

“（c）理事会第2008/841/JHA号框架决定（*）第1(1)条，确定的犯罪组织的活动（*）；

（*） 2008年10月24日 理事会关于打击有组织犯罪的第2008/841/JHA号框架决定（OJ L 300, 11.11.2008, p.42）；”

（b）在第(6)点中，(b)点由如下内容取代：

“（b）在信托中，所有如下人员：

（i） 委托人；

（ii） 受托人；

（iii） 监护人，如果有；

（iv） 受益人，或者在从法律安排或实体中受益的个人尚未决定的情况下，则为出于其主要利益而设立或运作法律安排或实体的这类人；

（v） 通过直接或间接所有权或通过其他方式对信托实施最终控制的任何其他自然人；”

（c）第(16)点由下列内容取代：

“（16）‘电子货币’指第2009/110/EC号指令第2条第(2)点确定的电子货币，但该指令第1(4)和(5)条提到的货币价值除外；”

（d）补充如下几点：

“（18）‘虚拟货币’指不由中央银行或政府当局发行或担保的价值电子表现形式，不一定与法定货币挂钩，不具有法定货币地位，但被自然人或法人接受作为一种交易方式，可以通过电子方式转让、存储和交易；

（20）‘托管钱包提供商’系指提供服务，代表客户保管私人的虚拟货币秘钥并且替客户持有、存储和转让虚拟货币的实体；”

（3）第6条修订如下：

（a）第(2)段(b)点和(c)点由如下内容取代：

“（b）与各相关行业有关的风险，包括欧盟统计局对各行业洗钱金额的估计额（如可用）；”

“（c）犯罪分子最广泛使用的‘清洗’非法所得的方式，包括成员国与第三国之间的交易（如可用），不论第三国是否根据第9(2)条被确定为高风险国家；”

（b）第3段由如下内容取代：

“3. 委员会应向成员国和义务实体提供第1条提及的报告，以帮助其识别、了解、管理和缓释洗钱和恐怖融资的风险，并使包括国家立法机构、欧洲议会、欧洲监管机构和金融情报机构代表在内的其他利益相关方更好地了解风险。报告在向成员国提供后六个月内应向公众公布，报告中的保密部分除外。”

（4）第7条修订如下：

（a）在第(4)段中补充了如下几点：

“（f）报告各自反洗钱/反恐怖融资制度的体制架构和总体流程，特别是金融情报机构、税务机关和检察官的设置情况，以及为获取该信息所分配的人力资源和财政资源；

（g）报告成员国为打击洗钱和恐怖融资所采取的措施和分配的资源（人力资源和财政预算）；”

（b）第5段由如下内容取代：

“5. 成员国应向委员会、欧洲监管机构和其他成员国提供风险评估结果。其他成员国可酌情向开展风险评估的成员国提供相关补充信息。应公开评估摘要。该摘要不得包含保密信息。”

（5）第9条修订如下：

（a）第2段由如下内容取代：

“2. 委员会在发现如下领域存在的战略缺陷时，有权根据第64条采取规定行动以确定高风险第三国：

（a） 第三国反洗钱/反恐怖融资法律和体制框架，特别是以下几方面：

（i） 洗钱和恐怖融资的刑罪化；

（ii） 客户尽职调查措施；

（iii） 资料保存要求；

（iv） 报告可疑交易要求；

（v） 向主管部门提供法人和法律安排的受益所有人信息的准确性和及时性；

（b） 第三国主管部门为打击洗钱和恐怖融资而行使的权力和采取的程序，制订有效、相称和劝诫性处罚标准，以及第三国与成员国主管部门合作和交换信息的做法；

（c） 第三国反洗钱/反恐怖融资体系在应对洗钱或恐怖融资风险方面的有效性；”

（b）第4段由如下内容取代：

“4. 委员会在拟定第2款提及的规定行动时，应考虑到负责预防洗钱和打击恐怖融资领域的国际组织和标准制定者拟定的评估结果或报告。”

（6）第10条第1段由如下内容取代：

“1. 成员国应禁止信贷机构和金融机构保留匿名账户、匿名存折或匿名保管箱。成员国应要求在2019年1月10日及在匿名账户、存折或保管箱被使用之前，对现有的匿名账户、匿名存折或匿名保管箱的所有人和受益人开展客户尽职调查。”

（7）第12条修订如下：

（a）第1段修订如下：

（i）第1分段(a)点和(b)点由下列内容取代：

“（a）支付工具不可重复加值使用，或者每月支付交易最高限额为150欧元，且只能在该成员国使用；

（b）电子存储的最大限额不超过150欧元；”

（ii）第二分段删除；

（b）第2段由如下内容取代：

“2. 成员国应确保本条第1段规定的减损不适用于超过50欧元的电子货币价值的现金赎回或现金提取，也不适用于欧洲议会和欧盟理事会第2015/2366号（欧盟）指令（*）第4条第(6)点确定的远程支付交易，如果每笔交易的支付金额超过50欧元。

（*）2015年11月25日欧洲议会和欧盟理事会关于内部市场支付服务并且修正第2002/65/EC号、第2009/110/EC号和第2013/36/EU号指令及第1093/2010号条例，废除第2007/64/EC号指令的第2015/2366号指令（OJ L 337, 23.12.2015, p.35）。”

（c）增加了如下段落：

“3. 成员国应确保作为收单行的信贷和金融机构，只有在第三国发行的匿名预付卡满足与第1段和第2段所列的相等的要求的情况下，才能接受此类预付卡进行的付款。

成员国可决定在其领土内不接受使用匿名预付卡付款。”

（8）第13(1)条修订如下：

（a）(a)点由如下内容取代：

“（a）根据可靠独立来源提供的文件、数据或信息识别和核实客户身份，包括电子识别方式、欧洲议会和欧盟理事会第910/2014号条例（*）所载的相关信托服务，或者相关国家主管部门规定、承认、核准或接受的任何其他安全、远程或电子识别程序；

（*） 2014年7月23日欧洲议会和欧盟理事会关于内部市场电子交易的电子识别和信托服务并且废除第1999/93/EC号指令的第910/2014号（欧盟）条例（OJ L 257, 28.8.2014, p.73）。”

（b）在(b)点结尾，增加如下句子：

“当已识别身份的受益所有人为第3(6)(a) (ii)条提及的高级管理人员时，义务实体应采取所有必要的合理措施，核实担任高级管理人员的自然人的身份，并应记录在核实过程中采取的行动和遇到的任何困难。”

（9）第14条修订如下：

（a）在第1段增加了如下句子：

“当与企业或其他法人实体，或者信托或与信托具有类似结构或职能的法律安排（‘类似法律安排’）建立新的业务关系时，这些法人实体或法律安排必须根据第30条或第31条登记受益所有权信息，而义务实体应收集登记证据或者登记册摘要。”

（b）第5段由如下内容取代：

“5. 成员国应要求义务实体不仅对所有新客户适用客户尽职调查措施，而且在适当时间基于风险为本的原则对现有客户也适用这些措施，或者当客户相关情况发生改变，或者当义务实体按法律义务在相应年份联系客户以重检受益所有人任何相关信息，或者理事会第2011/16/EU号指令（*）规定义务实体有义务这样做时，都必须适用客户尽职调查措施。

（*） 2011年2月15日理事会关于在税务领域开展行政合作并且废除第77/799/EEC号指令的第2011/16/EU号指令（OJ L 64, 11.3.2011, p.1）；”

（10）第18条修订如下：

（a）第1段第1分段由如下内容取代：

“在第18a条至第24条提及的情况下，以及在成员国或义务实体识别的风险更高的其他情况下，成员国应要求义务实体适用强化的客户尽职调查措施，以适当管理或缓释这些风险。”

（b）第2段由如下内容取代：

“2. 当交易符合下列至少一项条件时，成员国应要求义务实体尽可能审查交易的背景和目的：

（i） 复杂交易；

（ii） 异常的大额交易；

（iii） 以非常见的形式进行；

（iv） 没有明显的经济或合法目的。

特别是，义务实体应增加对业务关系监控的力度和性质，以确定这些交易或活动是否看上去可疑。”

（11）插入下列条款：

“第18a条

1. 关于根据第9(2)条识别的涉及高风险第三国的业务关系或交易，成员国应要求义务实体适用下列强化的客户尽职调查措施：

（a）获取关于客户和受益所有人的补充信息；

（b）获取关于业务关系预期性质的补充信息；

（c）获取关于客户和受益所有人资金来源和财富来源的信息；

（d）获取关于预期交易或已执行交易的理由的信息；

（e）获得高级管理层关于建立或继续保持业务关系的批准；

（f）通过增加所采用的控制措施的数量和时间，以及选择需要进一步检验的交易类型，加强对业务关系的监测；

成员国可要求义务实体在可能的情况下，确保相关客户的第一笔支付是从该客户在适用不低于本指令规定的尽职调查标准的信贷机构所开立的账户汇出的。

2. 除第1段规定的措施以外，为履行欧盟的国际义务，成员国应要求义务实体在可能的情况下对开展涉及第9(2)条确定的高风险第三国的交易的个人和法人实体适用一项或多项风险缓释措施。这些措施应包括下列一项或多项内容：

（a）适用对强化尽职调查的补充内容；

（b）引入强化的相关金融交易报告机制或系统性报告机制；

（c）限制与来自第9(2)条确定的高风险第三国的自然人或法人实体建立业务关系或开展交易；

3. 除第1段规定的措施以外，为履行欧盟的国际义务，成员国应对第9(2)条确定的高风险第三国适用一条或多条如下措施：

（a）拒绝来自高风险国家的义务实体在本国建立子公司、分支机构或代表办事处，或者考虑相关义务实体来自没有充足的反洗钱/反恐怖融资制度的国家的情况；

（b）禁止义务实体在相关高风险国家建立分支机构或代表办事处，或者要考虑相关分支机构或代表办事处将设在没有充足的反洗钱/反恐怖融资制度的国家的情况；

（c）要求对位于相关高风险国家的义务实体的分支机构和子公司加强监管检查或增加外部审计要求；

（d）要求对金融集团在位于相关高风险国家的任何分支机构和子公司提高外部审计要求；

（e）要求信贷和金融机构审查、变更或（如有必要）终止与相关国家代理机构之间的代理关系。

4. 在颁布或适用第2段和第3段所载措施时，成员国应酌情考虑防止洗钱和反恐怖融资领域的国际组织和标准制定者关于个别第三国风险的相关评价、评估和报告。

5. 在颁布或适用第2段和第3段所载措施之前，成员国应向委员会进行通报。”

（12）第19条的引言部分由如下内容取代：

“关于涉及处理与第三国代理机构支付款项的跨境代理关系，除了第13条规定的客户尽职调查措施之外，成员国还应要求信贷和金融机构在建立业务关系时：

（13）插入下列条款：

“第20a条

1. 各成员国应发布和更新一份清单，列明根据国内法、各项条例和行政条款的规定，符合第3条第(9)点目的的重要公共职能的职位。成员国应要求在其领土内得到认可的各国际组织发布和更新一份该国际组织符合第3条第(9)点目的的重要公共职能的清单。这些清单应向委员会报送并可向公众公布。

2. 委员会应在欧洲机构和组织层面编制和更新符合重要公共职能要求的具体职能清单。该清单还应包括委托给第三国代表和在欧盟层面得到认可的国际组织代表的任何职能。

3. 委员会应根据本条第1段和第2段规定的清单，汇编所有符合第3条第（9）点目的的重要公共职能的清单。该清单应向公众公布。

4. 应根据第41(2)条规定的条件，处理本条第3段所提及的清单包含的各项职能。”

（14）第27条第2段由如下内容取代：

“2. 成员国应确保接受转介客户的义务实体采取适当举措，确保第三方在接到请求后，立即提供客户身份识别和核实数据的相关副本，包括（如可用）通过电子识别手段，或第910/2014号（欧盟）条例所载相关信托服务，或相关国家主管部门规定、认可、核准或接受的任何其他安全、远程或电子识别程序获得的数据。”

（15）第30条修订如下：

（a）第1段修订如下：

（i）第1分段由下列内容取代：

“成员国应确保要求在其领土内设立的企业和其他法人实体获取和保存关于受益所有权的充足、准确和最新信息，包括所持有的受益权益的详情。成员国应确保违反本条规定的行为受到有效、相称和劝诫性措施或处罚。”

（ii）增加如下分段：

“成员国应要求企业或其他法人实体的受益所有人，包括通过股份、投票权、所有权权益、不记名持股或其他方式的控制权成为受益所有人的人员，向这些实体提供所有必要信息以便其能够遵守第1分段的要求。”

（b）第4段由如下内容取代：

“4. 成员国应要求第3段提及的中央登记册保存的信息是充足、准确和最新的，并应为此落实各项机制。这类机制应包括，要求义务实体并酌情要求主管部门（在该要求不会不必要地妨碍其职能的情况下）报告其发现的中央登记册内的受益所有权信息与其获取的受益所有权信息之间的差异。如果收到这类差异报告，成员国应确保采取适当行动，及时解决这些差异，同时酌情在中央登记册中进行专门说明。”

（c）第5段由如下内容取代：

“5. 成员国应确保在所有情况下向如下各方提供关于受益所有权的信息：

（a）主管部门和金融情报机构（不受任何限制）；

（b）义务实体（第二章规定的客户尽职调查框架内）；

（c）任何公众成员。

应允许第(c) 点提及的人员至少获取受益所有人的姓名、出生年月、居住国和国籍，以及所持受益权益的性质和多少。

在国内法确定的条件下，成员国可提供能够识别受益所有人身份的补充信息。根据数据保护规则，该补充信息应至少包括出生日期或联系方式。”

（d）插入如下段落：

“5a.成员国可选择在网上登记和支付费用的情况下，提供第3段提及的国家登记册保存的信息，该费用不得超过提供信息的管理费用，包括维护和编制登记册的费用。”

（e）第6段由如下内容取代：

“6. 成员国应确保主管部门和金融情报机构及时且不受限制地获取第3段提及的中央登记册保管的所有信息，而不必通知相关实体。成员国还应确保义务主体在进行第二章规定的客户尽职调查措施时，能够及时获取信息。

第3段提及的获准访问中央登记册的主管部门应当是承担反洗钱或反恐怖融资的指定职责的公共机关，以及税务机关，义务实体监管机构，以及具有调查或起诉洗钱以及相关上游犯罪和恐怖融资、追踪和扣押或冻结和没收犯罪资产职能的主管部门。”

（f）第7段由如下内容取代：

“7. 成员国应确保主管部门和金融情报机构能够及时向其他成员国的主管部门和金融情报机构免费提供第1段和第3段提及的信息。”

（g）第9段和第10段由如下内容取代：

“9. 在国内法规定的特殊情况下，若提供第5段第1分段第(b)点和第(c)点提到的信息会使受益所有人面临严重风险，即欺诈、绑架、敲诈、勒索、骚扰、暴力或恐吓风险，或者受益所有人为未成年人或在法律上没有行为能力的情况下，成员国可逐案对提供全部或部分受益所有权信息的情况作出豁免。成员国应确保在详细评估具体情况的特殊性质之后再准许豁免。应保障对豁免决定进行行政审查的权利，以及有效司法补救的权利。作出豁免批准的成员国应公布年度统计数据，介绍豁免数量和所述理由，并向委员会报告数据。

根据本段第1分段准许的豁免不得适用于信贷和金融机构，也不得适用于第2(1)条第(3)(b)点提到的作为公职人员的义务实体。

10. 成员国应确保本条第3段提及的中央登记册通过欧洲议会和欧盟理事会第2017/1132号（欧盟）指令（*）第22(1)条所设欧洲中央平台互联。应根据委员会依照第2017/1132号指令第24条和本指令第31a条通过的实施细则所确定的技术规范和程序，使成员国的中央登记册与平台互联。

成员国应根据执行本条第5、第5a和第6段的成员国国内法，确保本条第1段提及的信息可通过第2017/1132号指令第22(1)条所设的登记册互联系统供人访问。

当企业或其他法人实体从登记册除名之后，应通过国家登记册及登记册互联系统在至少五年且不超过十年的时间内提供第1段提及的信息。成员国应相互合作并与委员会合作，实施本条规定的各类访问。

（*）2017年6月14日欧洲议会和欧盟理事会关于公司法某些方面的第2017/1132号（欧盟）指令（OJ L 169, 30.6.2017, p.64）。”

（16）第31条修订如下：

（a）第1段由如下内容取代：

“1. 成员国应确保本条适用于信托和其他类型的法律安排，如法国信托、某些类型的德国信托或西班牙信托，这类信托具有与信托类似的结构或功能。针对受成员国法律管辖的这类法律安排，成员国应明确这些法律安排被认为具有与信托类似的结构或功能所具备的特征。

各成员国应要求在该成员国管理的任何明示信托的受托人都应获取并掌握充足、准确和最新的信托受益所有权信息。该信息应包含如下人员的身份：

（a）委托人；

（b）受托人；

（c）保护人（如果有）；

（d）受益人或受益人类型；

（e）其他任何对信托行使有效控制权的自然人。

成员国应确保对违反本条规定的行为实施有效、相称和劝诫性措施或处罚。”

（b）第2段由如下内容取代：

“2. 成员国应确保受托人或本条第1段提及的在类似法律安排

中担任同等职位的人员披露其状态，并及时向义务实体提供本条第1段提及的信息，作为受托人或在类似法律安排中担任同等职位的人员，如果他们建立业务关系或开展超过第11条(b)点、(c)点和(d)点所设阈值的临时交易。”

（c）插入如下段落：

“3a. 成员国应要求第1段提及的明示信托和类似法律安排的受益所有权信息，保存在信托受托人或在类似法律安排中担任同等职位人员的所在国或居住国设立的受益所有权中央登记册内。

如果信托受托人或在类似法律安排中担任同等职位人员的所在地或居住地在欧盟以外地区，第1段提及的信息则应保存在信托受托人或在类似法律安排中担任同等职位人员以信托或类似法律安排的名义建立业务关系或购置房地产的成员国设立的中央登记册内。

如果信托受托人或在类似法律安排中担任同等职位人员的所在地或居住地位于不同成员国，或者信托受托人或在类似法律安排中担任同等职位人员在不同成员国以信托或类似法律安排的名义建立多个业务关系，则一个登记证明证书或在其中一个成员国登记册中保存的受益所有权信息摘录，足以被视为已履行了登记义务。”

（d）第4段被如下内容取代：

“4. 成员国应确保在所有情况下，下列各方均可获取关于信托或类似法律安排受益所有权的信息：

（a）主管部门和金融情报机构，无任何限制；

（b）义务实体，在第二章规定的客户尽职调查框架内；

（c）可以证明合法权益的任何自然人或法人；

（d）提出有关信托或类似法律安排书面请求的任何自然人或

法人，如果该信托或类似法律安排通过直接或间接所有权（包括通过不记名持股），或通过其他方式的控制权，持有或拥有第30条（1）款提及以外的任何企业或其他法人实体的控股权益。

向第1分段第(c)点和第(d)点提及的自然人或法人提供的信息应包括受益所有人的姓名、出生年月、居住国和国籍，以及所持受益权益的性质和多少。

根据国内法确定的条件，成员国对如何提供有助于识别受益所有人身份的补充信息作出规定。依照数据保护规则，该补充信息应至少包括出生日期或联系方式。成员国可根据其国内法，允许更广泛地提供登记册保存的信息。

第3段提及的获准访问中央登记册的主管部门应当是承担反洗钱或反恐怖融资的指定职责的公共机关，以及税务机关、义务实体监管机构和具有调查或起诉洗钱、相关上游犯罪和恐怖融资，追踪和扣押或冻结和没收犯罪资产职能的主管部门。”

（e）插入下列段落：

“4a.成员国可选择在网上登记和支付费用的情况下，提供第3a段提及的国家登记册保存的信息，该费用不得超过提供信息的管理费用，包括维护和编制登记册的费用。”

（f）第5段由下列内容取代：

“5. 成员国应要求第3a段提及的中央登记册保存的信息是充足、准确和最新的，并应为此落实各项机制。这类机制应包括，要求义务实体并酌情要求主管部门（在该要求不会不必要地妨碍其职能的情况下）报告其发现的中央登记册内的受益所有权信息与其获取的受益所有权信息之间的差异。如果收到这类差异报告，成员国应确保采取适当行动，及时解决这些差异，同时酌情在中央登记册中进行专门说明。”

（g）第7段由如下内容取代：

“7. 成员国应确保主管部门和金融情报机构能够及时向其他成员国的主管部门和金融情报机构免费提供第1段和第3段提及的信息。”

（h）插入如下段落：

“7a. 在国内法规定的特殊情况下，若提供第4段第1分段第(b)点、第(c)点和第(d)点提到的信息会使受益所有人面临严重风险，即欺诈、绑架、敲诈、勒索、骚扰、暴力或恐吓风险，或者受益所有人为未成年人或在法律上没有行为能力的情况下，成员国可逐案对提供全部或部分受益所有权信息的情况作出豁免。成员国应确保在详细评估具体情况的特殊性质之后再准许豁免。应保障对豁免决定进行行政审查的权利，以及有效司法补救的权利。作出豁免批准的成员国应公布年度统计数据，介绍豁免数量和所述理由，并向委员会报告数据。

第1分段准许的豁免不得适用于信贷和金融机构，也不得适用于第2(1)条第(3)(b)点提到的作为公职人员的义务实体。

当成员国决定根据第1分段制定豁免规定时，不得限制主管部门和金融情报机构获取信息。”

（i）第8段删除；

（j）第9段由如下内容取代：

“9. 成员国应确保本条第3段提及的中央登记册通过第2017/1132号（欧盟）指令第22(1)条所设欧洲中央平台互联。应根据委员会依照第2017/1132号指令第24条和本指令第31a条通过的实施细则所确定的技术规范和程序，使成员国的中央登记册与平台互联。

成员国应确保根据执行本条第4段和第5段的成员国国内法，本条第1段提及的信息可通过第2017/1132号（欧盟）指令第22(2)条所设的登记册互联的系统供人访问。

成员国应采取充分措施，确保通过国家登记册及通过登记册互联系统仅提供第1段提及的与实际受益所有人相对应的最新个人数据，并应根据数据保护规则提供这类数据。

当第3a段提及的受益所有权信息的登记理由不复存在之后，第1段提及的信息应在至少五年且不超过十年的时间内通过国家登记册和登记册互联系统供人访问。成员国应与委员会合作，以便根据第4段和第4a段进行不同类型的访问。”

（k）增加如下段落：

“10.成员国应在2019年7月10日之前向委员会通报信托和类似法律安排的类型、特征描述和名称，并酌情通报其法律依据。委员会应在2019年9月10日之前在《欧洲联盟公报》上公布这类信托和类似法律安排的综合清单。

2020年6月26日之前，委员会应向欧洲议会和欧盟理事会提交一份报告，评估第1段提及的受成员国法律管辖的所有信托和类似法律安排是否被合理识别出来并遵守本指令所载的各项义务。委员会应酌情采取必要步骤，根据该报告的调查结论采取行动。”

（17）插入如下条款：

“第31a条　实施细则

如有必要，除委员会根据第2017/1132号（欧盟）指令第24条及本指令第30条和第31条通过的实施细则外，委员会还应以实施细则的方式通过第30(10)条和第31(9)条提及的成员国登记册互联所需的技术规范和程序，这些技术规范和程序涉及：

（a）界定该平台履行各项职能所需的技术数据的技术规范，以及存储、使用和保护这类数据的方法；

（b）根据成员国准许的信息获取程度，通过登记册互联系统获取受益所有权信息的共同标准；

（c）关于如何获取受益所有人信息的技术细节；

（d）获得登记册互联提供的各项服务的技术条件；

（e）如何根据第30(5)条和第31(4)条，通过不同方式获取受益所有权信息的技术模式；

（f）在考虑到远程支付交易等可用的支付机制的情况下，当必须依照第30(5a)条和第31 (4a)条支付费用方能获取受益所有权信息时的支付模式。

应根据第64a(2)条提及的检验程序通过这些实施细则。

在实施细则中，委员会应力求再次使用经过核实的技术和现有做法。委员会应确保即将建立的系统不得产生超过为执行本指令绝对必要的费用。委员会的实施细则应当透明且用于委员会与成员国之间交换经验和信息。”

（18）第32条应增加如下段落：

“9. 在不妨碍第34(2)条的情况下，就职能而言，各金融情报机构应能够要求从任何义务实体处获取和使用信息，以达成本条第1段所述之目的，即便未根据第33(1)(a) 或第34(1)条事先提交任何报告。”

（19）插入如下条款：

“第32a条

1. 成员国应落实集中自动化机制，如中央登记册或中央电子数据检索系统，这些机制能及时识别持有或控制欧洲议会和欧盟理事会第260/2012 号（欧盟）条例（*）确定的由国际银行账号（IBAN）识别的支付账户和银行账户及信贷机构在其领土内存放的保管箱的任何自然人或法人。成员国应向委员会通报这些国家机制的特征。

2. 成员国应确保国家金融情报机构可立即直接获取保存在本条第1段提及的集中机制内未经过滤的信息。还应向国家主管部门提供信息，以履行其在本指令下的义务。成员国应根据第53条的规定，确保任何金融情报机构均能向任何其他金融情报机构及时提供保存在本条第1段提及的集中机制的信息。

3. 如下信息应可通过第1段提及的集中机制供人访问和搜索：

- 客户账户持有人或任何声称代客户行事的人：姓名，以及将第13(1)条(a)点纳入国内法的国家规定所要求的其他身份数据，或唯一的识别号码；
- 账户持有人的受益所有人：姓名，以及将第13(1)条(b)点纳入国内法的国家规定所要求的其他身份数据，或唯一的识别号码；
- 银行或支付账户：IBAN号码及账户开立和关闭日期；
- 保管箱：租赁人姓名，以及将第13(1)条纳入国内法的国家规定所要求的其他身份数据，或唯一的识别号码和租赁期限。

4. 成员国可考虑要求金融情报机构和主管部门通过集中机制访问和搜索其认为对履行本指令下各项义务必不可少的信息。

5. 委员会应在2020年6月26日前向欧洲议会和欧盟理事会提交一份报告，评估为确保集中自动化机制安全有效互联的条件和技术规范。应酌情在该报告中附加一份立法建议。

（*） 2012年3月14日欧洲议会和欧盟理事会关于为欧元的信用转账和直接借记确立技术和业务要求并且修订第924/2009号条例的第260/2012号（欧盟）条例（OJ L 94, 30.3.2012, p.22）。”

（20）插入如下条款：

“第32b条

1. 成员国应通过登记册或能够访问这类登记册或系统的电子数据搜索系统等方式，为金融情报机构和主管部门提供能及时识别拥有房地产的任何自然人或法人的信息。

2. 委员会应在2020年12月31日之前向欧洲议会和欧盟理事会提交一份报告，评估统一列入登记册的信息的必要性和相称性，并评估将这些登记册互联的必要。应酌情在该报告中附加一份立法建议。”

（21）第33(1)条(b)点由如下内容取代：

“（b）应要求直接向金融情报机构提供所有必要信息；”

（22）在第34条中增加如下段落：

“3. 成员国指定的自我监管机构应公布一份年度报告，其中包含下列信息：

（a）根据第58、第59和第60条的规定采取的措施；

（b）第61条提及的收到的违法行为报告的数量（如适用）；

（c）第1段提及的自我监管机构收到的报告数量，以及自我监管机构转发给金融情报机构的报告数量（如适用）；

（d）为监督义务实体对如下条款规定义务的遵守情况，根据第47条和第48条采取的措施的数量和描述（如适用）应遵循：

（i） 第10条至第24条（客户尽职调查）；

（ii） 第33、第34和第35条（可疑交易报告）；

（iii） 第40条（记录保存）；

（iv） 第45和第46条（内部控制）。”

（23）第38条由如下内容取代：

“第38条

1. 成员国应确保在内部报告或向金融情报机构报告疑似洗钱或恐怖融资的义务实体雇员和代表得到法律保护，免于遭受威胁、报复或恶意行为，特别免于在就业方面遭受不利或歧视性对待。

2. 成员国应确保因在内部报告或向金融情报机构报告疑似洗钱或恐怖融资而遭受威胁、报复或恶意行为的个人有权以安全方式向主管部门代表提起申诉。在不影响金融情报部门所收集情报的保密性的情况下，成员国还应确保这些个人有权根据本条款获得有效补偿，以保障其自身权利。”

（24）第39条第3段由如下内容取代：

“3. 本条第1段确定的禁止措施不得妨碍成员国信贷机构与金融机构之间的信息披露，只要这些机构同属一个集团，或者在这些实体与其在第三国建立的分支机构和主控股子公司之间，条件是这些分支机构与主控股子公司充分遵守整个集团的政策和程序，包括第45条规定的在集团内部交换信息的程序，而整个集团的政策和程序应符合本指令所载要求。”

（25）第40条第1段修订如下：

（a）(a)点由如下内容取代：

“（a）关于客户尽职调查，符合第二章规定的客户尽职调查要求所需的文件和信息副本，包括通过电子识别方式、第910/2014号（欧盟）条例所载的相关信托服务，或相关国家主管部门规定、承认、核准或接受的任何其他安全、远程或电子识别程序获取的信息，保留期限为与客户的业务关系结束之后或在临时交易日期结束后的五年内。”

（b）增加如下分段：

“本段提及的保留期限，包括不得超过五年的延长保留期限，还应适用于通过第32a条提及的集中机制获取的数据。”

（26）第43条由如下内容取代：

“第43条

为了第1条所述的防止洗钱和恐怖融资目的，基于本指令的个人数据处理应被认为是欧洲议会和欧盟理事会第2016/679号（欧盟）条例（*）下符合公共利益的事宜。

（*） 2016年4月27日欧洲议会和欧盟理事会关于在个人数据处理和此类信息自由流动方面保护自然人并且废除第95/46/EC号条例的第2016/679号（欧盟）条例（《通用数据保护条例》）（OJ L 119, 4.5.2016, p.1）。”

（27）第44条由如下内容取代：

“第44条

1. 为有助于筹备第7条规定的风险评估，成员国应确保其能够通过维护反洗钱或反恐怖融资系统有效性相关事项的综合统计数字，审查这类系统的有效性。

2. 第1段提及的统计数字应包括：

（a）统计在本指令范围内不同行业的规模和重要性的数据，包括统计自然人和实体的数量及各行业经济重要性的数据；

（b）统计各国反洗钱/反恐怖融资制度报告、调查和司法阶段的数据，包括向金融情报部门提交的可疑交易报告的数量，针对这些报告采取的后续行动，以及每年被调查案件的数量、被起诉人员数量、被判定洗钱或恐怖融资犯罪的人员数量、上游犯罪类型，以及（如有可用信息）被冻结、扣押或没收的以欧元计的资产；

（c）（如可用）统计进入后续调查的报告的数量和百分比，以及向义务实体提交的详细描述其提交报告的有用性和后续行动的年度报告；

（d）按对应国分列，金融情报机构提出、接收、拒绝及部分或全部答复的跨境信息请求数量的数据；

（e）向负责监管反洗钱/反恐怖融资的主管部门分配的人力资源，以及为履行第32条确定的任务向金融情报部门分配的人力资源；

（f）现场和非现场监管行动数量、监管行动识别出的违法数量以及监管机构采取的处罚/行政措施。

3. 成员国应确保每年公布对统计数字的全面审查。

4. 成员国应每年向委员会转交第2段提及的统计数字。委员会应在其网站上公布年度报告，对第2段提及的统计数字作出总结和解释。

（28）第45条第4段由如下内容取代：

“4. 成员国和欧洲监管局应相互通报第三国法律不允许执行第1段要求的政策和程序的情况。在这类情况下，可采取协调行动以达成解决方案。在评估哪些第三国不允许执行第1段要求的政策和程序时，成员国和欧洲监管局应考虑到任何可能会阻碍适当执行这些政策和程序的法律约束，包括保密、数据保护以及可能与该目的有关的限制信息交换的其他限制。”

（29）第47条第1段由如下内容替代：

“1. 成员国应确保虚拟货币与法定货币兑换服务提供商和托管钱包提供商经过注册登记，货币兑换和支票以及信托或公司服务提供商取得许可或经过注册登记，以及赌博服务提供商受到监管。”

（30）第48条修订如下：

（a）插入如下条款：

“1a. 为推动和促进有效合作，特别是信息交换方面的有效合作，成员国应向委员会提交第2(1)条所列的义务实体的主管部门清单，包括其联系方式。成员国应确保向委员会提供的信息保持更新。

委员会应在其网站上公布这些主管部门登记册及其联系方式。登记册上的主管部门应在其职权范围内作为其他成员国对应主管部门的联络中心。成员国金融监管部门也应作为欧洲监管局的联络中心。

为确保本指令得到充分执行，成员国应要求所有义务实体接受充分监管，包括开展现场和非现场监管的权力，并应采取适当和相称的行政措施，针对违法情况进行补救。”

（b）第2段由如下内容取代：

“2. 成员国应确保主管部门享有充分权力，包括强制获取与监督合规情况相关的任何信息并进行核查的权力，并掌握充足的财务、人力和技术资源来履行自身职能。成员国应确保这些主管部门的工作人员高度廉洁且具有适当技能，秉持较高的职业标准，包括保密和数据保护标准以及解决利益冲突的标准。”

（c）第(4)段由如下内容取代：

“4. 各成员国应确保义务实体运行机构所在成员国的主管部门监督这些机构对将本指令纳入该成员国国内法的国家规定的遵守情况。

在信贷机构与金融机构同属一个集团的情况下，应确保为实现第1分段规定的目的，成员国应确保母公司所在成员国的主管部门与该集团下属机构所在成员国的主管部门相互合作。

关于第45(9)条提及的机构，本段第1分段提及的监管可包括采取适当和相称的措施，解决需要立即补救的严重问题。这些措施应为临时措施并在已查明的问题得到解决之后便停止实施，包括根据第45(2)条的规定，为义务实体所在成员国的主管部门提供援助或与其开展合作。”

（d）在第5段插入如下分段：

“在信贷机构与金融机构同属一个集团的情况下，成员国应确保母公司所在成员国的主管机构监督第45(1)条提及的整个集团的政策和程序是否得到有效执行。为此，成员国应确保同属一个集团的信贷和金融机构所在成员国的主管部门与母公司所在成员国的主管部门相互合作。”

（31）第49段由如下内容取代：

“第49条

成员国应确保政策制定者、金融情报机构、监管机构和参与反洗钱/反恐怖融资的其他相关主管部门，以及在本指令范围内行事的税务机关和执法机关制定有效机制，从而能够在国内就政策和活动的制定和执行开展合作与协作，以打击洗钱和恐怖融资，包括履行第7条规定的义务。”

（32）在第六章第3节中，插入如下分节：

“第IIa分节

成员国相关主管部门之间的合作

第50a条

成员国不得禁止主管部门之间为实现本指令目的的信息交换或援助，或者对此施加不合理或不适当的限制性条件。特别是，成员国应确保主管部门不应以如下理由拒绝援助请求：

（a）该请求也被认为涉及税务事宜；

（b）国内法要求义务实体保密，相关信息受法律特权保护或者如第34(2)条所述的适用法律职业保密的情况除外；

（c）被请求成员国有正在进行的质询、调查或诉讼，除非援助会阻碍这种质询、调查或诉讼；

（d）提出请求的对应方相关主管部门的性质或状态与被请求相关主管部门的性质或状态不同；”

（33）第53条修订如下：

（a）第1段第1分段由如下内容取代：

“1. 成员国应确保金融情报机构自主或根据要求交换可能与金融情报机构处理和分析与洗钱或恐怖融资及牵涉的自然人或法人有关的信息，无论相关上游犯罪的类型如何，即便相关上游犯罪的类型在信息交换时没有查明。”

（b）第2段第2分段的第2句由如下内容取代：

“金融情报机构应根据第33(1)条的规定获取信息并立即传递答复。”

（34）在第54条中增加如下分段：

“成员国应确保金融情报机构至少指定一名联络人或一个联络中心负责接收其他成员国金融情报机构关于提供信息的请求。”

（35）第55条第2段由如下内容取代：

“2. 成员国应确保被请求的金融情报机构事先同意，将尽最大可能立即向主管部门传递相关信息，不论相关上游犯罪的类型如何。被要求的金融情报机构不得拒绝对这类传递表示同意，除非这种做法不属于适用反洗钱/反恐怖融资条款的范围，或者可能导致调查受阻，或者不符合该成员国国内法的基本原则。应对任何拒绝表示同意的行为作出适当解释。这类例外情况应予以详细说明，防止对主管部门的信息传递遭到滥用和受到不当限制。”

（36）第57条由如下内容取代：

“第57条

国内法对第3条第4点提及的上游犯罪在定义上的差异不得阻碍金融情报机构向另一个金融情报机构提供援助的能力，也不得限制第53、第54和第55条规定的对信息的交换、传递和使用。”

（37）在第六章第3节中增加如下分节：

“第IIIa分节

信贷和金融机构监管部门与受职业保密约束的其他主管部门之间的合作

第57a条

1. 成员国应要求所有现任或曾经在负责对信贷和金融机构遵守本指令情

况进行监督的监管部门任职的人员以及代表这类监管部门行事的审计员或专家，都应受到职业保密义务的约束。

在不妨碍受刑法管辖案件的情况下，第1分段提及的人员在根据本指令履行职责过程中收到的保密信息可用摘要或汇总的方式披露，这样可避免披露具体的信贷和金融机构。

2. 第1段的规定不得阻碍如下各方之间的信息交换：

（a）根据本指令或其他与信贷和金融机构监管相关的立法法案，某一成员国国内对信贷和金融机构进行监管的主管部门；

（b）根据本指令或与其他信贷和金融机构监管相关的立法法案，不同成员国国内对信贷和金融机构进行监管的主管部门，包括根据欧洲理事会第1024/2013号（欧盟）条例（*）行事的欧洲中央银行。这种信息交换应受到第1段所指的职业保密条件的约束。

在2019年1月10日之前，根据本指令对信贷和金融机构进行监管的主管部门与根据欧盟理事会第1024/2013号（欧盟）条例第27(2) 条和欧盟议会第2013/36/EU号指令(**)第56条第1分段(g)点行事的欧洲中央银行，在欧洲监管局的支持下，应就信息交换实际方式达成协议。

3. 收到第1段提及的保密信息的信贷和金融机构监管部门应仅将该信息用于如下用途：

（a）履行本指令或在反洗钱/反恐融资、审慎监管和监督信贷和金融机构（包括处罚）领域的其他立法法案规定的职责；

（b）对信贷和金融机构监管部门的决定提出申诉，包括法院诉讼；

（c）根据在本指令领域或在审慎监管、信贷和金融机构监管领域通过的欧盟法律规定的特别条款提起的法院诉讼。

4. 成员国应确保信贷和金融机构监管部门为本指令的目的尽最大可能相互合作，不论其各自的性质或状况如何。这类合作还包括在被请求主管部门权力范围内代表提出请求的主管部门进行查询和就这类查询所获信息进行后续交流的能力。

5. 成员国可授权其国内的信贷和金融机构监管部门与作为这些国家主管部门对应方的第三国主管部门之间缔结合作协议，对双方之间的协作和保密信息交换作出规定。这类合作协议应以互惠互利为基础，并且只有在至少与第1段提及的职业保密要求相等的保障的情况下才可以信息披露。这些合作协议规定所交换的保密信息应用于执行这些主管机关的监管任务。

如果所交换的信息来源于另一个成员国，应仅在共享该信息的主管部门明确同意的情况下披露该信息，并酌情仅用于该主管部门给予同意的目的。

第57b条

1. 尽管有第57a(1)和(3)条作出的规定，但在不妨碍第34(2)条的情况下，成员国可授权在同一成员国或不同成员国的主管部门之间，在主管部门、被委托监督金融行业实体、涉及第2(1)条第(3)点职业活动的自然人或法人的主管部门以及法定的负责监管金融市场以履行其各自监管职能的主管部门之间，进行交换信息。

在任何情况下收到的信息都应符合至少与第57a(1)条提及内容相等的职业保密要求。

2. 尽管有第57a(1)和第57a(3)条规定，成员国仍可通过国内法制定的条款，授权向法定的负责监管金融市场的其他国家主管部门，或者被指定在打击或调查洗钱、相关上游犯罪或恐怖融资领域担负职责的其他国家主管部门披露某些信息。

尽管如此，根据本段规定所交换的保密信息应仅被用于执行相关主管部门的法律任务。能够获取这类信息的人员应遵守至少与第57a(1)条提及内容相等的职业保密要求。

3. 成员国可授权根据下列条件向议会调查委员会、审计法院和成员国国内负责调查的其他实体披露与监督信贷机构相关的某些信息，以遵守本指令的规定。

（a）实体的具体任务之一是根据国内法调查或检查负责监督这些信贷机构或负责制定监管方面法律的主管部门；

（b）为履行(a)点提及的任务，信息是绝对必要的；

（c）有权获取信息的人必须符合国内法中至少与第57a(1)条提及内容相等的职业保密要求；

（d）如果信息来源于另一个成员国，不得在未经披露信息的主管部门明确同意的情况下披露该信息，并且只能用作这些主管部门给予同意的目的。

（*） 2013年10月15日欧洲理事会关于授予欧洲中央银行有关信贷机构审慎监管相关政策的特殊任务的第1024/2013号（欧盟）条例（OJ L 287, 29.10.2013,p.63）。

（**） 2013年6月26日欧洲议会和欧盟理事会关于接触信贷机构活动和对信贷机构和投资公司审慎监管并且修正第2002/87/EC号指令，废除第2006/48/EC 号和第2006/49/EC号指令的第2013/36/EU号指令（OJ L 176, 27.6.2013,p.338）。”

（38）在第58(2)条，增加如下分段：

“成员国应确保其主管部门在甄别有关刑事制裁的违法行为时及时通知执法机关。”

（39）第61条修订如下：

（a）第1段由如下内容取代：

“1. 成员国应确保主管部门和自律监管机构（如适用）建立有效而可靠的机制，以鼓励向主管部门和自律监管机构（如适用）报告可能或实际违反将本指令纳入国内法的国内规定的行为。

为此，其应为第1分段提及的报告人员提供一个或多个安全沟通渠道。这类渠道应确保提供信息人员的身份仅被主管部门和自律监管机构（如适用）知晓。”

（b）第3段增加如下分段：

“成员国应确保个人，包括在内部报告或向金融情报机构报告可疑洗钱或恐怖融资的义务实体的雇员和代表得到法律保护，免于遭受威胁、报复或恶意行为，特别在就业方面遭受不利或歧视性行为。

成员国应确保因在内部报告或向金融情报机构报告可疑洗钱或恐怖融资而遭受威胁、恶意行为，或在就业方面受到不利或歧视待遇的个人有权以安全方式向主管部门代表提起申诉。在不影响金融情报部门所收集情报的保密性的情况下，成员国还应确保此类个人有权获得有效补偿，以保障他们在本条款下的权利。”

（40）插入如下条款：

“第64a条

1. 委员会应得到欧洲议会和欧盟理事会第2015/847号（欧盟）条例（*）第23条提及的预防洗钱和恐怖融资委员会的援助。该委员会应当是第182/2011号（欧盟）条例(**)意义范围内的委员会。

2. 在提及本段时，应适用第182/2011号（欧盟）条例第5条。

（*） 2015年5月20日欧洲议会和欧盟理事会关于资金转移附加信息并且废除第1781/2006号条例的第2015/847号（欧盟）条例（OJ L 141, 5.6.2015,p.1）。(**)2011年2月16日欧洲议会和欧盟理事会关于制定成员国对委员会行使执行权力的控制机制的规则和一般性原则的第182/2011号（欧盟）条例(OJ L 55, 28.2.2011, p.13)。”

（41）第65条由如下内容取代：

"第65条

1. 截至2022年1月11日，并在之后的每三年，委员会应起草一份本指令执行情况的报告，并提交给欧洲议会和欧盟理事会。

该报告尤其应包含如下内容：

（a）为预防和解决新出现的问题及对欧盟金融系统构成威胁的新事态发展，在欧盟和成员国层面采取的特别措施和制定的机制说明；

（b）根据引起欧盟和成员国关注的问题，包括与阻碍主管部门和自律监管部门监管和调查能力的国内法相关的申诉，在欧盟和成员国层面开展的后续行动；

（c）为防止金融系统被用于洗钱和恐怖融资，成员国主管部门和金融情报机构获取相关信息的情况说明；

（d）主管部门与金融情报机构之间的国际合作与信息交换说明；

（e）委员会为核实成员国为遵守本指令所采取的行动，以及为评估成员国国内新出现的问题和新的事态发展而采取的必要行动说明；

（f）对欧盟和成员国层面关于收集和获取在欧盟以外地区所设企业和其他法人实体的受益所有权信息的特别措施和机制的可行性分析，以及对第20条(b)点所提及措施的相称性分析；

（g）对《欧洲联盟基本权利宪章》所承认的基本权利和原则的遵守情况的评估。

如有必要，2022年1月11日将公布的第一份报告应附有适当的立法建议，包括关于虚拟货币、设立和维护可供金融情报机构访问的登记用户身份信息和钱包地址的中央数据库的许可，以及供虚拟货币用户使用的自我申报表格，以改善成员国资产追回办公室之间的合作，并改进对第20条(b)点所提及基于风险的措施。

2. 在2019年6月1日之前，委员会应评估与第三国的金融情报机构合作框架，评估存在的阻碍和机遇，以加强欧盟金融情报机构之间相互合作，包括建立协作与支持机制的可能性。

3. 委员会应根据具有防止洗钱和打击恐怖融资职能的国际组织和标准制定者在一份新的评估中公布的所有建议，酌情向欧洲议会和欧盟理事会提交一份报告，评估减少开展法人实体受益所有权身份识别比例的必要性和相称性，并酌情提交一份立法建议。”

（42）第67条第1段由如下内容取代：

“1. 成员国应在2017年6月26日之前执行为遵守本指令所需的法律、条例和行政规定。

成员国应在2020年7月10日适用第12(3)条。

成员国应在2020年1月10日之前设立第30条提及的登记册，在2020年3月10日之前设立第31条提及的登记册，并在2020年9月10日之前设立第32a条提及的集中自动化机制。

委员会应与成员国合作，确保在2021年3月10日之前实现第30条和第31条提及的登记册互连。

成员国应立即向委员会通报本段提及的措施案文。

如果成员国采纳这些措施，其中应提及本指令，或者在公开发表时提及本指令。如何提及本指令应由成员国决定。”

（43）附件二第(3)点的引言部分由如下内容取代：

“（3）地理风险因素——登记、成立和居留：”

（44）附件三修订如下：

（a）在第(1)点中增加如下这一点：

“（g）客户是指在成员国申请居留权或公民身份，以换取在该成员国进行资金转移、购买不动产或政府债券，或投资企业实体的第三国国民。”

（b）第(2)点修订如下：

（i）(c)点由如下内容取代：

“（c）缺乏某些保障措施的非面对面业务关系或交易，如电子识别方式、第910/2014号（欧盟）条例确定的相关信托服务，或者由相关国家主管部门规范、认可、核准或接受的任何其他安全、远程或电子识别程序；”

（ii）增加如下这一点：

“（f）与石油、武器、贵金属、烟草制品、文化艺术品和具有重要考古、历史、文化和宗教意义或珍贵科学价值的其他物品，以及象牙制品和受保护物种的交易。

第2条

第2009/138/EC号指令修正案

在第2009/138/EC号指令第68(1)条(b)点中增加如下内容：

“（iv）负责监管欧洲议会和欧盟理事会第2015/849 号指令（*）第2(1)条第(1)点和第(2)点所列义务实体以遵守该指令的主管部门；

（*） 2015年5月20日欧洲议会和欧盟理事会关于防止利用金融系统洗钱或恐怖融资，修订欧洲议会和欧盟理事会第648/2012号（欧盟）条例，并且废除欧洲议会和欧盟理事会第2005/60/EC号指令和委员会第2005/60/EC号指令的第2015/849号（欧盟）指令（OJ L 141, 5.6.2015, p.73）。”

第3条

第2013/36/EU号指令修正案

在第2013/36/EU号指令第56条第1段增加如下内容：

“（g）负责监管欧洲议会和欧盟理事会第2015/849 号（欧盟）指令

（*）第2(1)条第(1)点和第(2)点所列义务实体以遵守该指令的主管部门。

（*） 2015年5月20日欧洲议会和欧盟理事会关于防止利用金融系统洗钱或恐怖融资，修正欧洲议会和欧盟理事会第648/2012号（欧盟）条例，并且废除欧洲议会和欧盟理事会第2005/60/EC号指令和委员会第2005/60/EC号指令的第2015/849号（欧盟）指令（OJ L 141, 5.6.2015, p.73）。”

第4条

纳入国内法

1. 成员国应在2020年1月10日之前执行为遵守本指令所需的法律、条例和行政规定。它们应及时与委员会就条款规定进行沟通。

如果成员国采纳这些措施，其中应提及本指令，或者在公开发表措施时提及本指令。

2. 成员国应向委员会通报其在本指令所涉领域通过的国内法主要规定的文本。

第5条

生效

本指令应在《欧洲联盟公报》上发表二十天后生效。

第6条

通告方

本指令通告各成员国。

2018年5月20日于斯特拉斯堡。

卢森堡金融监管委员会 第19/732号通函

防止洗钱和恐怖融资：关于识别和核实最终受益所有人身份的说明

卢森堡，2019年12月20日

致接受卢森堡金融监管委员会反洗钱/反恐怖融资监管的所有专业人员

女士们，先生们：

（1）本通函旨在为接受卢森堡金融监管委员会（CSSF）反洗钱/反恐怖融资监管的所有专业人员提供适用于识别和核实最终受益所有人身份的法律要求方面的指导，以便提高金融透明度。

（2）最终受益所有权[1]（UBO）并非一个全新的概念，因为"受益所有人"一词在1991年反洗钱1号令中已经出现[2]。尽管如此，反洗钱1号令未定义受益所有人，而且几乎没有详细规定识别和核实客户及受益所有人身份义

1 法语对应词为bénéficiaire effectif。bénéficiaires économiques和bénéficiaires réels在过去可同等使用，但现在已不再适用。

2 1991年6月10日理事会关于防止利用金融系统洗钱的第91/308/EEC号指令。

务（“了解你的客户”）的程序。反洗钱3号令第3（6）[3]条规定了受益所有人概念，填补了受益所有人概念的空白。反洗钱4号令（4AMLD）[4]在受益所有人概念的具体执行方面提供了重要的解释说明[5]，同时也考虑到2012年金融行动特别工作组（FATF）的建议，特别是建议10、建议24、建议25和解释性说明，以及FATF反洗钱/反恐怖融资体系有效性评估方法中所述的直接结果4和直接结果5。

（3）专业人员在实际执行FATF建议时遇到挑战，因此FATF在2014年又编制了一份透明度和受益所有权的指导文件[6]，并持续提供有关这一专题的指导，以建立一个能有效防止滥用法人和法律安排进行犯罪的体系[7]。FATF的最新指导文件是2019年10月的《法人受益所有权最佳实践》[8]。

（4）为识别最终受益所有人，必须将反洗钱4号令的若干条款一并解读，特别是含有定义的第3（6）条和第3（12）条，关于客户尽职调查义务的第13条，以及考虑建立受益所有权信息的中央登记的第30条和第31条。请注意，已根据反洗钱5号令（以下简称5AMLD）[9]对第30条进行了修订。

---

3 2005年10月26日欧洲议会和欧盟理事会关于防止利用金融系统洗钱或恐怖融资的第2005/60 EC号（欧盟）指令。

4 2015年5月20日欧洲议会和欧盟理事会关于防止利用金融系统洗钱或恐怖融资的第2015/849 EC号（欧盟）指令，该指令修订欧洲议会和欧盟理事会第648/2012号（欧盟）条例，并废除欧洲议会和欧盟理事会第2005/60 EC号（欧盟）指令以及委员会第2006/70/EC号指令。

5 第30条和第31条。

6 FATF指南：透明度和受益所有权，2014年10月14日，参见http://www.fatf-gafi.org/media/fatf/documents/reports/Guidance-transparency-beneficial-ownership.pdf。

7 另见FATF关于“滥用企业工具，包括信托和公司服务提供商”的文件，2006年10月13日，参见http://www.fatf-gafi.org/media/fatf/documents/reports/Misuse%20of%20Corporate%20Vehicles%20including% 20Trusts%20and%20Company%20Services%20Providers.pdf。

8 参见http://www.fatf-gafi.org/media/fatf/documents/Best-Practices-Beneficial-Ownership-Legal-Persons.pdf。

9 欧洲议会和欧盟理事会2018年5月30日第2018/843号（欧盟）指令。综合版本见https://eur-lex.europa.eu/legal-content/EN/TXT/PDF/?uri=CELEX:02015L0849-20180709&from=EN。

（5）通过2004年11月12日反洗钱和反恐怖融资法[10]（以下简称反洗钱/反恐怖融资法）修正案，2018年2月13日的卢森堡法落实了4AMLD关于专业人员执行受益所有人义务的要求[11]。反洗钱/反恐怖融资法中与最终受益所有人最为相关的条款是第1（7）条和第3（2）条，以及2010年2月1日卢森堡大公国条例第1（2）条[12]。金融监管委员会2012年12月14日第12-02号条例[13]（以下简称CSSF第12-02号条例），特别是第3、第17、第21~23和第25条应纳入一并考虑。

（6）根据2019年1月13日通过的法律[14]及2019年2月15日发布的卢森堡大公国条例，建立受益所有人信息的中央登记。此外，还应考虑到2018年8月10日含有受托人获取和保存信息要求的法律[15]，这一法律纳入了4AMLD关于信托注册的第31条。建立受益所有权信息中央登记的法律已于2019年3月1日生效，过渡期六个月后延期三个月，因此直至2019年11月30日正式生效[16]。

（7）本通函旨在为接受CSSF反洗钱/反恐怖融资监管的所有专业人员（以下简称专业人员）提供指导，内容涉及如何落实识别最终受益所有人的要求，以及应当采取哪些合理措施以满足核实身份的要求，从而使其了解最终受益所有人是谁。识别身份不仅仅只是收集姓名、文件或在登记册中核

10 将欧洲议会和欧盟理事会2001年12月4日第2001/97/EC号指令纳入国内法，并且修订欧盟理事会关于防止金融系统用于洗钱的第91/308/EEC号法令的2004年11月12日反洗钱和反恐怖融资法。

11 2018年4月17日法律和2018年8月10日法律随后对该法作出重大修订。

12 卢森堡大公国2010年2月1日条例，提供了经修订的2004年11月12日反洗钱和反恐怖融资法若干条款的详情。

13 金融监管委员会2012年12月14日关于反洗钱和反恐怖融资的第12-02号条例。

14 参见http://data.legilux.public.lu/file/eli-etat-leg-loi-2019-01-13-a15-jo-fr-pdf.pdf。

15 将欧洲议会和欧盟理事会2015年5月20日关于防止金融系统用于洗钱或反恐怖融资的第2015/849号（欧盟）指令纳入国内法，并且修订欧洲议会和欧盟理事会第648/2012号（欧盟）条例，废除欧洲议会和欧盟理事会第2005/60/CE号指令和委员会第2006/70/CE号指令的2018年8月10日关于由受托人获得并保管信息的法律，参见 http://legilux.public.lu/eli/etat/leg/loi/2018/08/10/a702/jo。

16 根据5AMLD第30（10）条和第67条的规定，各国受益所有权中央登记册须在2021年3月10日之前通过欧洲中央平台互联互通。

对。因此，本通函必须与CSSF有关反洗钱/反恐怖融资的其他通函和条例[17]以及适用的法律和监管框架一并解读。本通函提供的案例旨在帮助专业人员履行其义务，并非详尽无遗。专业人员应考虑到各自业务的性质、规模和复杂程度，以及对洗钱/恐怖融资风险的暴露程度，制定充分而有效的反洗钱/反恐怖融资政策、程序、制度和管制措施。

（8）本通函第一部分概述了对于自然人、法人或法律安排这几类的客户的UBO识别要求。第二部分概述了身份核实的要求。第三部分给出了一些有用指标，利用这些指标可以帮助监测出可能隐藏受益所有权信息的行为。

一、识别最终受益所有人

1. 一般考虑因素

（9）最终受益所有人是最终拥有或控制客户或者客户以其名义开展交易或活动的自然人。如果是法人实体，则应明确区分基本所有权信息（即客户法律上的直接所有人）和最终受益所有权信息（即最终拥有或控制客户的人）。一般而言，在落实客户尽职调查要求时，应采取风险为本的整体方法[18]。尽管如此，专业人员必须确保他们将有效寻找被认为是最终受益所有人的自然人。

（10）最终受益所有人可能并非在每种情况下都能直截了当地确定，需要根据客户的法律形式和所有权结构采取不同措施。事实上许多客户和/或其最终受益所有人可能并不在卢森堡，这给履行UBO要求带来了更多挑战。因此，确定受益所有权所需措施的程度和深度需要与客户的复杂程度和所在地相匹配。

17 包括但不限于CSSF第17/650、17/661和18/698号通函，参见：www.cssf.lu。

18 反洗钱/反恐怖融资法第3（2a）条。

（11）尽管复杂法人实体结构的存在可能有合理理由，但仍需要采取额外措施来了解该结构，了解实体最终受益所有人的身份。例如，如果在使用复杂法律结构时缺乏明显合理的商业目的，可能会引发对UBO真实身份的怀疑，并有可能形成更高的急需缓释的洗钱/恐怖融资风险。

（12）从定义上来说，最终受益所有人是自然人。因此，最终受益所有人只能是个人，而非另一个法人或法律安排。还应在概念上将最终受益所有人与下列人员区分开来：

客户，可以是自然人、法人或法律安排；

合同或交易的受益人。该词的意思主要取决于保险服务的内容或信托和法律安排的内容。在某些情况下，特别是客户是自然人的情况下，受益人与最终受益所有人可能是同一人。

（13）单个业务关系或交易还会涉及多个最终受益所有人。此外，从定义来看，最终受益所有权并非一成不变。例如，随着业务发展扩大，股权分布可能会发生变化。

（14）为了识别UBO，专业人员可以利用公开获得的最终受益所有人信息（例如，受益所有权国家登记册中的信息），要求客户提供相关数据，要求客户提供文件或可靠来源信息以获得受益所有人身份的证据，或者通过其他方式获得必要信息。

（15）上文提到的最近投入使用的卢森堡受益所有权中央登记册是一个有用工具，用于获取和核实关于卢森堡法人实体的受益所有权信息。在识别客户的最终受益所有人时，专业人员应收集注册证明或者登记册摘要[19]。当客户为外国法人或法律安排时，如果这类登记册可不受限制地供外国金融机构查询，应采取类似措施。

（16）但与此同时，反洗钱/反恐怖融资法第3（2a）条规定专业人员不

19 5AMLD第14条。

得只依靠这类中央登记册所载的受益所有权信息来履行其客户尽职调查义务[20]，因为可能需要那些超过了反洗钱/反恐怖融资法第3（2）（b）条要求提供的信息，并且包括为第3（2）（a）、第3（2）（c）和第3（2）（d）条之目的而采取的措施。这些中央登记册提供了有用的信息基础，如果结合其他核实手段，可确保受益所有权信息的准确度和充分性（交叉检验）。

（17）如果未能按照法律法规的要求识别出最终受益所有人，不得建立业务关系。在已经建立业务关系的情况下，如果无法识别UBO，则不应开展交易或者应当终止业务关系。根据反洗钱/反恐怖融资法第3（4）条的规定，应考虑提交洗钱/恐怖融资可疑报告。

2. 最终受益所有人定义

（18）反洗钱/反恐怖融资法第1（7）条对最终受益所有人作了如下定义："最终拥有或控制客户的任何自然人，或者由客户代表其开展交易或活动的任何自然人。"

（19）根据FATF的建议，受益所有人的定义还包括"对法人/法律安排实施最终有效控制的人"[21]。

2.1　客户是自然人

（20）在自然人客户建立的业务关系中，客户本身往往是最终受益所有人。根据CSSF第12-02号条例第17条的规定，专业人员应始终询问客户是否代表自己行事。得到否定回答，或者交易要素或相关情况或存在其他合理理由表明客户正在代表他人行事（或为其作掩护）时，应进行适当质询，以确定客户是否符合根据反洗钱/反恐怖融资法第3（2）（b）条所作的UBO的定义。如果最终受益所有人另有其人，则必须采取合理措施核实此人身份。

20 反洗钱/反恐怖融资法第3（2a）条。

21 FATF术语，参见https://www.fatf-gafi.org/glossary/。

2.2　法人或法律安排

（21）本节概述了适用于识别法人或法律安排受益所有人身份的法律框架。2.2.1节将会提供一般性指导，2.2.2节将会介绍适用的法律框架，2.2.3节介绍三级“递进程序”，2.2.4节将会对某些特定关系作出解释。

2.2.1　一般性指导

（22）为提高透明度，应从广义上对“法人”作出解释，一般意指拥有法人资格并且“能够与金融机构建立长期客户关系的,或者拥有独立财产的”的任何实体[22]。法人可能包含公司、法人团体、基金会、企业、协会以及其他类似的实体。还应将协会或合作社等多种形式的非营利组织包括在内。

（23）法律安排可以指明示信托[23]或其他类似的法律安排，其中为了反洗钱/反恐怖融资目的，可能包括卢森堡法律中不太可能预见的fiducies（法语的信托）、Treuhand（德语的信托）和fideicomiso（西班牙语的信托）。但人寿保险保单不得被视为类似法律安排。

（24）对于任何法人或法律安排而言，应根据复杂程度以及法律形式和结构的不同确定了解所有权结构并识别最终受益所有人所采取的具体措施，以获得所需的信息并达到适当的信息透明度。

2.2.2　法律框架（适用于法人和法律安排）

2.2.2.1　一般性规则

（25）反洗钱/反恐怖融资法第1（7）（a）条规定：

受益所有人的概念至少应包括以下内容：

在企业实体的情况下：

（i）　通过直接或间接拥有法人实体充足比例的股权或投票权或所有权权益（包括不记名持股），或者通过其他方式控制（在规范

22 FATF建议术语，参见https://www.fatf-gafi.org/glossary/j-m/。

23 根据FATF建议术语，明示信托系指委托人明确设立的信托，通常采取文件形式，即书面信托契据的形式。它们被拿来与通过法律实施而产生，而非委托人设立一个信托或类似法律安排的明确意图或决定而产生的信托（如推定信托）作比较。

市场上市的公司除外，该规范市场遵守符合欧盟法律的信息披露要求或遵守可确保所有权信息充分透明的同等国际标准），最终拥有或控制法人实体的任何自然人。

由自然人持有客户25%以上股份或者拥有25%以上的所有权权益为直接所有权。由在自然人控制下的一个或多个企业实体持有客户25%以上股份或者拥有25%以上的所有权权益，应表示间接所有权。

（ii）如果在穷尽方法之后以及假定无其他可能性的情况下，仍没有识别出第（i）点规定的人员，或者如果对被识别的人员为受益所有人的真实性存在怀疑，识别实体的高级管理者。

2.2.2.2　针对信托

（26）对于在卢森堡成立或被认可的信托[24]，信托通过额外增加一层复杂结构将受益所有权与法定所有权隔开，加强了信托的匿名性。委托人将包括财产控制权（合法所有权）在内的法定所有权转让给受托人，将财产收益享有权（衡平法）转让给受益人。信托工具列明了转让条款。由于财产的合法所有权和控制权与资产衡平法的收益之间没有关联，因此信托的拥有人、受益人、控制人可能不同。如果委托人和受益人为同一人，那么普通法所有权与衡平法所有权会合并，信托不再存在。如果法人实体所有权全部或部分归信托所有，则识别法人和信托的UBO规则同时适用。

（27）反洗钱/反恐怖融资法第1（7）（b）条规定，受益所有人的概念应至少包括以下内容：

（i）委托人（如有）；

（ii）任何受托人；

（iii）保护人（如有）；

24 2003年7月27日法律认可1985年7月1日涉及信托及其承认的海牙公约，对信托合同作出新的规定，修订1905年9月25日关于记录不动产权利的法律（经2004年3月22日的法律修订）。

（iv）受益人，当从法律安排或法人实体受益的个人尚未确定，则为出于其主要利益而设立或经营该法律安排或法人实体的那一类人；

（v）通过直接或间接拥有所有权或其他方式，对信托实施最终控制或影响的任何其他自然人。

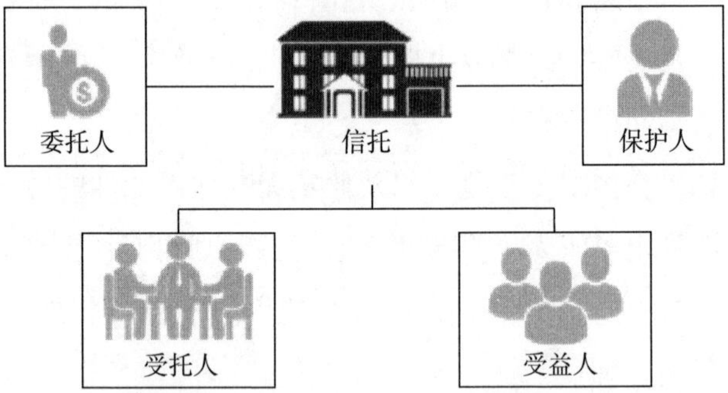

图1　信托直接所有权：方框内的所有人均须识别为UBO

（28）对于信托，上述（v）点规定的控制意味着可以单独或共同采取某些行动的权力。这些行动包括处理信托资产、终止或改变信托、增加或解除受益人、指定或解除受托人等。

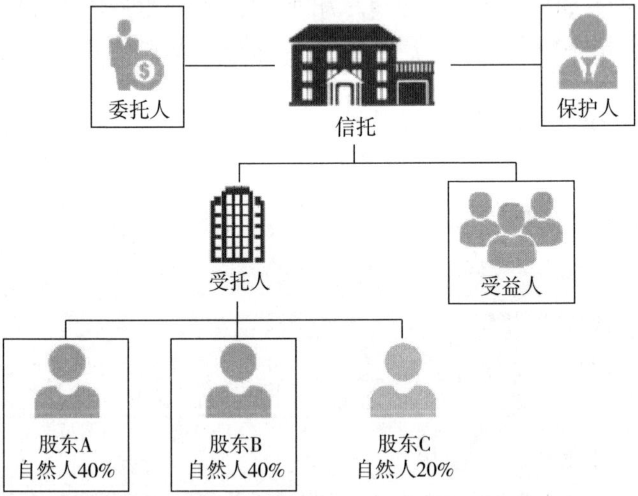

图2　信托：间接所有权（方框内的所有人均须被识别为UBO）

（29）对于与信托类似的基金和法律安排等法人实体，反洗钱/反恐怖融资法第1（7）（c）条规定，最终受益所有人概念应至少包括任何与信托中职位相同或类似的自然人。

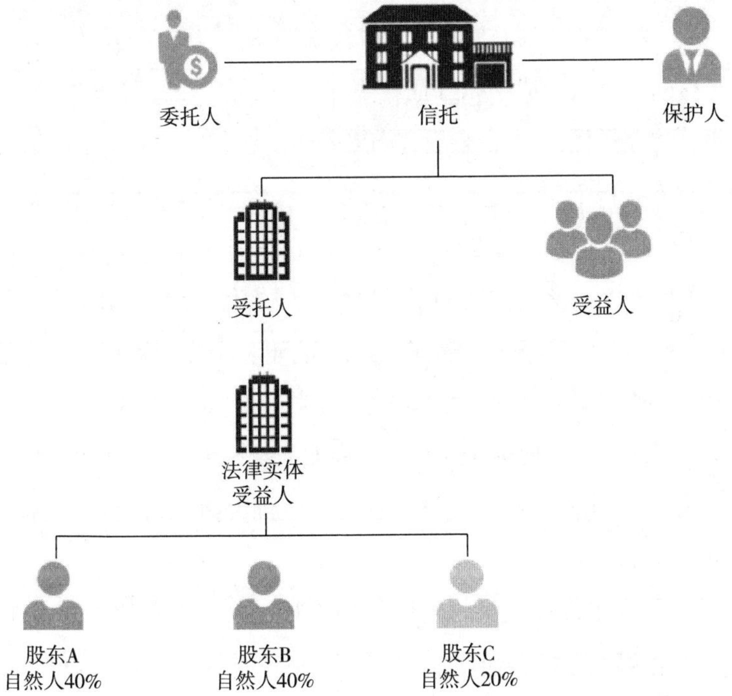

图3 信托：间接所有权

（30）如果信托被法人实体100%拥有，则可适用法人实体识别UBO的规则。

2.2.2.3 豁免：其股份获准在规范市场进行交易的公司（欧盟或同等第三国）

（31）反洗钱/反恐怖融资法[25]规定，原则上来说，如果一个客户的股份

25 第1（7）(a) (i) 条。

获准在一个或多个欧盟成员国或欧洲经济区国家的规范市场[26]（必须遵守符合欧盟法律的信息披露要求），或者在第三国市场（必须遵守所有权信息充分透明的同等义务）进行交易，则无须识别和核实其最终受益所有人的身份。应当注意，根据欧盟法律，主要股东的相关披露义务载于“透明度指令”[27]第三章，仅适用于其股份（或代表股份的存托凭证）获准在规范市场进行交易的发行人。股份以外证券（如债务工具）的发行人，以及其股份（代表股份的存托凭证）在规范市场以外的市场（例如多边交易设施）进行交易的发行人，没有遵守必要的透明度义务，不符合反洗钱/反恐怖融资法第1（7）（a）（i）条豁免的条件，因此应当识别和核实UBO。

（32）换言之，豁免仅适用于其股份（或者代表股份的同等存托凭证）获准在欧盟或第三国市场（须遵守达到同等国际标准，确保所有权信息充分透明的大股东披露义务）进行交易的客户。

（33）因此，打算使用这一豁免的专业人员确保客户应满足以下要求：

- 其股份（或同等存托凭证）获准在欧洲经济区的规范市场进行交易的公司；
- 其股份获准在非欧洲经济区市场进行交易，但必须遵守上述同等的信息披露义务的公司。

（34）如果适用，专业人员应记录为证明该市场同等地位而采取的措施。获准进入规范市场的证据也应记录下来。对于其股份获准在未达到同等要求的第三国市场进行交易的公司，应以本通函解释的针对未上市公司的方式识别和核实其UBO。

（35）对于不符合这些标准的法人实体客户，必须根据下列三级程序识别其最终受益所有人。

---

26 根据欧洲议会和欧盟理事会2014年5月15日关于金融工具市场（“MiFID Ⅱ”）的第2014/65/EU号指令的定义。

27 欧洲议会和欧盟理事会2004年12月15日关于对其债券获准在规范市场进行交易的发行人的信息实施统一透明度要求，并且修订第2001/34/EC号指令的第2004/109/EC号指令。

2.2.3 确定最终受益所有权的三级程序

（36）关于法人，反洗钱/反恐怖融资法第1（7）条规定了确定最终受益所有权的三级程序。必须遵守下列各个步骤，直至正确识别所有的最终受益所有人。

（i）识别在一个实体中直接或间接拥有或控制充足比例的股份，即25%以上的股份、投票权或所有权的自然人；

（ii）在方法（i）规定的任何情景中未能识别任何自然人的情况下，识别通过其他方式控制法人实体的任何人；

（iii）在用尽所有可能的方法之后以及排除合理怀疑的情况下，如果没有识别出方法（i）和方法（ii）规定的人员，或者如果对被识别的人员为受益所有人存在任何疑问，则识别担任高级管理职位的任何人。

（37）必须强调，方法（i）和方法（ii）并非替代选择，而是递进措施。因此在采用方法（iii）进行受益所有人识别之前，必须先使用方法（i）和方法（ii）进行识别。当根据方法（i）和方法（ii）识别最终受益所有人的所有可能措施已经用尽并未能取得结果时，方能适用作为专门备选方案的方法（iii）。

2.2.3.1 直接或间接所有权：阈值法

（38）反洗钱/反恐怖融资法第1（7）（a）（i）条提及的指导阈值应当被理解为拥有法人客户25%以上的股份或投票权[28]的自然人。严格来说，从数学角度来看，在使用阈值法时，作为一般原则，法人客户可以有零（因为所有权被大大稀释）至三个最终受益所有人。应当强调的是，特别是当所识别的洗钱/恐怖融资风险更高的时候，专业人员可以采取更加严格的内部政策和程序，如降低所有权阈值。

28 在整个一节当中都将使用股份的例子。但根据反洗钱/反恐怖融资法，可以交替使用投票权或所有权权益。

（39）“最终拥有或控制”和“最终有效控制”指的是以间接控制而非直接控制的所有权链来行使所有权或控制的情形。法人的所有权结构确定了控股所有权权益。

（40）在图4所示的一层结构中，在客户本身即为法人实体的情况下，专业人员必须检查是否有自然人能够被识别为最终受益所有人，即直接拥有客户25%以上的股份或投票权的自然人。

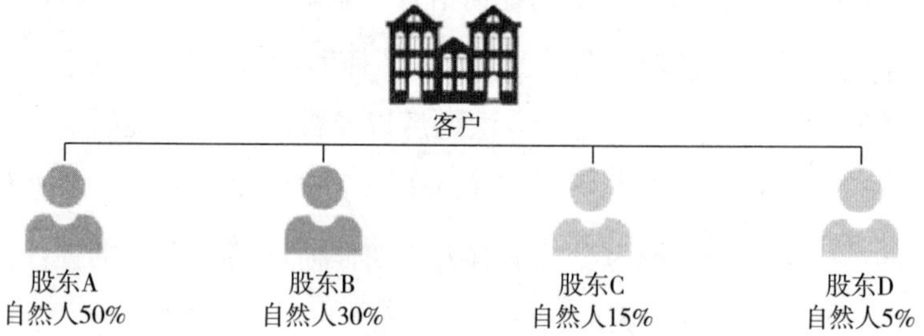

图4　简单的一层所有权结构

表1　简单的一层所有权结构[29]

股东	股东类型	所有权类型	所有权	受益所有人
A	自然人	直接	50%	√
B	自然人	直接	30%	√
C	自然人	直接	15%	×
D	自然人	直接	5%	×

（41）在图5所示的多层结构中，在客户本身即为法人实体并且其他法人正在参与客户所有权结构（即持有25%以上的股份或投票权）的情况下，专业人员必须检查是否有自然人通过所有权链被识别为最终受益所有人。如果存在多层结构，必须采用递进方式重复这一过程，直至客户的所有最终受益所有人被识别出来。

29 X: 所有图示中的叉号表示，按照经验来看，在这一步的评估中，这些人不符合UBO的条件。但专业人员有义务进行逐案分析，主要根据下文第2.2.3.2节（“通过其他方式的控制”），确保识别所有正确的UBO。

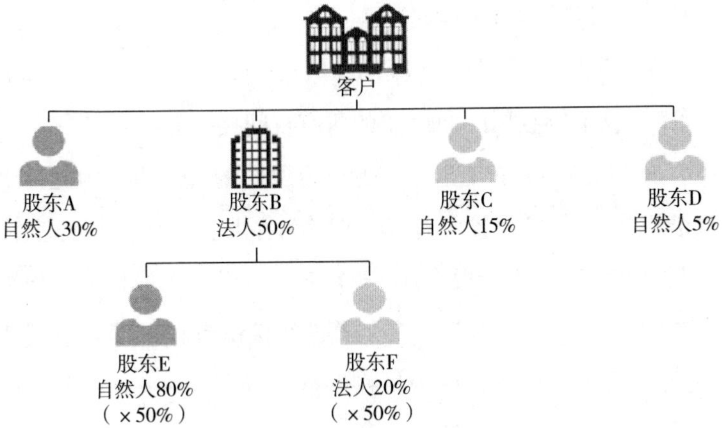

图5　多层所有权结构

表2概括了通过运用阈值方法对直接和间接最终受益所有人的识别。

表2　多层所有权结构

股东	股东类型	所有权类型	所有权	受益所有人
A	自然人	直接	30%	√
B	法人	直接	50%	×
C	自然人	直接	15%	×
D	自然人	直接	5%	×
E	自然人	间接	40%	√
F	自然人	间接	10%	×

（42）需要提醒的是，被识别为最终受益所有人的人员必须始终为自然人。根据卢森堡大公国2010年2月1日条例第1（2）条，在采用阈值方法的情况下，这意味着专业人员应当采取合理措施来了解客户的所有权和控制结构。因此，当自然人没有专门和/或直接参与到客户的所有权结构时，专业人员为了解客户的所有权结构，必须仔细查看法人实体的若干层级，以便确定自然人是否最终拥有法人客户25%以上的股份或投票权或所有权权益。

（43）最后，正如CSSF第12-02号条例第23条所述，“25%以上”的阈值只是一个指标，在某些情况下，仅采用这一阈值不足以识别正确的最终受益所有人。另外，在识别了一个控股25%以上的股东的情况下，可能仍存在其他的UBO，并且需要加以识别（原因是还有其他人持有25%以上的股份或投票权，或者属于其他类型UBO的范畴）。

（44）在该例中，股东A、股东B、股东C和股东D是法人客户的直接所有人。股东E和股东F通过其对股东B的所有权间接拥有法人客户。

（45）由于股东A是持有客户25%以上股份的自然人，因此可以通过直接所有权被识别为最终受益所有人。股东B并非自然人，因此不符合最终受益所有人的条件。但由于股东B持有客户25%以上的股份，应识别其自身的最终受益所有人，因为他们可能会通过间接所有权，即当他们持有股东B25%以上的股份的情况下，成为最终受益所有人。因此通过间接所有权，股东E符合最终受益所有人的条件，因为他是拥有股东B80%以上股份的自然人，而股东B本身拥有客户50%以上的股份，因此股东E间接拥有客户40%的股份（50%的80%）。

（46）根据阈值方法，股东C、股东D和股东F没有被识别为最终受益所有人，因为他们拥有的客户股份不足25%。

（47）在该例（见图6）中，通过累积所有权，股东D是客户的最终受益所有人。实际上，股东D既是客户20%股份的直接所有人，也是客户10%股份的间接所有人，因为他持有股东B20%的股份，而股东B拥有客户50%的股份。经过累积之后，股东D拥有客户30%的股份，因此成为最终受益所有人。其他股东的情况分别与图4和图5中的情况相同。

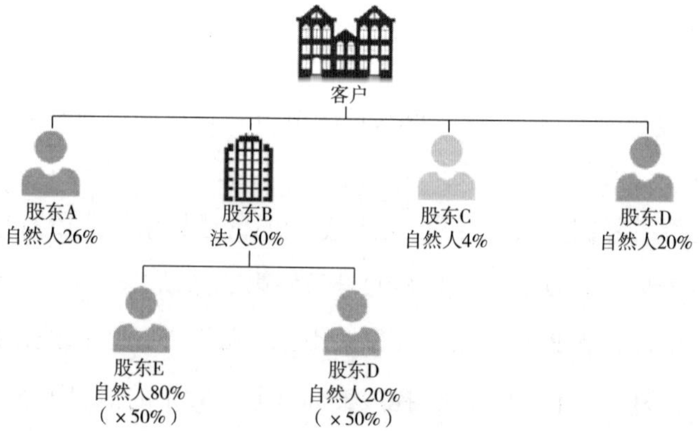

图6　累积所有权

表3　累积所有权

股东	股东类型	所有权类型	所有权	受益所有人
A	自然人	直接	26%	√
B	法人	直接	50%	×
C	自然人	直接	4%	×
D	自然人	直接（累积）	30%	√
E	自然人	间接	40%	√

（48）在该例（见图7）中，股东C和股东D各自拥有客户不超过25%的股份，但他们可以达成协议用同样方式行使权利。在专业人员了解情况后，必须将他们当作拥有持股比例之和的股份来对待，因此应被认为是共同或一致受益所有人。

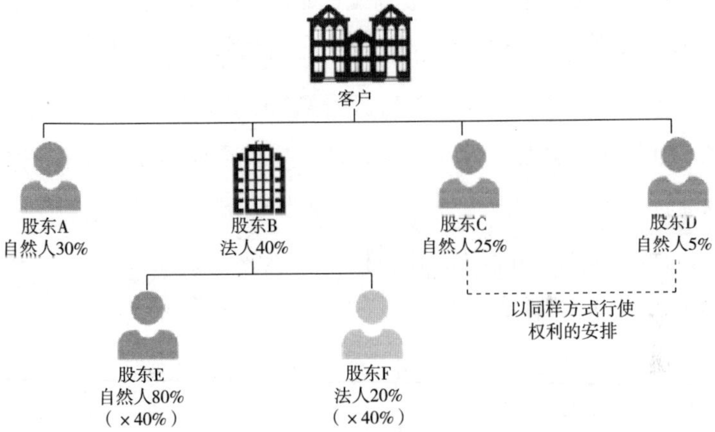

图7　一致所有权

表4　一致所有权

股东	股东类型	所有权类型	所有权	受益所有人
A	自然人	直接	30%	✓
B	法人	直接	40%	×
C	自然人	直接（共同）	30%	✓
D	自然人	直接（共同）	30%	✓
E	自然人	间接	32%	✓
F	自然人	间接	8%	×

（49）如果使用阈值方法未能确定自然人，则采取第二步程序，即确定通过其他方式有效控制客户的自然人。可能会出现需要同时采用两种方法的情况。

2.2.3.2　通过任何其他方式控制：有效控制

（50）根据CSSF第12-02号法规第23条，对一些客户而言，在使用了所有权阈值法后，可能会出现所有权在多个自然人之间摊平，没有一个自然人拥有25%以上的股份或投票权的情况。在这类情况下，由于简单的数学方法不足以识别，还需要通过第二步程序，即识别通过任何其他方式控制实体的自然人，来识别最终受益所有人。

（51）应当从广义上解释“通过任何其他方式”控制，即有能力或者实际上以任何方式对客户实施主要影响或控制。了解客户的管理和治理结构将有助于识别对客户进行有效控制的自然人。对于每个个例来说，这些情况都很关键。

（52）在确定有效控制非个人（即法人实体或法律安排）客户的自然人时，下列非详尽列举的因素可能会有用，但始终需要逐例分析：

- 通过股东安排获准实施控制的个人；
- 有能力实际控制客户的个人；
- 签署订单或发起交易，或者经常介入而无须实施如公司官方/正式代表职能的个人；
- 拥有专属权力指派或解雇决定法人财务或商业政策的大部分行政、管理或监事成员的个人；
- 负责作出重大管理决定的个人；
- 有权使用法人全部或部分资产的个人；
- 对法人实体实施重大影响的前任股东或管理成员；
- 与客户存在个人关系，如家庭成员；
- 占有重要少数股权的个人，同时其他股东显著减少参与；
- 根据与直接参与方的控制协议，或者根据直接参与方章程条款，有权确定客户财务和商业政策的个人；

- 对于特殊目的实体，即当母公司想实现某一特定目标时，替母公司承担大部分风险和机遇的间接方；等等。

（53）还应注意，可通过平行股权的相互作用实现对法人实体的支配性影响。例如，法人实体的股权被分为若干个25%或以下的平行持股份额，这些平行持股份额由更高的层次的一个自然人持有时，这个自然人可被认为是法人实体的最终受益所有人。此外，即便从未实施控制，例如使用、享有法人拥有的财产或从中受益，也有可能被推定为实际控制。

（54）图8提供了通过其他方式实施有效控制的合理例证。自然人F通过其对法人客户的“决策控制权”而成为受益所有人。实际上，自然人F对客户的另一个受益所有人的决定具有控制权。 这可能是由于以下原因，以下列表并非详尽无遗：

- 个人关系，例如家庭成员；
- 仍在对法人实体实施重大影响力的前任股东或管理成员；
- 对客户运行十分关键的资产所有权。

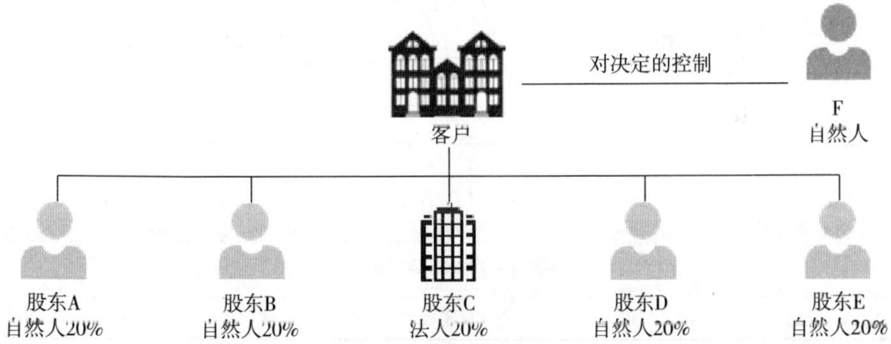

图8　对客户决定的控制

表5　对客户决定的控制

股东	股东类型	所有权类型	所有权	受益所有人
A	自然人	直接	20%	×
B	自然人	直接	20%	×
C	法人	直接	20%	×

续表

股东	股东类型	所有权类型	所有权	受益所有人
D	自然人	直接	20%	×
E	自然人	直接	20%	×
F	自然人	决定控制	0	✓

（55）在图9中，股东E通过对股东B的所有权，间接拥有客户15.3%的股份，因此未能达到要求的25%以上的阈值。但由于股东E拥有股东B过半数的股权（50%以上的股份），因此对股东B行使实际有效控制权。因此，股东A和股东E应被认为是最终受益所有人。

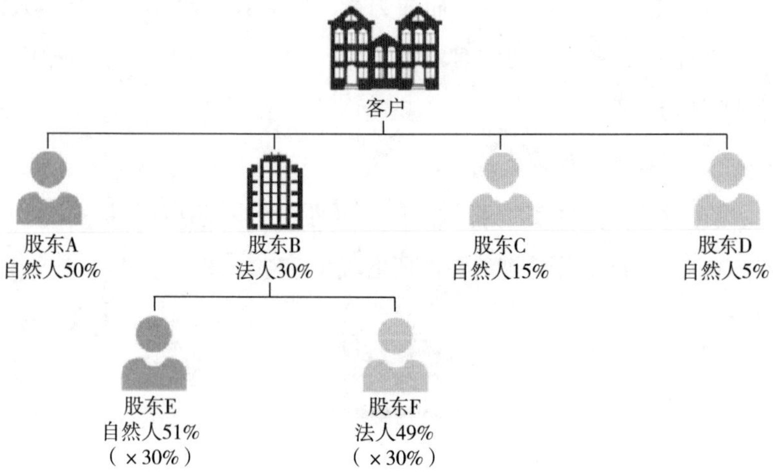

图9　过半数控制权

表6　过半数控制权

股东	股东类型	所有权类型	所有权	受益所有人
A	自然人	直接	50%	✓
B	法人	直接	30%	×
C	自然人	直接	15%	×
D	自然人	直接	5%	×
E	自然人	间接（过半数）	15.3%	✓
F	法人	间接	14.7%	×

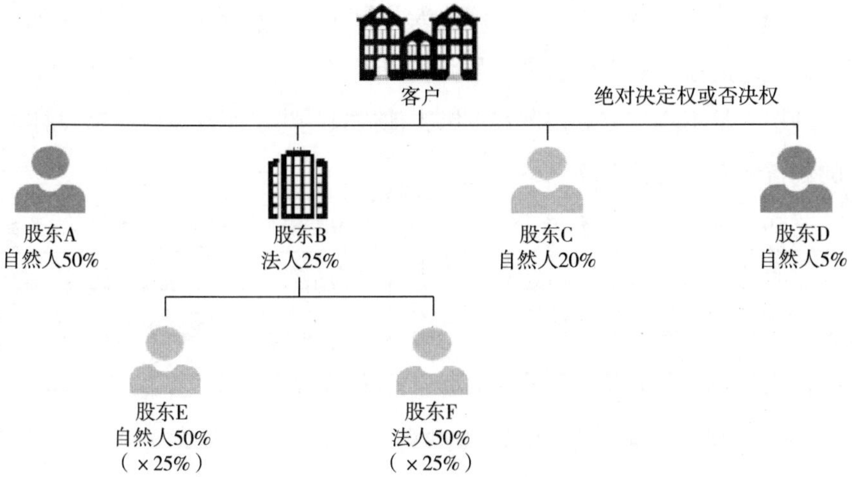

图10　决定权

表7　决定权

股东	股东类型	所有权类型	所有权	受益所有人
A	自然人	直接	50%	✓
B	法人	直接	25%	×
C	自然人	直接	20%	×
D	自然人	决定权	5%	✓
E	自然人	间接	12.50%	×
F	自然人[31]	间接	12.50%	×

（56）股东D拥有客户25%以下的股份，但其通过绝对决定或否决权对客户拥有有效控制权。这类权利的例子包括对采用或修订客户商业计划的决定权、对客户借贷决定的决定权、对指派或解雇客户管理层的决定权、对客户激励方案的决定权、对客户商业性质转变的决定权等。

2.2.3.3　担任高级管理职位的自然人

（57）如果用阈值方法无法识别最终受益所有人，也无法通过其他方式确定谁对客户实施有效控制权，且没有理由对UBO的身份产生质疑或任何怀疑，便可实施第三步。其中包括识别担任高级管理职位（SMO）的相关自然人。

30 英文原文疑似图表不符。——译者

（58）应当强调的是，将了解法人并与其有着充分联系的高级管理人员识别为最终受益所有人，这是一种明确的备选或默认选项。原则上来说，这类管理层人员不实施有效控制权，因为他们只是为了所有人或控制公司的人员的利益或者代表其行事。

（59）此外，客户不得为了中央登记册和CSSF第12-02号条例第17条要求的声明的目的，直接仅指定高级管理人员为最终受益所有人。还应当注意的是，原则上来说，应酌情留用一名高级管理人员担任最终受益所有人。在由联合或共同负责情况下，可以指定一名以上的高级管理人员为UBO。

（60）确定SMO的重点应当在于赋予的实际高级管理职责和履行的任务，而非职衔。高级管理人员既可被理解为行政管理人员，也可以理解为接受日常管理任命的董事会成员，如果没有此类任命，则为董事会成员。需要逐案进行考虑。

（61）专业人员应记录为识别第（i）、第（ii）或第（iii）点规定的最终受益所有人而采取的所有行动。此外，专业人员应准备好在被要求的情况下，证明其采取的措施是合理的。

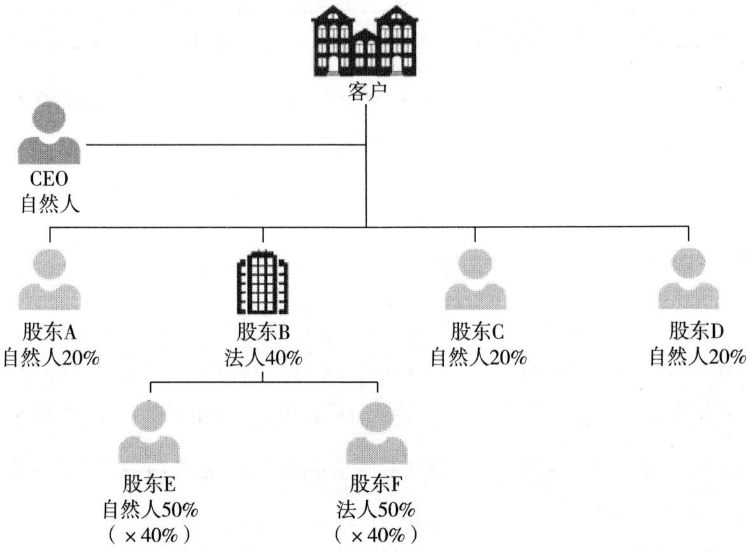

图11　高级管理人员

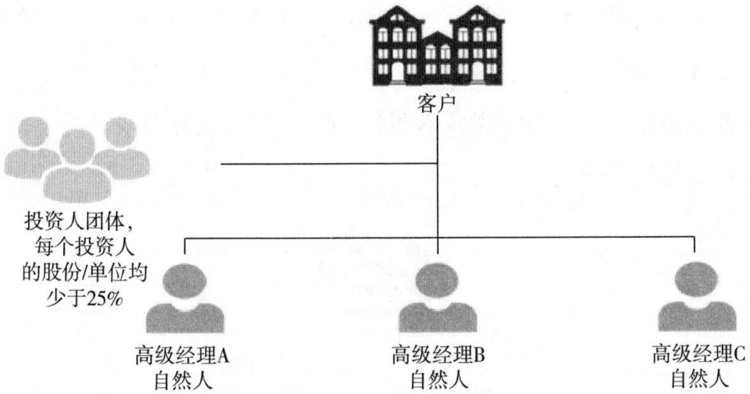

图12　高级管理人员

在本例中，应将三名高级管理人员识别为UBO。

2.2.4　特殊关系（非营利组织、公共机关、不记名股票和养老基金）

2.2.4.1　非营利组织、慈善机构和类似机构

（62）非营利组织同样有义务确立一个最终受益所有人。根据1928年4月21日法律[31]第1条的规定，非营利组织的特征是不开展任何工商业活动，不设置为其成员获得任何经济收益的目标。由于组织的收入不能分配给成员，因此成员不能被当作所有人，因此也不能被当作最终受益所有人。但如果成员拥有超过25%的投票权，他/她应当被识别为UBO（见下文例1）。除此之外，在适用上文所述的三级程序时，有效和实际控制非营利组织的管理人员应被当作最终受益所有人（见下文例2）。

（63）FATF术语将非营利组织NPO定义为“为了慈善、宗教、文化、教育、社会或互助等目的，或者为了开展其他类型的‘善举’，主要参与筹资或分发资金的法人或法律安排或组织”[32]。

（64）经过FATF的核实[33]，非营利组织会遭到多种方式或不同目的的滥

31 1928年4月21日关于非营利组织和基金会的法律。

32 FATF建议术语，参见https://www.fatf-gafi.org/glossary/n-r/。

33 FATF，2015年6月，最佳做法，打击滥用非营利组织行为（建议8），参见https://www.fatf-gafi.org/media/fatf/documents/reports/BPP-combating abuse non profit organisations.pdfnon。

用，特别是恐怖融资和扩散融资。NPO应当具有明确的治理结构，在理事会的作用方面尤为如此。谨记风险为本的方法，在识别受益所有权时，应当考虑到某些危险信号，例如，曾经有过极端主义甚至是犯罪或恐怖主义相关记录的理事或管理人员。

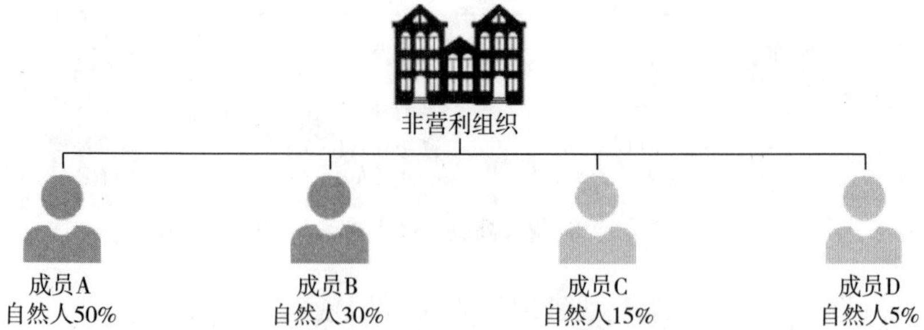

图13　例1：非营利组织

表8　例1：非营利组织

成员	投票权	受益所有人
A	50%	✓
B	30%	✓
C	15%	×
D	5%	×

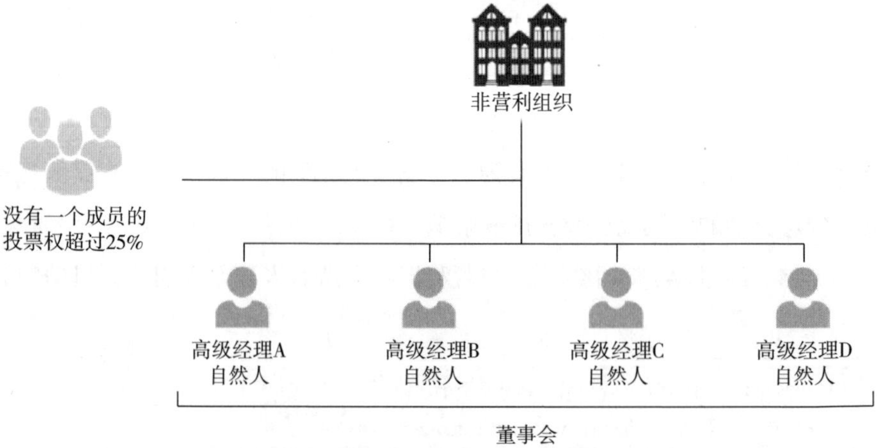

图14　例2：非营利组织（理事会成员被当作UBO）

2.2.4.2　公共行政或公共机构

（65）关于公共机关或公共机构，专业人员也必须识别这些机关或机构的UBO。由于在这种情况下通常不可适用阈值方法或进行有效控制检查，按照默认做法，必须将高级管理人员识别为UBO。根据法律或法定条款，SMO是接受公共实体日常管理任命的人。如果是这种情况，管理主体的人员或董事会成员将被识别为UBO。如果国有企业代表是行政委员会或董事会成员，应当被识别并在登记册中登记的是该代表的主管部长。

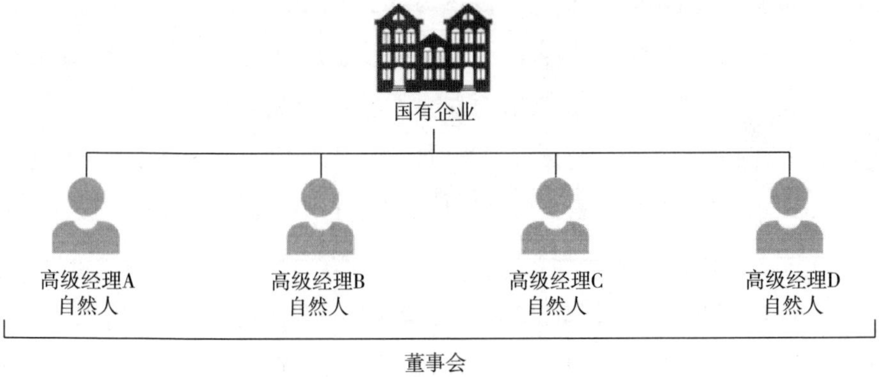

图15　公共行政机构：董事会成员被当作UBO

2.2.4.3　不记名股票

（66）不记名股票是以凭证形式存在的公司股票，在任何特定时间由实际持有不记名股票凭证的任何人合法拥有。卢森堡有限责任公司和股份有限合伙企业能够发行不记名股票。2014年以来，卢森堡企业的不记名股票在卢森堡停止流通，对于持有和保留不记名股票有着严格的规定[34]。由于采取了这些规定，不记名股票必须由专业受托人持有，即专业人员、公证员、律师或卢森堡注册会计师。因此，与识别这些股票持有人有关的问题得以缓释，CSSF负责监督专业人员对这些规则的遵守情况。

34 2014年7月29日关于不记名股票和持有单元停止流通以及维护已登记股票和不记名股票登记册的法律。

（67）尽管如此，面对以不记名股票方式持有资金的外国公司仍需多加警惕，这些不记名股票在其本国不需要遵守信息披露规定。实际上，在这种情况下通常很难识别最终受益所有人。发行不记名股票的公司经常在高风险管辖区创立。专业人员应采取措施来确定这类股票的持有人和UBO的身份，并确保一旦持有人和/或最终受益所有人发生变化，专业人员就能毫不延误地得到通知。

2.2.4.4 养老金/退休金或类似关系

（68）同其他国家一样，卢森堡为养老金的资金汇集提供各种法律工具。在确定针对这类客户的客户尽职调查/受益所有人尽职调查措施的程度时，专业人员应当谨记风险为本的方法，首先考虑客户/产品是否是为员工提供退休福利的养老金、退休金或类似计划；其次考虑资金是否是由雇主缴纳或从员工工资中扣减；最后考虑计划规则是否不允许转让成员在该计划下的权益。

（69）如果这些条件都能满足，当与这样一个计划有关的风险被认为很低时，专业人员可以将法律工具的高级管理人员识别为最终受益所有人，而非员工，即养老金的受益人。

（70）但如果养老金计划并不满足上述标准，则这类养老金计划的所有受益人，若他们持有相关计划25%以上的成员收益，都将被识别为受益所有人。如果被识别的受益人当中没有人持有超过25%的成员收益计划，则必须适用第二步来识别UBO。只有在第二步下没有识别UBO的情况下，才能适用第三步。

二、记录和核实最终受益所有人的身份

（71）一旦识别最终受益所有人，根据反洗钱/反恐怖融资法第3（2）（b）条，专业人员应采取合理措施，核实UBO的身份。

（72）还应考虑所依据的文件是否经过伪造。应采取适当步骤，以便合

理地确保这些文件提供最终受益所有人身份的证据，特别是如果这些文件是以外语提供的。

（73）出于本通函和反洗钱/反恐怖融资法第3（2）（b）条之目的，应按照CSSF第12-02号条例第21条［与第16条和第22（1）条一并解读］所预见的，收集关于最终受益所有人的下列信息：

- 姓名；
- 出生地和出生日期；
- 国籍；
- 住址；
- 官方的国民身份证件号码（如适用）。

（74）如果在客户与自然人即受益所有人之间存在法人或法律安排，应记录下列信息：

- 名称；
- 公司形式；
- 登记办公地址和主要营业场所（如有不同）；
- 官方的国家证件号码（如适用）；
- 董事（法人）和董事或者担任类似职位的人（法律安排）；[35]

（75）核实措施包括与现实建立联系，以确保向专业人员提供的关于客户或最终受益所有人的信息符合事实。需要注意的是，在核实客户和核实最终受益所有人的要求上，实际执行会有所不同。对客户或UBO身份的核实依靠的是从独立于客户的可靠来源中获取的文件或信息。出于这些目的，由官方（公共）机关发布或提供的文件被认为是独立于客户的，即便这些文件是由客户提供或公布的。身份证件就是一个例子。核实UBO身份的义务是，采取合理措施以确保专业人员知道UBO是谁，并且了解客户的结构和所有

35 金融监管委员会第12-02号条例第16（2）条。

权[36]。考虑到与业务关系有关的洗钱/恐怖融资风险，依然由各专业人员决定信息的翔实程度，并考虑以下信息是否适当，包括使用公共网站中的UBO记录，要求客户提供相关数据，要求根据从独立于客户的可靠来源获取的文件或信息识别UBO身份的证据，或者以其他方式获取信息。

（76）在低风险情况下，专业人员根据客户提供的信息来核实最终受益所有人身份是合理的。其中可能包括客户提供的关于UBO身份和结构图表，并证实客户了解这些内容的信息。无论如何，客户应签署CSSF第12-02号条例第17条规定的特别声明。

（77）在某些情况下，受益所有人提供的自我声明以及依靠互联网数据是有用的，但根据风险为本的方法，在非低风险情况下，应收集更多证据，如经核证的股份登记册副本、股份转让协议等。

（78）按照风险为本方法的要求，专业人员必须采取所有必要步骤，保证登记适当信息，从而能够表明他们了解所有客户及各自的最终受益所有人。

（79）由于最终受益所有人会随时间发生变化，专业人员必须定期更新受益所有权信息[37]。例如，可以按照风险为本的定期尽职调查重检周期[38]，以及根据法律结构调整、并购、负面媒体报告等触发事件，收集新的受益所有权信息。获取准确和最新的最终受益所有人信息是追踪借公司结构隐藏身份的罪犯的重要因素，必须向相关的反洗钱/反恐怖融资机构提供这些信息。

（80）不必总是重复识别和核实现有客户的受益所有权。如果信息是最新的、准确的，并且没有理由对其可靠性提出质疑，专业人员可以依靠此前收集的已有信息来遵守最终受益所有权的要求。在同样的情况下，当客户开立多个账户时，并非总是需要重复识别和核实最终受益所有权。但客户应确

36 反洗钱/反恐怖融资法第3（2）b）条。

37 反洗钱/反恐怖融资法第3（5）条。

38 反洗钱/反恐怖融资法第3-1和3-2条。

保已有的最终受益所有权信息准确无误。

三、FATF关于隐藏受益所有权的指标

（81）根据106项案例研究以及与相关机构及私营部门之间及内部的讨论，FATF和埃格蒙特集团关于受益所有权隐藏的联合报告确定了一系列指标，可能会揭示试图隐藏受益所有权的行为。这些指标可以帮助专业人员对最终受益所有权信息作出判断。应当注意，下列列表既非详尽无遗，也非相互排斥，因为随着时间的推移，可能会确定更多指标。符合一项指标并不一定意味着隐藏了受益所有权。此外，例如在CSSF关于主要税收罪行的第17/650号通函中，还会发现更多有价值的指标[39]。

（82）FATF关于隐藏受益所有权的出版物中提到的主要相关指标载列如下[40]。

（i）关于客户的指标：

- 客户不愿意提供个人信息或无法解释：
  - 其业务活动和企业历史；
  - 最终受益所有人的身份；
  - 财富/资金来源；
  - 为何正在以某种方式开展活动；
  - 正在与谁进行交易；
  - 与第三方业务往来的性质，特别是当第三方位于外国管辖区时。

39 金融监督委员会第17/650号通函，2017年2月17日，参见http://www.cssf.lu/fileadmin/files/Lois_reglements/Circulaires/Blanchiment_terrorisme/cssf17_650.pdf。

40 全部清单参见https://www.fatf-gafi.org/publications/methodsandtrends/documents/concealment-beneficial-ownership.html。

- 存在以下行为的客户或相关客户：
    - 在没有充分合理理由的情况下，坚持在所有互动中使用中间人（无论是专业的还是非正式的）；
    - 在没有充分合理理由的情况下，积极避免个人联系；
    - 身为外国国民，在正在寻求专业或金融服务的国家没有重大业务往来；
    - 拒绝合作或拒绝提供通常协助交易所需的信息、数据和文件；
    - 身为政治公众人物，或者与政治公众人物存在家庭或职业联系；
    - 曾经因欺诈、逃税或严重犯罪被定罪；
    - 正在接受调查或者与罪犯存在已知联系；
    - 此前曾被禁止担任公司董事职位或者运行信托和公司服务提供商；
    - 开展不符合客户背景的金融活动和交易；
    - 身为客户账户的签字人，但没有充足理由；
    - 公布了与其资产、交易或生活方式不一致的收入。
- 存在以下行为的法人或法律安排：
    - 在组建公司后长期处于休止状态，之后因不明原因金融活动突然增加；
    - 存在复杂的企业结构，但似乎没有合理理由需要这么复杂或者在商业上不合理；
    - 自我描述为贸易企业，但在互联网或社交商业网络平台上无法找到；
    - 登记名称似乎模仿其他公司名称，特别是知名跨国企业的名称；
    - 使用非常见域名的电子邮件地址，或者在专业用途中使用非专业的电子邮件地址；

- 登记地址与公司简介不符；
- 登记地址在互联网地图服务中无法找到；
- 多家公司或法律安排使用同一地址或邮箱；
- 董事或控股股东下落不明或联系不上；
- 董事或控股股东在客户公司似乎没有发挥积极作用；
- 董事、控股股东和/或最终受益所有人被列入其他法人或法律安排的账户之外，表明使用了专业的代名股东；
- 公布了大量异常受益人和其他控制股权；
- 代表或董事会成员在没有适当理由的情况下经常更换。

• 业务记录检查表明：

- 采购和销售发票存在出入；
- 在不同管辖区之间重复开具发票；
- 伪造企业所有权记录；
- 为未提供的服务开具虚假发票；
- 伪造书面记录；
- 在同一个最终受益所有人控制的不同实体之间虚增资产销售；
- 签署名义董事和名义股东协议；
- 家庭成员没有参与或没有在业务运行中发挥作用，但却被列为法人或法律安排的最终受益所有人。

（ii）有关交易的指标：

- 在若干笔转出的国际资金转账中，客户既是汇款人也是收款人；
- 交易双方关系可疑，而客户无法作出合理解释；
- 资金是由贷方（无论是自然人还是法人），而非已知贷款机构提供，且没有符合逻辑的解释或正当商业理由；

- 从私人第三方收到贷款，但并没有任何作为证明的贷款协议、抵押物或定期利息偿还；
- 交易：
- 在两个或两个以上的当事方之间发生，但没有明显的业务或贸易方面的理由联系在一起；
- 涉及一个或更多当事方家庭成员的业务交易，但没有合理的业务方面的理由；
- 双方合同期内的重复交易；
- 大宗或重复交易，执行交易的客户是账户签字人，但并未被列明在公司或资产中拥有控制股权；
- 在企业账户执行，但似乎是用来资助个人采购，包括购置资产或者与公司背景不符的娱乐活动；
- 在企业账户执行，涉及大量现金（无论是存款还是取款），情形异常或与公司背景不符。

参考文献

[1]FATF. Concealment Beneficial Ownership[EB/OL].（2018-07）[2020-07].http://www.fatf-gafi.org/media/fatf/documents/reports/FATF-Egmont-Concealment-beneficial-ownership.pdf.

[2]FATF. FATF Report to the G20 Beneficial Ownership [EB/OL].（2016-09）[2020-07] http://www.fatf-gafi.org/media/fatf/documents/reports/G20-Beneficial-Ownership-Sept-2016.pdf.

[3]FATF. FATF Guidance: Transparency and Beneficial Ownership[EB/OL].（2014-10）[2020-07]. http://www.fatf-gafi.org/media/fatf/documents/reports/Guidance-transparency-beneficial-ownership.pdf.

[4]FATF. Best Practices on Beneficial Ownership for Legal Persons [EB/OL].（2019-10）[2020-07]. http://www.fatf-gafi.org/media/fatf/documents/Best-Practices-Beneficial-Ownership-Legal-Persons.pdf.